William Guy Carr

PEDINE NEL GIOCO

ℰMNIA VERITAS.

William Guy Carr
(1895-1959)
Comandante della Marina reale canadese

William Guy Carr (1895-1959) è stato un ufficiale di marina e scrittore canadese. Ha scritto molto sulle teorie della cospirazione, in particolare nel suo libro *Pawns in the Game*. Il suo lavoro è stato oggetto di influenze e critiche.

PEDINE NEL GIOCO

Pawns in the Game
Pubblicato per la prima volta nel 1956

Tradotto e pubblicato da
OMNIA VERITAS LTD
OMNIA VERITAS®
www.omnia-veritas.com

© Omnia Veritas Limited - 2025

Sull'autore

William Guy Carr

All'età di dodici anni, l'autore fu indottrinato a fondo nell'ideologia bolscevica da due missionari rivoluzionari che viaggiarono con lui sulla stessa nave verso l'Oriente nel 1907. A differenza di molti altri, non ingoiò l'esca che gli offrirono "amo, lenza e affondatore". Decise di mantenere una mente aperta e di indagare a fondo prima di giungere a qualsiasi conclusione. Le sue indagini e i suoi studi su tutti gli aspetti della cospirazione internazionale lo hanno portato in quasi tutti i Paesi del mondo.

Il Comandante Carr ha avuto una brillante carriera navale. Durante la Prima Guerra Mondiale è stato ufficiale di navigazione dei sottomarini H.M.. Nella Seconda Guerra Mondiale è stato ufficiale di controllo navale per il San Lorenzo, poi ufficiale di stato maggiore delle operazioni a Shelbourne, N.S., quindi ufficiale navale superiore a Goose Bay, Labrador.

Come ufficiale dello staff del Commodoro Reginald Brock ha organizzato il 7° Victory Loan per le ventidue Divisioni di addestramento della Royal Canadian Naval. Come autore ha pubblicato su i sette libri sopra elencati. Alcuni sono stati rilegati appositamente per essere inseriti nella Royal Library, nella Biblioteca dell'Imperial War Museum, nella Sir Millington Drake Library (lasciata in eredità all'Eton College) e nella Braille Library for the Blind. Molti dei suoi libri sono stati pubblicati in lingue europee.

Il comandante Carr è noto a molti canadesi che hanno assistito alle sue conferenze pubbliche. Nel 1930-31 fece una tournée in Canada per i Club canadesi. Avvertì la gente dell'esistenza di una cospirazione internazionale. Predisse che i cospiratori, se non fossero stati controllati, avrebbero trascinato il mondo in un'altra guerra globale. Negli anni tra il 1931 e il 1939 si rivolse ai club sociali e di servizio di tutto l'Ontario. Nel 1944 e 1945 fu inviato dalle autorità navali a tenere un altro tour di conferenze in Canada.

Spiegò perché sarebbe stato necessario vincere la pace, se i frutti della vittoria militare non dovevano essere gettati via di nuovo.

Il comandante Carr è determinato a informare il maggior numero possibile di persone sulle Forze del Male che influenzano negativamente le nostre vite e quelle dei nostri figli. Il suo libro aprirà gli occhi a genitori, ecclesiastici, insegnanti, studenti, statisti, politici e leader del mondo del lavoro.

Prefazione

Pedine nel gioco

Questa è una storia *vera* di intrighi internazionali, storie d'amore, corruzione, inganno e omicidi politici, che non è mai stata scritta prima. È la storia di come diversi gruppi di uomini atei-materialisti hanno giocato in un torneo internazionale di scacchi per decidere quale gruppo si sarebbe aggiudicato il controllo finale della ricchezza, delle risorse naturali e del potere umano del mondo intero. Viene spiegato come la partita sia giunta alla fase finale.

I comunisti internazionali e i capitalisti internazionali (entrambi con ambizioni totalitarie) si sono temporaneamente uniti per sconfiggere la democrazia cristiana. Il disegno di copertina [pubblicazione originale] mostra che tutte le mosse dei Cospiratori Internazionali sono dirette da Satana e, sebbene la situazione sia decisamente grave, non è assolutamente senza speranza. La soluzione è porre fine al gioco che i cospiratori internazionali stanno giocando in questo momento, prima che uno o l'altro gruppo dalla mentalità totalitaria imponga le proprie idee al resto dell'umanità. La storia è sensazionale e scioccante, ma è educativa perché è la VERITÀ. L'autore di offre soluzioni pratiche a problemi che molti considerano insolubili.

-L'editore

Introduzione

La cospirazione internazionale

Se ciò che rivelo sorprende e sconvolge il lettore, lo prego di non sviluppare un complesso di inferiorità perché sono franco nell'ammettere che, sebbene abbia lavorato fin dal 1911, cercando di scoprire perché la Razza Umana non può vivere in pace e godere dei beni e delle benedizioni che Dio fornisce per il nostro uso e beneficio in tale abbondanza? È stato il 1950 a farmi scoprire il segreto che le guerre e le rivoluzioni che flagellano le nostre vite e le condizioni caotiche che prevalgono non sono altro che gli effetti della continua cospirazione luciferiana. È iniziata in quella parte dell'universo che chiamiamo cielo quando Lucifero ha sfidato il diritto di Dio di esercitare l'autorità suprema. Le Sacre Scritture ci dicono come la cospirazione luciferiana sia stata trasferita in questo mondo nel Giardino dell'Eden. Finché non ho capito che la nostra lotta non è con la carne e il sangue, ma con le forze spirituali delle tenebre che controllano tutti coloro che occupano posti elevati su questa terra (Ef. 6:12), i pezzi di prova raccolti in tutto il mondo non si incastravano e non avevano senso. (Non mi vergogno di ammettere che la "Bibbia" ha fornito la "chiave" che mi ha permesso di ottenere una risposta alla domanda citata sopra).

Pochi sembrano in grado di comprendere che Lucifero è il più brillante e intelligente della schiera celeste e, poiché è uno spirito puro, è indistruttibile. Le Scritture ci dicono che il suo potere è tale che ha fatto sì che un terzo dei più intelligenti della schiera celeste disertasse Dio e si unisse a lui, perché sosteneva che il Piano di Dio per il governo dell'universo fosse debole e impraticabile, in quanto basato sulla premessa che si potesse insegnare agli esseri inferiori a conoscerlo, amarlo e volerlo servire volontariamente per rispetto delle sue infinite perfezioni. L'ideologia luciferiana afferma che il potere è giusto. Sostiene che gli esseri di provata intelligenza superiore hanno il diritto di governare quelli meno dotati perché le masse non sanno cosa sia meglio per loro. L'ideologia luciferiana è ciò che oggi chiamiamo totalitarismo.

L'Antico Testamento è semplicemente la storia di come Satana è diventato principe del mondo e ha fatto sì che i nostri primi genitori si allontanassero da Dio. Racconta come la sinagoga di Satana si sia stabilita su questa terra, e racconta come abbia lavorato da allora per impedire che il Piano di Dio per il dominio dell'universo fosse stabilito su questa terra. Cristo venne sulla terra quando la cospirazione di raggiunse lo stadio in cui, per usare le sue stesse parole, Satana controllava tutti coloro che si trovavano in alto.

Egli smaschererò la sinagoga di Satana (Ap. 2:9; 3:9); denunciò coloro che vi appartenevano come figli del diavolo (Lucifero), che egli castigò come padre della menzogna (Giovanni 8:44) e principe dell'inganno (2 Cor. 11:14). Egli affermò con precisione che coloro che componevano la sinagoga di Satana erano coloro che si definivano ebrei, ma non lo erano e mentivano (Ap 2:9; 3:9). Egli identificò i cambiavalute (banchieri), gli scribi e i farisei come gli Illuminati del suo tempo. Ciò che molti sembrano dimenticare è il fatto che Cristo è venuto sulla terra per liberarci dai legami di Satana che ci stringevano sempre di più con il passare degli anni. Cristo ci ha dato la soluzione al nostro problema quando ci ha detto che dovevamo andare e insegnare la verità, riguardo a questa cospirazione (Giovanni 8. 31:59;), a tutte le persone di tutte le nazioni. Egli promise che se avessimo fatto questo, la conoscenza della verità ci avrebbe reso liberi (Matteo 28:19;). La cospirazione luciferiana si è sviluppata fino a raggiungere il suo stadio semi-finale (Matteo 24, 15:34;), semplicemente perché non abbiamo messo in atto il mandato che Cristo ci ha dato.

Nel 1784 un "Atto di Dio" mise il governo bavarese in possesso di prove che dimostrarono l'esistenza di una continua cospirazione luciferiana. Adam Weishaupt, un professore di diritto canonico formato dai gesuiti, disertò dal cristianesimo e abbracciò l'ideologia luciferiana mentre insegnava all'Università di Ingolstadt. Nel 1770 i prestatori di denaro (che avevano da poco organizzato la Casa Rothschild) lo incaricarono di rivedere e modernizzare i secolari "protocolli" destinati a conferire alla Sinagoga di Satana il dominio finale del mondo, in modo da poter imporre l'ideologia luciferiana su ciò che resta della razza umana, dopo il cataclisma sociale finale, mediante il dispotismo satanico. Weishaupt portò a termine il suo compito il 1° maggio 1776.

Il piano prevedeva la distruzione di TUTTI i governi e le religioni esistenti. Questo obiettivo doveva essere raggiunto dividendo le masse, che egli definì Goyim (che significa bestiame umano) in campi contrapposti sempre più numerosi su questioni politiche, razziali, sociali, economiche e di altro tipo.

Gli opposti schieramenti dovevano essere armati e si doveva prevedere un "incidente" che li avrebbe portati a combattere e a indebolirsi mentre distruggevano i governi nazionali e le istituzioni religiose.

Nel 1776 Weishaupt organizzò gli Illuminati per mettere in atto il complotto. Il termine Illuminati deriva da Lucifero e significa "detentori della luce". Con la menzogna che il suo obiettivo era quello di creare un governo unico mondiale per consentire a uomini di provata abilità mentale di governare il mondo, reclutò circa duemila seguaci. Tra questi vi erano gli uomini più intelligenti nel campo delle arti e delle lettere: istruzione, scienze, finanza e industria. Fondò poi delle Logge del Grande Oriente come quartier generale segreto.

Il piano rivisto di Weishaupt prevedeva che i suoi Illuminati facessero le seguenti cose per aiutarli a raggiungere il loro scopo.

(1) Usare la corruzione monetaria e sessuale per ottenere il controllo di persone che già occupano posizioni di rilievo nei vari livelli di TUTTI i governi e in altri campi dell'attività umana. Una volta che una persona influente era caduta nelle menzogne, negli inganni e nelle tentazioni degli Illuminati, doveva essere tenuta in schiavitù con l'applicazione di ricatti politici e di altro tipo e con la minaccia di rovina finanziaria, di esposizione pubblica, di danni fisici e persino di morte per sé e per i propri cari.

(2) Gli Illuminati presenti nelle facoltà dei college e delle università dovevano raccomandare gli studenti in possesso di eccezionali capacità mentali, appartenenti a famiglie ben educate e con inclinazioni internazionali, per una formazione speciale all'internazionalismo.

Questa formazione doveva essere fornita concedendo borse di studio ai selezionati. Essi dovevano essere educati (indottrinati) ad accettare l'"idea" che solo un Governo Unico Mondiale può porre fine alle guerre e alle tribolazioni ricorrenti.

Dovevano essere dapprima persuasi e poi convinti che gli uomini con abilità e cervello speciali avessero il DIRITTO di governare quelli meno dotati, perché i Goyim (la massa del popolo) non sanno cosa sia meglio per loro fisicamente, mentalmente e spiritualmente. Oggi tre di queste scuole speciali si trovano a Gordonstoun in Scozia, a Salem in Germania e ad Anavryta in Grecia. Il principe Filippo, marito della regina Elisabetta d'Inghilterra, è stato educato a Gordonstoun su iniziativa di Lord Louis Mountbatten, suo zio, che divenne ammiraglio della flotta britannica dopo la fine della Seconda Guerra Mondiale.

(3) Persone influenti intrappolate sotto il controllo degli Illuminati e studenti appositamente istruiti e addestrati dovevano essere utilizzati come agenti e collocati dietro le quinte di TUTTI i governi in qualità di "esperti" e "specialisti", in modo da poter consigliare i massimi dirigenti ad adottare politiche che, a lungo termine, avrebbero servito i piani segreti degli Unici Mondialisti e portato alla distruzione definitiva dei governi e delle religioni che erano stati eletti o nominati a servire.

(4) Gli Illuminati dovevano ottenere il controllo della stampa e di tutte le altre agenzie che distribuiscono informazioni al pubblico. Le notizie e le informazioni dovevano essere distorte in modo che i Goyim arrivassero a credere che un Governo Unico Mondiale è l'UNICA soluzione ai nostri numerosi e vari problemi.

Poiché alla fine del XVIII secolo la Gran Bretagna e la Francia erano le due maggiori potenze, Weishaupt ordinò agli Illuminati di fomentare le guerre coloniali per indebolire l'Impero britannico e di organizzare la Grande Rivoluzione per indebolire l'Impero francese. Quest'ultima avrebbe dovuto iniziare nel 1789.

Un autore tedesco di nome Zwack mise in forma di libro la versione riveduta di Weishaupt dell'antica cospirazione e la chiamò "Einige Original-Scripten". Nel 1784 una copia di questo documento fu inviata agli Illuministi che Weishaupt aveva delegato per fomentare la rivoluzione francese. Il corriere fu colpito da un fulmine mentre attraversava Ratisbona sulla strada da Francoforte a Parigi. La polizia trovò i documenti sovversivi sul suo corpo e li consegnò alle autorità governative competenti.

Dopo un attento studio del complotto, il governo bavarese ordinò alla polizia di fare irruzione nelle logge del Grande Oriente appena organizzate da Weishaupt e nelle case di alcuni dei suoi più influenti collaboratori, tra cui il castello del barone Bassus-in-Sandersdorf.

Le ulteriori prove così ottenute convinsero le autorità che i documenti erano una copia autentica di una cospirazione con la quale la Sinagoga di Satana, che controllava al vertice gli Illuminati, progettava di usare guerre e rivoluzioni per realizzare l'istituzione di un Governo Unico Mondiale, di cui intendevano usurpare i poteri non appena fosse stato istituito.

Nel 1785, il governo bavarese mise fuori legge gli Illuminati e chiuse le logge del Grande Oriente. Nel 1786 pubblicarono i dettagli della cospirazione. Il titolo inglese è "The Original Writings of the Order and Sect of The Illuminati".

Copie della cospirazione furono inviate ai capi della Chiesa e dello Stato. Il potere degli Illuminati era così grande che questo avvertimento fu ignorato, così come gli avvertimenti che Cristo aveva dato al mondo.

Gli Illuminati entrarono in clandestinità. Weishaupt incaricò i suoi Illuministi di infiltrarsi nelle logge della Massoneria Blu e di formare una società segreta all'interno delle società segrete.

Solo i massoni che si dimostrarono internazionalisti e quelli la cui condotta dimostrò che avevano disertato da Dio, furono iniziati agli Illuminati. Così i cospiratori usarono il mantello della filantropia per nascondere le loro attività rivoluzionarie e sovversive. Per infiltrarsi nelle logge massoniche britanniche, gli Illuministi invitarono John Robison in Europa. Era un massone di alto grado del Rito scozzese: professore di filosofia naturale all'Università di Edimburgo e segretario della Royal Society di Edimburgo. John Robison non si lasciò ingannare dalla menzogna che l'obiettivo dei mondialisti fosse quello di formare una dittatura benevola. Tuttavia, tenne per sé le sue reazioni e gli fu affidata una copia della Congiura riveduta di Weishaupt per studiarla e custodirla.

Poiché i capi della Chiesa e dello Stato in Francia furono consigliati di ignorare gli avvertimenti dati loro, la rivoluzione scoppiò nel 1789. Per mettere in guardia gli altri governi dal pericolo, nel 1798 John Robison pubblicò un libro intitolato "Proof of a Conspiracy to Destroy All

Governments and Religions". [1] Ma i suoi avvertimenti sono stati ignorati, così come gli altri.

Thomas Jefferson era diventato uno studente di Weishaupt. Fu uno dei suoi più strenui difensori quando fu messo fuori legge dal suo governo. Jefferson infiltrò gli Illuminati nelle logge di rito scozzese appena organizzate nel New England.

Consapevole che questa informazione sconvolgerà molti americani, desidero riportare i seguenti fatti: Nel 1789, John Robison avvertì i capi massoni che gli Illuminati si erano infiltrati nelle loro logge.

Il 19 luglio 1798, David Pappen, presidente dell'Università di Harvard, lanciò lo stesso avvertimento alla classe di laurea e tenne una conferenza sull'influenza che l'illuminismo stava avendo sulla politica e sulla religione americana. John Quincy Adams aveva organizzato le logge massoniche del New England. Nel 1800 decise di opporsi a Jefferson per la presidenza. Scrisse tre lettere al colonnello Wm. L. Stone in cui esponeva come Jefferson stesse usando le logge massoniche per scopi sovversivi. Alle informazioni contenute in queste lettere si attribuisce il merito di aver fatto vincere ad Adams le elezioni. Le lettere sono conservate presso la Rittenburg Square Library di Filadelfia.

---

[1] È stato stampato a Londra per T. Madell Jr. e W. Davies, Strand, e W. Creeck, Edimburgo. Due copie sono conservate in musei e due sono di proprietà di amici dell'autore in America.

*Insegne dell'Ordine degli Illuminati che l'illuminista Jefferson ha
fatto diventare il rovescio del sigillo degli Stati Uniti.*

La suddetta insegna dell'Ordine degli Illuminati fu adottata da
Weishaupt al momento della sua fondazione, il 1° maggio 1776. È
questo evento che viene ricordato dal MDCCLXXVI alla base della
piramide, e non è la data della firma della Dichiarazione di
Indipendenza, come hanno supposto i disinformati.

Il significato del disegno è il seguente: la piramide rappresenta la
cospirazione per la distruzione della Chiesa cattolica (cristiana
universale) e l'instaurazione di un "Mondo Unico", o dittatura
dell'ONU, il "segreto" dell'Ordine; l'occhio che irradia in tutte le
direzioni, è l'"occhio onnipresente" che simboleggia l'agenzia di
spionaggio terroristica, simile alla Gestapo, che Weishaupt istituì con il
nome di "Fratelli Insinuanti", per custodire il "segreto" dell'Ordine e
terrorizzare la popolazione affinché accettasse il suo dominio. Questa
"Ogpu" ebbe il suo primo esercizio nel Regno del Terrore della
Rivoluzione francese, di cui fu strumento nell'organizzazione. È fonte
di stupore che l'elettorato tolleri che si continui a usare questa insegna
come parte del Grande Sigillo degli Stati Uniti.

"ANNUIT COEPTIS" significa "la nostra impresa (cospirazione) è stata coronata dal successo". In basso, "NOVUS ORDO SECLORUM" spiega la natura dell'impresa: significa "un nuovo ordine sociale", o "New Deal".

Va notato che questa insegna ha acquisito un significato massonico solo dopo la fusione dell'Ordine con l'Ordine degli Illuminati al Congresso di Wilhelmsbad, nel 1782.

Benjamin Franklin, John Adams (parente di Roosevelt) e Thomas Jefferson, ardente illuminista, proposero il suddetto come rovescio del sigillo, sulla cui faccia era presente il simbolo dell'aquila, al Congresso, che lo adottò il 20 giugno 1782. Con l'adozione della Costituzione, il Congresso decretò, con atto del 15 settembre 1789, il suo mantenimento come sigillo degli Stati Uniti. Tuttavia, nella sua ultima pubblicazione sull'argomento (2860), il Dipartimento di Stato afferma che "il rovescio non è mai stato tagliato e utilizzato come sigillo", e che solo l'osservatore con il simbolo dell'aquila è stato utilizzato come sigillo e stemma ufficiale. Il simbolo dell'aquila è stato pubblicato per la prima volta a sinistra del rovescio delle banconote da un dollaro all'inizio del New Deal, nel 1933, per ordine del presidente F.D. Roosevelt.

Qual è il significato della pubblicazione, all'inizio del New Deal, di questo simbolo della "Gestapo" che fino a quel momento era stato così accuratamente soppresso che pochi americani ne conoscevano l'esistenza, se non come simbolo massonico?

Può solo significare che con l'avvento del New Deal i cospiratori illuministi-socialisti-comunisti, seguaci del professor Weishaupt, consideravano i loro sforzi come un inizio di successo.

In effetti questo sigillo proclama ai Mondialisti che l'intero potere del governo degli Stati Uniti è ora controllato dall'agente degli Illuminati ed è persuaso o costretto ad adottare politiche che favoriscono i piani segreti dei cospiratori per minare e distruggere il governo degli Stati Uniti insieme ai rimanenti governi del cosiddetto "Mondo Libero", TUTTE le religioni esistenti, ecc, ecc. in modo che la Sinagoga di Satana possa usurpare i poteri del primo governo mondiale che verrà istituito e quindi imporre una dittatura totalitaria luciferiana su ciò che resta della razza umana.

Nel 1826 il capitano Wm. Morgan decise che era suo dovere informare gli altri massoni e il pubblico in generale su quale fosse la VERITÀ riguardo agli Illuminati, ai loro piani segreti e ai loro scopi. Gli Illuminati ottennero i servizi di Richard Howard, un illuminista inglese, per eseguire la loro sentenza: "Che Morgan sia ESEGUITO come traditore". Il capitano Morgan fu avvertito del pericolo. Cercò di fuggire in Canada, ma Howard lo raggiunse vicino al confine. Fu assassinato vicino alle Gole del Niagara. Le ricerche hanno dimostrato che un certo Avery Allyn ha rilasciato una dichiarazione giurata nella città di New York in cui affermava di aver sentito Richard Howard riferire a una riunione dei Cavalieri Templari a St. John's Hall, New York, come aveva "giustiziato" Morgan. Raccontò che erano stati presi accordi per rispedire Howard in Inghilterra.

Pochi oggi sanno che la generale disapprovazione e il disgusto per questo incidente causarono la secessione di quasi il 40% dei massoni appartenenti alla Giurisdizione del Nord degli Stati Uniti. Ho copie dei verbali di una riunione tenutasi per discutere questa particolare questione. Il potere di coloro che dirigono la cospirazione luciferiana contro Dio e l'uomo può essere compreso dalla capacità dei loro agenti di impedire che eventi storici così importanti vengano insegnati nelle nostre scuole pubbliche.

Nel 1829, gli Illuminati tennero una riunione a New York, alla quale intervenne un illuminista britannico di nome Wright. I presenti furono informati che gli Illuminati intendevano unire i gruppi nichilisti e atei con tutte le altre organizzazioni sovversive in un'organizzazione internazionale che sarebbe stata chiamata comunismo. Questa forza distruttiva sarebbe stata utilizzata per consentire agli Illuminati di fomentare guerre e rivoluzioni future. Clinton Roosevelt (un antenato diretto di F.D.R.) Horace Greeley e Chas. Dana furono incaricati di raccogliere fondi per questa nuova impresa. I fondi raccolti finanziarono Karl Marx ed Engels quando scrissero "Das Capital" e "The Communist Manifesto" a Soho, in Inghilterra.

Nel 1830 Weishaupt morì. Egli portò l'inganno della morte degli Illuminati sul proprio letto di morte dove, per convincere i suoi consiglieri spirituali, finse di pentirsi e di rientrare nella Chiesa.

Secondo la versione riveduta di Weishaupt dell'antica cospirazione, gli Illuminati dovevano organizzare, finanziare, dirigere e controllare TUTTE le organizzazioni e i gruppi internazionali, inserendo i loro agenti in posizioni dirigenziali al vertice. Così, mentre Karl Marx scriveva il Manifesto Comunista sotto la direzione di un gruppo di

Illuministi, il professor Karl Ritter dell'Università di Francoforte scriveva l'antitesi sotto la direzione di un altro gruppo, in modo che coloro che dirigono la cospirazione AL TOP potessero usare le differenze in queste due ideologie per iniziare a dividere un numero sempre maggiore di persone della razza umana in campi opposti, in modo che potessero essere armate e poi fatte combattere e distruggere l'una dall'altra, insieme alle loro istituzioni politiche e religiose. Il lavoro iniziato da Ritter fu continuato dal cosiddetto filosofo tedesco Friedrich Wilhelm Nietzsche (1844-1900) che fondò il Nietzscheismo.

Il nietzscheismo è stato sviluppato nel fascismo e successivamente nel nazismo e utilizzato per consentire agli agenti degli Illuminati di fomentare la Prima e la Seconda Guerra Mondiale.

Nel 1834 il leader rivoluzionario italiano Gussepi [Giuseppe] Mazzini fu scelto dagli Illuminati come direttore del loro programma rivoluzionario in tutto il mondo. Ricoprì questo incarico fino alla sua morte, avvenuta nel 1872.

Nel 1840, il generale Albert Pike fu portato sotto l'influenza di Mazzini perché era diventato un ufficiale scontento quando il presidente Jefferson Davis sciolse le sue truppe indiane ausiliarie con la motivazione che avevano commesso atrocità sotto il mantello della guerra legittima. Pike accettò l'idea di un unico governo mondiale e alla fine divenne capo del Sacerdozio Luciferiano. Tra il 1859 e il 1871, elaborò i dettagli di un progetto militare per tre guerre mondiali e tre grandi rivoluzioni che, secondo lui, avrebbero portato la cospirazione alla sua fase finale nel XX secolo.

La maggior parte del suo lavoro fu svolta nella villa di 13 stanze che costruì a Little Rock, in Arkansas, nel 1840.

Quando gli Illuminati e le logge del Grande Oriente divennero sospetti, a causa delle attività rivoluzionarie di Mazzini in Europa, Pike organizzò il Rito Palladiano Nuovo e Riformato. Istituì tre consigli supremi: uno a Charleston, S.C., un altro a Roma, in Italia, e un altro a Berlino, in Germania. Fece istituire da Mazzini ventitré consigli subordinati in luoghi strategici in tutto il mondo. Da allora, queste sono le sedi segrete del movimento rivoluzionario mondiale. Molto prima che Marconi inventasse la radio, gli scienziati degli Illuminati avevano reso possibile la comunicazione segreta tra Pike e i capi dei suoi consigli. Fu la scoperta di questo segreto che permise agli agenti dei servizi segreti di capire come "incidenti" apparentemente non collegati tra loro si verificassero simultaneamente in tutto il mondo, aggravando una situazione e trasformandola in una guerra o in una rivoluzione.

Il piano di Pike era tanto semplice quanto efficace. Egli richiedeva che il comunismo, il nazismo, il sionismo politico e altri movimenti internazionali fossero organizzati e utilizzati per fomentare le tre guerre globali e le tre grandi rivoluzioni. La prima guerra mondiale doveva essere combattuta per consentire agli Illuminati di rovesciare il potere degli zar in Russia e trasformare quel Paese nella roccaforte del comunismo ateo. Per fomentare la guerra, gli agenti degli Illuminati avrebbero dovuto sfruttare le divergenze tra l'Impero britannico e quello tedesco. Dopo la fine della guerra, il comunismo sarebbe stato costruito e utilizzato per distruggere altri governi e indebolire le religioni.

La Seconda Guerra Mondiale doveva essere fomentata sfruttando le differenze tra fascisti e sionisti politici. Questa guerra doveva essere combattuta per distruggere il nazismo e accrescere il potere del sionismo politico, in modo da creare lo Stato sovrano di Israele in Palestina. Durante la seconda guerra mondiale, il comunismo internazionale doveva crescere fino a raggiungere la stessa forza della cristianità unita. A questo punto doveva essere contenuto e tenuto sotto controllo fino al cataclisma sociale finale. Può una persona informata negare che Roosevelt e Churchill non abbiano messo in atto questa politica?

La Terza Guerra Mondiale sarà fomentata utilizzando le divergenze che gli agenti degli Illuminati suscitano tra i sionisti politici e i leader del mondo musulmano. La guerra sarà diretta in modo tale che l'Islam (il mondo arabo, compreso il maomettanesimo) e il sionismo politico (compreso lo Stato di Israele) si distruggeranno da soli, mentre allo stesso tempo le nazioni rimanenti, ancora una volta divise l'una contro l'altra su questo tema, saranno costrette a lottare da sole in uno stato di completo esaurimento fisico, mentale, spirituale ed economico. Può una persona imparziale e razionale negare che gli intrighi in corso nel Vicino, Medio ed Estremo Oriente non siano progettati per raggiungere questo scopo diabolico?

Il 15 agosto 1871, Pike disse a Mazzini che dopo la fine della Terza Guerra Mondiale, coloro che aspirano a un dominio mondiale incontrastato provocheranno il più grande cataclisma sociale che il mondo abbia mai conosciuto. Riportiamo le sue stesse parole scritte (tratte dalla lettera catalogata nella British Museum Library di Londra):

"Scateneremo i nichilisti e gli atei, e provocheremo un formidabile cataclisma sociale che in tutto il suo orrore mostrerà chiaramente alle nazioni l'effetto dell'ateismo assoluto, origine della barbarie e dei tumulti più sanguinosi. Allora, ovunque, i cittadini, obbligati a difendersi dalla minoranza mondiale dei rivoluzionari, stermineranno quei distruttori della civiltà, e la moltitudine, disillusa dal cristianesimo, i cui spiriti deistici saranno da quel momento senza bussola (direzione), ansiosi di un ideale, ma senza sapere dove rendere la sua adorazione, riceverà la vera luce attraverso la manifestazione universale della pura dottrina di Lucifero portata finalmente alla luce del sole, manifestazione che risulterà dal movimento reazionario generale che seguirà la distruzione del cristianesimo e dell'ateismo, entrambi conquistati e sterminati allo stesso tempo."

Quando Mazzini morì nel 1872, Luccio nominò un altro leader rivoluzionario italiano, Adriano Lemmi, suo successore. A Lemmi succedettero in seguito Lenin e Trotsky. Le attività rivoluzionarie di tutti questi uomini furono finanziate dai banchieri internazionali britannici, francesi, tedeschi e americani. Il lettore deve ricordare che i banchieri internazionali di oggi, come i cambiavalute dei tempi di Cristo, sono solo strumenti o agenti degli Illuminati.

Mentre il grande pubblico è stato indotto a credere che il comunismo sia un movimento dei lavoratori (soviet) per distruggere il capitalismo, Pedine nel gioco e La nebbia rossa sull'America dimostrano che i funzionari dei servizi segreti britannici e americani hanno ottenuto prove documentali autentiche che dimostrano che i capitalisti internazionalisti che operano attraverso le loro banche internazionali hanno finanziato entrambe le parti in ogni guerra e rivoluzione combattuta dal 1776. Coloro che oggi compongono la Sinagoga di Satana dirigono i nostri governi, che tengono in pugno con l'usura, a combattere le guerre e le rivoluzioni in modo da favorire i piani di Pike per portare il mondo a quella fase della cospirazione in cui il comunismo ateo e l'intera cristianità potranno essere costretti a una guerra totale all'interno di ogni nazione rimasta e su scala internazionale.

Ci sono molte prove documentali che dimostrano che Pike, come Weishaupt, era a capo del Sacerdozio Luciferiano ai suoi tempi. Oltre alla lettera che scrisse a Mazzini nel 1871, un'altra che scrisse ai capi dei suoi Consigli Palladiani il 14 luglio 1889 cadde in mani diverse da quelle previste. Era stata scritta per spiegare il dogma luciferiano, riguardante l'adorazione di Satana e il culto di Lucifero. In essa diceva in parte:

> "Quello che diciamo alla folla è 'adoriamo Dio'. Ma è il Dio che si adora senza superstizioni. La religione dovrebbe essere, da tutti noi iniziati degli alti gradi, mantenuta nella purezza della dottrina luciferiana... Sì! Lucifero è Dio. E purtroppo anche Adonay (il nome dato dai luciferiani al Dio che adoriamo) è Dio... perché l'assoluto può esistere solo come due dei. Così, la dottrina del satanismo è un'eresia; e la vera e pura religione filosofica è la fede in Lucifero, l'uguale di Adonay: ma Lucifero, Dio della Luce e del Bene, sta lottando per l'umanità contro Adonay, il Dio delle Tenebre e del Male".

La propaganda diffusa da coloro che dirigono la cospirazione luciferiana ha fatto credere al grande pubblico che tutti coloro che si oppongono al cristianesimo siano atei. Si tratta di una menzogna deliberata fatta circolare per nascondere i piani segreti dei Sommi Sacerdoti del Credo Luciferiano che dirigono la Sinagoga di Satana, in modo che la razza umana si trovi ancora nell'impossibilità di stabilire su questa terra il piano di Dio per il governo dell'universo, come lo spiegò ai nostri primi genitori nel Giardino dell'Eden, raccontato nella Genesi. I sommi sacerdoti del Credo luciferiano lavorano nell'oscurità. Rimangono dietro le quinte. Mantengono segreta la loro identità e il loro vero scopo, anche alla stragrande maggioranza di coloro che ingannano affinché facciano la loro volontà e favoriscano i loro piani e le loro ambizioni segrete. Sanno che il successo finale della loro cospirazione per usurpare i poteri del governo mondiale dipende dalla loro capacità di mantenere segreta la loro identità e il loro VERO scopo, finché nessuna astuzia o potere potrà impedirgli di incoronare il LORO leader Re despota del mondo intero. Le Sacre Scritture hanno previsto che quanto pianificato da Weishaupt e Pike sarebbe stato messo in atto fino a quando le forze spirituali del male non avrebbero controllato questa terra. L'Apocalisse 20 ci dice che, dopo che queste cose che abbiamo raccontato saranno avvenute, Satana sarà legato per mille anni.

Non pretendo di sapere cosa significhi il termine mille anni in termini di tempo come lo conosciamo. Per quanto mi riguarda, lo studio della cospirazione luciferiana, alla luce della conoscenza contenuta nelle Sacre Scritture, mi ha convinto che il vincolo di Satana e il contenimento delle forze sataniche su questa terra possono essere realizzati più rapidamente se TUTTA LA VERITÀ sull'esistenza della continua cospirazione luciferiana viene resa nota il più rapidamente possibile a TUTTI i popoli di TUTTE le nazioni rimaste.

Una ricerca ha portato alla luce lettere di Mazzini che rivelano come i sommi sacerdoti del Credo Luciferiano mantengano segreta la loro identità e il loro vero scopo. In una lettera che Mazzini scrisse al suo socio rivoluzionario, il dottor Breidenstine, pochi anni prima di morire, disse: "Noi formiamo un'associazione di fratelli in tutti i punti del globo. Vogliamo spezzare ogni giogo. Tuttavia, ce n'è uno invisibile che si percepisce appena, eppure pesa su di noi. Da dove viene? Dove si trova? Nessuno lo sa... o almeno nessuno lo dice. Questa associazione è segreta anche per noi veterani delle società segrete".

Nel 1925 Sua Eminenza il Cardinale Caro y Rodriguez, Arcivescovo di Santiago del Cile, pubblicò il libro "Il mistero della Massoneria svelato", per denunciare come gli Illuminati, i Satanisti e i Luciferiani avessero imposto una società segreta su una società segreta. Egli produce una grande quantità di prove documentali per dimostrare che nemmeno i massoni di 32° e 33° grado sanno cosa succede nelle Logge del Grande Oriente e del Rito Palladiano Nuovo e Riformato di Pike e nelle Logge affiliate di Adozione in cui vengono iniziati i membri femminili della cospirazione. A pagina 108 cita l'autorità Margiotta per dimostrare che prima che Pike scegliesse Lemmi per succedere a Mazzini come Direttore del Movimento Rivoluzionario Mondiale Lemmi era un satanista rabbioso e confermato. Ma dopo essere stato selezionato fu iniziato all'ideologia luciferiana.

Il fatto che i Sommi Sacerdoti del Credo Luciferiano su questa terra abbiano introdotto l'adorazione di Satana nei gradi inferiori di entrambe le Logge del Grande Oriente e dei Consigli del Rito Palladiano, per poi iniziare individui selezionati al PIENO SEGRETO che Lucifero è Dio, l'uguale di Adonay, ha lasciato perplessi molti storici e ricercatori. Le Sacre Scritture menzionano Lucifero solo poche volte: 14 Isa, 10:18 Luca, 9:1-11 Apocalisse. La dottrina luciferiana, tuttavia, afferma con certezza che Lucifero guidò la rivolta celeste; che Satana è il figlio maggiore di Dio (Adonay) e il fratello di San Michele che sconfisse la cospirazione luciferiana in cielo. Gli insegnamenti luciferiani sostengono anche che San Michele è venuto sulla terra nella persona di Gesù Cristo per cercare di ripetere ciò che aveva fatto in Cielo... e ha fallito. Poiché Lucifero, Satana, il Diavolo - chiamatelo come volete -

è il padre della menzogna, sembra che queste forze spirituali delle tenebre ingannino il maggior numero possibile di cosiddetti intellettuali affinché facciano la loro volontà qui come in cielo.

Senza entrare in polemica, dovrebbe essere facile per il cristiano medio capire che ci sono DUE poteri soprannaturali. Una a cui ci riferiamo come Dio, a cui le Scritture danno molti nomi, e l'altra, il Diavolo, che sembra avere anch'esso molti nomi. La cosa importante da ricordare è che secondo l'Apocalisse ci sarà un giudizio finale. Satana romperà o sarà liberato dai legami con cui è stato legato per mille anni. Egli creerà di nuovo il caos su questa terra. Poi Cristo interverrà a favore degli eletti e Dio dividerà le pecore dai capri. Ci viene detto che coloro che hanno disertato da Dio saranno governati nel caos più totale e nella confusione da Lucifero, Satana o il Diavolo, per tutta l'eternità e odieranno il loro governante, se stessi e gli altri, perché si renderanno conto di essere stati ingannati e di aver disertato da Dio, perdendo il suo amore e la sua amicizia per sempre.

Una volta letti *Pedine nel gioco* e *La nebbia rossa sull'America*, sarà facile rendersi conto che la lotta in corso NON è di natura mondana o temporale. Ha origine in quella parte dell'universo che chiamiamo "Mondo Celeste"; il suo scopo è quello di allontanare le anime degli uomini da Dio Onnipotente.

Teologi esperti hanno affermato che Lucifero, Satana, o il capo delle Forze del Male, chiamato semplicemente "il Diavolo", sa di aver sbagliato e sa di aver sbagliato. È uno spirito puro e quindi indistruttibile. Sapendo di aver sbagliato, è comunque determinato a trascinare all'inferno quante più anime possibile per condividere la sua miseria. Questo è un dato di fatto e il nostro dovere è chiaro: dobbiamo far conoscere la VERITÀ a questo proposito al maggior numero possibile di persone, in modo che possano evitare le insidie e le trappole di coloro che servono il diavolo e penetrare le bugie e gli inganni di coloro che vagano per il mondo cercando la rovina delle anime. Le guerre e le rivoluzioni danno al diavolo il suo più grande raccolto di anime umane, perché "tanti sono i chiamati e pochi gli eletti" (Mt 20, 16; 22, 14). Spesso sentiamo parlare di ciò che sta accadendo oggi nel mondo come di "una guerra per le menti degli uomini". Questa è solo una mezza verità ed è peggio di un'intera menzogna. Il complotto di Weishaupt richiede:

1. Abolizione di TUTTI i governi nazionali ordinati.

2. Abolizione dell'eredità.

3. Abolizione della proprietà privata.

4. Abolizione del patriottismo.

5. Abolizione della casa individuale e della vita familiare come cellula da cui sono nate tutte le civiltà.

6. Abolizione di TUTTE le religioni istituite ed esistenti affinché l'ideologia luciferiana del totalitarismo possa essere imposta all'umanità.

Il quartier generale della cospirazione alla fine del 1700 si trovava a Francoforte, in Germania, dove si era insediata la Casa Rothschild, collegata ad altri finanzieri internazionali che avevano letteralmente "venduto l'anima al diavolo". Dopo la denuncia del governo bavarese nel 1786, i sommi sacerdoti del credo luciferiano stabilirono il loro quartier generale in Svizzera; dalla Seconda Guerra Mondiale il quartier generale si trova nell'Harold Pratt Building di New York. I Rockefeller hanno sostituito i Rothschild per quanto riguarda la manipolazione delle finanze.

Nella fase finale della cospirazione il governo sarà composto dal re-despota, dalla Sinagoga di Satana e da alcuni milionari, economisti e scienziati che hanno dimostrato la loro devozione alla causa luciferiana. Tutti gli altri saranno integrati in un vasto conglomerato di umanità mongrelizzata, attraverso l'inseminazione artificiale praticata su scala internazionale. Alle pagine 49-51 "L'impatto della scienza sulla società" Bertrand Russell afferma che alla fine meno del 30% della popolazione femminile e il 5% di quella maschile saranno utilizzati per la riproduzione. La riproduzione sarà strettamente limitata al tipo e al numero di esemplari necessari per soddisfare le esigenze dello Stato.

Poiché le sentenze dei tribunali sono oggi molto sentite dall'opinione pubblica, concluderò la mia introduzione citando una conferenza tenuta ai membri della Loggia del Grande Oriente di Parigi, in Francia, da un alto dirigente del Rito Palladiano di Pike, all'inizio del secolo scorso. Egli disse:

"Sotto la nostra influenza l'esecuzione delle leggi dei Goyim è stata ridotta al minimo. Il prestigio della legge è stato fatto esplodere dalle interpretazioni liberali introdotte in questa sfera. Negli affari e nelle questioni più importanti e fondamentali i giudici decidono come noi li dettiamo: vedono le questioni nella luce in cui noi le avvolgiamo per l'amministrazione dei Goyim, naturalmente attraverso persone che sono i nostri strumenti anche se non sembriamo avere nulla in comune con loro. Anche i senatori e l'amministrazione superiore accettano il nostro consiglio...".

Questo dovrebbe spiegare l'incidente di "Little Rock", avvenuto mezzo secolo dopo.

Una persona pensante può negare che la cospirazione rivista da Weishaupt negli ultimi anni del 1700 e i piani elaborati da Pike negli ultimi anni del 1800 non sono maturati esattamente come previsto? Gli imperi di Russia e Germania sono stati distrutti.

Quelle di Gran Bretagna e Francia ridotte a potenze di terza classe. Le teste coronate sono cadute come frutti troppo maturi. La popolazione mondiale è stata divisa due volte in campi opposti come risultato della propaganda degli Illuminati. Due guerre mondiali hanno visto i cristiani uccidersi l'un l'altro in modo efficiente a decine di milioni senza che nessuno impegnato avesse la minima animosità personale verso l'altro. Due delle maggiori rivoluzioni, quelle della Russia e della Cina, sono fatti compiuti.

Il comunismo è stato costruito fino a raggiungere una forza pari a quella dell'intera cristianità. Gli intrighi in corso in Oriente e in Medio Oriente stanno fomentando la Terza Guerra Mondiale. Dopo di essa, se non sarà fermata subito dal peso dell'opinione pubblica informata, arriverà il cataclisma sociale finale; seguirà la schiavitù fisica, mentale e spirituale assoluta.

Qualsiasi persona informata può negare che il comunismo sia tollerato nei restanti Paesi cosiddetti liberi. I servizi segreti speciali britannici, il R.C.M.P. canadese e l'F.B.I. statunitense potrebbero arrestare tutti i leader comunisti entro ventiquattro ore dall'ordine, ma non possono agire. PERCHÉ? La risposta è semplice. Il comunismo viene "contenuto" a livello di governo nazionale e internazionale su "consiglio" degli agenti degli Illuminati, che forniscono molte scuse assolutamente non convincenti per l'attuale politica di Gran Bretagna, Canada e Stati Uniti nei confronti del comunismo nazionale e internazionale. Se l'FBI o la RPC agiscono, i giudici delle Corti supreme di entrambi i Paesi trovano una ragione legale per cui gli arrestati dovrebbero essere liberati. Un'azione del genere sarebbe del tutto ridicola se il comunismo non fosse contenuto per essere usato nel cataclisma sociale finale.

Non è forse tempo che i cristiani si sveglino e si rendano conto del pericolo che corrono? Non è forse tempo che i genitori rifiutino di permettere che i loro figli siano usati come carne da cannone per servire la causa luciferiana? Non è forse giunto il momento di diventare "facitori" della Parola di Dio invece che solo "uditori"?

La Federazione dei Laici Cristiani, di cui ho l'onore di essere presidente, ha messo a disposizione tutte le conoscenze ottenute finora sui vari aspetti della cospirazione. Abbiamo pubblicato Pawns In The Game e Red Fog Over America in forma di libro e altri opuscoli. Per tenere aggiornati coloro che hanno letto i nostri libri sui progressi della cospirazione, pubblichiamo una news letter mensile, intitolata News Behind The News. Le nostre previsioni sugli eventi futuri si basano sulla nostra conoscenza della cospirazione in corso. Esse si sono avverate in misura così sorprendente da suscitare l'interesse di persone pensanti in tutto il mondo. Vi invitiamo a unirvi a noi. Conoscete a fondo i vari aspetti della cospirazione e poi trasmettete questa conoscenza ad altri. Fate questo e il potere dell'opinione pubblica informata di diventerà il più grande potere sulla terra.

Vi invito a organizzare leghe civiche cristiane o gruppi simili. Usateli come gruppi di studio. Usateli per eleggere uomini che siano cittadini leali. Ma prima di scegliere un candidato per una carica pubblica, assicuratevi che sia pienamente informato su tutti gli aspetti della cospirazione internazionale a livello comunale, statale e federale. Tutti i mondialisti non serviranno la Sinagoga di Satana, consapevolmente.

È nostro dovere far conoscere loro la verità. Le leghe civiche cristiane dovrebbero essere apartitiche e non confessionali. Il loro scopo dovrebbe essere quello di riportare Dio nella politica, in modo da stabilire un governo conforme al suo piano per il governo dell'universo, come spiegato nelle Scritture e dall'unigenito Figlio di Dio, Gesù Cristo. Solo allora la Sua volontà sarà fatta qui come in cielo. A mio modesto parere, solo quando questo avverrà, Dio interverrà in nostro favore e le parole del Padre Nostro si realizzeranno.

William Guy Carr
Clearwater Fla.
13 ottobre 1958.

Capitolo 1

Il Movimento rivoluzionario mondiale

Per comprendere le cause del passato che hanno prodotto gli effetti che sperimentiamo oggi, soprattutto per quanto riguarda lo stato insoddisfacente degli affari nazionali e internazionali, è necessario studiare la storia, perché la storia si ripete. La storia si ripete perché c'è stata una perfetta continuità di intenti nella lotta che si è svolta fin dall'inizio dei tempi tra le forze del Bene e quelle del Male per decidere se il governo di Dio Onnipotente dovesse prevalere o se il mondo dovesse andare letteralmente in mano al Diavolo. La questione è molto semplice. È un dato di fatto che sia le forze del Bene che quelle del Male si sono divise in fazioni. Queste fazioni spesso si oppongono l'una all'altra nel tentativo di raggiungere un obiettivo comune: questo rende complicato lo studio dell'argomento. Queste differenze di opinione sono state prodotte dalla propaganda, che viene usata più spesso per diffondere bugie e mezze verità che per dire la pura e semplice verità su un determinato evento o argomento.

I guerrafondai hanno usato la propaganda per dividere gli esseri umani in campi opposti su questioni politiche, sociali, economiche e religiose, in modo da fomentarli in uno stato emotivo tale da spingerli a combattere e a uccidersi a vicenda. Per scoprire le cause che hanno prodotto gli effetti che sperimentiamo oggi è necessario studiare attentamente tutte le prove disponibili. Bisogna separare le verità dalle falsità e la finzione dai fatti. Gli eventi passati devono essere studiati per vedere come hanno influito e influenzato le condizioni esistenti oggi.

Per quanto riguarda la religione, la razza umana si divide in due campi principali. Gli uni credono nell'esistenza di un Dio. Quelli dell'altro campo negano l'esistenza di un Essere Supremo di qualsiasi tipo. Questo fatto è di grande importanza, perché si dimostrerà che tutte le guerre e le rivoluzioni sono state il risultato del tentativo di un gruppo o di un altro di imporre le proprie ideologie ai popoli del mondo intero.

La concezione di DIO varia a seconda delle sette. Il teismo insegna che Dio è un essere personale e l'autore e il sovrano dell'universo. Il panteismo identifica Dio con l'universo, ma non come un essere personale. I panteisti credono nella dottrina della presenza universale dello Spirito Divino nella natura. Una sorta di panteismo ha trovato spazio in molti sistemi religiosi e filosofici: il buddismo e l'induismo sono entrambi accomunati da questa dottrina. La fede in un Dio personale include la fede in un mondo celeste, la fede nell'anima e nella vita nel mondo celeste dopo la morte dei nostri corpi mortali. Chi crede in un Dio personale deve necessariamente credere nell'esistenza di Satana, un diavolo personale.

Uno studio delle religioni comparate dimostra che, fin dove è possibile risalire, anche i membri di tribù isolate hanno sempre avuto un istinto religioso che li portava a discutere e a riflettere sulle domande: "Perché siamo nati?". "Per quale scopo viviamo?" "Quali sono i nostri fini?". "Dove andiamo quando moriamo?". Anche le tribù più arretrate dell'Africa centrale e dell'Australia sembrano non aver avuto dubbi sull'esistenza di Dio, di un mondo spirituale e di un'altra esistenza per le loro anime, dopo la morte dei loro corpi mortali.

Uno studio delle religioni comparate indica anche che la maggior parte, se non tutte, le religioni (che insegnano a credere in un Essere Supremo) sono partite da un livello più o meno uniformemente alto in cui l'adorazione e l'amore per Dio Onnipotente, il rispetto per gli anziani e i genitori, l'amore per i vicini, cioè i benefattori, e l'offerta di preghiere per i parenti e gli amici defunti costituivano il principio di base. Uomini malvagi, spinti da motivi di egoismo e avidità e dal desiderio di potere, hanno fatto sì che quasi tutte le religioni si deteriorassero fino ai livelli che troviamo oggi. Alcune religioni si sono deteriorate fino a far sacrificare ai sacerdoti esseri umani come offerta a Dio. Anche il cristianesimo, che è una delle religioni più recenti, si è deteriorato. Il cristianesimo si è diviso in molte fazioni (denominazioni) e occorrerebbe molta immaginazione per immaginare la stragrande maggioranza di coloro che oggi si professano cristiani come veri soldati, o seguaci, di Gesù Cristo.

In generale, il cristianesimo si è deteriorato per quanto riguarda la pratica delle opere buone. Questo aspetto diventa di grande importanza quando si studia la lotta in atto oggi tra le forze del Bene e del Male, perché la pratica delle buone opere creava il vicinato e portava all'unità della Famiglia cristiana. La vera definizione della parola "prossimo" è una persona che si è dimostrata un tuo benefattore; una persona su cui puoi contare; una persona che, ne sei certo, non ti farebbe del male in nessuna circostanza; quell'uomo o quella donna è il tuo prossimo. Le Scritture ci dicono che dobbiamo amare il nostro prossimo come noi stessi per amore di Dio. L'unico modo per avere un buon vicinato è compiere opere buone in modo disinteressato. La mancanza di opere buone individuali significa mancanza di unità e di spirito comunitario. Oggi abbiamo adottato il freddo modo di fare opere buone da libretto degli assegni.

Lasciamo le prestazioni agli operatori sociali professionisti. Questo ha giustificato l'uso dell'espressione "Fredda come la carità professionale". È bene ricordare che anche la legislazione governativa in materia di sicurezza sociale non solleva gli individui dai doveri del vicinato. La preghiera senza le buone opere non serve a nulla. Nella debolezza e nella disunione dei cristiani risiede la forza atea.

Per un motivo o per l'altro, molte denominazioni cristiane stanno rapidamente perdendo la loro presa sui giovani dei cosiddetti Paesi liberi. Ogni persona che ha perso il credo cristiano di solito si rivolge al secolarismo e spesso finisce come "compagno di viaggio" in una o nell'altra delle ideologie atee del comunismo o del nazismo. [2]

La stragrande maggioranza dei cristiani che si professano tali non sono veri "soldati di Gesù Cristo", mentre ogni membro tesserato dei partiti comunista o nazista deve giurare di prestare obbedienza illimitata ai leader, di dedicare ogni ora di veglia alla promozione della causa e di contribuire con un decimo del proprio reddito al finanziamento delle attività del partito.

Mentre i cristiani sono irrimediabilmente divisi in circa 400 denominazioni, comunisti e nazisti sono tutti solidamente uniti come anticristiani. Il perdurare di questo stato di cose non può che consentire

---

[2] I termini nazista e nazismo sono usati per indicare e identificare i membri estremisti dei partiti di "destra" che hanno dato fedeltà ai Signori della Guerra ariani dalla mentalità totalitaria, i quali hanno complottato per usare il fascismo per portare avanti i loro piani e le loro ambizioni segrete, esattamente come il "Gruppo Internazionale" composto da banchieri, monopolisti e alcuni politici ha usato il comunismo e tutti gli altri gruppi "a sinistra" del centro per portare avanti i loro piani segreti e le loro ambizioni totalitarie.

ai leader di questo o quel gruppo ateo di conquistare il dominio del mondo. Quando lo faranno, ridurranno in schiavitù corpo, anima e mente tutti coloro che rifiuteranno di accettare la loro ideologia pagana. Gli Illuminati imporranno allora il dispotismo di Satana.

C'è una grande somiglianza nelle credenze di coloro che adorano un Essere Supremo, riguardo all'origine dell'uomo. La maggioranza crede che il "Grande Padre" abbia popolato questo mondo allo scopo di dare ai meno colpevoli tra coloro che hanno seguito Lucifero durante la rivoluzione celeste un'altra possibilità di decidere, di propria spontanea volontà, se accettare l'autorità di Dio e dargli obbedienza illimitata o, letteralmente, andare dal diavolo.

Sono queste convinzioni che sostengono sette disprezzate come i Doukhobor nella loro resistenza passiva alle leggi create dall'uomo che considerano contrarie alle leggi divine di Dio. È bene ricordare che il nome Lucifero significa Detentore della Luce, un essere molto brillante, il più "luminoso" degli angeli. Nonostante questi doni e privilegi speciali, egli si ribellò alla supremazia di Dio Onnipotente.

La maggior parte delle persone, a parte gli atei e i darwinisti, accetta la storia della Creazione. Tuttavia, ci sono molte opinioni diverse riguardo alla storia di Adamo ed Eva e del Giardino dell'Eden. Molti studenti di religione comparata sostengono che è probabile che Dio abbia creato molti mondi, e molti Adamo ed Eva, e li abbia collocati in luoghi dove potessero riprodurre la loro specie e popolare i pianeti su cui vivevano.

Il fatto che gli esseri umani siano collocati su questa terra con un metodo e un processo di nascita che impedisce loro di avere una qualsiasi conoscenza di un'esistenza precedente, si adatta a questa teoria. Tutto ciò che sappiamo, riguardo al periodo precedente la Creazione, è ciò che ci è stato rivelato nelle Scritture. Non ha molta importanza se ci siano stati uno o molti Adamo e Eva. La cosa importante da ricordare è che a tutti gli esseri umani è stato dato il libero arbitrio e devono decidere da soli se credere in un Dio e in un Diavolo o se credere nell'ideologia ateo-materialista. Ogni essere umano deve decidere in un modo o nell'altro. Se una persona crede che esistano un Dio e un Diavolo, allora deve decidere quale servire. Un ateo, se aderisce a una delle due ideologie totalitarie, serve il partito e lo Stato. Deve prestare obbedienza illimitata al capo del Partito e dello Stato. La pena per la deviazione è la sofferenza, l'imprigionamento e forse la morte.

La fede nell'esistenza di Dio include automaticamente la credenza in Spiriti soprannaturali buoni e cattivi che possono influenzare le menti degli uomini per scopi buoni o cattivi. È la lotta in atto per il possesso delle anime degli uomini a causare le condizioni che prevalgono oggi su questa terra. Il potere del diavolo è stato drammaticamente evidenziato quando ha tentato Cristo stesso, mentre si trovava nel deserto per prepararsi al suo ministero.

Gli atei, invece, non credono nell'esistenza di esseri soprannaturali. Sostengono che non è mai stata dimostrata l'esistenza di Dio. Esistono molti gruppi di atei. I veri comunisti, i massoni del Grande Oriente, i liberi pensatori, i membri della Lega dei senza Dio, gli illuministi, i nichilisti, gli anarchici, i veri nazisti,[3] e la mafia. Molti senza Dio aderiscono a varie forme di laicismo, anche se si oppongono a diventare attivi nei gruppi di atei comunisti e nazisti. [4]

La maggior parte degli atei basa le proprie convinzioni sul principio che esiste una sola realtà - la MATERIA - e che le forze cieche della MATERIA (a volte indicate come ENERGIA) si evolvono in vegetali, animali e uomini. Negano l'esistenza di un'anima e la possibilità di vivere in un altro mondo dopo la morte dei nostri corpi mortali.

Verranno prodotte prove che dimostrano che il comunismo moderno è stato organizzato nel 1773 da un gruppo di baroni del denaro internazionali che da allora lo hanno usato come manuale d'azione per portare avanti i loro piani segreti per realizzare uno Stato totalitario senza Dio. Lenin lo ha chiarito nel suo libro Comunismo di sinistra. A pagina 53 afferma che: "La nostra teoria (il comunismo) non è un dogma (dottrina consolidata); è un manuale d'azione ". Molti leader

---

[3] I termini "vero comunista" e "vero nazista" sono usati per identificare i leader e gli agenti delle due ideologie totalitarie che sono stati iniziati al rituale satanico dell'Illuminismo nella Massoneria del Grande Oriente o ai riti pagani ariani usati dalle Logge militari tedesche naziste del Grande Oriente.

[4] Il lettore deve rendersi conto della differenza tra nazismo e fascismo perché, contrariamente a quanto la propaganda antifascista ha fatto credere a tante persone, il movimento fascista, nato in Italia nel 1919, voleva essere una crociata cristiana per combattere l'ideologia atea di Karl Marx e sostenere il "nazionalismo" contro l'"internazionalismo", come pianificato dai leader dei signori della guerra nazisti tedeschi e dei banchieri, industriali e politici internazionali.

moderni hanno detto e fatto le stesse cose che Lucifero fece durante la rivoluzione celeste. Non c'è alcuna differenza apprezzabile tra l'ateismo rosso e quello nero. L'unica differenza sta nei piani utilizzati dai leader avversari per ottenere il controllo incontrastato delle risorse mondiali e realizzare le loro idee per una dittatura totalitaria e senza Dio.

Karl Marx (1818-1883) era un tedesco di origine ebraica. Fu espulso dalla Germania e successivamente dalla Francia per le sue attività rivoluzionarie. Ottenne asilo in Inghilterra. Nel 1848 pubblicò il Manifesto comunista. Marx ammise che questo piano a lungo termine, per trasformare il mondo in un'Internazionale di Repubbliche Socialiste Sovietiche, avrebbe potuto richiedere secoli per essere realizzato.

Karl Ritter (1779-1859) è stato un professore tedesco di storia e geopolitica. Scrisse l'antitesi del Manifesto comunista di Karl Marx. Elaborò anche un piano in base al quale sosteneva che la razza ariana avrebbe potuto dominare prima l'Europa e poi il mondo intero. Alcuni leader atei del Gruppo Ariano adottarono il piano di Karl Ritter. Organizzarono il nazismo per promuovere le loro ambizioni segrete di ottenere il controllo finale del mondo e trasformarlo in uno Stato senza Dio, secondo la loro concezione di dittatura totalitaria. Questo piccolo gruppo di uomini sapeva di doversi alleare o distruggere il potere e l'influenza dei banchieri internazionali. Non è certo che più di una manciata di leader di alto livello dei movimenti comunisti e fascisti sappiano che le loro organizzazioni vengono usate per promuovere le ambizioni segrete degli Illuminati, che sono i sommi sacerdoti del satanismo.

Secondo i leader di entrambi i gruppi atei, lo Stato deve essere supremo. Per questo motivo, il capo dello Stato è Dio in Terra. Questa convinzione mette in pratica la deificazione dell'uomo.

Di Karl Marx e del comunismo si sa molto di più che di Karl Ritter e del nazismo. Ritter è stato per molti anni professore di storia all'Università di Frankfort, in Germania. In seguito ha insegnato Geografia all'Università di Berlino. Nei circoli didattici era considerato una delle massime autorità in materia di storia, geografia e scienze geopolitiche. Poiché gli "scopi e gli obiettivi" dei leader del Partito Ariano sono sempre stati tenuti segreti, il legame di Karl Ritter con i leader e il nazismo è molto poco conosciuto. Funzionari dei servizi segreti collegati al governo britannico hanno scoperto il suo legame con i Signori della Guerra Ariana quando studiavano Economia Politica, Scienze Geopolitiche e Religioni Comparate nelle università tedesche.[5] Queste informazioni furono trasmesse alle autorità competenti ma, come spesso accade, i leader politici e i diplomatici non compresero il significato di ciò che era stato detto o vollero ignorarlo. [6]

Lo studio della Storia di Karl Ritter lo convinse che un gruppo molto ristretto di ricchi e influenti banchieri internazionali di, che non davano fedeltà a nessun Paese ma si intromettevano negli affari di tutti, nel 1773 aveva organizzato la Massoneria del Grande Oriente allo scopo di utilizzare il Movimento Rivoluzionario Mondiale per promuovere le proprie ambizioni segrete. Il loro piano a lungo termine prevedeva che il loro gruppo ottenesse il controllo definitivo delle ricchezze, delle risorse naturali e del potere umano del mondo intero. Il loro obiettivo finale era quello di formare una dittatura totalitaria basata sulle loro teorie di materialismo ateo dialettico e storico. Ritter sosteneva che la maggior parte, se non tutti, i banchieri internazionali erano di origine ebraica, indipendentemente dal fatto che praticassero o meno la fede ebraica.

Nella sua antitesi al Manifesto Comunista di Karl Marx, egli affrontò i pericoli che si sarebbero dovuti affrontare se si fosse permesso a questo gruppo di uomini di continuare a controllare e dirigere le politiche del comunismo internazionale. Offrì ai signori della guerra ariani tedeschi suggerimenti molto concreti e pratici per sconfiggere la cospirazione dei baroni del denaro internazionali. [7]

---

[5] I Signori della Guerra nazisti ariani non devono essere confusi con i più moderati Junker, che erano giovani tedeschi che si addestravano militarmente per proteggere quelli che consideravano i diritti politici ed economici "nazionali" della Germania, minacciati da gruppi di mentalità internazionale.

[6] Uno dei più grandi ufficiali dei servizi segreti britannici è il padrino di mia figlia Eileen. Lo conosco intimamente dall'ottobre 1914. Ho prestato servizio con lui, in alcune occasioni, in entrambe le guerre mondiali. Sia lui che io abbiamo indagato su questo aspetto del nazismo in modo indipendente, ma quando abbiamo controllato le nostre prove abbiamo scoperto che eravamo molto vicini a un accordo completo.

[7] Il termine "baroni del denaro internazionali" è usato per definire il gruppo internazionale di uomini che controllano le banche, le industrie, il commercio e gli scambi internazionali. Sono gli uomini che hanno usato il comunismo per distruggere

Il professor Ritter fornì ai Signori della Guerra ariani un piano alternativo a lungo raggio con il quale avrebbero potuto ottenere il controllo definitivo delle risorse del mondo per le razze ariane.

Per contrastare i piani dei Banchieri Internazionali, Karl Ritter consigliò ai leader dei gruppi ariani di organizzare il nazismo e di usare il fascismo, cioè il nazionalsocialismo, come manuale d'azione per promuovere le loro ambizioni segrete di conquista del mondo. Il professor Ritter sottolineò anche che, poiché i banchieri internazionali intendevano usare tutte le fasi del semitismo per portare avanti i loro piani, i leader ariani avrebbero dovuto usare tutte le fasi dell'antisemitismo per promuovere la loro causa.

Il Piano a lungo raggio di Karl Ritter per la conquista definitiva del mondo comprendeva i seguenti suggerimenti:

1. La sottomissione di tutti i Paesi europei da parte della Germania. Per raggiungere questo scopo suggerì di incoraggiare e aiutare i Junker militari tedeschi a ottenere il controllo del governo, in modo da poter intraprendere una serie di avventure militari, intervallate da guerre economiche. L'obiettivo era indebolire l'economia e la forza lavoro delle nazioni europee da sottomettere.[8] Karl Ritter affermò che non era assolutamente essenziale, per il successo del suo Piano a lungo termine, che ogni avventura militare si concludesse con una netta vittoria, a condizione che le altre nazioni coinvolte fossero lasciate in condizioni di tale indebolimento da richiedere un recupero economico e di forza lavoro più lungo di quello della Germania. Karl Ritter sottolineò l'importanza di convincere il popolo tedesco di essere fisicamente e mentalmente superiore alle razze semitiche. Da questo pensiero i propagandisti ariani svilupparono l'idea della razza padrona tedesca. Lo fecero per contrastare la propaganda dei banchieri internazionali che sostenevano che la razza semitica fosse il popolo eletto da Dio e divinamente scelto per ereditare la terra. I leader ariani promossero la

---

l'autorità costituita e le istituzioni politiche e religiose esistenti, al fine di usurpare per sé il controllo incontrastato delle risorse mondiali.

[8] Questo è un esempio di come gli estremisti anticomunisti utilizzino anche il "principio della società per azioni" e si servano di altri per raggiungere i loro scopi, mentre i veri direttori e istigatori rimangono nascosti e sconosciuti al grande pubblico.

dottrina secondo cui la "loro razza" era la razza dominante su questa terra. Così milioni di persone furono divise in campi opposti.

2. Karl Ritter raccomandava una politica finanziaria che impedisse ai banchieri internazionali di ottenere il controllo dell'economia della Germania e dei suoi Stati satellite, come avevano fatto in Inghilterra, Francia e America.

3. Raccomandò l'organizzazione di una quinta colonna nazista per contrastare l'organizzazione clandestina comunista. Il suo obiettivo era quello di persuadere le classi medie e alte dei Paesi che intendevano sottomettere ad accettare il fascismo come unico antidoto al comunismo. I 5° Colonna tedeschi dovevano condizionare le popolazioni di altri Paesi ad accogliere le armate tedesche come loro protettori militari contro la minaccia di aggressione comunista. Karl Ritter avvertì i leader del Gruppo Ariano che un'invasione militare di un altro Paese non avrebbe MAI dovuto essere intrapresa fino a quando la Quinta Colonna e le macchine di propaganda non avessero accuratamente preparato la strada e convinto la maggioranza della popolazione ad accettare il loro intervento armato come atto di salvatori o crociati, e non come aggressori. [9]

4. Karl Ritter raccomandò a sangue freddo la distruzione totale del comunismo e lo sterminio della razza ebraica come essenziali per ottenere il controllo definitivo degli affari internazionali da parte dei leader ariani. Egli giustificò questa drastica stipulazione con i fatti della storia che, a suo dire, dimostravano che il comunismo era usato dai banchieri ebrei internazionali per promuovere le loro egoistiche ambizioni materialistiche.

Gli elementi che componevano il *piano a lungo termine* erano molti di più, ma in questo capitolo è sufficiente produrre prove sufficienti per aprire la porta dietro la quale si nascondevano i piani segreti di due piccoli gruppi di uomini atei e materialisti dalla mentalità totalitaria. Lo studio delle religioni comparate, delle scienze geopolitiche e

---

[9] Quando Hitler agì contro i principi fondamentali stabiliti da Karl Ritter, i generali tedeschi che appartenevano al nucleo duro dei leader nazisti cercarono di farlo assassinare, senza tener conto del fatto che in origine lo avevano creato come strumento della loro volontà.

dell'economia politica, e anni di intense ricerche, hanno rivelato la verità che molti milioni di esseri umani sono stati usati come pedine nel gioco dai leader dei due gruppi totalitari atei che continueranno a giocare la loro orribile partita a scacchi internazionale fino a quando uno o l'altro non saranno eliminati. Saranno prodotte prove per mostrare come questo gioco è stato condotto in passato e quali mosse saranno probabilmente fatte nel prossimo futuro per consentire a uno dei due gruppi di vincere la partita.

I seguaci di tutte le religioni che insegnano l'esistenza di Dio e la vita nell'aldilà credono nell'amore e nell'adorazione di Dio e nella carità verso tutti gli uomini di buona volontà. I credenti sinceri sono disposti a soffrire qualsiasi difficoltà e a fare qualsiasi sacrificio per assicurarsi la salvezza eterna. Ai seguaci dell'ateismo viene insegnato a odiare tutti coloro che rifiutano di accettare il loro credo materialista. La determinazione dei leader di entrambi i gruppi atei a raggiungere il dominio del mondo permette loro di concepire le cospirazioni più diaboliche e di perpetrare ogni tipo di crimine, dagli omicidi individuali ai genocidi. Fomentano guerre per indebolire le nazioni che devono ancora sottomettere.

Lo studio delle religioni comparate dimostra anche che il comunismo e il nazismo sono assolutamente incompatibili con tutte le religioni che credono nell'esistenza di un Dio onnipotente. L'esperienza e la storia dimostrano che coloro che credono in Dio e coloro che ne negano l'esistenza sono in tale contraddizione che nessuno dei due può sopravvivere al trionfo dell'altro. I leader atei dei Paesi sottomessi possono, per un certo periodo, tollerare le religioni che insegnano a credere in Dio, ma permettono ai sacerdoti di operare solo nella periferia sociale. Si preoccupano che i sacerdoti non abbiano la possibilità di influenzare il comportamento sociale e politico delle loro congregazioni. Le prove dimostrano che l'obiettivo ULTIMO di entrambe le principali ideologie atee è quello di cancellare dalle menti dell'umanità, attraverso la persecuzione e un programma sistematicamente applicato di lavaggio continuo del cervello, ogni conoscenza di un Essere Supremo, dell'esistenza di un'anima e della speranza di una vita nell'aldilà. Essendo questi i fatti, qualsiasi discorso sulla coesistenza è un non-senso o una propaganda.

Il problema di oggi è la continuazione della Rivoluzione Celeste. Se Dio ha posto gli esseri umani su questa terra perché lo conoscano, lo amino e lo servano in questa vita per essere felici con Lui per sempre nell'aldilà, allora è logico pensare che l'unico modo in cui Lucifero potrebbe sperare di riconquistare le anime in lotta sarebbe quello di inocular loro la dottrina dell'ateismo-materialismo.

Senza dubbio molti si chiederanno: "Ma come può il Diavolo inoculare nelle menti degli uomini idee atee e altre idee malvagie?". A questa domanda si può rispondere in questo modo: se gli esseri umani possono creare stazioni radio e televisive, dalle quali un individuo può influenzare milioni di altre persone trasmettendo le sue opinioni su qualsiasi argomento attraverso le onde radio invisibili, perché non dovrebbe essere possibile per gli esseri celestiali trasmettere i loro messaggi a noi? Nessuno specialista del cervello ha osato negare che nel cervello di ogni individuo ci sia una sorta di misterioso ricevitore.

Ogni ora di ogni giorno gli esseri umani dicono: "Sono stato ispirato a fare questo" o "Sono stato tentato di fare quello". I pensieri, siano essi buoni o cattivi, devono avere origine da qualche parte, da qualche "causa", ed essere trasmessi al cervello umano. Il corpo è solo lo strumento che mette in atto il pensiero dominante per il "bene" o per il "male".

Un fatto fondamentale che tutte le persone che credono nell'esistenza di Dio non devono mai dimenticare è questo: se siamo su questa terra per un periodo di prova; se ci è stato dato il libero arbitrio, è per permetterci di decidere se vogliamo andare a Dio o al diavolo. Pertanto, se il diavolo non avesse la possibilità di influenzare le menti degli uomini, non ci sarebbe alcuna prova.

Se Dio Onnipotente ha mandato i suoi profeti e Suo figlio Gesù Cristo, per mostrarci chiaramente ciò che è Bene e ciò che è Male, allora perché il Diavolo non dovrebbe mandare i suoi falsi Cristi e i suoi falsi profeti per cercare di dimostrarci che il Male è Bene e che il Bene è Male?

Il modo più semplice per comprendere ciò che sta accadendo oggi nel mondo è studiare gli eventi della Storia come le mosse di una continua partita a scacchi internazionale... I leader degli Illuminati hanno diviso i popoli del mondo in due campi principali. Hanno usato Re e Regine; Alfieri e Cavalieri; e le masse della popolazione mondiale, come pedine nei loro giochi. La politica spietata dei leader consiste nel considerare tutti gli altri esseri umani come spendibili, a condizione che il sacrificio di un pezzo importante o di un milione di pedoni li avvicini al loro obiettivo totalitario finale. Il dispotismo di Satana.

Il professor Ritter avrebbe detto che la fase attuale di questo gioco è iniziata nella Casa dei Conti di Amschel Mayer Bauer alias Rothschild, situata a Frankfort-on-the-Main, in Germania, quando tredici orafi[10] decisero che dovevano rimuovere tutte le Teste Coronate d'Europa, distruggere tutti i governi esistenti ed eliminare tutte le religioni organizzate, prima di potersi assicurare il controllo assoluto delle ricchezze, delle risorse naturali e del potere umano di tutto il mondo e stabilire un dispotismo satanico. Il materialismo dialettico e storico doveva essere utilizzato per portare avanti questi piani.

Per quanto possa sembrare strano, la storia dimostrerà che i leader dei gruppi semiti e antisemiti hanno talvolta unito le forze per combattere contro un nemico comune, come l'Impero britannico o la religione cristiana. E mentre le masse combattevano, gli Illuminati, che costituiscono il potere segreto dietro i movimenti rivoluzionari mondiali, si accaparravano la posizione migliore da cui avrebbero tratto i maggiori benefici futuri.

I leader del comunismo e del nazismo si sono incrociati e hanno fatto il doppio gioco, ma non è certo che molti di loro si siano resi conto, prima che fosse troppo tardi, di essere solo strumenti controllati dall'Agente degli Illuminati, che usa tutto ciò che è malvagio per perseguire i propri fini. Quando i Poteri Segreti che dirigono l'uno o l'altro gruppo, anche solo sospettano che uno dei loro "strumenti" sappia troppo, ne ordinano la liquidazione. Verranno prodotte prove per dimostrare che i leader di questi due gruppi di uomini dalla mentalità totalitaria hanno istigato molti assassinii individuali e causato molte rivoluzioni e guerre, in cui decine di milioni di esseri umani sono stati uccisi, mentre milioni sono stati feriti e resi senza tetto. È difficile trovare un leader militare che possa giustificare la decisione di sganciare bombe atomiche su Hiroshima o Nagasaki, dove, in un batter d'occhio, circa 100.000 persone sono state uccise e il doppio gravemente ferite. Le forze militari giapponesi erano già state sconfitte. La resa era solo questione di ore o giorni quando fu perpetrato questo atto diabolico. L'unica conclusione logica è che le Potenze Segrete, che, come sarà dimostrato, influenzano e controllano le politiche della maggior parte dei governi nazionali, decisero che questa più moderna di tutte le armi letali doveva essere

---

[10] Tutti gli orafi non erano ebrei. Solo alcuni si dedicarono alla pratica dell'usura. Uno degli orafi più ricchi è quello della London City Company, che risale al 1130.

dimostrata per ricordare a Stalin cosa sarebbe successo se fosse diventato troppo odioso. Questa è l'unica scusa di che fornisce anche solo una parvenza di giustificazione per un simile oltraggio all'umanità.

Ma la bomba atomica e la bomba all'idrogeno non sono più le armi più letali al mondo. Il gas nervino, ora stoccato sia dalle nazioni comuniste che da quelle non comuniste, è in grado di spazzare via tutti gli esseri viventi di un Paese, di una città o di un paese. L'entità della distruzione di tutte le vite umane in una nazione può essere adattata alle esigenze militari ed economiche di chi decide di usare il gas nervino per raggiungere il proprio obiettivo. Si dice che il gas nervino sia fluoro altamente concentrato nella sua forma gassosa. È il gas più penetrante e letale mai scoperto dall'uomo. È incolore, inodore, insapore ed economico da produrre. Una sola goccia, anche se fortemente diluita con acqua o olio, se viene a contatto con un corpo vivente, provoca la paralisi dell'apparato respiratorio e la morte. In pochi minuti penetra anche attraverso gli indumenti di gomma, come quelli indossati dai pompieri in servizio. Il gas nervino non danneggia seriamente gli oggetti inanimati.

Entro pochi giorni dall'applicazione del gas nervino, la forza d'invasione sarebbe stata in grado di entrare nuovamente nelle aree contaminate. Si tratterebbe di aree di morti, ma tutti gli edifici e i macchinari sarebbero intatti. L'unico antidoto conosciuto al gas nervino è il farmaco Atropina. Per essere efficace deve essere iniettato nelle vene delle vittime immediatamente e ripetutamente dopo la contaminazione. Questo mezzo di difesa non è pratico per le aree densamente popolate. Sia i governi comunisti che quelli anticomunisti dispongono di gas nervino. Il fatto che entrambe le parti dispongano di questo gas in quantità può indurre entrambe le parti a esitare nell'usarlo. Ma è risaputo che uomini disperati e spietati ricorreranno a qualsiasi estremo per raggiungere i loro obiettivi. E, come sarà dimostrato, non hanno mai esitato a sacrificare milioni e milioni di esseri umani - uomini, donne e bambini - se così facendo si avvicinano di un solo passo al loro obiettivo finale.

Potremmo anche chiederci: "Come finirà la lotta che si sta svolgendo su questa terra?". Non è certo che esista un solo essere vivente che non si sia mai posto questa domanda. È una domanda che le giovani coppie di sposi si pongono ansiosamente quando discutono se permettere alla loro felicità connubiale di portare altri bambini in questo mondo odiato.

La risposta più completa si trova nel Vangelo di San Matteo, capitolo XXIV, versetti da 15 a 34: "In quel tempo Gesù disse ai suoi discepoli:

"Quando vedrete l'abominio della desolazione, di cui parlò il profeta Daniele, stare nel Luogo Santo (chi legge capisca), quelli che sono in Giudea fuggano sui monti; e chi è in cima alla casa non scenda a prendere nulla dalla sua casa; e chi è nei campi non torni indietro a prendere il suo mantello. E guai a chi è incinta e partorisce in quei giorni. Ma pregate che la vostra fuga non avvenga in inverno o in giorno di sabato; perché ci sarà una grande tribolazione, quale non c'è stata dall'inizio del mondo fino ad oggi, né ci sarà; e se quei giorni non saranno abbreviati, NESSUNO POTRA' ESSERE SALVATO; ma per il bene degli eletti, quei giorni saranno abbreviati".

Cristo ha poi affrontato il problema dei falsi leader e degli anticristi che, come aveva predetto, avrebbero usato la propaganda per confondere il pensiero degli uomini. Egli disse:

Se qualcuno vi dirà: "Ecco il Cristo", non credetegli, perché sorgeranno falsi Cristi e falsi profeti che mostreranno grandi segni e prodigi, tanto da ingannare (se possibile) anche gli eletti. Ecco, ve l'ho detto in anticipo. Se dunque vi diranno: "Ecco, egli è nel deserto, non uscite". Ecco, è nell'armadio, non credeteci. Perché come il lampo esce dall'Oriente e appare fino all'Occidente, così sarà anche la venuta del Figlio dell'uomo. Ovunque sarà il corpo, là si raduneranno le aquile. E subito dopo le tribolazioni di quei giorni, il sole si oscurerà, la luna non darà la sua luce, le stelle si sposteranno e le potenze dei cieli saranno scosse.[11] E allora apparirà il segno del Figlio dell'uomo nel cielo, e allora le tribù della terra faranno cordoglio; e vedranno il Figlio dell'uomo venire sulle nubi del cielo, con molta potenza e maestà; ed egli manderà i suoi angeli con una tromba e un grande suono ed essi raduneranno i suoi eletti dai quattro venti, dalla parte più lontana dei cieli fino ai loro confini. E dal fico imparate questa parabola: quando il suo ramo è ormai tenero e spuntano le foglie, sapete che l'estate è vicina. Così anche voi, quando vedrete tutte queste cose, saprete che è vicina anche alle

---

[11] La parola greca che indica il cielo è "Ouranos", da cui prendono il nome il pianeta Urano e il metallo Uranio. Questo predice le bombe "A" e "H".

porte. Amen, io vi dico a che questa generazione non passerà finché tutte queste cose non saranno compiute".

Il ramo è ormai tenero, molte foglie sono spuntate, manca solo un'altra guerra in cui entrambe le parti usino bombe atomiche e all'idrogeno e gas nervino, e avremo inflitto a noi stessi gli abomini della desolazione che ridurranno la razza umana a condizioni così caotiche che l'intervento divino sarà la nostra unica salvezza.

Oggi è pratica comune per le persone, specialmente quelle che agiscono volontariamente o meno, come agenti delle potenze del male, incolpare Dio per la triste situazione in cui ci troviamo. Una persona intelligente ammetterà che Dio non può essere incolpato. Ci ha dato il nostro libero arbitrio, ci ha dato i Comandamenti come guida. Ci ha dato Cristo come maestro ed esempio vivente. Se ci rifiutiamo ostinatamente di accettare gli insegnamenti e l'esempio di Cristo; se ci rifiutiamo anche di obbedire ai Comandamenti di Dio, come possiamo ragionevolmente incolpare un'agenzia diversa da noi stessi per aver permesso alle Forze del Male di ottenere la supremazia in questo nostro mondo? Edmund Burke scrisse una volta: "Tutto ciò che è necessario per il trionfo del male, è che gli uomini buoni non facciano nulla". Ha scritto una grande verità.

Lo studio delle religioni comparate, in relazione alle condizioni che stiamo vivendo nel mondo di oggi, porta lo studente imparziale alla conclusione che gli esseri umani che adorano Dio e credono in un'altra vita dopo la morte dei nostri corpi mortali, godono di una religione di Amore e Speranza. L'ateismo è una religione dell'odio e della disperazione più nera. Eppure, mai prima d'ora nella storia del mondo, è stato fatto uno sforzo così determinato per introdurre il secolarismo nelle nostre vite come dal 1846, quando C.J. Holyoake, C. Bradlaugh e altri affermarono la loro opinione "CHE L'INTERESSE UMANO DEVE ESSERE LIMITATO ALLE PREOCCUPAZIONI DELLA VITA PRESENTE".

Questi sostenitori del secolarismo sono stati i predecessori del più recente gregge di falsi Cristi e falsi Profeti: Karl Marx, Karl Ritter, Lenin, Stalin, Hitler e Mussolini. Questi uomini hanno ingannato milioni e milioni di persone operando grandi segni e prodigi. Hanno ingannato molti cristiani professanti che avrebbero dovuto saperlo bene.

Capitolo 2

La rivoluzione inglese 1640 - 1660

Le Forze del Male si rendono conto che per ottenere il controllo incontrastato dei beni materiali del mondo e instaurare una Dittatura Totalitaria Materialista Atea, è necessario distruggere ogni forma di governo costituzionale e di religione organizzata. Per fare ciò, le Forze del Male hanno deciso di dividere i popoli del mondo gli uni contro gli altri su varie questioni. Fin dall'antichità, le razze ariana e semitica sono state spinte all'inimicizia l'una contro l'altra per servire le ambizioni segrete dei loro leader atei-materialisti. Se i popoli di razza ariana e semitica fossero rimasti saldi nella loro fede in Dio e fedeli ai suoi comandamenti, le Forze del Male non avrebbero mai potuto raggiungere il loro scopo malvagio.

Il termine ariano indica in realtà i gruppi linguistici altrimenti noti come indoeuropei o indo-germanici. Comprende due gruppi. Quello occidentale o europeo e quello orientale o armeno. Le lingue ariane mostrano un'origine comune attraverso il loro vocabolario, il sistema e le inflessioni.

In realtà la parola ariano significa "Un onorevole Signore del suolo". Perciò la maggior parte dei leader del gruppo ariano in Europa erano baroni terrieri che mantenevano forti forze armate per proteggere le loro proprietà. Da questi baroni nacquero i Signori della Guerra ariani. Questi organizzarono a loro volta il nazismo e usarono il fascismo e tutti i gruppi antisemiti di destra e di centro per servire i loro scopi e promuovere i loro piani segreti per il dominio del mondo.

Le principali divisioni dei gruppi ariani sono le razze teutoniche, romaniche e slave, che si sono insediate nell'Europa occidentale. I turchi, i magiari, i baschi e i finlandesi sono razze non ariane. Gli antenati comuni dei gruppi ariani abitavano nel Pamir in un'epoca remota.

D'altra parte, i gruppi semitici sono in realtà divisi in due sezioni. Una comprende i gruppi assiro, aramaico, ebraico e fenicio. L'altra sezione comprende i gruppi arabo ed etiope. L'arabo è il gruppo più copioso, mentre l'aramaico è il più povero. Gli Ebrei occupano una posizione intermedia. [12]

Oggi il termine ebreo è usato in modo molto generico per definire le persone che, in un momento o nell'altro, hanno abbracciato la fede ebraica. Molti di loro non sono in realtà di origine semitica. Un gran numero di persone che hanno accettato la fede ebraica sono discendenti degli erodiani, che erano idumei di sangue turco-mongolo. In realtà sono edomiti. [13]

Il fatto importante da ricordare è che tra i leader ebrei, esattamente come tra i leader ariani, c'è sempre stato un piccolo e duro nucleo di uomini che sono stati, e sono tuttora, illuministi o atei. Possono aver prestato servizio a parole alla religione ebraica o cristiana per soddisfare i propri scopi, ma non hanno mai creduto nell'esistenza di Dio. Ora sono internazionalisti. Non sono fedeli a nessuna nazione in particolare, anche se a volte hanno usato il nazionalismo per promuovere le loro cause. La loro unica preoccupazione è quella di ottenere un maggiore potere economico e politico. L'obiettivo finale dei leader di entrambi i gruppi è identico. Sono determinati a conquistare per sé il controllo incontrastato delle ricchezze, delle risorse naturali e del potere umano del mondo intero. Intendono trasformare il mondo nella LORO concezione di dittatura totalitaria e senza Dio.

Le razze non semite e turco-finlandesi si infiltrarono in Europa dall'Asia circa il primo secolo dopo l'avvento di Cristo. Presero la via di terra a nord del Mar Caspio. Questi popoli sono indicati nella storia come khazari. Erano un popolo pagano. Si stabilirono nell'Europa orientale e fondarono il potente Regno Khazar. Espansero i loro domini con conquiste militari finché, alla fine dell'VIII secolo, occuparono la

---

[12] Si veda la *Pears Cyclopedia*, pagine 514 e 647.

[13] Cfr. *Enciclopedia Ebraica* Vol. 5, pag. 41: 1925. Vi si legge: "Edom è nell'Ebraismo moderno". Anche il professor Lothrop Stoddard, eminente etnologo, afferma che: "Gli stessi documenti degli ebrei ammettono che l'82% di coloro che aderiscono al movimento politico sionista sono Ashkenazim, cosiddetti ebrei, ma non semiti. Ci sono molte opinioni diverse su queste questioni razziali.

maggior parte dell'Europa orientale a ovest dei Monti Urali e a nord del Mar Nero. Alla fine i Khazar accettarono l'ebraismo come loro religione, preferendolo al cristianesimo o al maomettanesimo. In tutto il loro regno furono costruite sinagoghe e scuole per l'insegnamento dell'ebraismo. All'apice del loro potere, i Khazar raccoglievano tributi da venticinque popoli conquistati.

Il Grande Regno Khazar fiorì per quasi cinquecento anni. Poi, verso la fine del X secolo, i Khazar furono sconfitti in battaglia dai Varangiani (russi) che piombarono su di loro da nord. La conquista dei Khazar fu completata alla fine del XIII secolo. Il movimento rivoluzionario ispirato agli ebrei khazari proseguì all'interno dell'Impero russo dal XIII secolo fino alla Rivoluzione d'Ottobre del 1917. La conquista dei khazari nel XIII secolo spiega come tante persone, oggi comunemente chiamate ebrei, siano rimaste all'interno dell'Impero russo.

C'è un altro fatto importante che getta luce sul tema dell'arianesimo e del semitismo. I finlandesi, e altri gruppi generalmente classificati come varangiani (russi), erano di origine non ariana e il popolo tedesco in generale li ha trattati come nemici.

Un atto di Cristo ha una grande importanza nello studio del Movimento rivoluzionario mondiale. Cristo era considerato da molti un radicale che basava il suo movimento di riforma sull'adorazione di Dio Onnipotente, sull'obbedienza alle autorità costituite e sull'amore per il prossimo. La storia della vita di Cristo mostra che egli amava TUTTE le persone, tranne un gruppo particolare. Odiava gli usurai con un'intensità che sembra strana in un uomo dal carattere così mite. Gesù ammonì ripetutamente gli usurai per la loro pratica dell'usura. Li denunciò pubblicamente come adoratori di Mammona. Disse che erano della Sinagoga di Satana. (Ap. 2: - 9). Espresse con enfasi il suo estremo odio nei confronti degli usurai quando prese una frusta e li cacciò dal Tempio. Li ammonì con queste parole: "Questo Tempio è stato costruito come casa di Dio... Ma voi lo avete trasformato in un covo di ladri". Compiendo questo atto di vendetta sugli usurai, Cristo firmò la propria condanna a morte.

Furono gli Illuminati, e i falsi sacerdoti e gli anziani al loro soldo, a ordire il complotto con cui Cristo sarebbe stato giustiziato dai soldati romani.

Furono loro a fornire i trenta pezzi d'argento usati per corrompere Giuda. Furono loro a usare i loro propagandisti per disinformare e fuorviare la mafia. Furono gli agenti degli Illuminati a guidare la mafia quando accettò Barabba e gridò che Cristo fosse crocifisso. FURONO GLI ILLUMINATI A ORGANIZZARE LE COSE IN MODO CHE I SOLDATI ROMANI AGISSERO COME LORO BOIA. Poi, dopo aver compiuto il misfatto e aver avuto la loro vendetta, i cospiratori passarono in secondo piano e lasciarono che la loro colpa ricadesse sulle masse di ebrei e sui loro figli. La storia dimostra che avevano un motivo diabolico per far ricadere la colpa della morte di Cristo sul popolo ebraico. La storia dimostra che intendevano usare l'odio generato tra il popolo ebraico come risultato della persecuzione, per servire i loro ignobili scopi e promuovere le loro segrete ambizioni totalitarie. Cristo sapeva tutte queste cose.

Egli rese nota la sua conoscenza nel modo più drammatico possibile. Mentre pendeva morente sulla croce, pregò il Padre celeste e disse: "Padre perdona loro perché non sanno quello che fanno". Sicuramente stava pregando per la mafia? Stava chiedendo perdono per gli uomini che erano stati usati dagli Illuminati per essere lo STRUMENTO della loro vendetta. La storia dimostra che da allora i prestatori di denaro internazionali si sono serviti della mafia per promuovere le loro ambizioni segrete. All'Istituto Lenin di Mosca i professori che tengono lezioni agli aspiranti leader rivoluzionari di tutto il mondo si riferiscono invariabilmente alle masse come "la mafia". Gli Illuminati dirigono tutte le forze del male.

Lo studio del Movimento Rivoluzionario Mondiale (W.R.M.), dai tempi di Cristo ai giorni nostri, dimostra che è ingiusto incolpare l'intera razza ebraica per i crimini commessi contro l'umanità da un piccolo gruppo di falsi sacerdoti e prestatori di denaro. Questi uomini sono sempre stati, e sono tuttora, il Potere Segreto dietro l'Internazionalismo. Oggi usano il comunismo come manuale d'azione per promuovere i loro piani segreti per il dominio finale del mondo.

Lo studio della storia dimostrerà che è altrettanto ingiusto incolpare l'intero popolo tedesco e italiano per i crimini contro l'umanità commessi dal piccolo gruppo di Signori della Guerra ariani che organizzarono il nazismo, nella speranza di poter sconfiggere il comunismo internazionale e il sionismo politico e dare loro il dominio del mondo attraverso la conquista militare. La storia dimostra chiaramente che i leader dei due gruppi contrapposti hanno diviso le masse del popolo, indipendentemente dalla razza, dal colore o dal credo, in due campi contrapposti e poi li hanno usati tutti come pedine nel gioco degli scacchi internazionali. Giocano per decidere quale gruppo alla fine sconfiggerà l'altro e stabilirà, una volta per tutte, il controllo incontrastato del mondo, delle sue ricchezze, delle sue risorse naturali, del suo potere umano e della sua religione. Bisogna ricordare che, poiché lo scopo del Diavolo è quello di allontanare le anime degli uomini da Dio, Satana usa sia il comunismo "rosso" che il nazismo "nero" per influenzare le menti degli uomini affinché abbraccino l'una o l'altra ideologia atea. Chi accetta l'una o l'altra ideologia atea vende la propria anima al diavolo.

Gli eventi storici dimostrano la continuità dello scopo malvagio degli Illuminati. Molti teologi concordano sul fatto che questa perfetta continuità dei loro piani a lungo termine è una prova positiva che essi sono, come Cristo li ha definiti, "della Sinagoga di Satana". I teologi basano la loro opinione sulla teoria che nulla di umano potrebbe avere una tale continuità del male attraverso i secoli. La continuità del male è l'esatto contrario della successione apostolica della Chiesa cattolica romana. In questo, come in molte altre cose, ci viene ricordato con forza l'effettivo potere delle forze soprannaturali di influenzare le nostre vite individuali, la politica nazionale e gli affari internazionali. Argomentazioni di questo tipo riguardanti gli ebrei dalla mente malvagia sono ugualmente applicabili agli ariani dalla mente malvagia e agli uomini dalla mente malvagia di ogni razza, colore e credo.

La storia dimostra che Seneca (4 a.C. - 65 d.C.) morì perché, come Cristo, cercò di smascherare le pratiche corrotte e l'influenza malvagia degli usurai che si erano infiltrati nell'Impero romano. Seneca era un famoso filosofo romano. Fu scelto come precettore di Nerone, che divenne imperatore di Roma. Per molto tempo Seneca fu il migliore amico e il più fidato consigliere di Nerone. Nerone sposò Popaea, che lo portò sotto la cattiva influenza degli usurai. Nerone divenne uno dei sovrani più infami che il mondo abbia mai conosciuto. La sua condotta licenziosa e le sue abitudini depravate svilupparono in lui un carattere così meschino che visse solo per perseguitare e distruggere tutto ciò che era buono. I suoi atti di vendetta prendevano la forma di atrocità solitamente commesse in pubblico sulle vittime della sua ira. Seneca perse la sua influenza su Nerone, ma non smise mai di denunciare pubblicamente gli usurai per la loro influenza malvagia e le loro pratiche corrotte. Alla fine gli usurai chiesero a Nerone di intervenire contro Seneca, che era molto popolare tra il popolo. Per non suscitare l'ira del popolo contro di sé e contro gli usurai, Nerone ordinò a Seneca di porre fine alla sua attività di scrittore. Nerone ordinò a Seneca di porre fine alla propria vita.

Questo è il primo caso registrato in cui gli usurai fecero suicidare una persona perché era diventata fastidiosa per loro, ma non fu affatto l'ultimo. La storia registra decine di suicidi simili e di omicidi fatti passare per incidenti o suicidi.

Una delle più famose degli ultimi anni è stata quella di James V. Forrestal. Nel 1945 Forrestal si era convinto che i banchieri americani fossero strettamente affiliati ai banchieri internazionali che controllavano le banche di Inghilterra, Francia e altri Paesi. Era anche convinto, secondo i suoi diari, che i baroni internazionali del denaro fossero gli Illuminati e fossero direttamente responsabili dello scoppio della Prima e della Seconda Guerra Mondiale. Cercò di convincere della verità il Presidente Roosevelt e altri funzionari governativi di alto livello. O ha fallito e si è suicidato in un attacco di depressione, o è stato assassinato per chiudergli la bocca per sempre. L'omicidio, fatto passare per suicidio, è stata una politica accettata ai massimi livelli dell'intrigo internazionale per molti secoli. [14]

Giustiniano I (Flavius Anicius Justianiamus 483-565 d.C.) scrisse il suo famoso libro di diritto "Corpus Juris Civilis". Egli cercò di porre fine ai metodi illegali di traffico e commercio praticati da alcuni mercanti ebrei. Impegnandosi nel commercio illegale e nel contrabbando all'ingrosso, i mercanti ebrei, che erano solo agenti degli Illuminati, ottenevano un vantaggio sleale rispetto ai loro concorrenti gentili.

Li misero fuori gioco. Il libro della legge, scritto da Giustiniano, fu accettato come testo di legge fino al X secolo. Ancora oggi è considerato il più importante di tutti i documenti di giurisprudenza. Ma gli usurai riuscirono a compensare il bene che Giustiniano aveva cercato di fare.[15] L'Enciclopedia Ebraica di Funk & Wagnall ha questo da dire sugli ebrei di quei tempi: "Godevano di piena libertà religiosa...

---

[14] *I diari di Forrestal* Viking Press, New York, 1951.

[15] Alcuni lettori sostengono che Giustiano non aveva questo scopo. Io sostengo che la conoscenza del torto spinge l'uomo a creare leggi e provvedimenti correttivi.

Erano aperti a loro uffici minori. Il commercio di schiavi costituiva la principale fonte di sostentamento per gli ebrei romani, e decreti contro questo traffico furono emessi nel 335, 336, 339, 384 d.C., ecc.".

Questa è la storia in bianco e nero. Ma la storia rivela che i mercanti e i prestatori di denaro ebrei non limitarono le loro attività illegali al commercio degli schiavi. È documentato che si impegnarono in ogni forma di traffico illegale, compreso il commercio di droga, la prostituzione, il contrabbando all'ingrosso di liquori, profumi, gioielli e altre merci soggette a dazio. Per proteggere i loro traffici illegali corrompevano e corrompevano i funzionari; con l'uso di droghe, liquori e donne distruggevano la morale del popolo. La storia racconta che Giustiniano, benché imperatore dell'Impero Romano, non fu abbastanza forte da porre fine alle loro attività. [16]

Edward Gibbon (1737-1794) tratta dell'influenza corruttrice dei mercanti e dei prestatori di denaro ebrei. A loro attribuisce il merito di aver contribuito in gran parte a "Il declino e la caduta dell'Impero romano". Scrisse il libro con questo titolo. Gibbon dedica ampio spazio al ruolo svolto da Papaia, moglie di Nerone, nel creare le condizioni che portarono il popolo di Roma a precipitare ubriacamente verso la propria distruzione. Con la caduta dell'Impero romano, si affermò il predominio ebraico. Le nazioni europee entrarono in quello che gli storici chiamano "Medioevo".

L'Enciclopedia Britannica dice questo sull'argomento. "C'era una tendenza inevitabile per loro (i mercanti e i prestatori di denaro ebrei) a specializzarsi nel commercio per il quale il loro acume, e la loro ubiquità, davano loro qualifiche speciali. Nel Medioevo il commercio dell'Europa occidentale era in gran parte nelle loro mani, in particolare il commercio degli schiavi".

Il controllo ebraico degli scambi e del commercio, sia legale che illegale, divenne sempre più stretto. Si diffuse in lungo e in largo, fino a quando l'economia di ogni Paese europeo fu più o meno nelle loro mani. Testimonianze sotto forma di monete polacche e ungheresi che recano iscrizioni ebraiche danno un'indicazione del potere che

---

[16] Le stesse influenze maligne sono responsabili delle stesse condizioni maligne che esistono oggi in tutte le grandi città.

esercitavano a quei tempi nelle questioni finanziarie. Il fatto che gli ebrei facessero uno sforzo particolare per emettere e controllare la moneta, avvalora l'opinione che i prestatori di denaro avessero adottato lo slogan "Emettiamo e controlliamo il denaro di una nazione e non ci interessa chi ne fa le leggi", molto prima che Amschel Mayer Bauer [17] (1743-1812) usasse questo slogan per spiegare ai suoi cospiratori il motivo per cui i prestatori di denaro ebrei avevano ottenuto il controllo della Banca d'Inghilterra nel 1694.

I baroni, che erano i leader dell'arianesimo, decisero di spezzare il controllo ebraico del commercio, degli scambi e del denaro in Europa. È a questo scopo che nel 1095 ottennero il sostegno di alcuni governanti cristiani per dare inizio alle Crociate o Guerre Sante.[18] Tra il 1095 e il 1271 furono organizzate otto crociate. Ufficialmente, le Crociate erano spedizioni militari intraprese per garantire la sicurezza dei pellegrini che volevano visitare il Santo Sepolcro e instaurare il dominio cristiano in Palestina. In realtà si trattava di guerre fomentate allo scopo di dividere la popolazione europea in due campi. Un campo pro-ebraico e l'altro anti-ebraico. In anni più recenti, le potenze segrete hanno diviso la razza bianca in gruppi semiti e antisemiti. Alcune crociate ebbero successo, altre no. Il risultato netto fu che, nel 1271, la Palestina rimaneva ancora nelle mani degli Infedeli, nonostante i Paesi della Cristianità avessero speso MILIONI DI SOLDI e di tesori per finanziare le Crociate e avessero sacrificato MILIONI DI VITE UMANE per combattere quelle Guerre Sante. Strano a dirsi, gli usurai ebrei si arricchirono e si rafforzarono come non mai.

C'è una fase delle Crociate che non deve essere trascurata quando si studiano le "cause" in relazione agli "effetti" che produssero negli anni successivi. Nel 1215 la Gerarchia cattolica romana tenne il Quarto Concilio Lateranense. Il tema principale in esame era l'aggressione ebraica in tutti i Paesi d'Europa. In questo periodo storico i governanti della Chiesa e i governanti dello Stato lavorarono in unità. I governanti

---

[17] Bauer è l'orafo ebreo che fondò la "Casa Rothschild" a Frankfort sul Meno. Lui e i suoi confratelli hanno tramato la Rivoluzione francese del 1789.

[18] Poiché l'odio e la vendetta sono lo Stock-in-Trade delle forze del male, esse useranno qualsiasi pretesto per fomentare guerre e rivoluzioni, persino per usare il nome di Dio, che odiano.

della Chiesa, dopo le dovute deliberazioni, si espressero a favore della continuazione delle Crociate.

Inoltre, elaborarono e promulgarono decreti volti a porre fine all'usura e alla pratica degli usurai ebrei di utilizzare metodi immorali nel traffico e nel commercio per ottenere vantaggi sleali rispetto ai concorrenti gentili, e a frenare le pratiche corrotte e immorali. Per raggiungere questo scopo, i dignitari presenti al Quarto Concilio Lateranense decretarono che nel futuro gli ebrei fossero limitati a vivere nei propri alloggi. Agli ebrei era assolutamente vietato assumere cristiani come dipendenti. Questo decreto fu emanato perché i prestatori di denaro e i mercanti ebrei operavano secondo il principio della società per azioni. Impiegavano i cristiani come prestanome, mentre loro si nascondevano dietro le quinte a dirigere le operazioni. Questo era conveniente perché, quando qualcosa andava storto, i prestanome cristiani venivano incolpati e puniti, mentre loro se la cavavano senza problemi. Inoltre, i decreti vietavano assolutamente agli ebrei di impiegare donne cristiane nelle loro case e nei loro stabilimenti. Questo decreto fu approvato perché erano state prodotte prove che dimostravano che le giovani donne venivano sistematicamente sedotte e poi trasformate in prostitute; i loro padroni le usavano per ottenere il controllo su funzionari influenti. Altri decreti rendevano illegale per gli ebrei l'esercizio di molte attività commerciali. Ma nemmeno il potere della Chiesa, sostenuto dalla maggior parte dei funzionari cristiani dello Stato, riuscì a rendere i baroni del denaro più docili alla legge. I decreti non fecero altro che intensificare l'odio che gli Illuminati nutrivano per la Chiesa di Cristo e iniziarono una campagna continua per separare la Chiesa dallo Stato. Per raggiungere questo scopo introdussero l'idea di laicità tra i laici.

Nel 1253 il governo francese ordinò l'espulsione degli ebrei perché si rifiutavano di obbedire alla legge. La maggior parte degli ebrei espulsi si trasferì in Inghilterra. Nel 1255 i prestatori di denaro ebrei avevano ottenuto il controllo assoluto di molti dignitari della Chiesa e della maggior parte della nobiltà.[19] Che i prestatori di denaro, i rabbini e gli

---

[19] Il libro "Aaron of Lincoln". Shapiro-Valentine & Co. fornisce informazioni interessanti su questo periodo storico. L'Enciclopedia ebraica di Valentine riporta quanto segue. "Il loro numero e la loro prosperità aumentarono. Aaron di Lincoln (la cui casa esiste ancora oggi) divenne l'uomo più ricco d'Inghilterra. Le sue transazioni finanziarie coprivano l'intero Paese e riguardavano molti dei principali nobili e uomini

anziani appartenessero agli Illuminati fu dimostrato dalle prove fornite durante l'inchiesta ordinata da Enrico III sull'uccisione rituale di Sant'Ugo di Lincoln nel 1255. Si dimostrò che i colpevoli erano diciotto ebrei. Furono processati, dichiarati colpevoli e giustiziati. Nel 1272 il re Enrico morì. Edoardo I divenne re d'Inghilterra. Egli decise che i capi ebrei dovevano rinunciare alla pratica dell'usura. Nel 1275 fece approvare dal Parlamento gli Statuti dell'Ebraismo. Erano stati concepiti per limitare il potere che gli usurai ebrei esercitavano sui loro debitori, sia cristiani che connazionali. Gli Statuti dell'Ebraismo furono probabilmente la prima legislazione in cui i Comuni in Parlamento ebbero un ruolo attivo. Non possono essere classificati come antisemiti perché in realtà proteggevano gli interessi degli ebrei onesti e rispettosi della legge. [20]

Ma, come spesso era accaduto in precedenza, i prestatori di denaro ebrei pensarono che il potere che potevano esercitare sia sulla Chiesa che sullo Stato avrebbe permesso loro di sfidare il decreto del re nello stesso modo in cui avevano messo in discussione quelli approvati dal Concilio Lateranense. Commisero un grave errore. Nel 1290 re Edoardo emanò un altro decreto. Tutti gli ebrei furono espulsi dall'Inghilterra. Questo fu l'inizio di quello che gli storici chiamano il Grande Sfratto.

Dopo l'avvio di Edoardo I, tutte le teste coronate d'Europa seguirono il suo esempio.

Nel 1306 la Francia espulse gli ebrei. Nel 1348 la Sassonia seguì l'esempio. Nel 1360 l'Ungheria; nel 1370 il Belgio; nel 1380 la Slovacchia; nel 1420 l'Austria; nel 1444 i Paesi Bassi; nel 1492 la Spagna.

L'espulsione degli ebrei dalla Spagna ha un significato particolare. Essa getta luce sull'Inquisizione spagnola. La maggior parte delle persone ha l'idea che l'Inquisizione sia stata istituita dai cattolici per perseguitare

---

di Chiesa... Alla sua morte le sue proprietà passarono ai Grown e fu necessario creare un ramo speciale dello Scacchiere per occuparsi delle proprietà.

[20] Gli Statuti dell'Ebraismo sono stati stampati in dettaglio come appendice in *The Nameless War* del Capitano A.H.M. Ramsay. Pubblicato da Omnia Veritas Ltd, www.omnia-veritas.com.

i protestanti che si erano staccati dalla Chiesa. In realtà l'Inquisizione, introdotta da Papa Innocenzo III, era un mezzo per smascherare gli eretici e gli infedeli che si travestivano da cristiani allo scopo di distruggere la religione cristiana dall'interno. [21]

Per gli Inquisitori non faceva la minima differenza che l'accusato fosse ebreo o gentile, bianco o nero. La terribile cerimonia di l'"Auto-da-Fé" o "Atto di fede", era stata concepita appositamente per essere utilizzata in concomitanza con l'esecuzione di tutti i condannati eretici e infedeli, quando Torquemada (1420-1498) era Grande Inquisitore. [22]

Sono questi episodi nascosti che rivelano tanta verità. Fu in Spagna, nel XIV secolo, che i prestatori di denaro ebrei riuscirono per la prima volta a far garantire allo Stato i prestiti da loro concessi con il diritto di riscuotere le tasse imposte al popolo. Essi usarono una tale crudeltà, nel richiedere la loro libbra di carne, che bastò l'oratoria incendiaria del sacerdote Fernando Martenez per produrre un'azione di massa che si concluse con uno dei più sanguinosi massacri registrati nella storia. Anche questo è un esempio perfetto di come migliaia di ebrei innocenti siano stati vittime, per i peccati e i crimini commessi contro l'umanità da pochi. [23] Nel 1495 la Lituania espulse gli ebrei. Nel 1498 il Portogallo; nel 1540 l'Italia; nel 1551 la Baviera. È importante ricordare che durante gli sgomberi generali alcuni ebrei ricchi e influenti riuscirono a ottenere rifugio a Bordeaux, Avignone, in alcuni Stati Pontifici, a Marsiglia, nell'Alsazia settentrionale e in parte dell'Italia settentrionale. Ma, come si legge nell'Enciclopedia Britannica,

---

[21] Poiché gli ebrei venivano sfrattati da tutti i Paesi europei, Chemor, rabbino di Arles, in Provenza, chiese consiglio al Sinedrio di Costantinopoli. Il suo appello è datato 13 gennaio 1489. La risposta arrivò nel novembre 1459. Era firmata V.S.S. - V.F.F. Principe degli Ebrei. Consigliava ai rabbini di usare la tattica del "Cavallo di Troia" cristiano e di fare dei loro figli sacerdoti, laici, avvocati, medici, ecc. in modo da poter distruggere la struttura cristiana dall'interno.

[22] L'Enciclopedia Britannica, a pagina 67, Vol. 13, 1947, riporta quanto segue: "Il XIV secolo fu l'età d'oro degli ebrei in Spagna. Nel 1391, la predicazione di un sacerdote di Siviglia, Fernando Martenez, portò al primo massacro generale degli ebrei, invidiati per la loro prosperità e odiati perché erano gli esattori del re.

[23] Questo aspetto è trattato in modo più approfondito nei capitoli dedicati alla Spagna.

"Le masse del popolo ebraico si trovavano così di nuovo in Oriente e negli imperi polacco e turco. Le poche comunità rimaste in Europa occidentale furono nel frattempo sottoposte a tutte le restrizioni che le epoche precedenti avevano solitamente permesso di mantenere come ideale; così che, in un certo senso, si può dire che il Medioevo ebraico sia iniziato con il Rinascimento". Questa ammissione indicherebbe che è in qualche modo giustificata l'affermazione di alcuni storici secondo cui la rinascita della civiltà occidentale avvenne solo quando le nazioni dell'Europa occidentale strapparono il controllo economico agli usurai ebrei

Dopo il Grande Sfratto, gli ebrei ripresero a vivere nei ghetti o Kahal. Così, isolati dalle masse della popolazione, gli ebrei erano sotto la direzione e il controllo dei rabbini e degli anziani, molti dei quali erano influenzati dagli Illuminati e dai ricchi usurai ebrei rimasti nei loro vari santuari. Nei ghetti, gli agenti degli Illuminati ispirarono nei cuori del popolo ebraico uno spirito di odio e di vendetta contro coloro che li avevano sfrattati. I rabbini ricordarono loro che, in quanto popolo eletto di Dio, sarebbe arrivato il giorno in cui si sarebbero vendicati e avrebbero ereditato la terra.

Va ricordato che la maggior parte degli ebrei che si stabilirono nell'Europa orientale furono limitati a vivere all'interno della "Pale of Settlement", situata ai confini occidentali della Russia,, che si estendeva dalle rive del Mar Baltico a nord fino alle rive del Mar Nero a sud. La maggior parte di loro erano ebrei khazari.[24] Gli ebrei khazari erano noti per la loro cultura yiddish, le loro pratiche rapaci in campo finanziario e la loro mancanza di etica nelle transazioni commerciali. Non vanno confusi con gli ebrei biblici, che sono persone miti e, in generale, pastorali.

Nei ghetti, in un'atmosfera di odio, gli agenti degli Illuminati svilupparono il desiderio di vendetta. *Essi organizzarono queste condizioni negative nel Movimento rivoluzionario mondiale, basato sul terrorismo.*

---

[24] H.G. Wells definisce le differenze in modo molto chiaro nel suo *Outline of History*, alle pagine 493-494.

Fin dall'inizio, i baroni del denaro dalla mentalità internazionale e i LORO sommi sacerdoti hanno progettato, finanziato e controllato il Movimento rivoluzionario mondiale. Lo usarono come strumento per vendicarsi delle chiese cristiane e delle teste coronate d'Europa.

La storia dimostra COME i baroni del denaro abbiano sviluppato il movimento rivoluzionario in Comunismo Internazionale come lo conosciamo oggi. Organizzarono i singoli atti di terrorismo in un movimento rivoluzionario disciplinato. Poi pianificarono l'infiltrazione sistematica degli ebrei nei Paesi da cui erano stati espulsi.

Poiché il loro rientro era illegale, l'unico metodo con cui si poteva realizzare l'infiltrazione era quello di creare dei sotterranei ebraici. Poiché gli ebrei infiltrati nei sotterranei delle città europee non potevano ottenere un impiego lecito, venivano riforniti di fondi con cui sviluppare il sistema del mercato nero. Essi si dedicarono a ogni tipo di traffico e commercio illegale. Lavorando sul principio della Joint Stock Co. l'identità dei baroni del denaro, che possedevano e controllavano questo vasto sistema sotterraneo, rimase sempre segreta. [25]

Il conte de Poncins, la signora Nesta Webster, Sir Walter Scott e molti altri autori e storici hanno sospettato che gli Illuminati e un gruppo di internazionalisti fossero il Potere Segreto dietro il Movimento Rivoluzionario Mondiale, ma solo recentemente sono state messe insieme prove sufficienti per dimostrare che ciò che si sospettava era un fatto reale. Man mano che gli eventi della storia vengono srotolati nella loro sequenza cronologica, si vedrà come gli Illuminati abbiano usato i gruppi semitici e i gruppi ariani per servire i loro scopi, coinvolgendo milioni e milioni di persone in rivoluzioni e guerre per favorire le loro ambizioni segrete ed egoistiche. William Foss e Cecil Gerahty, autori de L'Arena spagnola, hanno affermato che: "La questione di chi siano le figure di spicco dietro il tentativo di dominio del mondo da parte delle JOINT STOCK COMPANY, e di come ottengano i loro scopi, esula dallo scopo di questo libro. Ma è uno degli importanti Libres a faire che devono ancora essere scritti. DOVRÀ

---

[25] Lo fa anche oggi. L'ingresso illegale negli Stati Uniti e in Palestina ha raggiunto numeri senza precedenti dalla fine della Seconda Guerra Mondiale. Verranno prodotte prove che dimostrano che la Metropolitana è invariabilmente associata ai personaggi antisociali che costituiscono la Malavita.

ESSERE SCRITTO DA UN UOMO DI GRANDE CORAGGIO CHE CONSIDERERÀ LA SUA VITA NULLA RISPETTO ALL'ILLUMINAZIONE DEL MONDO SU CIÒ CHE IL SACERDOZIO SATANICO AUTOPROCLAMATO ORDINEREBBE".

Il successo del piano di infiltrazione nei Paesi da cui erano stati espulsi può essere giudicato al meglio dai seguenti dati. Gli ebrei erano di nuovo in Inghilterra nel 1600; in Ungheria nel 1500. Furono espulsi di nuovo nel 1582; tornarono in Slovacchia nel 1562 ma furono espulsi di nuovo nel 1744; tornarono in Lituania nel 1700. Ma, a prescindere dal numero di espulsioni, rimase sempre la clandestinità ebraica da cui venivano condotte le attività rivoluzionarie dei poteri segreti.

Poiché il re Edoardo I d'Inghilterra era stato il primo a espellere gli ebrei, i baroni ebrei del denaro in Francia, Olanda e Germania decisero che sarebbe stata una giustizia poetica sperimentare prima la tecnica rivoluzionaria che avevano pianificato in Inghilterra. Usarono i loro agenti clandestini, o Cellule, per creare problemi tra il re e il suo governo, i datori di lavoro e i lavoratori, la classe dirigente e gli operai, la Chiesa e lo Stato. I complottisti inserirono questioni controverse nella politica e nella religione, per dividere il popolo in due campi opposti.[26] Dapprima divisero il popolo inglese in cattolici e protestanti, poi divisero i protestanti in conformisti e non conformisti.

Quando il re Carlo I si trovò in disaccordo con il suo Parlamento, un barone ebreo in Olanda, di nome Manasseh Ben Israel, fece contattare i suoi agenti da Oliver Cromwell. Gli offrirono ingenti somme di denaro se avesse portato a termine il loro piano per rovesciare il trono britannico. Manasseh Ben Israel e altri finanziatori tedeschi e francesi finanziarono Cromwell. Il portoghese Fernandez Carvajal, spesso definito nella storia come il Grande Ebreo, divenne il principale appaltatore militare di Cromwell.

Riorganizzò le Teste Rotonde in un esercito modello. Fornì loro le migliori armi ed equipaggiamenti che il denaro potesse comprare. Una volta avviata la cospirazione, centinaia di rivoluzionari addestrati

---

[26] L'opera di Sombart, "Gli ebrei e il capitalismo moderno", e l'"Enciclopedia ebraica", confermano questa affermazione.

furono fatti entrare clandestinamente in Inghilterra e furono assorbiti dalla Jewish Underground. La stessa cosa accade oggi in America.

Il capo della clandestinità ebraica in Inghilterra a quel tempo era un ebreo di nome De Souze. Il Grande Ebreo Fernandez Carvajal aveva usato la sua influenza per far nominare De Souze ambasciatore del Portogallo. È nella sua casa, protetta dall'immunità diplomatica, che i leader della clandestinità rivoluzionaria ebraica rimanevano nascosti e lavoravano alle loro trame e ai loro intrighi.[27]

Una volta decisa la rivoluzione, i complottisti ebrei introdussero il calvinismo nell'Inghilterra di per dividere Chiesa e Stato e dividere il popolo. Contrariamente a quanto si crede, il calvinismo è di origine ebraica. Fu deliberatamente concepito per dividere gli aderenti alle religioni cristiane e dividere il popolo. Il vero nome di Calvino era Cohen! Quando da Ginevra si recò in Francia per iniziare a predicare la sua dottrina, divenne noto come Cauin. Poi in Inghilterra divenne Calvino.

La storia dimostra che non esiste un complotto rivoluzionario che non sia stato ordito in Svizzera; non esiste un leader rivoluzionario ebreo che non abbia cambiato nome.

Alle celebrazioni del B'nai B'rith tenutesi a Parigi, in Francia, nel 1936, Cohen, Cauvin o Calvin, qualunque fosse il suo nome, fu entusiasticamente acclamato per la sua origine ebraica.[28]

Oltre alla controversia religiosa, i leader rivoluzionari organizzarono folle armate per aggravare ogni situazione iniettata nella politica e nel lavoro dai loro padroni. Isaac Disraeli, 1766-1848, ebreo e padre di Benjamin Disraeli, che in seguito divenne Lord Beaconsfield, tratta in dettaglio questo aspetto della Rivoluzione britannica nella sua storia in due volumi The Life of Charles II. Su si legge che ha ottenuto notevoli

---

[27] Da allora questa politica è diventata una prassi comune. Le ambasciate sovietiche in ogni Paese sono state trasformate in sedi di intrighi e spionaggio, come dimostreranno ulteriori prove.

[28] Questo fatto è stato commentato *dalla Catholic Gazette* nel febbraio dello stesso anno.

informazioni dai documenti di Melchior de Salem, un ebreo, che all'epoca era inviato francese presso il governo britannico. Disraeli richiama l'attenzione sulla grande somiglianza, o modello, delle attività rivoluzionarie che precedettero sia la rivoluzione britannica che quella francese. In altre parole, il lavoro dei direttori segreti e reali del Movimento Rivoluzionario Mondiale (W.R.M.) poteva essere chiaramente visto in entrambe, un fatto che procederemo a dimostrare.

La prova che condanna ASSOLUTAMENTE Oliver Cromwell di aver partecipato al complotto rivoluzionario ebraico è stata ottenuta da Lord Alfred Douglas, che curava una rivista settimanale Plain English pubblicata dalla North British Publishing Co. In un articolo apparso nel numero del 3 settembre 1921 spiegava come il suo amico, il signor L.D. Van Valckert di Amsterdam, in Olanda, fosse entrato in possesso di un volume mancante di documenti della Sinagoga di Muljeim. Questo volume era andato perduto durante le guerre napoleoniche. Il volume contiene le lettere scritte ai direttori della sinagoga e le loro risposte.

Sono scritte in tedesco. Una voce, datata 16 giugno 1647, recita: Da O.C. (cioè Olivier Cromwell) a Ebenezer Pratt.

> "In cambio di un sostegno finanziario sosterrà l'ammissione degli ebrei in Inghilterra. Questo però è impossibile finché Carlo è in vita. Carlo non può essere giustiziato senza processo, per il quale al momento non esistono motivi adeguati. Per questo motivo, consiglio l'assassinio di Carlo, ma non avrò nulla a che fare con gli accordi per procurare un assassino, sebbene sia disposto ad aiutarlo a fuggire".

In risposta a questo dispaccio, i registri mostrano che E. Pratt scrisse una lettera datata 12 luglio 1647 e indirizzata a Oliver Cromwell.

> "Concederà aiuti finanziari non appena Carlo sarà rimosso e gli ebrei saranno ammessi. L'assassinio è troppo pericoloso. A Carlo deve essere data l'opportunità di fuggire.[29] La sua ricattura renderà possibile il processo e l'esecuzione. Il sostegno sarà liberale, ma è inutile discutere i termini fino all'inizio del processo".

---

[29] Charles era in custodia in questo momento.

Il 12 novembre dello stesso anno Charles ebbe l'opportunità di fuggire. Naturalmente fu ricatturato. Hollis e Ludlow, autorità in questo capitolo della storia, hanno entrambi dichiarato di considerare la fuga come uno stratagemma di Cromwell. Dopo la ricattura di Carlo, gli eventi si susseguirono. Cromwell fece epurare il Parlamento britannico dalla maggior parte dei membri che sapeva essere fedeli al re. Nonostante questa azione drastica, quando la Camera si riunì per tutta la notte il 5 dicembre 1648, la maggioranza convenne "che le concessioni offerte dal re erano soddisfacenti per un accordo".

Qualsiasi accordo di questo tipo avrebbe impedito a Cromwell di ricevere il denaro insanguinato promessogli dai baroni internazionali del denaro attraverso il loro agente E. Pratt, così Cromwell colpì di nuovo. Ordinò al colonnello Pryde di epurare il Parlamento da quei membri che avevano votato a favore di un accordo con il Re. Ciò che accadde è indicato nei libri di storia come l'*epurazione di Pryde*.[30] Al termine dell'epurazione rimasero cinquanta membri. Vengono indicati come il *"Parlamento della Riunione"*. Essi usurparono il potere assoluto. Il 9 gennaio 1649 fu proclamata un'Alta Corte di Giustizia per processare il re d'Inghilterra. Due terzi dei membri della Corte erano "Livellatori" dell'esercito di Cromwell. I cospiratori non riuscirono a trovare un avvocato inglese che redigesse un'accusa penale contro il re Carlo. Carvajal incaricò un ebreo straniero, Isaac Dorislaus, agente di Manasseh Ben Israel in Inghilterra, di redigere l'atto d'accusa con cui fu processato Re Carlo. Carlo fu dichiarato colpevole delle accuse mosse contro di lui dai prestatori di denaro ebrei internazionali, non dal popolo inglese. Il 30 gennaio 1649 fu decapitato pubblicamente davanti alla Banqueting House di Whitehall a Londra. I prestatori di denaro ebrei, diretti dai sommi sacerdoti della Sinagoga di Satana, avevano avuto la loro vendetta perché Edoardo I aveva espulso gli ebrei dall'Inghilterra. Oliver Cromwell ricevette il suo denaro insanguinato proprio come aveva fatto Giuda.

La storia dimostra che gli usurai ebrei internazionali avevano uno scopo diverso dalla vendetta per sbarazzarsi di Carlo. Lo rimossero per

---

[30] È importante notare che i libri di storia scolastici non menzionano i due gruppi di uomini contrapposti che sono stati il "potere segreto" dietro gli affari internazionali che hanno fatto la storia. Sembra che questa politica sia stata adottata per tacito accordo. - Autore.

ottenere il controllo dell'economia e del governo dell'Inghilterra. Progettarono di coinvolgere molti Paesi europei in una guerra con l'Inghilterra. Per combattere le guerre sono necessarie grandi somme di denaro. Prestando alle teste coronate d'Europa il denaro necessario per combattere le guerre da loro fomentate, gli internazionalisti poterono aumentare rapidamente il debito nazionale di tutte le nazioni europee.

La sequenza cronologica degli eventi, dall'esecuzione di re Carlo nel 1649 all'istituzione della Banca d'Inghilterra nel 1694, mostra come il debito nazionale sia aumentato. I banchieri internazionali usarono intrighi e astuzie per sgozzare i cristiani.

1649 Cromwell, finanziato dagli ebrei, conduce una guerra in Irlanda. Cattura Drogheda e Wexford. I protestanti britannici vengono incolpati della persecuzione dei cattolici irlandesi.

1650 Montrose si ribella a Cromwell. Catturato e giustiziato.

1651 Carlo II invade l'Inghilterra. Sconfitto, fugge in Francia.

1652 L'Inghilterra è coinvolta nella guerra con gli olandesi.

1653 Cromwell si proclama Lord Protettore d'Inghilterra.

1654 L'Inghilterra è coinvolta in altre guerre.

1656 Iniziano i problemi nelle colonie americane.

1657 Morte di Cromwell: il figlio Richard viene nominato Protettore.

1659 Riccardo, disgustato dagli intrighi, si dimette.

1660 Il generale Monk occupa Londra Carlo II viene proclamato re.

1661 La verità rivelata sull'intrigo di Cromwell e dei suoi collaboratori Ireton e Bradshaw provoca una grave reazione pubblica. I corpi vengono riesumati e appesi alla forca sulla collina di Tyburn, a Londra.

1662 Si scatenano lotte religiose per dividere i membri delle confessioni protestanti. I non conformisti della Chiesa d'Inghilterra vengono perseguitati.

1664 L'Inghilterra è nuovamente coinvolta nella guerra con l'Olanda.

1665 Una grande depressione si abbatte sull'Inghilterra. La disoccupazione e la scarsità di cibo minano la salute della popolazione e scoppia la Grande Peste.[31]

1666 Inghilterra coinvolta nella guerra con Francia e Olanda.

1667 Gli agenti della Cabala iniziano nuove lotte religiose e politiche.[32]

1674 Inghilterra e Olanda fanno la pace. Gli uomini che dirigono gli intrighi internazionali cambiano i loro personaggi. Diventano sensali. elevano il semplice signor William Stradholder al rango di capitano generale delle forze olandesi. Diventa Guglielmo Principe d'Orange. Fu deciso che incontrasse Maria, la figlia maggiore del Duca di York. Al Duca mancava solo un posto per diventare Re d'Inghilterra.

1677 La Principessa Maria d'Inghilterra sposa Guglielmo Principe d'Orange. Per mettere Guglielmo Principe d'Orange sul trono d'Inghilterra era necessario sbarazzarsi sia di Carlo II che del Duca di York, destinato a diventare Giacomo II.

---

[31] Lo scoppio del Grande Incendio di Londra, noto come "La Grande Pulizia", pose fine alla peste.

[32] La parola Cabala è strettamente legata alla Cabala, una misteriosa teosofia ebraica che risale all'antichità ma che divenne molto attiva durante il X secolo e i secoli successivi. La Cabala era annunciata come "una rivelazione speciale" che permetteva ai rabbini di spiegare al popolo ebraico i significati nascosti delle scritture sacre. La Pear's Cyclopedia 57th edition, a pagina 529, dice che "il cabalismo fu poi portato a grandi eccessi". I capi della lista cabalistica fingevano di leggere segni e prove, in lettere, forme e numeri, contenuti nelle Scritture. I francesi chiamarono questo rito misterioso Cabale. I francesi usavano il termine Cabale per indicare qualsiasi gruppo di intriganti politici o privati. Gli inglesi coniarono il nome Cabala perché i principali personaggi coinvolti negli intrighi cabalistici in Inghilterra erano, nell'ordine, Clifford Ashley, Buckingham, Arlington e Lauderdale. La prima lettera dei loro nomi si scrive Cabal! I cabalisti furono gli istigatori di varie forme di disordini politici e religiosi durante l'infelice regno di Carlo II.

1683 Viene ordito il complotto di Rye House. L'intenzione era quella di assassinare sia il re Carlo II che il duca di York. Il complotto fallì.

1685 Muore il re Carlo II. Il duca di York divenne re Giacomo II d'Inghilterra. Immediatamente fu avviata una campagna d'*infamia* contro Giacomo II. Il Duca di Monmouth fu convinto, o corrotto, a guidare un'insurrezione per rovesciare il re. Il 30 giugno fu combattuta la battaglia di Sedgemoor. Monmouth fu sconfitto e catturato. Fu giustiziato il 15 luglio. In agosto il giudice Jeffreys aprì quella che gli storici hanno chiamato "la sanguinosa corte d'assise". Oltre trecento persone coinvolte nella ribellione di Monmouth furono condannate a morte in circostanze di atroce crudeltà. Quasi mille altri furono condannati a essere venduti come schiavi. Questo fu un tipico esempio di come i poteri segreti, lavorando dietro le quinte, creino condizioni per le quali vengono incolpate altre persone. Altri vengono eccitati a opporsi attivamente contro coloro che incolpano. A loro volta vengono liquidati. Re Giacomo doveva ancora essere eliminato prima che Guglielmo d'Orange potesse essere messo sul trono per eseguire il loro mandato. Ogni persona in Inghilterra era ammaliata e disorientata. Non era permesso loro di conoscere la verità. Incolpavano tutti e tutto, tranne le "Potenze segrete" che tiravano i fili. Poi i cospiratori fecero la loro prossima mossa.

1688 Ordinarono a Guglielmo Principe d'Orange di sbarcare in Inghilterra a Torbay. Lo fece il 5 novembre. Re Giacomo abdicò. Fuggì in Francia. Era diventato impopolare a causa della campagna de *L'Infamie*, degli intrighi e della sua stessa follia e colpevolezza.

1689 Guglielmo d'Orange e Maria vengono proclamati re e regina d'Inghilterra. Re Giacomo non intendeva rinunciare al trono senza combattere. Era cattolico, quindi le potenze segrete imposero Guglielmo d'Orange come campione della fede protestante. Il 15 febbraio 1689, Re Giacomo sbarcò in Irlanda. La battaglia del Boyne fu combattuta da uomini di convinzioni religiose diverse e opposte. Da allora la battaglia viene celebrata dagli Orangemen il 12 luglio.

Probabilmente non c'è un orangista su diecimila che sappia che tutte le guerre e le ribellioni combattute dal 1640 al 1689 sono state fomentate dai prestatori di denaro internazionali allo scopo di mettersi in posizione di controllo della politica e dell'economia britannica. Il loro primo obiettivo era quello di ottenere da il permesso di istituire una Banca d'Inghilterra e di consolidare e garantire i debiti che la Gran Bretagna aveva contratto per i prestiti concessi per combattere le guerre da loro istigate. La storia mostra come portarono a termine i loro piani.

In ultima analisi, nessuno dei Paesi e dei popoli coinvolti nelle guerre e nelle rivoluzioni ha ottenuto benefici duraturi. Non è stata raggiunta alcuna soluzione permanente o soddisfacente per quanto riguarda le questioni politiche, economiche e religiose coinvolte.

GLI UNICI A BENEFICIARNE FURONO IL PICCOLO GRUPPO DI PRESTATORI DI DENARO CHE FINANZIARONO LE GUERRE E LE RIVOLUZIONI, E I LORO AMICI E AGENTI CHE FORNIRONO GLI ESERCITI, LE NAVI E LE MUNIZIONI.

È importante ricordare che non appena il generale olandese si sedette sul trono d'Inghilterra, convinse il Tesoro britannico a prendere in prestito 1.250.000 sterline dai banchieri ebrei che lo avevano messo lì. I libri di storia informano i nostri bambini che le trattative furono condotte da Sir John Houblen e dal signor William Patterson per conto del governo britannico con prestatori di denaro LA CUI IDENTITÀ RIMANEVA SEGRETA.

La ricerca di documenti storici rivela che, per mantenere la massima segretezza, le trattative sui termini del prestito venivano portate avanti in una chiesa. Ai tempi di Cristo gli usurai usavano il Tempio. Ai tempi di Guglielmo d'Orange profanavano una chiesa.

I prestatori di denaro internazionali accettarono di accontentare il Tesoro britannico per un importo di 1.250.000 sterline, a condizione di poter dettare i propri termini e condizioni. Questo accordo fu accettato.

I termini erano in parte:

1 Che i nomi di coloro che hanno fatto il prestito rimangano segreti e che venga loro concessa una Carta per istituire una Banca d'Inghilterra.[33]

2 Che ai direttori della Banca d'Inghilterra sia concesso il diritto legale di stabilire il Gold Standard per la moneta con cui...

3 Potevano concedere prestiti per un valore di 10 sterline per ogni 1 sterlina di oro depositato nei loro caveau.

4 Che sia loro consentito di consolidare il debito nazionale e di garantire il pagamento delle somme dovute a titolo di capitale e di interessi mediante la tassazione diretta del popolo.

Così, per la somma di 1.250.000 sterline, il re Guglielmo d'Orange vendette il popolo inglese alla schiavitù economica. I prestatori di denaro ebrei realizzarono le loro ambizioni. Avevano usurpato il potere di emettere e controllare la moneta della nazione. E, dopo essersi assicurati questo potere, non si preoccupavano di chi facesse le leggi.

I direttori della Banca d'Inghilterra potevano prestare 1.000 sterline per ogni 100 sterline d'oro che avevano in deposito come garanzia. Essi riscuotevano gli interessi sull'intero prestito di 1.000 sterline. Al 5 per cento, ciò equivaleva a 50 sterline all'anno. Pertanto, alla fine del primo anno, i banchieri recuperavano il 50% della somma che avevano originariamente messo a garanzia del prestito. Se un privato desiderava ottenere un prestito, i banchieri gli imponevano di fornire una garanzia, sotto forma di proprietà, azioni o obbligazioni, molto superiore al valore del prestito richiesto. Se non riusciva a pagare il capitale e gli interessi, si procedeva al pignoramento della sua proprietà e gli usurai ottenevano una somma molte volte superiore al valore del prestito.

I banchieri internazionali non hanno mai avuto l'intenzione di permettere all'Inghilterra di pagare il debito nazionale. Il piano era di

---

[33] L'identità degli uomini che controllano la Banca d'Inghilterra rimane ancora un segreto. La commissione Macmillan nominata nel 1929 per far luce sull'argomento fallì completamente. Montague Norman, il responsabile ufficiale della Banca d'Inghilterra, fu molto evasivo e non impegnativo nelle risposte che diede alla commissione. Per ulteriori dettagli si legga Fatti sulla Banca d'Inghilterra di A.N. Field, pag. 4.

creare condizioni internazionali che avrebbero fatto sprofondare sempre più nel debito tutte le nazioni interessate.[34]

Per quanto riguarda l'Inghilterra, in soli quattro anni, dal 1694 al 1698, il debito nazionale è passato da uno a sedici milioni di sterline. Questo debito si accumulò a causa delle guerre. È interessante notare che John Churchill, 1650-1722, divenne la principale figura militare in questo periodo della storia inglese. Per il suo genio militare e i suoi servizi alla Gran Bretagna, fu creato primo Duca di Marlborough.[35]

Il Potere Segreto dietro il Movimento Rivoluzionario Mondiale tirò i fili necessari e portò *alle* Guerre di Successione Spagnola. *Nel 1701* il Duca di Marlborough fu nominato Comandante in capo delle forze armate dell'Olanda. L'Enciclopedia Ebraica riporta il fatto che per i suoi numerosi servigi il Duca di Marlborough ricevette non meno di 6.000 sterline all'anno dal banchiere ebreo olandese SOLOMON MEDINA.

Gli eventi che hanno portato alla Rivoluzione francese mostrano come tra il 1698 e il 1815 il debito nazionale britannico sia aumentato fino a 885.000.000 di sterline. Nel 1945 il debito nazionale britannico aveva raggiunto l'astronomica cifra di 22.503.532.372 sterline, e per gli anni 1945-46 le sole spese di trasporto ammontavano a 445.446.241 sterline. Come ha osservato un economista irlandese

> "Solo un'organizzazione controllata dagli ebrei insisterebbe sulla sterlina dispari".

---

[34] Se questa politica viene portata avanti fino alla sua logica conclusione, è solo questione di tempo prima che i prestatori di denaro internazionali controllino la ricchezza, le risorse naturali e il potere umano del mondo intero. La storia dimostra quanto rapidamente abbiano progredito verso il loro obiettivo dal 1694.

[35] Il duca è l'antenato diretto di Sir Winston Churchill, il primo ministro inglese di oggi... cioè del 1954 - Churchill è riconosciuto come il principale sionista di quest'epoca. È l'uomo maggiormente responsabile di aver influenzato le Nazioni Unite a creare lo Stato di Israele.

Capitolo 3

Gli uomini che hanno provocato la Rivoluzione francese 1789

Nel capitolo precedente sono state fornite le prove di come un piccolo gruppo di prestatori di denaro stranieri, che operavano attraverso i loro agenti inglesi, rimasero anonimi mentre si assicuravano il controllo dell'economia di quella nazione per la modesta somma di 1.250.000 sterline. Verranno ora prodotte prove per identificare alcuni di questi prestatori di denaro ebrei internazionali e dimostrare che essi, o i loro successori, hanno tramato e pianificato, e contribuito a finanziare, la Grande Rivoluzione Francese del 1789, esattamente nello stesso modo in cui avevano tramato e pianificato e finanziato la Rivoluzione Inglese del 1640-1649. Nei capitoli successivi verranno prodotte prove per dimostrare che i discendenti di questi stessi finanziatori ebrei internazionali sono stati il potere segreto dietro ogni guerra e rivoluzione dal 1789 in poi.

L'Enciclopedia Ebraica dice che Edom è nell'Ebraismo moderno. Si tratta di un'ammissione molto importante, perché la parola Edom significa Rosso. La storia rivela che un orafo ebreo, Amschel Moses Bauer, stanco del suo peregrinare nell'Europa orientale, decise nel 1750 di stabilirsi a Frankfort sul Meno, in Germania. Aprì un negozio, o Casa del Conte, nel quartiere di Jundenstrasse. Sulla porta del suo negozio pose come segno di attività uno SCUDO ROSSO. È di estrema importanza ricordare che anche gli ebrei dell'Europa orientale, che appartenevano al movimento rivoluzionario basato sul terrorismo, avevano adottato la Bandiera Rossa come emblema, perché rappresentava il Sangue.

Amschel Moses Bauer ebbe un figlio nato nel 1743 e lo chiamò Amschel Mayer Bauer. Il padre morì nel 1754 quando il figlio aveva solo undici anni. Il ragazzo aveva dimostrato grandi capacità e un'intelligenza straordinaria e il padre gli aveva insegnato tutto il possibile sui principi rudimentali dell'attività di prestito di denaro. L'intenzione del padre di era quella di far studiare il figlio come rabbino, ma la morte intervenne.

Pochi anni dopo la morte del padre, Amschel Mayer Bauer fu assunto dalla Oppenheimer Bank come impiegato. Ben presto dimostrò la sua naturale attitudine all'attività bancaria e fu premiato con una partnership junior. In seguito tornò a Frankfort dove si assicurò il controllo e la proprietà dell'azienda fondata dal padre nel 1750. Lo scudo rosso era ancora orgogliosamente esposto su sopra la porta. Conoscendo il significato segreto dello Scudo Rosso, Amschel Mayer Bauer decise di adottarlo come nuovo nome di famiglia. Scudo Rosso in tedesco è Roth Schild e così nacque la Casa Rothschild.

Amschel Mayer Bauer visse fino al 1812. Ebbe cinque figli. Tutti loro furono appositamente formati per diventare capitani dell'alta finanza. Nathan, uno dei figli, dimostrò un'abilità eccezionale e, all'età di ventuno anni, si recò in Inghilterra con il preciso intento di assicurarsi il controllo della Banca d'Inghilterra.

Lo scopo era quello di utilizzare questo controllo per lavorare insieme al padre e agli altri fratelli per creare e consolidare un monopolio bancario internazionale in Europa. La ricchezza combinata del pool bancario internazionale poteva quindi essere utilizzata per promuovere le ambizioni segrete che il padre aveva reso note a tutti i suoi figli. Per dimostrare la sua abilità, Nathan Rothschild trasformò 20.000 sterline, che gli erano state affidate, in 60.000 sterline in tre anni.

Nello studio del Movimento rivoluzionario mondiale è importante ricordare che la Bandiera rossa è stata il simbolo della Rivoluzione francese e di tutte le rivoluzioni successive. Ancora più significativo è il fatto che quando Lenin, finanziato dai banchieri internazionali, rovesciò il governo russo e instaurò la prima dittatura totalitaria nel 1917, il disegno della bandiera era una Bandiera Rossa, con la Falce e il Martello e la Stella della Giudea.

Nel 1773, quando Mayer Rothschild aveva solo trent'anni, invitò altri dodici uomini ricchi e influenti a incontrarlo a Frankfort. Il suo scopo era quello di convincerli che, se avessero accettato di unire le loro risorse, avrebbero potuto finanziare e controllare il Movimento Rivoluzionario Mondiale e usarlo come manuale d'azione per ottenere il controllo definitivo delle ricchezze, delle risorse naturali e della forza lavoro del mondo intero.

Rothschild rivelò come era stata organizzata la Rivoluzione inglese. Egli mise in evidenza gli errori e gli sbagli che erano stati commessi. Il periodo rivoluzionario era stato troppo lungo. L'eliminazione dei reazionari non era stata compiuta con sufficiente rapidità e spietatezza. Il previsto regno del terrore, con il quale si sarebbe dovuta realizzare rapidamente la sottomissione delle masse, non era stato messo in atto in modo efficace. Anche dopo aver commesso tutti questi errori, lo scopo iniziale della rivoluzione era stato raggiunto. I banchieri che avevano istigato la rivoluzione avevano stabilito il controllo dell'economia nazionale e consolidato il debito nazionale. Attraverso intrighi condotti su scala internazionale avevano aumentato costantemente il debito nazionale prestando il denaro per combattere le guerre e le ribellioni che avevano fomentato a partire dal 1694.

Basando le sue argomentazioni sulla logica e sul ragionamento, Mayer Rothschild sottolineò che i risultati finanziari ottenuti dalla Rivoluzione inglese sarebbero stati nulli se paragonati alle ricompense finanziarie ottenute dalla Rivoluzione francese, a patto che i presenti avessero accettato l'unità di intenti e avessero messo in atto il suo piano rivoluzionario accuratamente pensato e rivisto. Il progetto sarebbe stato sostenuto da tutto il potere acquistabile con le loro risorse messe in comune. Raggiunto l'accordo, Mayer Rothschild dispiegò il suo piano rivoluzionario. Grazie a un'abile manipolazione delle loro ricchezze congiunte, sarebbe stato possibile creare condizioni economiche talmente avverse da ridurre le masse a uno stato che rasenta la fame a causa della disoccupazione. Grazie all'uso di un'abile propaganda, sarebbe stato facile attribuire la colpa delle condizioni economiche avverse al Re, alla sua Corte, ai Nobili, alla Chiesa, agli Industriali e ai datori di lavoro. I loro propagandisti a pagamento susciterebbero sentimenti di odio e di vendetta contro le classi dominanti esponendo tutti i casi reali e presunti di stravaganza, condotta licenziosa, ingiustizia, oppressione e persecuzione. Inventerebbero anche infamie per gettare discredito su altri che potrebbero, se lasciati in pace, interferire con i loro piani generali. [36]

Dopo l'introduzione generale per creare un'accoglienza entusiastica per il complotto che stava per svelare, Rothschild si rivolse a un manoscritto e procedette alla lettura di un piano d'azione accuratamente preparato. Quella che segue è, secondo quanto mi è stato assicurato, una versione condensata del complotto con cui i cospiratori speravano di ottenere il controllo definitivo e incontrastato della ricchezza, delle risorse naturali e della forza lavoro del mondo intero.

1. L'oratore iniziò a dipanare la trama affermando che, poiché la maggioranza degli uomini era incline al male piuttosto che al bene, i migliori risultati nel governarli potevano essere ottenuti ricorrendo alla violenza e al terrorismo e non alle discussioni accademiche. L'oratore ha argomentato che all'inizio la società umana era stata soggetta alla forza brutale e cieca, che in seguito è stata trasformata in LEGGE. Ha sostenuto che la LEGGE era FORZA solo sotto mentite spoglie. Ha sostenuto che è logico concludere che "per le leggi della natura il diritto sta nella forza".

2. Egli affermò poi che la libertà politica è un'idea e non un fatto. Egli affermò che per usurpare il potere politico bastava predicare il "liberalismo", in modo che l'elettorato, per amore di un'idea, cedesse un po' del suo potere e delle sue prerogative, che i complottisti avrebbero poi potuto riunire nelle loro mani.

3. L'oratore affermò che il potere dell'oro aveva usurpato il potere dei governanti liberali già allora, cioè nel 1773. Ricordò al pubblico che c'era stato un tempo in cui la FEDE aveva governato, ma affermò che una volta che la LIBERTA' era stata sostituita dalla FEDE, il popolo non sapeva come usarla con moderazione. Ha sostenuto che, a causa di questo fatto, era logico supporre che avrebbero potuto usare l'idea di LIBERTA' per provocare "guerre di classe". Sottolineò che per il successo del SUO piano era irrilevante che i governi costituiti fossero distrutti da nemici interni o esterni, perché il vincitore doveva necessariamente

---

[36] Queste erano le teorie originarie su cui la Guerra di Classe è stata organizzata in ultima analisi.

cercare l'aiuto del "Capitale" che "è interamente nelle nostre mani.[37]

4. Egli sosteneva che l'uso di ogni mezzo per raggiungere l'obiettivo finale era giustificato dal fatto che il governante che governava secondo il codice morale non era un politico abile perché si lasciava vulnerabile e in una posizione instabile sul suo trono. Egli disse: "Coloro che desiderano governare devono ricorrere all'astuzia e all'inganno, perché le grandi qualità nazionali, come la franchezza e l'onestà, sono dei vizi in politica[38]

5. Egli affermò: "Il nostro diritto sta nella forza. La parola DIRITTO è un pensiero astratto e non prova nulla. Io trovo un nuovo DIRITTO... attaccare con il DIRITTO dei forti, e disperdere al vento tutte le forze d'ordine e di regolamentazione esistenti, ricostruire tutte le istituzioni esistenti, e diventare il Signore sovrano di tutti coloro che ci hanno lasciato i DIRITTI ai loro poteri deponendoli volontariamente nel loro 'Liberalismo'".

6. Poi ammonì i suoi ascoltatori con queste parole: "Il potere delle nostre risorse deve rimanere invisibile fino al momento in cui avrà acquisito una forza tale che nessuna astuzia o forza potrà scalfire". Li avvertì che qualsiasi deviazione dalla linea del piano strategico che stava facendo loro conoscere avrebbe rischiato di vanificare "IL LAVORO DEI SECOLI".

7. Successivamente sostenne l'uso della "psicologia della mafia" per ottenere il controllo delle masse. Egli sosteneva che la forza della mafia è cieca, insensata e irragionevole e sempre alla mercé di suggerimenti provenienti da qualsiasi parte. Egli affermava: "Solo un governante dispotico può governare la mafia in modo efficiente, perché senza un dispotismo assoluto non può esistere

---

[37] Questa affermazione, contenuta nei documenti originali, dovrebbe convincere tutti, tranne i prevenuti, che l'oratore non era un Rabbino o un Anziano degli Ebrei, né si rivolgeva ad Anziani e Rabbini, perché erano gli Orafi, i prestatori di denaro e i loro affiliati nel commercio e nell'industria che nel 1773 avevano in mano la ricchezza del mondo, come ce l'hanno ancora nel XX secolo.

[38] *The Red Fog* spiega come questa teoria sia stata applicata in America a partire dal 1900.

la civiltà, che non è stata portata avanti dalle masse, ma dalla loro guida, chiunque essa sia". Avvertì: "Nel momento in cui la mafia prende in mano la LIBERTA', si trasforma rapidamente in anarchia".

8. Egli raccomandava poi che l'uso di liquori alcolici, droghe, corruzione morale e tutte le forme di vizio fossero usate sistematicamente dai loro "Agenturs"[39] per corrompere la morale della gioventù delle nazioni. raccomandò che gli "agenturs" speciali fossero addestrati come precettori, lacchè, governanti, impiegati e dalle nostre donne nei luoghi di dissipazione frequentati dai Goyim. [40] Aggiunge: "Nel numero di queste ultime conto anche le cosiddette dame di società che diventano seguaci volontarie degli altri nella corruzione e nel lusso. Non dobbiamo fermarci alla corruzione, all'inganno e al tradimento quando dovrebbero servire a raggiungere il nostro scopo".

9. Passando alla politica, sostenne che avevano il DIRITTO di impadronirsi della proprietà con qualsiasi mezzo e senza esitazione, se così facendo si assicuravano la sottomissione e la sovranità. Dichiarò: "Il nostro STATO che marcia lungo il sentiero della conquista pacifica ha il DIRITTO di sostituire gli orrori delle guerre con sentenze di morte meno evidenti e più soddisfacenti, necessarie a mantenere il 'terrore' che tende a produrre una cieca sottomissione".

10. Riguardo all'uso degli slogan, disse: "Nell'antichità siamo stati i primi a mettere in bocca alle masse le parole 'Libertà', 'Uguaglianza' e 'Fraternità'... parole ripetute fino ad oggi da stupidi pappagalli da sondaggio; parole di cui gli aspiranti saggi dei Goyim non potevano fare nulla nella loro astrattezza, e non notavano la contraddizione del loro significato e della loro interrelazione". Sosteneva che le parole portavano sotto la loro

---

[39] La parola "agentur" indica l'intero corpo organizzato di agenti... spie, controspie, ricattatori, sabotatori, personaggi della malavita e tutto ciò che, al di fuori della LEGGE, permette ai cospiratori internazionali di portare avanti i loro piani e le loro ambizioni segrete.

[40] La parola "Goyim" indica tutti gli altri che non fanno parte del loro gruppo. Le persone non importanti.

direzione e il loro controllo "legioni" "che portavano i nostri stendardi con entusiasmo". Egli ha sostenuto che in natura non c'è posto per l'"uguaglianza", la "libertà" o la "fraternità". Sulle rovine dell'aristocrazia naturale e genealogica dei Goyim abbiamo istituito l'aristocrazia del denaro. La qualifica per questa aristocrazia è la RICCHEZZA che dipende da noi".

11. Successivamente espose le sue teorie sulla guerra. Nel 1773 enunciò un principio che i governi di Gran Bretagna e Stati Uniti annunciarono pubblicamente come politica comune nel 1939. Egli disse che la politica dei presenti doveva essere quella di fomentare le guerre, ma di dirigere le conferenze di pace in modo che nessuno dei combattenti ottenesse guadagni territoriali. Disse che le guerre dovevano essere dirette in modo tale che le nazioni impegnate da entrambe le parti sarebbero state messe ulteriormente in debito e in potere dei "nostri" agenti.

12. Si occupò poi dell'amministrazione. Disse ai presenti che dovevano usare le loro ricchezze per far scegliere candidati alle cariche pubbliche che sarebbero stati "servili e obbedienti ai nostri ordini, in modo da poter essere facilmente usati come pedine nel nostro gioco dagli uomini colti e geniali che nomineremo per operare dietro le quinte del governo come consiglieri ufficiali". E ha aggiunto: "Gli uomini che nomineremo 'Consiglieri' saranno stati allevati, cresciuti e addestrati fin dall'infanzia secondo le nostre idee per governare gli affari del mondo intero".

13. L'oratore si occupò di propaganda e spiegò come la loro ricchezza combinata potesse controllare tutti i punti di informazione pubblica, rimanendo nell'ombra e al riparo da ogni colpa, indipendentemente dalle ripercussioni che potevano derivare dalla pubblicazione di calunnie, diffamazioni o menzogne. L'oratore ha detto: "Grazie alla stampa abbiamo l'oro in mano, nonostante abbiamo dovuto raccoglierlo dagli oceani di sangue e lacrime... Ma ci ha pagato anche se abbiamo sacrificato molti dei nostri. Ogni vittima dalla nostra parte vale mille Goyim".

14. Spiegò poi la necessità che il loro "Agentur" uscisse sempre allo scoperto e apparisse sulla scena, quando le condizioni avevano raggiunto il minimo storico e le masse erano state soggiogate per mezzo della miseria e del terrore. Ha sottolineato che quando era il momento di ristabilire l'ordine si doveva farlo in modo tale che le vittime credessero di essere state preda di criminali e irresponsabili. Ha detto: "Giustiziando i criminali e i pazzi dopo che hanno portato a termine il nostro preconcetto 'regno del terrore', possiamo farci passare per i salvatori degli oppressi e i campioni dei lavoratori". L'oratore ha poi aggiunto: "A noi interessa proprio il contrario... la diminuzione, l'eliminazione dei Goyim".

15. Spiegò poi come le depressioni industriali e i panici finanziari potessero essere provocati e usati per servire il loro scopo, dicendo: "La disoccupazione forzata e la fame, imposte alle masse a causa del potere che abbiamo di creare carenze di cibo, creeranno il diritto del Capitale di governare più sicuramente di quanto non sia stato dato alla vera aristocrazia, e con l'autorità legale dei Re". sosteneva che, facendo in modo che i loro agenti controllassero la "mafia", quest'ultima avrebbe potuto essere usata per spazzare via tutti coloro che avessero osato ostacolarli.

16. L'infiltrazione nella Massoneria continentale è stata poi ampiamente discussa. L'oratore ha affermato che il loro scopo sarebbe quello di trarre vantaggio dalle strutture e dalla segretezza che la Massoneria ha da offrire. Ha sottolineato che potrebbero organizzare le proprie Logge del Grande Oriente all'interno della Massoneria Blu per portare avanti le loro attività sovversive e nascondere la vera natura del loro lavoro sotto il mantello della filantropia. Egli affermò che tutti i membri iniziati nelle loro Logge del Grande Oriente avrebbero dovuto essere utilizzati per scopi di proselitismo e per diffondere la loro ideologia ateo-materialista tra i Goyim. Terminò questa fase della discussione con le parole. "Quando scoccherà l'ora in cui il nostro sovrano Signore di tutto il mondo sarà incoronato, queste stesse mani spazzeranno via tutto ciò che potrebbe ostacolarlo".

17. Poi espose il valore degli inganni sistematici, sottolineando che i loro agenti dovrebbero essere addestrati all'uso di frasi altisonanti e all'uso di slogan popolari. Dovrebbero fare alle masse le promesse più generose. Osservava: "Il contrario di ciò che è stato promesso può sempre essere fatto in seguito... questo non ha alcuna importanza". Ragionava sul fatto che usando parole come Libertà e Libertà, i Goyim potevano essere stimolati a un tale livello di fervore patriottico da indurli a combattere persino contro le leggi di Dio e della Natura. Aggiungeva: "E per

questo motivo, dopo che avremo ottenuto il controllo, il NOME DI DIO sarà cancellato dal "Lessico della vita"[41]

18. Poi descrisse i piani per la guerra rivoluzionaria, l'arte del combattimento di strada e delineò il modello del "Regno del Terrore" che, secondo lui, doveva accompagnare ogni sforzo rivoluzionario "perché è il modo più economico per portare la popolazione a una rapida sottomissione".

19. Si parlò poi di diplomazia. Dopo tutte le guerre si deve insistere sulla diplomazia segreta "affinché i nostri agenti, mascherati da consiglieri 'politici', 'finanziari' ed 'economici', possano eseguire i nostri mandati senza temere di smascherare chi è 'il Potere Segreto' dietro gli affari nazionali e internazionali". L'oratore ha poi detto ai presenti che con la diplomazia segreta devono ottenere un controllo tale "che le nazioni non possano giungere a un accordo privato nemmeno di poco conto senza che i nostri agenti segreti ci mettano lo zampino".

20. L'obiettivo è il governo mondiale definitivo. Per raggiungere questo obiettivo, l'oratore disse loro: "Sarà necessario istituire enormi monopoli, serbatoi di ricchezze così colossali, che anche le più grandi fortune dei Goyim dipenderanno da noi a tal punto che andranno a fondo insieme al credito dei loro governi IL GIORNO DOPO IL GRANDE SCIOPERO POLITICO". L'oratore ha poi aggiunto: "Voi signori qui presenti, che siete economisti, fate una stima del significato di questa combinazione".

21. Guerra economica. Vennero quindi discussi i piani per derubare i Goyim delle loro proprietà terriere e delle loro industrie. Una combinazione di tasse elevate e di concorrenza sleale è stata raccomandata per portare alla rovina economica i Goyim per quanto riguarda i loro interessi finanziari e i loro investimenti nazionali. In campo internazionale, egli riteneva che si potessero incoraggiare i Goyim a uscire dai mercati a livello di prezzi. Ciò potrebbe essere ottenuto attraverso un attento controllo delle materie prime, un'agitazione organizzata tra i lavoratori per ottenere orari più brevi e salari più alti, e sovvenzionando i

---

[41] Il "Lessico della vita" a cui si riferiva era il piano di creazione di Dio Onnipotente.

concorrenti. L'oratore ha avvertito i suoi cospiratori che devono organizzare le cose e controllare le condizioni, in modo che "l'aumento dei salari ottenuto dai lavoratori non li avvantaggi in alcun modo".

22. Armamenti. È stato suggerito che la costruzione di armamenti per far sì che i Goyim si distruggano l'un l'altro dovrebbe essere lanciata su una scala così colossale che, in ultima analisi, "rimarranno solo le masse del proletariato nel mondo, con pochi milionari dedicati alla nostra causa... e la polizia e i soldati sufficienti a proteggere i nostri interessi".

23. Il Nuovo Ordine. I membri del Governo Unico Mondiale saranno nominati dal Dittatore. Sceglierà gli uomini tra gli scienziati, gli economisti, i finanzieri, gli industriali, e tra i milionari, perché "in sostanza tutto sarà risolto dalla questione delle cifre".

24. Importanza dei giovani. L'importanza di catturare l'interesse dei giovani è stata sottolineata con l'ammonimento che "i nostri agenti dovrebbero infiltrarsi in tutte le classi e livelli della società e del governo, allo scopo di ingannare, confondere e corrompere i membri più giovani della società insegnando loro teorie e principi che sappiamo essere falsi".

25. Le leggi nazionali e internazionali non devono essere cambiate, ma devono essere usate così come sono, per distruggere la civiltà dei Goyim "semplicemente stravolgendole in una contraddizione dell'interpretazione che prima maschera la legge e poi la nasconde del tutto. Il nostro obiettivo finale è sostituire l'ARBITRATO alla LEGGE".

L'oratore ha poi detto ai suoi ascoltatori: "Potreste pensare che i Goyim si solleveranno su di noi con le armi, ma nel WEST abbiamo contro questa possibilità un'organizzazione di terrore così spaventoso da far tremare i cuori più robusti... la 'Underground'... I Metropolitani... I corridoi sotterranei... questi saranno istituiti nelle capitali e nelle città di tutti i Paesi prima che quel pericolo si manifesti".

L'uso della parola "OVEST" ha un grande significato. Essa rende evidente che Rothschild si rivolgeva a uomini che avevano aderito al Movimento Rivoluzionario Mondiale nato nella Pale of Settlement, in "ORIENTE". Va ricordato che prima di stabilirsi a Frankfort, in Germania, Amschel Moses Bauer aveva seguito il suo mestiere di orefice e argentiere, viaggiando a lungo nell'"Est" dell'Europa, dove senza dubbio aveva incontrato gli uomini a cui si rivolgeva suo figlio Amschel Mayer dopo che questi, da prestatore di denaro, si era trasformato in banchiere e aveva fondato LA CASA DI ROTHSCHILD nella Jundenstrasse, dove si dice abbia avuto luogo l'incontro di cui sopra nel 1773.

Per quanto è possibile accertare, il piano originale della cospirazione si è concluso nel punto in cui è terminato sopra. Sono convinto che i documenti caduti nelle mani del professor S. Nilus nel 1901, e da lui pubblicati con il titolo "Il pericolo ebraico" nel 1905 in Russia, fossero un ampliamento del piano originale. Non sembra esserci alcun cambiamento nella prima sezione, ma varie aggiunte rivelano come i cospiratori abbiano utilizzato il darwinismo, il marxismo e persino il nietzscheismo. Ancora più importante sono i documenti scoperti nel 1901 che rivelano come sarebbe stato utilizzato il sionismo. Va ricordato che il sionismo fu organizzato solo nel 1897.

A questo argomento si farà riferimento più avanti, quando verrà spiegato l'intrigo che portò all'abdicazione di re Edoardo VIII. La traduzione che Victor Marsden ha fatto de *Il pericolo ebraico* è stata pubblicata dalla Britons Publishing Society, Londra, Inghilterra, con il titolo I protocolli dei dotti anziani di Sion nel 1921. Anche questo libro viene discusso. Sembra logico affermare che la scoperta del documento successivo conferma l'esistenza di quello precedente. Poco, se non nulla, è cambiato, ma è stato aggiunto un notevole materiale, probabilmente a causa del rapido sviluppo della cospirazione internazionale. L'unico punto su cui sembrano esserci motivi di disaccordo riguarda i titoli scelti dal Prof. Nilus e dal Sig. Marsden per i loro libri.

Il signor Marsden afferma con certezza che il contenuto del suo libro è il Protocollo delle riunioni dei dotti anziani di Sion, mentre sembrerebbe che si tratti di un complotto presentato a usurai, orafi, industriali, economisti e altri, da Amschel Mayer Rothschild, che si era laureato da usuraio a banchiere.

Una volta suscitato lo spirito di rivolta contro l'autorità costituita nei cuori e nelle menti delle masse, l'effettivo sforzo rivoluzionario sarebbe stato portato avanti sotto la spinta di un preconcetto Regno del Terrore. Il Regno del Terrore sarebbe stato concepito dai leader degli Illuminati ebrei. Questi ultimi, a loro volta, avrebbero fatto infiltrare i loro agenti nella Massoneria francese appena organizzata e avrebbero fondato in essa Logge di Massoneria del Grande Oriente da utilizzare come clandestini rivoluzionari e come strumento di proselitismo della dottrina del materialismo ateo dialettico e storico. Rothschild concluse il suo discorso sottolineando che, se fossero state prese le dovute precauzioni, il loro legame con il movimento rivoluzionario non sarebbe mai stato conosciuto.

Ci si può chiedere: "Come si può dimostrare che queste riunioni segrete si sono tenute?" - e "Se si sono tenute, come si può dimostrare quali argomenti sono stati discussi in tali riunioni?". La risposta è semplice. Il complotto diabolico è stato reso noto da "un atto di Dio".

Nel 1785 un corriere galoppava follemente a cavallo da Frankfort a Parigi portando informazioni dettagliate sul Movimento Rivoluzionario Mondiale in generale e istruzioni per la progettata Rivoluzione Francese in particolare. Le istruzioni provenivano dagli Illuminati ebrei di in Germania ed erano indirizzate al Gran Maestro dei massoni del Grande Oriente in Francia. Le Logge del Grande Oriente erano state istituite come clandestinità rivoluzionaria dal Duca d'Orléans dopo che egli, in qualità di Gran Maestro della Massoneria francese, era stato iniziato agli Illuminati ebrei a Frankfort da Mirabeau. Il corriere fu colpito da un fulmine mentre passava per Ratisbona e fu ucciso. I documenti che portava con sé caddero nelle mani della polizia che li consegnò al governo bavarese. Una serie di eventi storici raccontati in ordine cronologico collega la Casa Rothschild con gli Illuminati ebrei di Frankfort e con gli Illuminati della Libera Muratoria francese, noti come Logge del Grande Oriente, come verrà mostrato.

È stato ricordato come i rabbini ebrei rivendicassero il potere di interpretare i significati segreti e nascosti degli scritti delle Sacre Scritture grazie a una rivelazione speciale ottenuta attraverso la Cabala. La pretesa di avere tali poteri era di scarsa utilità se non avevano in mano un'organizzazione, o uno strumento, per mettere in atto l'ispirazione che sostenevano di aver ricevuto. I prestatori di denaro, alcuni sommi sacerdoti, direttori e anziani decisero di organizzare una società segretissima per servire i loro scopi malvagi: la chiamarono "Illuminati". La parola Illuminati deriva dalla parola Lucifero, che significa Portatore di Luce o Essere di straordinaria luminosità. Pertanto, gli Illuminati furono organizzati per eseguire le ispirazioni date ai Sommi Sacerdoti da Lucifero durante l'esecuzione dei loro riti cabalistici. Così Cristo si è dimostrato giustificato quando li ha chiamati

Sinagoga di Satana. Il Consiglio Supremo degli Illuminati ebrei era composto da tredici persone. Erano, e restano tuttora, l'organo esecutivo del Consiglio dei Trentatré. I capi degli Illuminati ebrei sostengono di possedere una conoscenza superlativa di tutto ciò che riguarda la dottrina religiosa, i riti e le cerimonie religiose. Furono loro a concepire l'ideologia ateo-materialista che nel 1848 fu pubblicata come "Manifesto comunista" da Karl Marx. Marx era nipote di un rabbino ebreo, ma si dissociò ufficialmente dal sommo sacerdozio ebraico quando fu designato a svolgere i suoi importanti compiti, mettendo in pratica ancora una volta il principio di funzionamento della Joint Stock Co.

Il motivo per cui il Consiglio Supremo era composto da tredici persone era di ricordare ai membri che il loro unico e solo dovere era quello di distruggere la religione fondata da Cristo e dai suoi dodici apostoli.[42] Per garantire la segretezza ed evitare la possibilità di un tradimento simile a quello di Giuda, ogni uomo iniziato agli Illuminati era tenuto a prestare giuramento di obbedienza illimitata al capo del Consiglio dei Trentatré e a non riconoscere nessun mortale come superiore a lui. In un'organizzazione come gli Illuminati, ciò significava che ogni membro riconosceva il capo del Consiglio dei Trentatré come suo Dio su questa terra. Questo fatto spiega come i comunisti di alto livello, ancora oggi, giurino di non essere fedeli alla Russia. Non è così. La loro fedeltà è solo al capo dei dirigenti del Movimento rivoluzionario mondiale.

Il Consiglio Supremo decise di utilizzare la Loggia di Ingolstadt per organizzare una campagna con la quale gli agenti o le Cellule degli Illuminati si sarebbero infiltrati nella Massoneria continentale e, sotto il mantello del divertimento sociale e della filantropia pubblica, avrebbero organizzato la loro clandestinità rivoluzionaria. A coloro che si infiltrarono nella Massoneria continentale fu ordinato di fondare Logge del Grande Oriente e di usarle per il proselitismo, in modo da poter contattare rapidamente i non ebrei ricchi, di posizione e di influenza legati sia alla Chiesa che allo Stato. Poi, utilizzando i metodi antichi della corruzione e dell'inganno, potevano farli diventare discepoli, volenti o nolenti, dell'Illuminismo. Potrebbero far loro

---

[42] C'erano anche tredici tribù d'Israele, il che potrebbe avere qualche attinenza con la questione dei numeri.

predicare l'inversione dei Dieci Comandamenti di Dio. Potrebbero farli diventare sostenitori dell'ateismo-materialismo.

Una volta decisa questa politica, gli agenti del Consiglio Supremo contattarono il marchese di Mirabeau come la persona più adatta in Francia a servire i loro scopi. Egli apparteneva alla nobiltà. Aveva una grande influenza nei circoli di corte, era un amico intimo del Duca d'Orléans, che avevano deciso di usare come uomo di facciata per guidare la Rivoluzione francese. Ma, cosa ancora più importante, il marchese di Mirabeau era privo di morale e i suoi eccessi licenziosi lo avevano portato a indebitarsi pesantemente.

Per gli usurai fu semplice mettere in contatto i loro agenti con Mirabeau, il famoso oratore francese. Con la scusa di essere amici e ammiratori, si offrirono di aiutarlo a uscire dalle sue difficoltà finanziarie. In realtà lo condussero lungo il "sentiero delle primule", negli abissi del vizio e della dissolutezza, finché non si trovò così profondamente indebitato da essere costretto a eseguire i loro ordini. Durante una riunione per consolidare i suoi debiti, Mirabeau fu presentato a Moses Mendelssohn, uno dei grandi finanzieri ebrei, che lo prese per mano. A tempo debito, Mendelssohn presentò a Mirabeau una donna, famosa per la sua bellezza personale e il suo fascino, ma priva di scrupoli morali.

Questa splendida ebrea era sposata con un uomo di nome Herz, ma per un uomo come Mirabeau il fatto che fosse sposata la rendeva solo più desiderabile. Non passò molto tempo prima che passasse più tempo con Mirabeau che con suo marito. Fortemente indebitato con Mendelssohn, strettamente irretito dalla signora Herz, Mirabeau era completamente indifeso... Aveva ingoiato la loro esca con le unghie e con i denti. Ma, da bravi pescatori, per un po' di tempo lo hanno preso in giro con delicatezza. Se avessero esercitato una pressione troppo forte, il capo avrebbe potuto rompersi e il pesce sarebbe potuto scappare. La loro mossa successiva fu quella di farlo iniziare all'Illuminismo. Gli fecero giurare segretezza e obbedienza illimitata, pena la morte. La mossa successiva fu quella di condurlo in situazioni compromettenti che misteriosamente divennero pubbliche. Questo metodo di distruzione del carattere di un uomo divenne noto come pratica dell'*Infamia*. A causa degli scandali e della detrazione organizzata, Mirabeau fu ostracizzato da molti dei suoi pari sociali. Il suo risentimento generò un desiderio di vendetta e così abbracciò la Causa rivoluzionaria.

Il compito di Mirabeau era quello di indurre il Duca d'Orléans a guidare il movimento rivoluzionario in Francia. Era implicito che, una volta costretto il re ad abdicare, sarebbe diventato il sovrano democratico della Francia. I veri complottisti della Rivoluzione francese si guardarono bene dal far sapere a Mirabeau o al Duca d'Orléans che intendevano assassinare il Re e la Regina e migliaia di nobili. Fecero credere a Mirabeau e al Duca d'Orléans che lo scopo della rivoluzione era quello di liberare la politica e la religione dalla superstizione e dal dispotismo. Un altro fattore che fece decidere agli uomini che erano Il potere segreto dietro il movimento rivoluzionario che il Duca d'Orléans dovesse essere il loro uomo di punta fu il fatto che egli era Gran Maestro della Massoneria francese.

Adam Weishaupt fu incaricato di adattare il rituale e i riti dell'Illuminismo per l'iniziazione alla Massoneria del Grande Oriente. Visse anche a Frankfort, in Germania. Mirabeau presentò il Duca d'Orléans e il suo amico Talleyrand a Weishaupt, che li iniziò ai segreti della Massoneria del Grande Oriente. Alla fine del 1773 Phillipe, Duc D'Orléans aveva introdotto il Rituale del Grande Oriente nella Massoneria francese. Nel 1788 c'erano più di duemila logge in Francia affiliate alla Massoneria del Grande Oriente e il numero di singoli adepti superava le centomila unità. In questo modo gli Illuminati ebrei guidati da Moses Mendelssohn furono introdotti nella Massoneria continentale da Weishaupt sotto la veste di Logge del Grande Oriente. Gli Illuminati ebrei organizzarono poi comitati rivoluzionari segreti all'interno delle logge. In questo modo i direttori rivoluzionari clandestini furono istituiti in tutta la Francia.

Una volta che Mirabeau riuscì a far sì che il Duca d'Orléans amalgamasse la Massoneria Blu o Nazionale in Francia con i riti del Grande Oriente, condusse il suo amico lungo lo stesso "sentiero delle primule" che lo aveva portato all'ostracismo sociale. In quattro anni esatti, il Duca d'Orléans si ritrovò così pesantemente indebitato da essere PERSUASO a impegnarsi in ogni forma di traffico e commercio illegale per recuperare le perdite. Ma in qualche modo misterioso le sue imprese sembravano sempre andare male ed egli perdeva sempre più denaro.

Nel 1780 aveva un debito di 800.000 livres. Ancora una volta gli usurai si fecero avanti e gli offrirono consigli sulle sue operazioni commerciali e aiuti finanziari. Con grande abilità lo indussero a cedere loro, a garanzia dei loro prestiti, il suo palazzo, le sue proprietà, la sua casa e il Palais Royal. Il Duca d'Orléans firmò un accordo in base al quale i suoi finanziatori ebrei erano autorizzati a gestire le sue proprietà e i suoi beni in modo da garantirgli un reddito sufficiente per far fronte ai suoi obblighi finanziari e lasciargli una rendita costante e adeguata.

Il Duca d'Orléans non era mai stato molto sveglio in materia finanziaria. L'accordo che aveva firmato con i suoi banchieri ebrei gli era sembrato un buon affare finanziario. Si erano offerti di gestire i suoi affari e di trasformarli da un triste fallimento in un grande successo finanziario. Cosa poteva volere di più? Non è certo che il Duca d'Orléans sospettasse che ci fosse un negro nascosto nella catasta di legna. Non è certo che sospettasse di essersi venduto anima e corpo agli agenti del Diavolo... Ma lo aveva fatto. Era completamente nelle loro mani.[43]

I poteri segreti che dirigono la Rivoluzione francese nominano Choderlos de Laclos per gestire il Palais Royal e le proprietà del Duca d'Orléans. Si pensa che De Laclos fosse un ebreo di origine spagnola. Quando fu nominato direttore del Palais Royal, fu acclamato come autore di Les Liaisons Dangereuses e di altre opere pornografiche. Difese pubblicamente la sua estrema immoralità sostenendo di aver studiato la politica dell'amore in tutti i suoi vari aspetti a causa del suo amore per la politica.

Poco importa chi fosse Choderlos de Laclos, l'importante è quello che ha fatto. Trasformò il Palais Royal nella più grande e famigerata casa di malaffare che il mondo abbia mai conosciuto. Nel Palais Royal istituì ogni tipo di intrattenimento osceno, comportamenti licenziosi, spettacoli spudorati, gallerie di immagini oscene, biblioteche pornografiche e mise in scena esibizioni pubbliche delle forme più bestiali di depravazione sessuale. Venivano offerte opportunità speciali a uomini e donne che desideravano abbandonarsi a ogni forma di dissolutezza. Il Palais Royal divenne il centro in cui furono concepiti e realizzati i dettagli della campagna per la distruzione sistematica della

---

[43] Gli stessi geni del male usarono i loro agenti per coinvolgere William Pitt nei debiti e lo costrinsero a dimettersi da Primo Ministro d'Inghilterra perché durante la prima parte del suo ministero si rifiutò ostinatamente di permettere all'Inghilterra di essere coinvolta in guerre che essi pianificavano per favorire i loro piani e le loro ambizioni segrete. Pitt aveva imparato molto sul ruolo svolto dai baroni del denaro negli affari internazionali quando era Cancelliere dello Scacchiere (1785).

fede religiosa e della morale pubblica francese. Ciò avvenne sulla base della teoria cabalistica secondo cui il miglior rivoluzionario è una gioventù priva di morale.

Associato a de Laclos era un ebreo palermitano di nome Cagliostro, alias Giuseppe Balsamo. Egli trasformò una delle proprietà del Duc in una tipografia da cui diffondeva opuscoli rivoluzionari. Balsamo organizzò uno staff di propagandisti rivoluzionari. Oltre alla letteratura, organizzò concerti, spettacoli teatrali e dibattiti per fare appello agli istinti più bassi della natura umana e promuovere la causa rivoluzionaria. Balsamo organizzò anche gli Spy-ring, che permisero agli uomini che erano il Potere Segreto dietro il movimento rivoluzionario di mettere in atto il loro piano de *L'Infamie*, da utilizzare per l'assassinio sistematico dei personaggi.

Uomini e donne, attirati nella rete tessuta da de Laclos e Balsamo, potevano essere ricattati per eseguire i loro ordini. Così le tenute del Duca d'Orléans vennero trasformate nel centro della politica rivoluzionaria mentre, sotto le spoglie di sale da gioco, teatri, gallerie d'arte e club di atletica, le sale da gioco, i bordelli, le botteghe di vino e di droga facevano affari d'oro.

In questo mondo sotterraneo rivoluzionario i potenziali leader sono stati prima irretiti. Le loro coscienze venivano dapprima spente da associazioni malvagie e poi uccise dall'indulgenza in pratiche malvagie. Le tenute del Duca d'Orléans furono trasformate in fabbriche in cui il Potere Segreto dietro il Movimento Rivoluzionario Mondiale produceva i pezzi che intendeva usare nel suo gioco di scacchi internazionale. Scudder, che ha scritto "Prince of the Blood", dice del Palais Royal: "Dava alla polizia più da fare che in tutte le altre parti della città". Ma per quanto riguarda il pubblico, questo luogo malfamato era di proprietà del Duca d'Orléans, cugino di il re. Solo pochi uomini e donne sapevano che gli usurai lo controllavano e lo usavano per creare un'organizzazione rivoluzionaria che sarebbe stata lo strumento della loro vendetta e il manuale d'azione per portare avanti i loro scopi e le loro ambizioni segrete.

Dopo che la polizia ebbe letto i documenti segreti trovati sul corpo del Corriere, questi furono trasmessi al governo bavarese. Il governo bavarese ordinò alla polizia di fare irruzione nella sede degli Illuminati. Furono ottenute ulteriori prove che rivelarono le vaste ramificazioni del Movimento Rivoluzionario Mondiale. I governi di Francia, Inghilterra,

Polonia, Germania, Austria e Russia furono informati della natura internazionale del complotto rivoluzionario, ma, come è accaduto ripetutamente da allora, i governi interessati non intrapresero alcuna azione seria per fermare la diabolica cospirazione. Perché? L'unica risposta a questa domanda è la seguente: Il potere degli uomini che stanno dietro al movimento rivoluzionario mondiale è più grande del potere di qualsiasi governo eletto. Questo fatto sarà dimostrato più volte durante lo svolgimento della storia.

Gli uomini malvagi che tramano e pianificano il W.R.M. hanno un altro vantaggio rispetto alle persone oneste. La persona media, che crede in Dio e trova piacere e godimento nelle cose belle con cui Dio ci ha benedetti, non riesce a credere che un piano diabolico di odio e vendetta possa essere concepito da esseri umani. Sebbene tutti i cristiani credano sinceramente che la Grazia di Dio entri nelle loro anime come risultato della partecipazione alle funzioni religiose, della ricezione dei Sacramenti e della recita delle preghiere, non riescono a credere che attraverso le cerimonie e i riti degli Illuminati, sia che si tratti della Cabala semitica o di quella pagana ariana del Grande Oriente, il Diavolo inocula la sua influenza e i suoi poteri malvagi nei cuori e nelle anime degli uomini e delle donne che accettano come religione il satanismo o l'ateismo e mettono in pratica le teorie dei loro sommi sacerdoti.

Verranno fornite alcune illustrazioni per mostrare come individui e governi siano rimasti altrettanto stupidi e ingenui rispetto agli avvertimenti dati loro riguardo al meccanismo malvagio dei veri leader del Movimento Rivoluzionario Mondiale.

Dopo che vari governi non agirono in base alle informazioni rese note dalla polizia bavarese nel 1785, la sorella di Maria Antonietta le scrisse lettere personali per avvertirla del complotto rivoluzionario; della connessione dei banchieri internazionali; del ruolo che la Massoneria era destinata a svolgere e del suo stesso pericolo. Maria Antonietta (1755-1793) era figlia dell'imperatore Francesco I d'Austria.

Sposò Luigi XVI di Francia. Non riusciva a credere alle cose terribili che la sorella le diceva essere tramate dagli Illuminati. Ai ripetuti avvertimenti inviati dalla sorella, Maria Antonietta scrisse lunghe lettere di risposta.

In merito all'affermazione della sorella, secondo la quale erano state ottenute prove che gli Illuminati, operanti sotto le sembianze della Massoneria filantropica, progettavano di distruggere sia la Chiesa che lo Stato in Francia, Maria Antonietta rispose: "Credo che per quanto riguarda la Francia, vi preoccupiate troppo della Massoneria. Qui è ben lontana dall'avere l'importanza che può avere altrove in Europa".

Quanto si sia sbagliata è una questione di storia. Poiché rifiutò costantemente di ascoltare i ripetuti avvertimenti della sorella, lei e il marito morirono sotto la ghigliottina.

Tra il 1917 e il 1919 il governo britannico ricevette informazioni complete sui banchieri internazionali che all'epoca costituivano il potere segreto dietro il W.R.M. Le informazioni furono presentate ufficialmente da ufficiali dell'intelligence britannica, da ufficiali dell'intelligence americana e confermate da Oudendyke e Sir M. Findlay. Oudendyke era all'epoca il rappresentante del governo olandese a San Pietroburgo (oggi Leningrado). Si occupò degli interessi della Gran Bretagna dopo che la mafia aveva distrutto l'ambasciata britannica e ucciso il comandante E.N. Cromie. Questo aspetto del W.R.M. è trattato in dettaglio nei capitoli successivi sulla Russia.

La maggior parte degli studenti di storia ritiene che Maria Antonietta fosse una donna pienamente inserita nello spirito e nell'allegria della corte francese. È generalmente accettato come un fatto che si impegnò in molte relazioni amorose con gli amici intimi del marito e si abbandonò a spericolate stravaganze. Questo è il quadro che Balsamo e i suoi propagandisti hanno dipinto di lei. Il fatto che abbiano fatto aderire il loro L'Infamie ha permesso loro di far sì che la folla chiedesse la sua vita. Ma la loro versione della condotta di Maria Antonietta è un cumulo di menzogne, come hanno dimostrato gli storici. La forza d'animo con cui sopportò le sofferenze inflittele dai suoi nemici, la dignità con cui affrontò il suo destino, la rassegnazione e il coraggio con cui offrì la sua vita sul patibolo, non possono essere conciliati con le caratteristiche di una donna dissoluta.

Per diffamare Maria Antonietta, Weishaupt e Mendelssohn pensarono all'idea della collana di diamanti. All'epoca, le risorse finanziarie della Francia erano al minimo e il governo francese implorava i baroni del denaro internazionali di concedere loro ulteriori crediti. Un agente segreto degli arci-cospiratori ordinò ai gioiellieri di corte di realizzare una favolosa collana di diamanti. L'ordine per questa collana, il cui valore stimato era di un quarto di milione di livre, fu fatto a nome della Regina. Quando i gioiellieri di corte portarono la collana di diamanti alla Regina per la sua accettazione, ella rifiutò di averci a che fare. Negò di essere a conoscenza della transazione. Ma la notizia della favolosa collana trapelò, come previsto dai complottisti. Balsamo mise in moto la sua macchina di propaganda. Maria Antonietta fu sommersa di critiche, il suo carattere fu infangato, la sua reputazione trascinata nel pantano da una campagna di assassinio sottovoce. E, come al solito, nessuno riuscì mai a individuare la persona o le persone che avevano iniziato le calunnie. Dopo questo accumulo, Balsamo stappò il suo capolavoro speciale. Le sue tipografie produssero migliaia e migliaia di opuscoli in cui sosteneva che un amante segreto della Regina aveva inviato la collana come segno di apprezzamento per i suoi favori.

Ma coloro che gestivano *L'Infamie* pensarono a calunnie ancora più diaboliche da far circolare sulla Regina. Scrissero una lettera al Cardinale Principe di Rohan in cui falsificarono la firma della Regina. Nella lettera gli si chiedeva di incontrarla al Palais Royal verso mezzanotte per discutere la questione della collana di diamanti. Una prostituta del Palais Royal fu ingaggiata per travestirsi da Regina e coinvolgere il Cardinale. L'incidente fu riportato da giornali e opuscoli e furono diffuse le più turpi insinuazioni che coinvolgevano due dei più alti personaggi della Chiesa e dello Stato.

La storia racconta che, dopo che la collana di diamanti ebbe raggiunto il suo scopo, fu portata in Inghilterra e smontata. Si dice che un ebreo di nome Eliason abbia conservato la maggior parte dei preziosi diamanti utilizzati nella composizione originale.

Un'altra prova che collega gli usurai ebrei inglesi al complotto per la Rivoluzione francese è stata portata alla luce da Lady Queensborough, autrice di *"Occult Theocrasy"*. Mentre svolgeva alcune ricerche su, lesse una copia de "L'Anti-Semitisme", scritto da un ebreo di nome Bernard Lazare e pubblicato nel 1849. Grazie agli indizi ricavati da questo libro, Lady Queensborough sostiene che Benjamin Goldsmid, suo fratello Abraham e il loro socio Moses Mecatta, e suo nipote Sir Moses Montifiore, erano finanzieri ebrei in Inghilterra che erano sicuramente affiliati ai loro fratelli ebrei continentali nel complotto per portare la rivoluzione in Francia. Sono state trovate altre prove che collegano Daniel Itsig di Berlino, suo genero David Friedlander e Herz Gergbeer di Alsazia ai Rothschild e al complotto. Vengono così svelati gli uomini che all'epoca costituivano il potere segreto dietro il Movimento rivoluzionario mondiale.

La conoscenza dei metodi utilizzati da questi uomini per manovrare il governo francese in difficoltà finanziarie è importante, perché ha stabilito il modello che hanno seguito in America, Russia, Spagna e altri paesi in seguito.

Sir Walter Scott, nel secondo volume della Vita di Napoleone, racconta chiaramente le mosse iniziali. Riassume poi la situazione con queste parole.

> "Questi finanzieri usavano il governo (francese) come i prodighi in bancarotta sono trattati dagli usurai che, alimentando la stravaganza con una mano, con l'altra strappano alle loro fortune in rovina i compensi più irragionevoli per le loro anticipazioni. Con una lunga successione di questi prestiti rovinosi e di vari diritti concessi per garantirli, l'intera finanza francese è stata portata a una confusione totale[44]

Dopo che il governo francese è stato costretto a chiedere ingenti prestiti a causa dei debiti contratti per combattere le guerre per favorire le ambizioni segrete dei cospiratori internazionali, si è gentilmente offerto di fornire il denaro a condizione di poter scrivere i termini dell'accordo. In apparenza le loro condizioni erano molto clementi. Ma ancora una volta avevano messo un negro nella catasta di legna nella persona di un certo M. Necker. Egli doveva essere nominato nel Consiglio del Re di Francia come Ministro Capo degli Affari Finanziari. I finanzieri ebrei sottolinearono che questo mago delle finanze avrebbe tirato fuori la Francia dai suoi problemi monetari in meno di un attimo. In realtà, nei quattro anni successivi, egli coinvolse così tanto il governo francese con i finanzieri ebrei che il debito nazionale salì a 170.000.000 di sterline.

---

[44] A causa delle sue presunte dichiarazioni antisemite, le importanti opere di Sir Walter Scott, che consistono in un totale di nove volumi che trattano molte fasi della Rivoluzione francese, sono state taciute da coloro che controllano le case editrici e la maggior parte della stampa. Sono quasi introvabili, se non nelle biblioteche dei musei, e non sono mai elencati insieme alle altre sue opere.

Il capitano A.H.M. Ramsay riassume la situazione in modo appropriato in *La guerra senza nome*.[45] Egli dice:

> "La rivoluzione è un colpo inferto a un paralitico... Quando la morsa del debito è stata saldamente stabilita, segue presto il controllo di ogni forma di pubblicità e di attività politica, insieme alla piena presa sugli industriali, [sia sulla dirigenza che sul lavoro]. A questo punto si prepara il terreno per il colpo rivoluzionario. La presa della mano destra della finanza stabilisce la paralisi, mentre la mano sinistra rivoluzionaria impugna il pugnale e assesta il colpo mortale. La corruzione morale facilita l'intero processo".

Mentre i fogli di propaganda di Balsamo danneggiavano le alte cariche della Chiesa e dello Stato, gli agenti speciali degli Illuminati organizzavano gli uomini che dovevano essere utilizzati come leader nel Regno del Terrore, per accompagnare lo sforzo rivoluzionario.

Tra questi leader c'erano Robespierre, Danton e Marat. Per nascondere il loro vero scopo, gli uomini che dovevano liberare i prigionieri e i pazzi per creare l'atmosfera necessaria all'instaurazione del preconizzato Regno del Terrore, si riunirono nel convento giacobino. Tra le mura dell'edificio sacro vennero elaborati i dettagli del sanguinoso piano.

Furono compilate le liste dei reazionari destinati alla liquidazione. Fu spiegato che mentre i criminali e i pazzi si scatenavano terrorizzando la popolazione con omicidi di massa e stupri pubblici, i lavoratori clandestini organizzati, sotto la direzione di Manuel, procuratore della Comune, avrebbero radunato tutte le figure politiche importanti, i capi del clero e gli ufficiali militari noti per essere fedeli al Re.[46] Gli uomini che sarebbero emersi dalla clandestinità organizzata dagli ebrei furono costituiti in Club giacobini.

Sotto la guida di leader che conoscevano bene i compiti richiesti per dirigere il "Regno del Terrore", essi condussero le atrocità di massa in

---

[45] Pubblicato da Omnia Veritas Ltd, www.omnia-veritas.com.

[46] Sir Walter Scott - "Vita di Napoleone", Vol. 2, pag. 30 - dice: "La richiesta della Communauté de Paris, ora Sinedrio dei giacobini, era naturalmente di sangue".

modo che servissero allo scopo dei loro padroni nascosti e li portassero
più avanti verso il loro obiettivo finale.

Capitolo 4

La caduta di Napoleone

I banchieri internazionali hanno pianificato la Rivoluzione francese in modo da poter diventare il potere segreto dietro i governi europei e favorire i loro piani a lungo termine.

Con lo scoppio della rivoluzione, i giacobini presero il controllo. Erano uomini scelti dagli Illuminati e dalla massoneria del Grande Oriente. Usarono il Duca d'Orléans per servire i loro scopi fino al momento in cui gli fu chiesto di votare per la morte di suo cugino il Re. Il Duca credeva che sarebbe stato nominato monarca costituzionale, ma i giacobini avevano altre istruzioni. Una volta votato per la morte del Re, assumendosene la colpa, lasciò i veri complottisti al riparo da ogni sospetto. Allora coloro che costituivano il Potere Segreto dietro la rivoluzione ordinarono di liquidare anche lui. Contro di lui rivolsero tutta la forza della loro propaganda e de *L'Infamie*. In un tempo incredibilmente breve, si avviò verso la ghigliottina. Mentre cavalcava i ciottoli del carro della morte, si sentì vituperare ed esecrare da tutte le classi del popolo.

Quando Mirabeau si rese conto di quale terribile strumento di vendetta aveva contribuito a far nascere, si pentì. Selvaggio e dissoluto com'era stato, non riuscì a sopportare di assistere alle terribili e sconvolgenti atrocità che i giacobini stavano sistematicamente perpetrando su tutti coloro che erano stati additati per l'oltraggio e la morte dai loro padroni segreti. Mirabeau era in realtà contrario a qualsiasi violenza nei confronti del Re. Il suo piano personale era quello di ridurre Luigi XVI a monarca limitato, per poi farsi nominare suo principale consigliere. Quando si rese conto che i suoi padroni erano decisi a uccidere il Re, cercò di far fuggire Luigi da Parigi per mettersi sotto la protezione dei suoi fedeli generali che ancora comandavano il suo esercito. Quando i suoi piani furono traditi dai giacobini, anche Mirabeau fu liquidato. Nel suo caso non fu possibile organizzare un'esecuzione pubblica perché i suoi nemici non ritenevano di avere il tempo di formulare accuse contro di lui e di farle valere, così fu avvelenato. La sua morte fu fatta passare per un suicidio. È stato scritto un libro su La collana di diamanti di cui si è già parlato. In esso si legge la significativa osservazione "Luigi non ignorava che Mirabeau era stato avvelenato".

Danton e Robespierre furono le due incarnazioni del diavolo che diedero il via al Regno del Terrore, progettato dagli Illuminati per vendicarsi dei loro nemici e per eliminare i personaggi che consideravano ostacoli sul loro cammino. Tuttavia, quando ebbero raggiunto il loro scopo, i loro due principali carnefici furono arrestati e accusati delle loro numerose infamie e poi giustiziati.[47]

Lafayette era un massone. Era un uomo buono. Si unì alle forze rivoluzionarie perché credeva onestamente che l'azione rivoluzionaria fosse necessaria per realizzare rapidamente le riforme tanto necessarie. Ma Lafayette non pensò nemmeno per un attimo di guidare il popolo francese dalla sua vecchia oppressione verso una nuova sottomissione. Quando cercò di salvare il Re, fu spedito a combattere una guerra in Austria.

Dalla Rivoluzione francese del 1789 fino alle rivoluzioni in corso oggi, il Potere Segreto dietro di esse ha utilizzato molti Duc D'Orléans, Mirabeaus e Lafayette. Anche se gli uomini hanno portato nomi diversi, sono stati tutti usati come strumenti e hanno svolto ruoli simili. Sono stati usati per fomentare le rivoluzioni e, dopo aver raggiunto il loro scopo, sono stati liquidati dagli stessi uomini che hanno servito. La loro morte è sempre stata organizzata in modo tale da farli morire sotto una coltre di colpa che avrebbe dovuto coprire le spalle degli uomini che ancora rimangono Il potere segreto dietro le quinte dell'intrigo internazionale. Sir Walter Scott capì molto bene come funzionava il potere segreto dietro la Rivoluzione francese. Chiunque legga la sua

---

[47] È interessante notare che. Nei Protocolli di Sion numero 15 si legge: "Eseguiamo i massoni in modo tale che nessuno, eccetto la fratellanza, possa mai sospettarlo" - e ancora: "In questo modo procederemo con quei massoni GOY che arrivano a sapere troppo". E. Scudder, nella sua "Vita di Mirabeau", dice: "Egli (Mirabeau) morì in un momento in cui la rivoluzione poteva ancora essere controllata".

Vita di Napoleone percepirà che l'autore pensava di aver individuato l'origine ebraica dei complotti.[48]

Sir Walter sottolinea che le vere figure chiave della rivoluzione erano per lo più straniere. Osserva che nel loro lavoro usavano termini tipicamente ebraici come Direttori e Anziani. Sottolinea che un uomo di nome Manuel fu nominato, in qualche modo misterioso, procuratore della Comune. Sir Walter afferma che quest'uomo era responsabile dell'arresto e della detenzione, nelle prigioni di tutta la Francia, delle vittime dei massacri prestabiliti che ebbero luogo nel settembre 1792. Durante i massacri 8.000 vittime furono uccise solo nelle prigioni di Parigi. Sir Walter notò anche che la Communauté de Paris (il Consiglio della Contea di Parigi) divenne il SANHEDRIN dei giacobini che gridavano sangue e ancora sangue. Scott racconta che Robespierre, Danton e Marat si spartirono i posti più alti nella SINAGOGA dei giacobini finché non ebbero raggiunto il loro scopo. (Fu Manuel a scatenare l'attacco contro Re Luigi e Maria Antonietta che li condusse infine alla ghigliottina. Manuel era ben sostenuto da un uomo di nome David che, in qualità di membro di spicco del Comitato di Pubblica Sicurezza, processò le numerose vittime di Manuel. La voce di David invocava sempre sangue e morte.

Sir Walter racconta che David era solito precedere il suo "sanguinoso lavoro del giorno con la frase professionale Let us grind enough of the Red". Fu David a introdurre il culto dell'Essere Supremo. Il rituale pagano era una mummia cabalistica che sostituiva ogni segno esterno di devozione razionale. Scott menziona anche che Choderlos de Laclos, ritenuto di origine spagnola, era il direttore del Palais Royal che ebbe un ruolo così diabolico nei preparativi per lo scoppio della Rivoluzione. Un'altra questione importante è la seguente: Dopo la liquidazione di Robespierre, due uomini di nome Reubel e Gohir furono nominati direttori del Consiglio degli Anziani. Con altri tre uomini divennero per un certo periodo il governo effettivo della Francia. I cinque uomini

---

[48] Le mie indagini dimostrano che gli uomini che hanno costituito i poteri segreti dietro le quinte dell'intrigo internazionale e che hanno diretto il W.R.M. e il piano nazista per la conquista del mondo, non erano tutti di origine semitica o membri della religione ebraica. Sono certo che facessero tutti parte degli Illuminati, indipendentemente dall'origine razziale. I baroni del denaro, i monopolisti dell'industria, i politici arraffoni non hanno mai esitato a incolpare sia gli ebrei che i gentili per i crimini commessi contro l'umanità.

citati erano noti come Direttori. È davvero notevole che la *Vita di Napoleone* di Sir Walter Scott (in nove volumi), che rivela così tanta verità, sia praticamente sconosciuta.[49]

Va menzionata *la Vita di Robespierre* di G. Renier. Scrive come se alcuni segreti fossero a lui noti. Dice: "Dal 27 aprile al 28 luglio 1794 (quando Robespierre fu sconfitto), il regno del terrore fu al suo apice. Non fu mai una dittatura di un solo uomo, tanto meno di Robespierre. Una ventina di uomini si dividevano il potere". E ancora: "Il 28 luglio Robespierre fece un lungo discorso davanti alla Convenzione... una filippica contro gli ultraterroristi... durante la quale pronunciò accuse vaghe e generiche". Robespierre è citato per aver detto

"Non oso nominarli in questo momento e in questo luogo. Non riesco a squarciare completamente il velo che copre questo profondo mistero di iniquità. Ma posso affermare con certezza che tra gli autori di questo complotto ci sono gli agenti di quel sistema di corruzione e stravaganza che è il più potente di tutti i mezzi inventati dagli stranieri per distruggere la Repubblica: Mi riferisco agli impuri apostoli dell'ateismo e all'immoralità che ne è alla base".

Ha aggiunto Renier:

"Se non avesse pronunciato queste parole, Robespierre avrebbe comunque trionfato".

Robespierre aveva detto troppo. Gli fu deliberatamente sparato alla mascella per farlo tacere efficacemente fino a quando non fosse stato trascinato alla ghigliottina il giorno successivo. Così un altro massone, che sapeva troppo, fu eliminato. Passando in rassegna gli eventi che portarono alle rivoluzioni russa e spagnola, si dimostrerà che la Sezione Rivoluzionaria Nascosta degli Illuminati all'interno delle Logge del Grande Oriente della Massoneria continentale era lo strumento degli uomini che costituivano il Potere Segreto dietro il Movimento Rivoluzionario Mondiale.

---

[49] I volumi non sono mai stati menzionati o ristampati insieme ad altre sue opere. Sono quasi introvabili. Man mano che la storia de Il potere segreto si dipana, il lettore si renderà conto dell'importanza di questo fatto significativo che illustra come vengono controllati i canali della pubblicità.

Migliaia di individui sono stati incolpati pubblicamente e molte organizzazioni sono state gettate nel discredito, semplicemente perché era in potere dei leader segreti del W.R.M. di addossare loro la colpa dei loro crimini e nascondere così la propria identità.

Non sono molte le persone che vivono oggi che sanno che Robespierre, Marat e Danton furono solo gli strumenti utilizzati dai tredici direttori degli Illuminati che complottarono e diressero la Grande Rivoluzione Francese. Furono gli uomini dietro le quinte a preconizzare il modello del Regno del Terrore come mezzo per appagare il loro desiderio di vendetta. Solo durante il Regno del Terrore potevano rimuovere gli ostacoli umani dal loro cammino.

Avendo esaurito le vittime, gli uomini che avevano diretto la Rivoluzione francese decisero di impegnarsi nuovamente in intrighi internazionali. Per accrescere il loro potere economico e politico, Anselm Mayer Rothschild istruì il figlio Nathan Mayer allo scopo speciale di aprire una Casa Rothschild a Londra, in Inghilterra. Il suo intento era quello di consolidare più che mai i legami tra gli uomini che controllavano la Banca d'Inghilterra e quelli che controllavano le banche di Francia, Germania e Olanda. Nathan intraprese questo importante compito all'età di 21 anni. triplicò la sua fortuna. I banchieri decisero poi di usare Napoleone come strumento della loro volontà. Organizzarono le guerre napoleoniche per rovesciare altre teste coronate d'Europa.

Dopo aver travolto l'Europa, Napoleone si autoproclamò imperatore nel 1804. Nominò suo fratello Giuseppe, re di Napoli. Luigi, re d'Olanda; Girolamo, re di Westfalia. Allo stesso tempo, Nathan Rothschild organizzò le cose in modo che i suoi quattro fratelli diventassero i re della finanza in Europa. Erano il potere segreto dietro i nuovi troni. I prestatori di denaro internazionali stabilirono la loro sede in Svizzera. Fu concordato tra loro che, nel loro interesse e per la loro sicurezza, la Svizzera dovesse essere mantenuta neutrale in tutte le controversie. Nel loro quartier generale svizzero a Ginevra organizzarono le diverse associazioni e cartelli su scala internazionale. Organizzarono le cose in modo che, indipendentemente da chi combatteva contro chi, o da chi vinceva e chi perdeva, i membri del Pool Internazionale di Prestatori di Denaro guadagnassero sempre più denaro. Questo gruppo di uomini ottenne presto il controllo delle fabbriche di munizioni, dell'industria navale, dell'industria mineraria, degli impianti chimici, dei depositi di medicinali, delle acciaierie, ecc.

L'unica nota dolente era il fatto che Napoleone diventava sempre più egoista, fino a quando non ebbe la temerarietà di denunciarli pubblicamente. Così decise anche il suo destino. Non fu il tempo, né il freddo, a trasformare la sua vittoriosa invasione della Russia in una delle più tragiche sconfitte militari che il mondo abbia mai conosciuto. Il mancato arrivo di munizioni e rifornimenti alle sue armate fu dovuto al sabotaggio delle sue linee di comunicazione.

La strategia segreta utilizzata per sconfiggere Napoleone e costringerlo ad abdicare è stata accettata come essenziale per tutti gli sforzi rivoluzionari da quella data. È molto semplice. I leader del movimento rivoluzionario si organizzano per collocare segretamente i loro agenti in posizioni chiave nei dipartimenti di approvvigionamento, comunicazione, trasporto e intelligence delle forze armate che intendono rovesciare. Sabotando i rifornimenti, intercettando gli ordini, lanciando messaggi contraddittori, bloccando o deviando i trasporti e facendo un lavoro di controspionaggio, i leader rivoluzionari hanno scoperto che possono creare il caos più totale nella più efficiente organizzazione militare a terra, in mare o in aria. Dieci Cellule collocate segretamente in posizioni chiave valgono diecimila uomini sul campo.

I metodi usati per portare Napoleone alla rovina nella prima parte del XIX secolo furono usati per portare alla sconfitta delle armate russe in la guerra contro il Giappone nel 1904, e di nuovo per provocare ammutinamenti nelle armate russe, nel 1917, e ammutinamenti nell'esercito e nella marina tedesca nel 1918.

L'infiltrazione dei comunisti nelle posizioni chiave fu il vero motivo per cui i generali tedeschi chiesero e ottennero l'armistizio nel novembre 1918. Gli stessi metodi furono usati per distruggere l'efficacia dell'esercito, della marina e dell'aviazione spagnola nel 1936. Esattamente le stesse tattiche furono usate per portare alla sconfitta di Hitler dopo la sua vittoriosa avanzata in Russia nella Seconda Guerra Mondiale.

Così la storia si ripete, perché le stesse potenze usano sempre gli stessi metodi. Ma soprattutto, sono stati i discendenti degli uomini che hanno portato alla caduta di Napoleone a determinare la sconfitta delle forze nazionali cinesi dal 1945 in poi. Furono impartiti ordini misteriosi che fecero sì che milioni e milioni di dollari di armi e munizioni venissero scaricati nell'Oceano Indiano mentre avrebbero dovuto essere destinati a Chiang-Kai-Shek. La storia vera del modo in cui i politici britannici e americani tradirono i nostri alleati anticomunisti cinesi e coreani dimostrerà che furono gli agenti dei banchieri internazionali, che manovravano per permettere al comunismo di ottenere il controllo dell'Asia, a ingannare e a consigliare male i nostri statisti di alto livello. Il comunismo è oggi quello che è sempre stato dal 1773, lo strumento di distruzione e il manuale d'azione utilizzato da gli arci-cospiratori internazionali per portare avanti i loro piani segreti con i quali, in ultima analisi, intendono ottenere il controllo delle ricchezze, delle risorse naturali e della forza lavoro del mondo intero.

La storia racconta che Napoleone fu costretto ad abdicare a Parigi nel 1814, poi fu mandato in esilio all'Elba, fuggì e cercò di tornare in auge, ma stava giocando contro uomini che usavano dadi carichi. Nathan Rothschild e la sua cricca internazionale avevano appoggiato la Germania per sconfiggere Napoleone. Avevano pianificato di fare soldi indipendentemente dall'esito della battaglia. Quando la battaglia di Waterloo stava per essere combattuta, Nathan Rothschild si trovava a Parigi. Aveva ottenuto come residenza un palazzo che si affacciava su quello occupato da Luigi XVIII. Quando lo desiderava, poteva affacciarsi alla finestra del palazzo occupato dall'aspirante al trono di Francia.

Aveva anche fatto in modo che gli agenti sul campo di battaglia gli inviassero con i piccioni viaggiatori informazioni sui combattimenti. Nathan Rothschild fece anche in modo di far inviare all'Inghilterra, tramite piccioni viaggiatori, informazioni false sui risultati della battaglia. Quando fu sicuro della vittoria di Wellington, fece in modo che i suoi agenti informassero il pubblico britannico che Wellington era stato sconfitto e che Napoleone era di nuovo su tutte le furie. Il fatto che i piccioni viaggiatori abbiano avuto un ruolo così importante in questa cospirazione ha dato vita all'espressione "A little bird told me" (se una persona in Inghilterra chiede a un'altra "Dove hai preso questa informazione?", la persona interrogata molto probabilmente risponderà "Oh! Me l'ha detto un uccellino", e lascerà perdere).

Gli uccellini di Nathan Rothschild raccontarono bugie di tale portata, riguardo alla battaglia di Waterloo, che il popolo britannico fu preso dal panico. Il mercato azionario toccò il fondo. Le sterline inglesi potevano essere comprate per una canzone o uno scellino. Il valore di ogni cosa scese ai minimi storici. Nathan noleggiò una piccola nave per la somma di 2.000 sterline per portarlo dalla Francia all'Inghilterra. All'arrivo, lui e i suoi soci finanziari acquistarono tutte le azioni, le obbligazioni, le quote, le altre proprietà e i titoli su cui poter mettere le mani. Quando la verità sulla vittoria di Wellington divenne nota, i valori tornarono alla normalità. I prestatori di denaro internazionali fecero fortune astronomiche.

Non si capisce perché non siano stati assassinati da alcune delle persone che avevano rovinato. Come segno di gioia e gratitudine per la meravigliosa impresa d'armi compiuta da Wellington e Blucher, i Rothschild di prestarono all'Inghilterra 18.000.000 di sterline e alla Prussia 5.000.000 di sterline di questo illecito guadagno, per riparare i danni della guerra.

Quando Nathan Rothschild morì nel 1836, si era assicurato il controllo della Banca d'Inghilterra e del debito nazionale che, dopo il suo grande colpo finanziario del 1815, aveva raggiunto le 885.000.000 di sterline.

È molto improbabile che un massone su mille conosca la VERA storia di come i capi del Grande Oriente Illuminato abbiano infiltrato i loro agenti nella Massoneria continentale. Poiché i fatti raccontati sono la verità, i Gran Maestri della Massoneria inglese hanno avvertito i loro Fratelli massoni che non devono avere rapporti con i massoni del Grande Oriente né affiliarsi a loro in alcun modo. Il fatto che gli Illuminati rivoluzionari si siano stabiliti all'interno della Massoneria continentale ha indotto Papa Pio IX a denunciare pubblicamente il comunismo e a proibire ai cattolici di diventare massoni. Per convincere il lettore che avesse ancora dei dubbi sul ruolo svolto dalla Massoneria nella Rivoluzione francese, verrà citata una parte di un dibattito svoltosi su questo tema alla Camera dei Deputati francese nel 1904. Il marchese di Rosanbe, dopo alcune domande relative alla prova che la Massoneria francese fosse l'artefice della Rivoluzione francese, disse:

> "Siamo quindi completamente d'accordo sul fatto che la Massoneria sia stata l'unica artefice della rivoluzione, e l'applauso che ricevo dalla Sinistra, e al quale sono poco abituato, dimostra signori, che riconoscete con me che è stata la Massoneria a fare la Rivoluzione Francese?".

A questa affermazione ha risposto M. Jumel, noto massone del Grande Oriente:

"Non ci limitiamo a riconoscerlo... lo proclamiamo"[50]

Nel 1923, in occasione di un grande banchetto a cui parteciparono molti uomini di spicco negli affari internazionali, alcuni dei quali erano legati all'organizzazione della Società delle Nazioni, il Presidente del Grande Oriente fece questo brindisi: "Alla Repubblica francese, figlia della Massoneria francese. Alla Repubblica universale di domani, figlia della Massoneria universale.[51]

Per dimostrare che i massoni del Grande Oriente hanno controllato la politica francese dal 1923 in poi, verrà fornita una breve rassegna di eventi storici. La vittoria più importante ottenuta dai banchieri internazionali, dopo che i loro agenti avevano agito come consulenti dei leader politici che avevano ideato e infine ratificato il famigerato Trattato di Versailles, fu l'elezione di M. Herriot al potere in Francia nel 1924. Ogni politica dettata dai capi della Massoneria del Grande Oriente nel 1923 fu messa in atto dal governo Herriot nel giro di un anno.

1. Nel gennaio 1923 il G.O.L. (Grandi Logge d'Oriente) decretò la soppressione dell'ambasciata in Vaticano. Il Parlamento francese eseguì questo ordine il 24 ottobre 1924.

2. Nel 1923 il G.O.L. chiese il trionfo dell'idea di laicità (questo è il principio primario essenziale per l'instaurazione dell'ideologia del Grande Oriente di uno Stato ateo) Herriot fece la sua dichiarazione ministeriale pubblica a favore di questa politica il 17 giugno 1924.

3. Il 31 gennaio 1923 il G.O.L. chiese un'amnistia totale e completa per i condannati e i traditori. Diversi leader comunisti di spicco ne avrebbero beneficiato, tra cui Marty, che in seguito divenne famoso come organizzatore delle Brigate Internazionali che combatterono dalla parte dei comunisti nella Spagna del 1936-

---

[50] Questo è stato citato nel Convent du Grand Orient 1923, pag. 402, Gli Illuminati controllano la massoneria.

[51] Passo di Henry Delassus citato in *La Conjuration Anti-Chrétienne* Vol. I, p. 146; citato nuovamente in "The Spanish Arena", p. 143.

39. La Camera dei Deputati votò per un'amnistia generale il 15 luglio 1924, liberando in tal modo su una società ignara un certo numero di gangster internazionali il cui padrone era il Consiglio Supremo della Massoneria del Grande Oriente, gli Illuminati.

4. Nell'ottobre del 1922 il G.O.L. aveva avviato una campagna per divulgare l'idea di aprire relazioni diplomatiche con il Governo SOVIETICO stabilito a Mosca. Questo movimento non andò molto lontano fino all'elezione di M. Herriot al potere. La campagna per l'amicizia con la Russia fu avviata in Francia quando il *Bulletin Officiel de la Grande Loge de France* pubblicò un articolo sull'argomento nel numero di ottobre del 1922, a pagina 286. Le relazioni politiche con i leader rivoluzionari comunisti furono stabilite da Herriot il 28 ottobre 1924.[52] Le stesse forze del male sostengono oggi il riconoscimento della Cina Rossa.

Uno dei leader del Grande Oriente in quel periodo era Leon Blum. Era stato preparato per diventare uno strumento politico pronto a eseguire gli ordini dei suoi leader. Membri di alto rango delle Logge Militari in Spagna che hanno disertato (dopo aver scoperto di essere stati usati come strumenti dai leader del W.R.M.), hanno rivelato che ogni massone del Grande Oriente era tenuto a prestare giuramento di OBBEDIENZA ILLIMITATA al capo del Consiglio dei Trentatré e a non riconoscere nessun essere umano come superiore a lui. Un giuramento di questo tipo fatto da un ateo dichiarato significa letteralmente che egli riconosce lo Stato come al di sopra di tutto e il capo dello Stato come il suo Dio. Molti dettagli sugli intrighi del Grande Oriente in Francia e Spagna, dal 1923 al 1939, sono raccontati in The Spanish Arena, scritto da William Foss e Cecil Gerahty e pubblicato da The Right Book Club, Londra, Inghilterra, nel 1939. Per stabilire la continuità della trama del banchiere internazionale, è sufficiente accennare solo ad alcuni punti salienti. Leon Blum nacque a Parigi nel 1872 da genitori ebrei. Si fece notare per il ruolo svolto nell'affare Dreyfus. Fu eletto premier francese nel giugno 1936. Mantenne la carica fino al giugno 1937. Fu rieletto a marzo e rimase fino all'aprile 1937. I suoi sostenitori riuscirono a farlo tornare in politica come

---

[52] A.G. Michel in La Dictature de la Franc-Maçonnerie la France requoted in the Spanish Arena, p. 143.

vicepremier dal giugno 1937 al gennaio 1938. Oggi Mendes-France viene usato nello stesso modo.

> Per tutto questo tempo il compito di Leon Blum fu quello di plasmare la politica governativa francese in modo da favorire i piani dei leader del W.R.M. nei confronti della Spagna. Per allontanare i sospetti da loro stessi, gli arci-cospiratori fecero credere che fossero Franco e i suoi soci militari i pianificatori e gli organizzatori degli eventi che portarono alla guerra civile in Spagna. È ormai provato che Stalin e i suoi esperti rivoluzionari del Comintern erano i cospiratori che realizzavano i piani del Potere Segreto dietro il W.R.M. Essi progettavano di duplicare ciò che avevano ottenuto nella Rivoluzione francese del 1789 e nella Rivoluzione russa del 1917. Già nel 1929 M. Gustave aveva sottolineato nel suo saggio "La Victoire" la verità su Leon Blum e i suoi collaboratori. Ebbe il coraggio di dichiarare: "Il Partito Collettivista di Leon Blum, secondo ramo della Massoneria... non è solo antireligioso, ma un partito di guerra di classe e di rivoluzione sociale".

Leon Blum mise in atto i piani dei leader del W.R.M. per fornire ai lealisti spagnoli armi, munizioni e finanze. Fu determinante per mantenere aperti i Pirenei, ma seguì una politica unilaterale di non intervento... Si applicava solo ai nazionalisti delle forze di Franco.

Nei capitoli che trattano della rivoluzione in Spagna, vengono prodotte prove che dimostrano che le Logge del Grande Oriente francese e spagnolo erano la linea di comunicazione tra i direttori del W.R.M. e i loro agenti a Mosca, Madrid e Vienna.[53]

Se il lettore dovesse pensare che si stia dando troppa importanza all'influenza che la Massoneria del Grande Oriente ha sugli Affari Internazionali, A.G. Michel, autore di La Dictature de la Franc-Maçonnerie sur la France, fornisce le prove che il Grande Oriente di Francia decretò, nel 1924, di fare della Società delle Nazioni "Uno

---

[53] Tutti gli eventi politici che si sono verificati in Francia dallo scoppio della Seconda Guerra Mondiale al recente rifiuto di Mendes-Francia di accettare l'E.D.C. devono essere studiati, tenendo in debito conto il Piano a lungo raggio degli Illuminati i cui agenti, i massoni del Grande Oriente, sono membri di tutti i livelli del governo francese e di tutti i partiti politici. All'ultimo controllo, più di cento membri del Parlamento francese erano massoni del Grande Oriente.

strumento internazionale per la Massoneria". Trotsky scrisse nel suo libro Stalin:

"Oggi c'è una Torre di Babele al servizio di Stalin, e uno dei suoi centri principali è Ginevra, quel focolaio di intrighi".

L'importanza di ciò che dice Trotsky sta nel fatto che le accuse da lui mosse riguardo alla cattiva influenza dei massoni del Grande Oriente all'interno della Società delle Nazioni si applicano anche alla cattiva influenza che essi hanno oggi nelle Nazioni Unite. Lo studente che studia gli avvenimenti odierni nel sito delle Nazioni Unite vedrà la loro opera soprattutto per quanto riguarda le strane politiche che non hanno senso per l'uomo medio della strada. Ma queste strane politiche diventano estremamente chiare se le studiamo per vedere come favoriscono il piano a lungo termine del W.R.M. Per farlo dobbiamo solo ricordare uno o due fatti importanti: Primo, che gli Illuminati ritengono necessario distruggere tutte le forme di governo costituzionale esistenti, indipendentemente dal fatto che siano monarchie o repubbliche; secondo, che intendono introdurre una dittatura mondiale non appena ritengono di essere in posizione sicura per usurpare il controllo assoluto. M.J. Marques- Rivière[54] ha detto questo

"Il centro della Massoneria Internazionale è a Ginevra. Gli uffici dell'Associazione Massonica Internazionale sono a Ginevra. Questo è il luogo di incontro dei delegati di quasi tutte le forme di Massoneria del mondo. L'interpretazione della Lega e dell'I.M.A. è facile, evidente e confessata".

Si può ben comprendere l'esclamazione pronunciata nel 1924 dal Fratello Barcia, Past Gran Maestro del Grande Oriente di Spagna, al Convento del Grande Oriente al suo ritorno da Ginevra:

"Ho assistito ai lavori delle commissioni. Ho sentito Paul-Boncour, Jeuhaux, Loucheur, de Jouvenal. Tutti i francesi avevano lo stesso spirito. Accanto a me c'erano rappresentanti di massoni americani, che si chiedevano l'un l'altro: "Siamo in un'assemblea laica o in un

---

[54] J. Marques-Rivière è autore di *Comment la Franc-Maçonnerie fait une Révolution*.

Ordine massonico? Il fratello Joseph Avenal è il segretario generale della Lega".

È bene ricordare che gli Illuminati internazionali scelsero Ginevra come loro sede quasi un secolo prima che venisse registrato l'evento di cui sopra. In conformità con la loro politica, avevano mantenuto la Svizzera neutrale in tutte le controversie internazionali, perché dovevano avere un luogo in cui incontrarsi e istruire i loro agenti che eseguivano i loro ordini e portavano avanti le loro politiche segrete. Il governo degli Stati Uniti rifiutò di aderire alla Società delle Nazioni. Alcuni interessi promuovevano la politica isolazionista. Le potenze segrete erano determinate a sfruttare coloro che sostenevano onestamente l'idea di una forma di supergoverno unico mondiale per assicurare pace e prosperità. Hanno deciso di distruggere la Società delle Nazioni e di sostituirla con le Nazioni Unite. La seconda guerra mondiale diede loro questa opportunità. Nel 1946 i resti della Società delle Nazioni furono raccolti e utilizzati per la creazione delle Nazioni Unite, che includevano gli Stati Uniti e gli Stati Uniti come i due membri più potenti. Il fatto che le Nazioni Unite abbiano consegnato Israele ai sionisti politici, a cui ambivano da mezzo secolo, e che, su consiglio di questi stessi uomini, abbiano consegnato la Cina, la Corea del Nord, la Manciuria, la Mongolia, le Indie Orientali Olandesi e parte dell'Indocina ai leader comunisti, dimostra il successo con cui le Potenze Segrete hanno preparato e portato a termine i loro piani. Va ricordato che Lenin aveva predetto che le forze del comunismo avrebbero, con ogni probabilità, spazzato il mondo occidentale da est. Le persone che studiano la PROIEZIONE DEL MERCANTE del mondo non riescono a capire come le nazioni dell'Estremo Oriente possano travolgere le nazioni del mondo occidentale come un'onda anomala. Per coloro che studiano la guerra globale, le dichiarazioni di Lenin sono chiare come il cristallo. Ciò che è ancora più importante è che Lenin, una volta esaurita la sua utilità, morì o fu rimosso. Pochi riescono a capire come sia stato possibile che Stalin, con poche mosse spietate e assassine, abbia eliminato tutti coloro che, a causa delle loro attività nella Rivoluzione russa, erano considerati più qualificati per la leadership dell'URSS, e abbia usurpato il potere per sé.

Chi studia il W.R.M. a partire dalle prove presentate in questo libro capirà perché Stalin fu scelto come successore di Lenin. Il vecchio principio della Società per Azioni veniva messo di nuovo in pratica. I funzionari dei servizi segreti americani e britannici avevano rivelato ai loro governi il ruolo svolto dai banchieri internazionali nella rivoluzione russa. Nell'aprile del 1919 il governo britannico aveva pubblicato un Libro Bianco sull'argomento. Fu rapidamente soppresso, ma un certo danno era stato fatto. I banchieri internazionali erano stati accusati di finanziare l'ebraismo internazionale per attuare i loro piani di dittatura internazionale. I banchieri internazionali dovevano trovare un modo per contrastare queste impressioni e idee. Il vero quadro della loro totale spietatezza si vede quando si sottolinea che Stalin, un gentile, fu scelto dai finanziatori internazionali e che, agendo su loro istruzioni, mise fuori gioco Trotsky e procedette a liquidare centinaia di migliaia di ebrei russi nelle purghe che lo portarono al potere, dopo la morte di Lenin. Questo dovrebbe dimostrare a persone sincere ma fuorviate, ovunque, che i banchieri internazionali, e i loro agenti e amici accuratamente selezionati, non considerano le MASSE del popolo di qualsiasi razza, colore o credo se non pedine sacrificabili nel gioco. È vero che molti ebrei sono diventati comunisti e seguaci di Karl Marx. Hanno lavorato e lottato per far nascere le teorie pubblicate da Karl Marx per un'Internazionale delle Repubbliche Socialiste Sovietiche. Ma essi, come molti gentili, furono ingannati. Quando Stalin era ormai saldamente insediato a Mosca come capo agente dei banchieri internazionali, era difficile trovare in vita qualche membro della Prima e della Seconda Internazionale. Il modo in cui gli Arcicospiratori utilizzarono i massoni del Grande Oriente, per poi liquidarli non appena avessero raggiunto il loro scopo, è solo un'altra illustrazione della spietatezza di coloro il cui unico dio è Satana.

Verranno prodotte ulteriori prove per dimostrare che i banchieri internazionali non sono interessati ad altro che ad ottenere per il loro piccolo e selezionatissimo gruppo il controllo definitivo e indiscusso della ricchezza, delle risorse naturali e del potere umano del mondo intero.[55] L'unico pensiero onesto nelle loro menti è che ovviamente

---

[55] Il motivo per cui i banchieri internazionali hanno sostenuto il sionismo politico dal 1914 a oggi è spiegato in un altro capitolo che tratta degli eventi che hanno portato alla Seconda Guerra Mondiale. È sufficiente dire qui che i banchieri internazionali erano interessati ad assicurarsi il controllo dei cinque trilioni di dollari di minerali e petrolio che erano stati scoperti in Palestina da Cunningham-Craig, geologo consulente del governo britannico e da altri, prima del 1918. Questi rapporti geologici furono tenuti segreti. Nel 1939 Cunningham-Craig fu richiamato dal Canada per effettuare un'altra indagine in Medio Oriente. Morì in circostanze misteriose subito dopo aver portato a termine il suo compito. Oggi, nel 1954, i grandi finanziatori stanno prendendo accordi silenziosi per lo sfruttamento di queste risorse.

credono di essere così superiori per capacità mentali al resto dell'umanità da essere in grado, meglio di qualsiasi altro gruppo di individui, di gestire gli affari del mondo. Sono convinti di poter elaborare un piano di governo mondiale migliore di quello di Dio. Per questo motivo sono determinati a cancellare dalla mente di tutti gli esseri umani ogni conoscenza di Dio e dei suoi comandamenti e a sostituirvi il loro Nuovo Ordine, basato sulla teoria che lo Stato è supremo in tutte le cose e il capo dello Stato è, quindi, Dio onnipotente su questa terra. Il tentativo di divinizzazione di Stalin è la prova di questa affermazione. Una volta che le persone si convinceranno di questa grande verità, si renderanno conto che gli uomini di tutte le razze, colori e credi sono stati usati, e vengono tuttora usati, come "pedine del gioco".

Capitolo 5

La rivoluzione americana

Per capire come gli uomini che ottennero il controllo della Banca d'Inghilterra e del Debito Nazionale Britannico ottennero anche il controllo del commercio e del sistema monetario delle colonie americane della Gran Bretagna, sarà sufficiente riprendere i fili della storia nel momento in cui Benjamin Franklin (1706-1790) si recò in Inghilterra per rappresentare gli interessi degli uomini che erano stati associati con lui nella costruzione della prosperità delle colonie americane.

Robert L. Owen, ex presidente della Commissione bancaria e valutaria del Senato degli Stati Uniti, spiega la questione a pagina 98 del documento n. 23 del Senato. Egli afferma che quando alcuni soci dei Rothschild chiesero a Franklin come spiegasse le condizioni di prosperità prevalenti nelle colonie, egli rispose:

> "È semplice: nelle Colonie emettiamo la nostra moneta. Si chiama Scrittura Coloniale: la emettiamo in proporzione alle richieste del commercio e dell'industria".

Robert L. Owen ha osservato che non molto tempo dopo che i Rothschild ne vennero a conoscenza si resero conto dell'opportunità di sfruttare la situazione con notevole profitto per se stessi. La cosa più ovvia da fare era far approvare una legge che proibisse ai funzionari coloniali di emettere denaro proprio e rendesse loro obbligatorio ottenere il denaro necessario attraverso il mezzo delle banche.

Amschel Mayer Rothschild era ancora in Germania, ma forniva al governo britannico truppe mercenarie a 8 sterline per uomo. La sua influenza era tale che nel 1764 riuscì, attraverso i direttori della Banca d'Inghilterra, a far approvare leggi conformi ai suoi dettami.

Le autorità delle Colonie dovettero abbandonare la moneta scritturale. Dovettero ipotecare i beni e i titoli delle Colonie alla Banca d'Inghilterra per poter prendere in prestito il denaro necessario a svolgere le loro attività. Riferendosi a questi fatti Benjamin Franklin affermò.

"In un anno le condizioni si rovesciarono a tal punto che l'era della prosperità finì e iniziò una depressione tale che le strade delle Colonie si riempirono di disoccupati".

Franklin ha dichiarato:

"La Banca d'Inghilterra si rifiutò di dare più del 50% del valore nominale dello Scritturale quando fu girato come richiesto dalla legge. Il mezzo di scambio circolante fu così ridotto della metà."[56]

Franklin rivelò la causa principale della Rivoluzione quando disse:

"Le Colonie avrebbero sopportato volentieri la piccola tassa sul tè e altre cose se non fosse stato che l'Inghilterra aveva tolto alle Colonie il loro denaro, creando disoccupazione e insoddisfazione".

Il malcontento divenne generale, ma ben pochi coloniali si resero conto che la tassazione e le altre sanzioni economiche che venivano loro imposte erano il risultato delle attività di un piccolo gruppo di gangster internazionali, che erano riusciti a ottenere il controllo del Tesoro britannico, dopo aver ottenuto il controllo della Banca d'Inghilterra. È già stato dimostrato come essi abbiano fatto balzare il debito nazionale britannico da 1.250.000 sterline nel 1694 a 16.000.000 di sterline nel 1698, aumentandolo progressivamente fino a 885.000.000 di sterline nel 1815 e a 22.503.532.372 sterline nel 1945.

Il 19 aprile 1775, a Lexington e Concord, si verificarono i primi scontri armati tra inglesi e coloniali. Il 10 maggio il Secondo Congresso Continentale si riunisce a Filadelfia e George Washington viene posto

[56] Le citazioni dirette del Documento del Senato n. 23 supportano le affermazioni di cui sopra.

a capo delle forze navali e militari. Prese il comando a Cambridge. Il 4 luglio 1776 il Congresso adottò la Dichiarazione d'indipendenza.

Per i sette anni successivi, gli usurai internazionali incoraggiarono e finanziarono la guerra coloniale. I Rothschild fecero un sacco di soldi fornendo agli inglesi i soldati tedeschi dell'Assia con cui combattere i coloni. Il britannico medio non aveva alcun problema con i suoi cugini americani.[57] Anzi, in segreto simpatizzava con loro.

Il 19 ottobre 1781 il comandante britannico, generale Cornwallis, si arrese con tutto il suo esercito, compreso ciò che restava degli Assia. Il 3 settembre 1783 l'indipendenza degli Stati Uniti fu riconosciuta dal Trattato di pace di Parigi. Gli unici veri sconfitti furono gli inglesi. Il loro debito nazionale era stato enormemente aumentato e i prestatori di denaro internazionali (che in realtà erano il potere segreto dietro il Movimento Rivoluzionario Mondiale) erano riusciti nella prima fase dei piani a lungo termine per la dissoluzione dell'Impero Britannico.[58]

Gli agenti dei banchieri internazionali lavorarono alacremente per impedire l'unità. Mantenendo separati i vari Stati americani era molto più facile sfruttarli. Per dimostrare la continuità dell'ingerenza degli usurai stranieri negli affari di ogni nazione, è sufficiente ricordare che i Padri fondatori degli Stati Uniti, riuniti a Filadelfia nel 1787, parlarono dell'importanza di introdurre una qualche forma di legislazione che li proteggesse dallo sfruttamento dei banchieri internazionali.

Gli agenti dei banchieri internazionali hanno organizzato un'attiva attività di lobbying. Hanno usato l'intimidazione. Ma nonostante tutti i loro sforzi, il paragrafo 5 della sezione 8 del primo articolo della nuova Costituzione americana recitava:

---

[57] Il conte di Chatham e suo figlio William Pitt (1769-1806) denunciarono entrambi la politica dei baroni del denaro internazionali nei confronti delle colonie prima del 1783. Il giovane William Pitt fu scelto da Re Giorgio III come Primo Ministro perché convinse il Re che i prestatori di denaro stavano coinvolgendo i Paesi europei in guerre per i loro scopi egoistici.

[58] Fermatevi un attimo a pensare a quanto hanno fatto avanzare questa parte dei loro piani da allora. Jefferson e John Adams (parente di Roosevelt) divennero entrambi ferventi illuministi. Questo spiega la politica di Roosevelt.

"IL CONGRESSO HA IL POTERE DI CONIARE MONETA E DI REGOLARNE IL VALORE".

La stragrande maggioranza dei cittadini degli Stati Uniti considera la Costituzione un documento onorato e quasi sacro. Tutte le leggi approvate da allora dovrebbero essere conformi alle disposizioni della Costituzione. Il fatto che le leggi successive che si occupano di finanza e di moneta, abbiano violato le disposizioni dell'articolo 1, sezione 8, paragrafo 5, dimostra quanto i banchieri siano stati potenti in campo politico.

La storia di come i finanziatori internazionali hanno ottenuto il controllo economico degli Stati Uniti per favorire i loro piani a lungo termine è decisamente interessante.

Utilizzando il buon vecchio e affidabile principio della società per azioni, i direttori della Banca d'Inghilterra nominarono uno dei loro scagnozzi, Alexander Hamilton, per rappresentare i loro interessi negli Stati Uniti. Nel 1780 quest'uomo, un presunto patriota, propose la creazione di una Banca Federale. Questa doveva essere di proprietà di INTERESSI PRIVATI come alternativa a coloro che insistevano sul fatto che l'emissione e il controllo della moneta dovessero rimanere nelle mani del governo eletto dal popolo. Alexander Hamilton suggerì che la sua proposta di Banca Federale fosse capitalizzata per 12.000.000 di dollari. La Banca d'Inghilterra avrebbe fornito 10.000.000 di dollari, mentre i restanti 2.000.000 di dollari sarebbero stati assegnati a persone facoltose in America. Nel 1783 Alexander Hamilton e il suo socio d'affari Robert Morris organizzarono la Bank of America. In qualità di sovrintendente finanziario del Congresso continentale, Morris fu in grado di ridurre il Tesoro degli Stati Uniti a uno stato di indigenza entro la fine di sette anni di guerra. Questo è un altro esempio di come il Potere Segreto utilizzi le guerre per portare avanti il suo piano per il W.R.M. Per essere assolutamente sicuro che l'armadio finanziario degli Stati Uniti fosse vuoto, Hamilton trasferì gli ultimi 250.000 dollari dal Dipartimento del Tesoro e li investì nel capitale azionario della Banca. I direttori della Banca d'America erano agenti della Banca d'Inghilterra. Gli Illuminati controllavano entrambi. Il fatto che abbiano venduto l'anima a Satana per conquistare il mondo è la verità che vogliono nascondere.

I padri dell'indipendenza americana si resero conto che se i direttori della Banca d'Inghilterra avessero ottenuto il controllo monopolistico del sistema monetario americano, avrebbero recuperato tutto il denaro perso con il semplice processo di ipoteca e pignoramento. Il risultato netto di questa lotta per il controllo economico della nazione fu che il Congresso rifiutò di concedere alla Banca d'America una carta.

Benjamin Franklin morì nel 1790 e gli agenti dei prestatori di denaro ebrei internazionali fecero immediatamente un altro tentativo di ottenere il controllo delle finanze americane. Riuscirono a far nominare Alexander Hamilton Segretario al Tesoro. Hamilton fece approvare dal governo la banca che i suoi mandanti avevano richiesto a gran voce. Fu quindi semplice usurpare il diritto di emettere moneta sulla base di debiti pubblici e privati. L'argomento più forte che gli agenti dei banchieri avevano usato per sconfiggere la loro opposizione era che il denaro emesso dal Congresso, sul credito della nazione, non avrebbe avuto valore nei rapporti con l'estero; mentre il denaro ottenuto in prestito dai banchieri, a interesse, sarebbe stato accolto come garanzia legale in ogni tipo di transazione. Così il pubblico cadde preda dello sfruttamento degli uomini che si professavano loro amici. Alexander Hamilton e Morris non furono altro che assoldati dagli usurai internazionali.

La nuova Banca fu capitalizzata per 35.000.000 di dollari. Di questa somma 28.000.000 di dollari furono sottoscritti da banchieri europei, controllati dai Rothschild. Si sospetta che i banchieri internazionali abbiano deciso che Hamilton sapeva troppo e non ci si poteva più fidare di lui. Fu indotto a duellare con un esperto di nome Aaron Burr, che agì come suo boia.

Mentre i cittadini americani venivano usati come prestanome dai banchieri internazionali, la politica veniva determinata in Europa. Gli interessi dei Rothschild diedero ordine ai banchieri americani di estendere il credito quasi illimitato in cambio di buone garanzie e di mettere in circolazione una grande quantità di denaro. I mezzi di propaganda si sono fatti portavoce del più alto ottimismo. La prosperità era assicurata. Gli americani erano destinati a diventare il più grande popolo della Terra. Tutti furono esortati a investire nel futuro della loro grande nazione.

Quando tutti coloro che avevano un qualche valore si erano ipotecati fino al collo, fu dato l'ordine di stringere i crediti, di ritirare i prestiti in sospeso e di ridurre la quantità di denaro in circolazione. Si creò una depressione artificiale. I cittadini non potevano far fronte ai loro obblighi finanziari e i baroni del denaro ottennero proprietà e titoli per milioni di dollari a una frazione del loro valore normale. Certo, tutto fu fatto con un regolare processo legale, ma Al Capone e i suoi gangster erano dei gentiluomini in confronto ai banchieri internazionali.

Molti grandi americani hanno commentato questa fase della storia degli Stati Uniti, ma le loro opinioni espresse non sembrano aver impedito ai loro successori di cadere nelle stesse trappole e negli stessi tranelli. John Adams (1735-1826) scrisse a Thomas Jefferson nel 1787. Disse:

> "Tutte le perplessità, la confusione e l'angoscia non derivano dai difetti della Costituzione, né dalla mancanza di onore e di virtù, quanto piuttosto da una vera e propria ignoranza della natura della moneta, del credito e della circolazione".

Thomas Jefferson disse:

> "Credo che le istituzioni bancarie siano più pericolose per le nostre libertà degli eserciti permanenti. Hanno già creato un'aristocrazia del denaro che ha sfidato i governi. Il potere di emissione dovrebbe essere tolto alle banche e restituito al popolo a cui appartiene".

Andrew Jackson ha detto:

> "Se il Congresso ha il diritto, in base alla Costituzione, di emettere cartamoneta, questo gli è stato dato per essere usato da loro stessi, non per essere delegato a individui o società".

Questi commenti schietti misero in guardia i banchieri internazionali dall'aspettarsi una seria opposizione quando la loro Carta per la Banca degli Stati Uniti sarebbe scaduta nel 1811. Per prepararsi a questa eventualità, Amschel Mayer Rothschild aveva ottenuto il controllo assoluto della Banca d'Inghilterra per rafforzare il suo controllo sull'economia mondiale. Suo figlio Nathan era stato appositamente addestrato per intraprendere questo enorme compito, come già detto. Nathan dimostrò di avere un talento e un'abilità eccezionali negli affari finanziari. Si è allenato a pensare solo in termini di profitti, proprio come il politico professionista pensa solo in termini di voti. Nel 1798, alla giovane età di ventuno anni, si recò dalla Germania per assicurarsi il controllo della Banca d'Inghilterra. Gli fu affidata la modesta somma di 20.000 sterline. Per dimostrare la sua abilità finanziaria speculò e, in un tempo relativamente breve [3 anni], aumentò il suo capitale fino a 60.000 sterline. Nel 1811, quando la questione del rinnovo della Carta della Banca d'America doveva essere discussa, Nathan Rothschild aveva il controllo dei banchieri internazionali. Lanciò il suo ultimatum.

"O la richiesta di rinnovo della carta viene accolta o gli Stati Uniti si troveranno coinvolti in una guerra molto disastrosa".

Il Presidente Andrew Jackson non credeva che i banchieri internazionali avrebbero fomentato una guerra. Decise di scoprire il loro bluff. Glielo disse senza mezzi termini:

"Siete un covo di ladri-viperatori. Intendo eliminarvi, e per il Dio eterno vi eliminerò".

Ma il presidente Jackson aveva sottovalutato il potere dei Rothschild. Nathan Rothschild diede ordini.

"Date una lezione a questi americani impudenti. Riportateli allo stato coloniale".

Il governo britannico, sempre asservito alla Banca d'Inghilterra, lanciò la guerra del 1812. Questa guerra era calcolata per impoverire gli Stati Uniti a tal punto che i legislatori avrebbero dovuto chiedere la pace e chiedere aiuti finanziari. Nathan Rothschild stabilì che non ci sarebbero stati aiuti finanziari se non in cambio del rinnovo della carta della Banca d'America.

Il piano di Nathan Rothschild funzionò alla perfezione. Non gli importava quanti uomini fossero stati uccisi e feriti, quante donne fossero rimaste vedove, quanti bambini fossero rimasti orfani, quante persone fossero state rese indigenti. Lui e i suoi cospiratori si rallegravano di aver raggiunto il loro obiettivo e, così facendo, avevano creato sempre più malcontento tra le masse popolari che davano la colpa alle politiche sbagliate dei loro governi, mentre il Potere Segreto dietro le quinte rimaneva insospettabile per tutti tranne che per pochissime persone.

Nel 1816 il Congresso degli Stati Uniti concesse il rinnovo della Carta della Banca degli Stati Uniti, come richiesto. Molte autorità affermano con franchezza che i membri del Congresso furono corrotti o minacciati per votare a favore della legislazione che riportava il popolo americano in una condizione di schiavitù finanziaria.[59] Gli uomini che tramano e pianificano per assicurarsi il controllo economico e politico del mondo non esitano a prostituire l'Amore per raggiungere i loro scopi, così come non esitano a ordinare un omicidio per liberarsi degli uomini che li ostacolano. Nel 1857 il matrimonio di Lenora, figlia di Lionel Rothschild, con il cugino Alfonso di Parigi (per loro è importante mantenere le cose all'interno della famiglia) portò molti personaggi internazionali a Londra, in Inghilterra, dove si svolse la cerimonia. Benjamin Disraeli, il noto statista inglese, che fu nominato Primo Ministro nel 1868 e di nuovo nel 1874, fu invitato ad essere presente.

Si dice che Disraeli abbia detto, durante il suo discorso in quella memorabile occasione.

> "Sotto questo tetto ci sono i capi della famiglia Rothschild, un nome famoso in ogni capitale d'Europa e in ogni parte del mondo. Se volete, divideremo gli Stati Uniti in due parti, una per voi James e una per voi Lionel. Napoleone farà esattamente e tutto ciò che gli consiglierò di fare; e a Bismarck verrà suggerito un programma così inebriante da renderlo nostro schiavo abietto".

La storia ricorda che Judah P. Benjamin, un parente dei Rothschild, fu nominato loro stratega professionista in America. La guerra civile americana, che spaccò in due l'Unione, divenne un fatto compiuto.

Napoleone III fu convinto dai banchieri a estendere il suo impero francese al Messico. Il governo britannico si convinse che gli Stati del Nord potevano essere trasformati nuovamente in colonie. La guerra civile negli Stati Uniti fu una guerra economica provocata dai banchieri internazionali. Applicando la pressione economica era semplice aggravare le difficoltà economiche che gli Stati del Nord avevano incontrato dopo la liberazione degli schiavi. Abraham Lincoln ammise

---

[59] Il fatto che Franklin, Adams e Jefferson siano diventati tutti membri degli Illuminati e che il Grande Sigillo d'America sia in realtà l'insegna degli Illuminati dimostra il potere della Sinagoga di Satana.

che "nessuna nazione può sopportare a lungo metà liberi e metà schiavi.[60]

I banchieri internazionali prestarono credito illimitato a tutte le forze impegnate dal Sud contro le forze del Nord. Prestarono a Napoleone III 201.500.000 franchi per la sua campagna messicana. Quando la Confederazione ebbe bisogno di assistenza nel 1863, i potenti offrirono a Napoleone il Texas e la Louisiana in cambio dell'intervento francese contro gli Stati del Nord.

Lo Tzar di Russia venne a conoscenza di queste assurde offerte e informò i governi di Inghilterra e Francia che se fossero intervenuti attivamente e avessero fornito aiuti militari al Sud, la Russia avrebbe considerato tale azione come una dichiarazione di guerra contro l'Impero Imperiale Russo. Per rafforzare il suo ultimatum, navi da guerra russe furono inviate a New York e San Francisco e messe a disposizione di Lincoln.[61]

Quando le autorità del Nord si trovarono in difficoltà finanziarie, i banchieri internazionali non rifiutarono di prestare il denaro. Hanno semplicemente stabilito che il tasso di interesse per gli Stati del Nord sarebbe stato del 28%. Dopo tutto, erano in affari come prestatori di denaro. Un aspetto importante della guerra civile americana è che con ogni probabilità si sarebbe conclusa in pochi mesi se i prestatori di denaro internazionali non avessero concesso nuovi prestiti. Questi prestiti erano usurai. Erano basati su termini e tassi di interesse calcolati per dare ai banchieri internazionali il controllo dell'economia dell'intero Paese. Quando lo ritennero opportuno, posero fine alla guerra.

Lincoln cercò di spezzare i vincoli finanziari con cui erano legati gli Stati del Nord. Per lui l'articolo 1, sezione 8, paragrafo 5 della Costituzione era un'autorità sufficiente. Ignorò le proposte dei

---

[60] È altrettanto impossibile che la metà del mondo che impiega manodopera retribuita e gode di un elevato tenore di vita possa competere per sempre con l'altra metà che impiega manodopera schiavizzata sotto una dittatura.

[61] Questo atto di interferenza fece sì che i banchieri internazionali decidessero di rovesciare il governo russo.

banchieri. Fece stampare 450.000.000 di dollari di moneta onesta. A garanzia di questo denaro mise il Credito della Nazione. I banchieri internazionali si vendicarono facendo approvare dal Congresso una legge che stabiliva che i Greenback di Lincoln non sarebbero stati accettati come pagamento degli interessi sui titoli di Stato o dei dazi sulle importazioni. I banchieri fecero sì che il denaro di Lincoln diventasse quasi privo di valore, rifiutandosi di accettare i Greenback se non con un forte sconto. Avendo ridotto il valore dei Greenback a 30 centesimi, li acquistarono tutti. Poi fecero dietrofront e comprarono titoli di Stato chiedendo il valore del dollaro per il dollaro. In questo modo superarono una grave minaccia e guadagnarono 70 centesimi di dollaro.

Un articolo, ispirato dai banchieri internazionali, è apparso sul *London Times*. Riguardava l'emissione di Greenbacks da parte di Abraham Lincoln. Diceva:

> "Se questa maliziosa politica finanziaria, che ha avuto origine nel Nord America, diventerà definitiva, allora quel governo fornirà il proprio denaro senza costi. Pagherà i debiti e non avrà debiti. Avrà tutto il denaro necessario per portare avanti il suo commercio. Avrà una prosperità senza precedenti nella storia del mondo. I cervelli e la ricchezza di tutti i Paesi andranno in Nord America. QUESTO PAESE DEVE ESSERE DISTRUTTO O DISTRUGGERÀ TUTTE LE MONARCHIE DEL MONDO.[62]

La circolare Hazard fu inviata a tutti gli interessi bancari d'oltreoceano. Vi si leggeva: "È probabile che la schiavitù venga abolita dal potere bellico. Io e i miei amici europei siamo favorevoli a questo, perché la schiavitù non è altro che la proprietà del lavoro e porta con sé la cura dei lavoratori, mentre il piano europeo, guidato dall'Inghilterra, prevede che il capitale controlli il lavoro controllando i salari.

> "Il grande debito, che i capitalisti vedranno nascere dalla guerra, deve essere usato per controllare il valore del denaro. A tal fine, i titoli di Stato devono essere utilizzati come base bancaria. Stiamo aspettando che il Segretario al Tesoro degli Stati Uniti faccia questa

---

[62] Questo è un tipico esempio del doppio senso degli Illuminati. Monarchia significava in realtà prestatore di denaro.

raccomandazione. Non si può permettere che i Greenback, come vengono chiamati, circolino come moneta per un certo periodo di tempo, perché non possiamo controllarli. Ma possiamo controllare le obbligazioni e, attraverso di esse, le emissioni bancarie".

I banchieri finanziarono le campagne elettorali di un numero sufficiente di senatori e membri del Congresso per assicurare loro che la legge bancaria nazionale sarebbe diventata legge. La legge bancaria nazionale divenne legge nel 1863, nonostante le vigorose proteste del Presidente Lincoln. Così i banchieri internazionali vinsero un altro round. I popoli del mondo erano stati portati a un passo dalla schiavitù economica, politica e religiosa.

Sulla carta intestata dei Rothschild's Brothers, Bankers, Londra, Inghilterra, con data 25 giugno 1863, è stato scritto quanto segue ai signori Ikelheimer, Morton e Vandergould, No. 3 Wall Street, New York, U.S.A.

Gentili Signori:

Il signor John Sherman ci ha scritto da una città dell'Ohio, negli Stati Uniti, in merito ai profitti che potrebbero essere realizzati nell'attività bancaria nazionale, in base a una recente legge del vostro Congresso; una copia di questa legge accompagna la presente lettera. A quanto pare, questa legge è stata redatta sulla base del piano formulato dall'Associazione Britannica dei Banchieri, e da questa raccomandata ai nostri amici americani di come un piano che, se promulgato in legge, si sarebbe rivelato altamente redditizio per la fraternità bancaria di tutto il mondo.

Il signor Sherman dichiara che non c'è mai stata una tale opportunità per i capitalisti di accumulare denaro come quella presentata da questa legge. Essa dà alla Banca Nazionale il controllo quasi completo della finanza nazionale. I pochi che comprendono il sistema, dice, saranno così interessati ai suoi profitti o così dipendenti dai suoi favori, che non ci sarà alcuna opposizione da parte di quella classe, mentre dall'altra parte, la grande massa del popolo, mentalmente incapace di comprendere gli enormi vantaggi che il capitale trae dal sistema, ne sopporterà il peso senza lamentarsi, e forse senza nemmeno sospettare che il sistema sia contrario ai loro interessi...

I vostri rispettosi servitori,

FRATELLI ROTHSCHILD

In risposta alla lettera di cui sopra hanno risposto i signori Ikelheimer, Morton e Vandergould:

Gentili Signori:

Ci pregiamo di accusare il ricevimento della vostra lettera del 25 giugno, in cui fate riferimento a una comunicazione ricevuta dall'onorevole John Sherman, dell'Ohio, in riferimento ai vantaggi e ai profitti di un investimento americano secondo le disposizioni del National Banking Act.

Il signor Sherman possiede, in misura marcata, le caratteristiche distintive di un finanziere di successo. Il suo temperamento è tale che, qualunque siano i suoi sentimenti, non gli fanno mai perdere di vista l'opportunità principale. È giovane, scaltro e ambizioso. Ha messo gli occhi sulla Presidenza degli Stati Uniti ed è già membro del Congresso (ha anche ambizioni finanziarie). Pensa giustamente di avere tutto da guadagnare nell'essere amico di uomini e istituzioni che hanno grandi risorse finanziarie e che a volte non sono troppo esigenti nei loro metodi, sia per ottenere aiuti dal governo, sia per proteggersi da una legislazione ostile.

Per quanto riguarda l'organizzazione della Banca Nazionale, la natura e i profitti di tali investimenti, ci permettiamo di fare riferimento alle nostre circolari stampate qui allegate, vale a dire:

Qualsiasi numero di persone non inferiore a cinque può organizzare una Società bancaria nazionale.

Tranne che nelle città con 6.000 abitanti o meno, una banca nazionale non può avere un capitale inferiore a 1.000.000 di dollari.

Sono società private organizzate per scopi privati e scelgono i propri funzionari e dipendenti.

Non sono soggetti al controllo delle leggi statali, salvo quanto previsto dal Congresso.

Possono ricevere depositi e prestare gli stessi a proprio vantaggio. Possono acquistare e vendere obbligazioni e titoli di sconto e svolgere attività bancarie generali.

Per avviare una banca nazionale con un capitale di 1.000.000 di dollari è necessario acquistare una quantità equivalente (valore nominale) di titoli di Stato statunitensi. Oggi i titoli di Stato possono essere acquistati con uno sconto del 50%, per cui una banca con un capitale di 1.000.000 di dollari può essere avviata con soli 500.000 dollari. Queste obbligazioni devono essere depositate presso il Tesoro degli Stati Uniti a Washington come garanzia per la valuta della Banca Nazionale, che sarà fornita dal governo alla banca.

Il governo degli Stati Uniti pagherà un interesse del 6% in oro su tutte le obbligazioni, con pagamento semestrale. Si vedrà che al prezzo attuale delle obbligazioni l'interesse pagato dal governo stesso è del 12% in oro su tutto il denaro investito.

Il Governo degli Stati Uniti, dopo aver depositato i titoli di cui sopra presso il Tesoriere, sulla base di tale garanzia fornirà moneta nazionale alla banca che ha depositato i titoli, ad un interesse annuo di solo l'uno per cento all'anno.

La valuta è stampata dal governo degli Stati Uniti in una forma così simile ai Greenback che la gente non ne nota la differenza. Anche se la moneta non è altro che una promessa di pagamento della banca.

La domanda di denaro è così grande che questo denaro può essere prontamente prestato alla gente attraverso lo sportello della Banca con uno sconto del 10% a trenta o sessanta giorni, il che significa un interesse del 12% circa sulla moneta.

L'interesse sulle obbligazioni, più l'interesse sulla valuta che le obbligazioni garantiscono, più le spese accessorie dell'attività, dovrebbero far sì che i guadagni lordi della banca ammontino dal 28% al 33,3%.

Le banche nazionali hanno il privilegio di aumentare e contrarre la loro moneta a piacimento e, naturalmente, possono concedere o rifiutare prestiti, come ritengono opportuno. Dal momento che le banche hanno un'organizzazione nazionale e possono facilmente agire insieme nel rifiutare i prestiti o nell'estenderli, ne consegue che possono, con un'azione congiunta nel rifiutare di concedere prestiti, provocare un irrigidimento del mercato monetario e, in una sola settimana o anche in un solo giorno, un calo di tutti i prodotti del Paese.

Le banche nazionali non pagano tasse sulle loro obbligazioni, né sul loro capitale, né sui loro depositi.

Vi chiediamo di considerarlo strettamente confidenziale.

Con tutto il rispetto,

IKELHEIMIER, MORTON & VANDERGOULD

Dopo lo scambio delle lettere di cui sopra, i banchieri americani misero in pratica ancora una volta le manipolazioni menzionate. Essi raccolsero un altro ricco raccolto con pignoramenti di proprietà e titoli lasciati a garanzia di prestiti che i loro clienti non potevano rimborsare perché i banchieri, agendo in modo unitario, ritiravano la valuta e limitavano i crediti in misura tale da rendere impossibile alla grande maggioranza dei mutuatari di far fronte ai propri obblighi finanziari.

Abraham Lincoln ritenne che dopo questa triste e costosa esperienza il popolo americano potesse essere pronto ad ascoltare il buon senso e così, ancora una volta, lanciò un attacco pubblico ai banchieri. In un discorso disse:

> "Vedo nel prossimo futuro avvicinarsi una crisi che mi innervosisce e mi fa tremare per la sicurezza del mio Paese; le corporazioni sono state intronizzate, seguirà un'era di corruzione nelle alte sfere, e il potere monetario del Paese cercherà di prolungare il suo regno lavorando sui pregiudizi del popolo, fino a quando la ricchezza sarà aggregata in poche mani e la Repubblica sarà distrutta".

Poco dopo aver pronunciato questo discorso epocale, Abraham Lincoln fu rieletto Presidente, ma prima che potesse far approvare una legge che avrebbe frenato le pratiche avare dei banchieri, fu assassinato da John Wilkes Booth mentre assisteva a uno spettacolo teatrale, la notte del 14 aprile 1865. Pochi americani sanno perché il Presidente Lincoln fu assassinato. La vera risposta fu trovata quando gli investigatori trovarono un messaggio in codice tra gli effetti personali di Booth. La chiave del messaggio in codice era in possesso di Judah P. Benjamin, agente di Rothschild in America.

Sebbene il messaggio in codice non avesse alcuna attinenza diretta con l'omicidio, esso stabilì definitivamente il contatto che Booth aveva con i banchieri internazionali. Una volta rimasero nascosti dietro le quinte, mentre l'ebreo Booth fu incolpato della morte di un grande uomo. Se

Abraham Lincoln fosse vissuto, avrebbe certamente tarpato le ali e tagliato le vele ai finanziatori internazionali.

Prima dell'assassinio di Lincoln, Salmon P. Chase, che fu Segretario del Tesoro degli Stati Uniti dal 1861 al 1864, dichiarò pubblicamente:

> "La mia agenzia nel promuovere l'approvazione della legge bancaria nazionale è stato il più grande errore finanziario della mia vita. Ha creato un monopolio che colpisce tutti gli interessi del Paese. Dovrebbe essere abrogata, ma prima che ciò avvenga il popolo sarà schierato da una parte e le banche dall'altra, in una gara mai vista prima in questo Paese"[63]

Nel 1866 negli Stati Uniti circolavano 1.906.687.770 dollari in valuta. Ciò rappresentava 50,46 dollari pro capite. Alla fine del 1876 erano in circolazione solo circa 605.250.000 dollari, pari a un importo pro capite di 14,60 dollari. La valuta della nazione era stata ridotta dai prelievi bancari per oltre 1.300.000.000 di dollari. L'importanza di queste cifre sarà meglio compresa dall'uomo medio quando apprenderà che il risultato netto della politica dei banchieri fu un totale di 56.446 fallimenti di imprese che rappresentarono una perdita di 2.245.105.000 dollari in investimenti in contanti. La maggior parte delle perdite è stata sostenuta dai pignoramenti dei mutui. In altre parole, ritirando la valuta e limitando i crediti i banchieri si sono arricchiti di ben oltre 2.000.000.000 di dollari in poco più di dieci anni. Ci sono molte prove che dimostrano che i banchieri americani e quelli europei sono affiliati da allora e che le depressioni successive sono state create da manipolazioni finanziarie simili, come verrà spiegato in altri capitoli.

---

[63] Per informazioni più dettagliate su questo aspetto del Movimento rivoluzionario mondiale, leggete Lightning Over The Treasury Building di John R. Elsom e *The Federal Reserve Conspiracy* di Eustace Mullins.

Capitolo 6

Manipolazione monetaria

Quando i Rothschild ottennero il controllo della Banca d'Inghilterra, dopo lo spettacolare "omicidio" finanziario di Nathan nel 1815, lui e i suoi soci insistettero affinché l'oro diventasse l'unica base per l'emissione di cartamoneta. Nel 1870 i banchieri europei sperimentarono un piccolo fastidio nel loro sistema di controllo, dovuto al fatto che in America si usava una quantità considerevole di monete d'argento. I banchieri europei decisero che l'argento doveva essere demonetizzato negli Stati Uniti.

A quel tempo l'Inghilterra aveva molto oro e poco argento: L'America aveva molto argento e poco oro.[64] I banchieri di entrambe le sponde dell'Atlantico sapevano che finché questa differenza fosse continuata non avrebbero potuto ottenere il controllo assoluto dell'economia della nazione e il controllo assoluto è essenziale per il successo della manipolazione su larga scala.

I banchieri internazionali europei inviarono Ernest Seyd in America e misero a sua disposizione nelle banche americane 500.000 dollari con cui corrompere i membri chiave della legislatura americana. Nel 1873, su istigazione dei banchieri, i loro agenti introdussero un "disegno di legge", innocentemente chiamato "A Bill to reform Coinage and Mint Laws". Era stato redatto in modo intelligente. Molte pagine di scrittura nascondevano il vero scopo del disegno di legge. Il disegno di legge era sponsorizzato nientemeno che dal senatore John Sherman, la cui lettera alla Casa di Rothschild è già stata citata. Sherman era sostenuto dal

---

[64] Per aggravare la situazione, gli agenti dei cospiratori internazionali in America organizzarono bande di rapinatori di diligenze e treni per intercettare i carichi d'oro inviati da varie miniere al Tesoro degli Stati Uniti in quel periodo. Questo legame tra i banchieri internazionali e la malavita è dimostrato anche oggi.

deputato Samuel Hooper. Dopo che il senatore Sherman ebbe presentato una relazione molto plausibile, ma fuorviante, sullo scopo della legge, questa fu approvata senza alcun voto contrario. Trascorsero tre anni prima che si cominciasse a capire la piena portata della legge. Si trattava di una legge camuffata per demonetizzare l'argento. Il Presidente Grant firmò il disegno di legge senza leggerne il contenuto, dopo che gli era stato assicurato che si trattava solo di una questione di routine necessaria per realizzare alcune riforme auspicabili nelle leggi monetarie e sul conio. Secondo gli atti del Congresso, solo i membri della commissione che aveva introdotto la legge ne avevano compreso il significato.

I banchieri internazionali consideravano l'approvazione della legge così essenziale per i loro piani, per ottenere il controllo assoluto del sistema monetario degli Stati Uniti, che Ernest Seyd fu incaricato di rappresentarsi come esperto di coniazione di denaro. Dopo aver organizzato la formazione di un comitato favorevole agli obiettivi del suo padrone, egli si unì al comitato, in qualità di consulente professionale, e contribuì alla stesura della legge secondo le istruzioni dei Rothschild.

Il deputato Samuel Hooper presentò il disegno di legge alla Camera il 9 aprile 1872. Si legge che disse: "Il signor Ernest Seyd, di Londra, illustre scrittore, ha dedicato grande attenzione al tema delle zecche e del conio. Dopo aver esaminato la prima bozza del disegno di legge, ha fornito molti preziosi suggerimenti che sono stati incorporati nel disegno di legge". Il signor John R. Elsom nel suo libro *Lightning over the Treasury Building* a pagina 49 dichiara: Secondo la sua stessa dichiarazione (di Seyd), fatta al suo amico Frederick A. Lukenback, di Denver, Colorado, che ci ha fornito la storia sotto giuramento, egli (Seyd) disse

> "Ho visto la commissione della Camera e del Senato, ho pagato i soldi e sono rimasto in America finché non ho saputo che la misura era sicura".

Nel 1878 un ulteriore ritiro di moneta e la restrizione dei crediti causarono 10.478 fallimenti di imprese e banche negli Stati Uniti. Nel 1879 l'emissione di altra moneta su insistenza del Congresso arrestò la recessione creata artificialmente e ridusse i fallimenti delle imprese a 6.658. Ma nel 1882 il "Potere Segreto" che sta dietro agli affari internazionali diede ordine che non si doveva più tergiversare. Ricordarono ai loro soci bancari negli Stati Uniti che i sentimenti non hanno posto negli affari. Questi ammonimenti produssero risultati tanto spettacolari quanto drastici. Tra il 1882 e il 1887 il denaro pro capite in circolazione negli Stati Uniti si ridusse a 6,67 dollari. Questa azione fece aumentare il totale dei fallimenti di imprese dal 1878 al 1892, fino a 148.703, mentre pignoramenti proporzionali furono effettuati su fattorie e abitazioni private. A beneficiarne furono solo i banchieri di e i loro agenti, che avevano concesso i prestiti e avviato le procedure di pignoramento.

Sembra che i banchieri internazionali abbiano deliberatamente creato condizioni di povertà e di disperazione negli Stati Uniti per creare condizioni che permettano al loro strumento, il Word Revolutionary Party, di reclutare forze rivoluzionarie. Questa accusa è sostenuta da una lettera inviata a tutti i banchieri americani, dall'American Bankers Association. È stato dimostrato che questa associazione era intimamente affiliata al monopolio europeo di Rothschild, se non addirittura controllata dalla Casa di Rothschild, all'epoca. La lettera recita:

11 marzo 1893.

Gentile Signore:

Gli interessi delle banche nazionali richiedono un'immediata legislazione finanziaria da parte del Congresso.

I certificati d'argento e le banconote del Tesoro devono essere ritirati e le banconote delle banche nazionali, su base oro, devono diventare l'unica moneta. Ciò richiederà l'autorizzazione di nuove obbligazioni per un importo compreso tra 500.000.000 e 1.000.000 di dollari come base per la circolazione. In questo modo ritirerete subito un terzo della vostra circolazione e richiamerete la metà dei vostri prestiti. Fate attenzione a creare un rigore monetario tra i vostri clienti, soprattutto tra gli uomini d'affari più influenti. La vita delle Banche Nazionali, in quanto investimenti fissi e sicuri, dipende da un'azione immediata, poiché il sentimento a favore della moneta a corso legale e dell'argento è in aumento.

Questo comando fu obbedito immediatamente e si creò il panico del 1893. William Jennings Bryan cercò di contrastare la cospirazione dei banchieri, ma ancora una volta il pubblico credette alle false accuse diffuse sulla stampa dai propagandisti dei banchieri. L'uomo della strada incolpava il governo.

Il cittadino medio non sospettava nemmeno il ruolo che i banchieri avevano svolto nel creare il caos per riempire i propri nidi. William Jennings Bryan non fu in grado di fare nulla di costruttivo. La sua voce, come quella di molti altri cittadini onesti e leali, era una voce che gridava nel deserto.

Nel 1899 J.P. Morgan e Anthony Drexel si recarono in Inghilterra per partecipare alla Convenzione internazionale dei banchieri. Al loro ritorno, J.P. Morgan era stato nominato rappresentante capo degli interessi dei Rothschild negli Stati Uniti. Fu probabilmente scelto come Top-man per l'ingegnosità che aveva dimostrato quando aveva fatto fortuna vendendo al governo fucili dell'Union Army che erano già stati condannati.[65]

A seguito della Conferenza di Londra si affiliarono J.P. Morgan & Co. di New York, Drexel & Co. di Philadelphia, Grenfell & Co. di Londra, Morgan Harjes & Co. di Parigi, M.M. Warburgs di Germania e Amsterdam e la Casa Rothschild.

La combinazione Morgan-Drexel organizzò la Northern Securities Corporation nel 1901 allo scopo di mettere fuori gioco il gruppo Heinze-Morse. Il gruppo Heinze-Morse controllava considerevoli settori bancari, navali, siderurgici e di altro tipo. Dovevano essere messi fuori gioco per consentire alla combinazione Morgan-Drexel di controllare le imminenti elezioni federali.

La combinazione Morgan-Drexel riuscì a far entrare Theodore Roosevelt nel 1901. Questo ritardò l'azione giudiziaria avviata contro di loro dal Dipartimento di Giustizia a causa dei presunti metodi illegali utilizzati per liberarsi della concorrenza. Morgan-Drexel si affiliò quindi a Kuhn-Loeb & Co. Per testare la loro forza combinata si decise di organizzare un altro "omicidio" finanziario. Crearono il "Panico di Wall Street del 1907". La reazione dell'opinione pubblica a questi

---

[65] Gustavus Myers tratta in modo molto più dettagliato i legami di J.P. Morgan e di suo padre con la Casa Rothschild e tutti gli americani che vogliono evitare che la storia si ripeta dovrebbero leggere come sono stati venduti al fiume a metà del secolo scorso. In un altro capitolo viene spiegato come i banchieri internazionali si incontrassero in una zona di Londra per pianificare la politica, mentre i leader rivoluzionari si riunivano in un'altra zona per elaborare i dettagli degli intrighi che avrebbero messo in atto le guerre e le rivoluzioni pianificate dalle menti.

metodi di gangsterismo legalizzato fu sufficiente a far intervenire il governo, ma le prove che seguono dimostrano chiaramente come il pubblico sia stato tradito.

Il governo nominò una Commissione monetaria nazionale. Il senatore Nelson Aldrich fu nominato capo della commissione. Fu incaricato di effettuare uno studio approfondito delle pratiche finanziarie e di formulare riforme bancarie e valutarie, presentando al Congresso la legislazione necessaria. Aldrich, si scoprì in seguito, aveva interessi finanziari con i potenti Trust della gomma e del tabacco. Era proprio l'ultimo uomo del Senato a cui si sarebbe dovuto affidare un simile compito. Subito dopo la sua nomina, Aldrich scelse un piccolo gruppo di fidati luogotenenti e tutti partirono per l'Europa. Durante la permanenza in Europa fu data loro ogni possibilità di studiare il modo in cui i banchieri internazionali controllavano l'economia dei Paesi europei. Dopo che Aldrich ebbe trascorso due anni e più di 300.000 dollari del denaro dei contribuenti americani in Europa, tornò negli Stati Uniti.

Tutto ciò che il pubblico ricevette in cambio del proprio denaro fu la comunicazione da parte di Aldrich che non era stato in grado di elaborare alcun piano definitivo per evitare i ricorrenti panici finanziari che avevano sconvolto gli affari, creato disoccupazione e distrutto molte piccole fortune negli Stati Uniti dalla Guerra Civile. Aldrich era così vicino ai Rockefeller che J.D. Jr. ne sposò la figlia Abby.

Prima di partire per l'Europa, Aldrich era stato consigliato di consultare Paul Warburg. Questo Paul Moritz Warburg era un personaggio unico. Era arrivato negli Stati Uniti come immigrato tedesco nel 1902. In seguito si scoprì che era un membro della casa finanziaria europea M.M. Warburg & Co. di Amburgo e Amsterdam. Come abbiamo visto, questa società era legata alla Casa Rothschild. Paul Warburg aveva studiato finanza internazionale in Germania, Francia, Gran Bretagna, Olanda e altri Paesi prima di entrare in America come immigrato. Gli Stati Uniti si rivelarono la sua terra d'oro perché, in poco tempo, acquistò una partnership nella Kuhn-Loeb & Co. di New York. Gli fu assegnato uno stipendio di 500.000 dollari all'anno. Uno dei suoi nuovi soci era Jacob Schiff, che aveva precedentemente acquistato l'azienda con l'oro di Rothschild. Questo Jacob Schiff è l'uomo che le prove dimostreranno aver finanziato il Movimento Terroristico in Russia dal 1883 al 1917.

Schiff non se l'era cavata male per sé e per i suoi finanziatori. Era riuscito a ottenere il controllo indiscusso dei trasporti, dei sistemi di comunicazione e delle linee di rifornimento negli Stati Uniti. Come è stato dimostrato, il controllo di questi elementi è assolutamente essenziale per il successo dello sforzo rivoluzionario in qualsiasi paese. Come è stato dimostrato, il controllo di questi è assolutamente essenziale per il successo dello sforzo rivoluzionario in qualsiasi Paese.[66]

La notte del 22 novembre 1910 una carrozza ferroviaria privata era in attesa alla stazione ferroviaria di Hoboken, nel New Jersey. Il senatore Aldrich arrivò con A. Piatt Andrews, economista di professione e funzionario del Tesoro, che era stato invitato a cena in Europa. Si presentò anche Shelton, il segretario privato di Aldrich. Lo seguì Frank Vanderlip, presidente della National City Bank di New York, che rappresentava gli interessi petroliferi di Rockefeller e quelli ferroviari di Kuhn-Loeb. I direttori della National City Bank erano stati pubblicamente accusati di aver contribuito a fomentare una guerra tra gli Stati Uniti e la Spagna nel 1898. A prescindere dalla verità o meno delle accuse, resta il fatto che la National City Bank possedeva e controllava l'industria dello zucchero di Cuba alla fine della guerra. Ad Aldrich si unirono anche H.P. Davison, socio anziano della J.P. Morgan & Co. e Charles D. Norton, presidente della Morgan's First National Bank di New York. Questi ultimi tre erano stati accusati nella legislatura americana di controllare l'intero denaro e il credito degli Stati Uniti. Gli ultimi ad arrivare furono Paul Warburg e Benjamin Strong. Warburg era ormai così ricco e potente che si dice abbia ispirato la famosa striscia a fumetti ("Orphan Annie") in cui Warbucks viene presentato come l'uomo più ricco e influente del mondo; un uomo che può, quando lo desidera, usare poteri sovrumani o soprannaturali per proteggere se stesso e i suoi interessi. Benjamin Strong salì alla ribalta durante le manipolazioni preliminari dell'alta finanza che portarono al

---

[66] Le indagini condotte in diversi Paesi già sottomessi dimostrano che i magnati della finanza, che possiedono e controllano i sistemi di trasporto terrestre e marittimo e le industrie collegate, hanno deliberatamente creato le condizioni che hanno portato a scioperi generali immediatamente prima della data fissata per l'attuazione di uno sforzo rivoluzionario. È ovvio che questi magnati internazionali non possono formare dittature, come hanno fatto in Russia, finché non vengono rovesciati i governi e le istituzioni esistenti. Questo libro dimostra come questo obiettivo sia stato raggiunto in Russia.

Panico di Wall Street del 1907. Come uno dei luogotenenti di J.P. Morgan si era guadagnato la reputazione di eseguire gli ordini senza discutere e con spietata efficienza.

La carrozza privata di Aldrich era attaccata al treno. I giornalisti dei giornali vennero a sapere di questo raduno degli uomini che controllavano il petrolio, le finanze, le comunicazioni, i trasporti e le industrie pesanti dell'America. Cominciarono a sciamare sulla carrozza privata come cavallette... Ma non riuscirono a far parlare nessuno. Il signor Vanderlip, alla fine, ha respinto le richieste di informazioni dei giornalisti con la spiegazione: "Stiamo andando via per un tranquillo fine settimana".

Ci sono voluti anni per scoprire cosa accadde in quel tranquillo fine settimana. Una riunione segreta si tenne a Jekyll Island, in Georgia. Questo nascondiglio era di proprietà di J.P. Morgan e di un piccolo gruppo di suoi affiliati finanziari. Gli affari discussi durante l'incontro erano: "Modi e mezzi per assicurare che la legislazione proposta per frenare il racket finanziario e la manipolazione monetaria negli Stati Uniti venga sabotata e sostituita con una legislazione favorevole ai partecipanti all'incontro segreto". Raggiungere questi due importanti obiettivi non era un compito facile. A Paul Warburg fu chiesto di suggerire delle soluzioni. Il suo consiglio fu accettato.

Lo stesso gruppo si riunì successivamente a New York per definire i dettagli. I cospiratori chiamarono il loro gruppo "First Name Club" perché, quando si riunivano, si rivolgevano sempre l'uno all'altro con il nome di battesimo, per evitare che gli estranei si interessassero se sentivano pronunciare i cognomi di finanzieri nazionali e internazionali. Per farla breve, Aldrich, Warburg and Company elaborarono su la legislazione monetaria che alla fine Aldrich presentò come lavoro della sua commissione speciale. La fece approvare dal Congresso nel 1913 con il titolo "The Federal Reserve Act of 1913". La stragrande maggioranza dei cittadini americani credeva onestamente che questa legge proteggesse i loro interessi e ponesse il governo federale al controllo dell'economia nazionale.

Niente è più lontano dalla verità. Il Federal Reserve System ha messo i banchieri affiliati in America e in Europa in condizione di provocare e controllare la Prima Guerra Mondiale. Questa affermazione sarà dimostrata. La Prima Guerra Mondiale fu combattuta per consentire ai cospiratori internazionali di realizzare la Rivoluzione Russa nel 1917.

Questi fatti illustrano come la storia si ripeta e perché. Con complotti e intrighi simili, i banchieri internazionali hanno portato alla Rivoluzione inglese del 1640-1649 e alla Grande Rivoluzione francese del 1789.[67]

Nel 1914 il Federal Reserve System era composto da dodici banche che avevano acquistato azioni della Federal Reserve per un valore di 134.000.000 dollari. Secondo il Congressional Record del 29 maggio 1939; 8896, avevano realizzato un profitto di 23.141.456.197 dollari. Nel 1940 gli attivi della Federal Reserve erano indicati come cinque miliardi di dollari. Nel 1946 furono dichiarati quarantacinque miliardi di dollari. I banchieri hanno ottenuto quaranta miliardi di dollari di profitto dalle loro transazioni nella Seconda Guerra Mondiale.

La maggioranza dei cittadini statunitensi ritiene che il Federal Reserve System sia vantaggioso per l'intera nazione. Pensano che il Federal Reserve System protegga il denaro dei depositanti rendendo impossibili i fallimenti delle banche. Pensano che i profitti realizzati dalle banche della Federal Reserve vadano a beneficio del Tesoro nazionale. Si sbagliano su tutte le supposizioni.

Ciò che la maggioranza delle persone pensa è esattamente ciò che il Sistema della Federal Reserve doveva originariamente realizzare, ma la legislazione elaborata a Jekyll Island, in Georgia, nel 1910, e approvata dal Congresso americano nel 1913, non andava a beneficio del popolo o del governo degli Stati Uniti, ma solo dei banchieri americani, che erano legati a doppio filo con i banchieri internazionali d'Europa.

Il Presidente degli Stati Uniti nomina quattro uomini incaricati di gestire il Federal Reserve System. Per i loro servizi vengono pagati 15.000 dollari all'anno. I documenti del Congresso dimostrano che le banche aderenti si sono spartite illegalmente i profitti ottenuti fin dall'inizio. Solo nel 1922 la legge originale fu emendata in modo che i banchieri potessero trarre i profitti legalmente.

Per quanto riguarda l'illusione che il Federal Reserve System protegga le persone che depositano i loro soldi in banche americane da possibili fallimenti bancari, le statistiche mostrano che dall'entrata in funzione

---

[67] Per tutti i dettagli sulla Federal Reserve. Conspiracy si legga il libro dallo stesso titolo scritto da Eustace Mullins e pubblicato da Common Sense, Union, New-Jersey. 1954.

del Federal Reserve System nel 1913 sono fallite oltre 14.000 banche. Milioni e milioni di denaro duramente guadagnato dai depositanti sono andati persi ai legittimi proprietari. Poiché il denaro o la ricchezza, in generale, sono indistruttibili, qualcuno ha ottenuto ciò che gli altri hanno perso. Questo è ciò che oggi chiamiamo "Smart Business".

Capitolo 7

Eventi precedenti alla rivoluzione russa

L'invasione della Russia nel 1812 da parte di Napoleone scosse il popolo russo nel profondo. Lo zar Alessandro I si mise all'opera per organizzare un programma di recupero. Nella speranza di poter realizzare uno sforzo unitario in tutto l'Impero russo, allentò molte delle restrizioni che erano state imposte agli ebrei quando erano stati confinati nella Pale of Settlement nel 1772. Furono fatte concessioni speciali agli artigiani e alle classi professionali. Venne fatto uno sforzo deciso per far affermare gli ebrei nell'agricoltura. Sotto Alessandro I fu dato loro ogni incoraggiamento per assimilarsi allo stile di vita russo.

Nicola I succedette ad Alessandro I nel 1825. Egli era meno incline a favorire gli ebrei, perché vedeva con allarme le loro rapide incursioni nell'economia russa. Il suo governo vedeva con grande disappunto la determinazione degli ebrei a mantenere la loro cultura separata, la loro lingua, il loro modo di vestire, ecc.

Per cercare di assimilare gli ebrei alla società russa Nicola I, nel 1804, rese obbligatoria la frequenza della scuola pubblica per tutti i bambini ebrei. Nicola pensava che se si fosse riusciti a convincere i giovani ebrei che sarebbero stati accolti nella società russa, si sarebbe riusciti a eliminare le incomprensioni. Il suo scopo dichiarato era quello di controbilanciare la storia unilaterale della persecuzione religiosa che veniva inculcata nelle loro menti fin dalla prima infanzia.

I risultati netti dell'esperimento russo non furono quelli attesi. L'istruzione per i bambini non ebrei non era obbligatoria. Gli ebrei divennero il segmento più istruito della Russia.[68] Alessandro II seguì

---

[68] Questo fatto ebbe molto a che fare con la distruzione finale del potere zarista, che si concluse con l'assassinio dello zar Nicola II, e di tutta la sua famiglia, nella casa di

Nicola I al trono di Russia nel 1855. Benjamin Disraeli definì Alessandro II "il principe più benevolo che abbia mai governato la Russia". Alessandro dedicò la sua vita a migliorare le condizioni dei contadini, delle classi più povere e degli ebrei. Nel 1861 emancipò 23.000.000 di servi della gleba. Questa sfortunata classe era stata costretta a lavorare sulla terra. Erano letteralmente schiavi. Essi potevano essere trasferiti da un proprietario all'altro in tutte le vendite o locazioni di proprietà terriere.

Molti ebrei, che avevano approfittato dell'istruzione obbligatoria, entrarono nelle università. Dopo la laurea si trovarono gravemente ostacolati nella ricerca di un impiego. Per correggere questa ingiustizia, Alessandro II decise che tutti i laureati ebrei potessero stabilirsi e ricoprire incarichi governativi nella Grande Russia. Nel 1879 fu permesso a speziali, infermieri, ostetriche, dentisti, distillatori e artigiani specializzati di lavorare e risiedere ovunque in Russia.

Ma i leader rivoluzionari ebrei erano determinati a continuare il loro movimento per la Rivoluzione Popolare Mondiale. I loro gruppi terroristici commisero un oltraggio dopo l'altro. Lavorarono per arruolare il sostegno degli intellettuali russi scontenti e per impiantare l'idea generale di una rivoluzione violenta nelle menti della popolazione industriale. Nel 1866 attentarono per la prima volta alla vita di Alessandro II. Tentarono di assassinarlo una seconda volta nel 1879. In modo miracoloso entrambi i tentativi fallirono. Si decise allora di fare uno sforzo molto particolare per eliminare Alessandro. Il suo governo benevolo stava completamente sconvolgendo la loro affermazione "che le riforme tanto necessarie possono essere portate avanti rapidamente solo con un'azione rivoluzionaria". I cospiratori organizzarono il loro prossimo complotto contro la vita di Alessandro II nella casa dell'ebrea Hesia Helfman. Lo Tzar fu assassinato nel 1881.

Mentre le forze rivoluzionarie russe cercavano di mettere in imbarazzo il governo in tutti i modi possibili e commettevano ogni tipo di oltraggio, compresi gli assassinii, le "potenze segrete" dietro il W.R.M.

Ekaterinburg il 17 luglio 1918 da parte di un uomo di nome Yorovrest. Ekaterinhurg fu poi ribattezzata Sverdlovsk in onore dell'ebreo Yakov Sverdlov, che era presidente della Repubblica Sovietica all'epoca delle esecuzioni. Sulle pareti della cantina della morte sono stati tracciati i simboli degli Illuminati.

dai loro quartieri generali in Inghilterra, Svizzera e Stati Uniti cercavano ancora una volta di coinvolgere la Gran Bretagna in una guerra con la Russia. In una tale guerra nessuno dei due Imperi potrebbe trarre vantaggi apprezzabili. Il risultato finale di una simile guerra sarebbe stato quello di indebolire materialmente entrambi gli Imperi e di lasciarli in seguito facile preda di azioni rivoluzionarie.

Nel Nineteenth Century, numero di ottobre del 1881, Goldwyn Smith, professore di storia moderna all'Università di Oxford, scriveva:

> "Quando sono stato l'ultima volta in Inghilterra eravamo sull'orlo della guerra con la Russia, che avrebbe coinvolto l'intero Impero: gli interessi ebraici in tutta Europa, con la Jewish Press di Vienna come organo principale, stavano facendo il possibile per spingerci a entrare"[69]

L'assassinio del "Piccolo Padre" dei russi nel 1881 causò un ampio risentimento che si espresse con un'esplosione spontanea di violenza contro la popolazione ebraica in molte parti della Russia. Il governo russo emanò le "Leggi di maggio". Si trattava di leggi dure approvate perché i funzionari russi che le avevano promosse sostenevano

> "Se gli ebrei non potevano essere soddisfatti e riconciliati dalla politica benevola di Alessandro II, allora era ovvio che non si sarebbero accontentati di niente di meno che del dominio assoluto della Russia".

Ancora una volta l'intera razza ebraica veniva punita per i peccati di alcuni leader rivoluzionari autoproclamati.

Il 23 maggio 1882 una delegazione ebraica, guidata dal barone Ginzberg, [70] si recò dal nuovo zar Alessandro III e protestò

---

[69] Questa è un'altra dimostrazione di come anche un professore di storia possa cadere nelle trappole antisemite tese dai cospiratori. È vero che la maggioranza delle persone crede che tutti i banchieri e i tycoon internazionali siano ebrei, ma questo non è corretto. La maggioranza non è ebrea, né per sangue, né per discendenza razziale, né per religione. In realtà essi favoriscono l'antisemitismo perché possono usare tutti i movimenti contrari per portare avanti i loro piani diabolici.

[70] Ginzberg era il rappresentante ufficiale in Russia della Casa Rothschild.

ufficialmente contro le Leggi di Maggio. Lo Tzar promise un'indagine approfondita sull'intera questione riguardante il conflitto tra le fazioni ebraiche e non ebraiche della popolazione dell'Impero. Il 3 settembre rilasciò questa dichiarazione:

"Da qualche tempo il governo dedica la sua attenzione agli ebrei, ai loro problemi e alle loro relazioni con il resto degli abitanti dell'Impero, allo scopo di accertare le tristi condizioni della popolazione cristiana causate dalla condotta degli ebrei negli affari. Negli ultimi vent'anni gli ebrei non solo si sono impossessati di ogni commercio e attività in tutti i suoi rami, ma anche di gran parte della terra acquistandola o coltivandola. Con poche eccezioni, hanno dedicato la loro attenzione non all'arricchimento o al beneficio del Paese, ma a frodare il popolo russo con le loro astuzie. In particolare, gli abitanti poveri ne hanno sofferto e questa condotta ha suscitato le proteste del popolo che si sono manifestate con atti di violenza contro gli ebrei. Il governo, se da un lato ha fatto del suo meglio per sedare questi disordini e per liberare gli ebrei dall'oppressione e dal massacro, dall'altro ha ritenuto urgente e giusto adottare misure rigorose per porre fine all'oppressione praticata dagli ebrei sugli altri abitanti e per liberare il Paese dalle loro pratiche scorrette che, come è noto, sono state la causa originaria delle agitazioni antiebraiche".

Le leggi di maggio erano state approvate dal governo non solo come atto di risentimento per l'assassinio dello zar Alessandro II, ma anche perché gli economisti russi avevano urgentemente avvertito il governo che l'economia nazionale rischiava di essere rovinata se non fossero state prese misure per frenare le attività illegali degli ebrei. Gli economisti sottolineavano che gli ebrei, pur rappresentando solo il 4,2% dell'intera popolazione, erano riusciti a radicarsi così bene nell'economia russa che la nazione rischiava il disastro economico. Quanto gli economisti avessero ragione lo dimostra l'azione intrapresa dopo che la deputazione del barone Ginzberg non riuscì a far revocare le Leggi di maggio. I banchieri internazionali imposero sanzioni economiche contro l'Impero russo. Hanno quasi ridotto la nazione alla bancarotta. Esercitarono un embargo sul commercio e gli scambi russi. Nel 1904, dopo aver coinvolto l'Impero russo in una disastrosa guerra con il Giappone, la casa bancaria inglese dei Rothschild rinnegò la promessa di aiuto finanziario e cercò di far fallire l'Impero russo, mentre Kuhn-Loeb & Co. Ltd., di New York, estese al Giappone tutto il credito richiesto.

L'Enciclopedia Britannica, pagina 76, Vol. 2-1947, dice questo delle Leggi di Maggio:

> "Le leggi di maggio russe sono state il monumento legislativo più vistoso realizzato dall'antisemitismo moderno... I loro risultati immediati furono una rovinosa depressione commerciale che fu avvertita in tutto l'impero e che colpì profondamente il credito nazionale. Il ministro russo non sapeva più che pesci pigliare. Furono avviate trattative per un grosso prestito con la Casa Rothschild e fu firmato un contratto preliminare quando il Ministro delle Finanze fu informato che se non fossero cessate le persecuzioni contro gli ebrei, la grande casa bancaria sarebbe stata costretta a recedere dal contratto... In questo modo l'antisemitismo, che aveva già influenzato così profondamente le politiche interne dell'Europa, si impose nelle relazioni internazionali delle potenze, perché fu l'urgente necessità del Tesoro russo, tanto quanto la fine del trattato segreto di reciproca neutralità del principe Bismarck, a portare all'alleanza franco-russa".

Molti ebrei ortodossi erano preoccupati per lo spietato terrorismo praticato dai loro compatrioti. Sapevano che una politica simile veniva attuata in Francia, Germania, Spagna e Italia. Gli ebrei meno radicali erano preoccupati perché temevano che la continuazione di questo terrorismo avrebbe provocato un'ondata di antisemitismo tale da sfociare probabilmente nello sterminio della razza ebraica. I loro peggiori timori furono confermati da un ebreo tedesco, Theodore Herzl, che li informò della politica antisemita di Karl Ritter e li avvertì che si stava rapidamente diffondendo in tutta la Germania. Suggerì l'organizzazione di un Movimento ebraico di ritorno a Israele da parte degli ebrei ortodossi. Questo fu l'inizio del movimento sionista.[71]

Dopo che lo zar Alessandro III ebbe emesso il suo verdetto che incolpava gli ebrei AVARI come causa dei disordini e della rovina economica dell'Impero, i leader dei rivoluzionari organizzarono il "Partito Rivoluzionario Sociale". Un uomo assolutamente spietato di nome Gershuni fu nominato organizzatore dei gruppi terroristici. Un sarto di nome Yevno Azev fu incaricato di organizzare le "Sezioni

---

[71] Il Movimento sionista era a sua volta controllato dai banchieri internazionali e utilizzato per promuovere i loro piani e le loro ambizioni segrete. Leggi *Il complotto in Palestina* di B. Jensen.

combattenti". I leader del Partito Rivoluzionario Sociale sottolinearono anche l'importanza di arruolare i gentili nel movimento.

I gentili, che superavano le prove a cui erano sottoposti, diventavano membri a pieno titolo. Fu questa decisione a far entrare Alexander Ulyanov nel partito. Prima che i leader rivoluzionari lo ammettessero come membro a tutti gli effetti, gli fu ordinato di prendere parte al complotto per assassinare lo zar Alessandro III. L'attentato alla vita dello zar fallì. Alexander Ulyanov fu arrestato. Fu processato e condannato a morte. La sua esecuzione spinse il fratello minore, Vladimir, a dedicarsi alla causa rivoluzionaria. Vladimir salì al potere fino a diventare leader del Partito bolscevico. Assunse il nome di Lenin. Alla fine divenne il primo dittatore dell'URSS.

Tra il 1900 e il 1906, oltre a causare gravi problemi di lavoro e a creare terribili incomprensioni tra tutti i livelli della società russa, il Partito Rivoluzionario sfregò la piaga del bigottismo religioso fino a farla diventare un bubbone incancrenito. Questo bubbone è stato portato all'apice dalle applicazioni calde di omicidi e assassinii all'ingrosso. Il bubbone scoppiò con la rivoluzione del 1905.

I funzionari assassinati dalla Sezione Terroristica dei Rivoluzionari Sociali furono Bogolepov, Ministro dell'Istruzione nel 1901. L'assassinio fu perpetrato per registrare il risentimento degli ebrei contro la clausola sull'istruzione contenuta nelle già citate Leggi di maggio. Questa clausola limitava il numero di ebrei che frequentavano le scuole e le università sostenute dallo Stato a un numero proporzionale alla popolazione ebraica rispetto all'intera popolazione russa. Questa misura fu approvata perché le scuole finanziate dallo Stato erano state invase da studenti ebrei. A un gruppo di giovani ebrei che avevano "sofferto" da ragazzi, a causa della clausola sull'istruzione contenuta nelle Leggi di maggio del 1882, fu affidato il compito di assassinare il Ministro dell'Istruzione. Dovevano dimostrare il loro coraggio e la loro abilità per essere qualificati al servizio della sezione terroristica del Partito Social-Rivoluzionario.

L'anno successivo (1902) Sipyagin, Ministro degli Interni, fu assassinato per enfatizzare il risentimento ebraico contro la Legge di Maggio che aveva invertito la politica di Alessandro II e proibito agli ebrei di vivere al di fuori della Pale of Settlement. Gli ebrei che erano stati sfrattati da bambini dalle loro case nella Grande Russia in base alla

Legge di Maggio furono scelti per eseguire questa "Esecuzione". Non commisero alcun errore.

Nel 1903 fu assassinato il governatore di Ufa, Bogdanovich; nel 1904 fu ucciso il premier russo Vischelev von Plehve; nel 1905 scoppiò la prima rivoluzione russa su larga scala. Il Granduca Sergio, zio dello Tzar, fu assassinato il 17 febbraio. Nel dicembre 1905, il generale Dubrassov represse i rivoluzionari, ma nel 1906 fu assassinato dalla sezione terroristica.

Dopo che lo Tzar aveva incolpato gli ebrei per lo stato insoddisfacente degli affari in Russia, il barone Ginzberg fu incaricato di lavorare per portare alla distruzione dell'Impero russo. Fu deciso che per dare inizio alla guerra russo-giapponese gli interessi dei Rothschild in Europa avrebbero finto di essere amici della Russia. Avrebbero finanziato la guerra per conto della Russia, mentre in segreto i partner dei Rothschild, Kuhn-Loeb & Co. di New York, avrebbero finanziato il governo giapponese. La sconfitta della Russia sarebbe stata resa certa dal fatto che i Rothschild avrebbero ritirato gli aiuti finanziari quando erano più necessari. Il caos e la confusione dovevano essere creati all'interno delle forze armate russe in Estremo Oriente sabotando le linee di trasporto e di comunicazione che attraversavano la Siberia. Questo fece sì che sia l'esercito che la marina russi fossero a corto di rifornimenti e rinforzi.[72]

Un ufficiale della Marina russa, diretto dal Baltico a Port Arthur in Estremo Oriente, ordinò alle sue navi di fare fuoco su una flotta di pescherecci britannici che stavano pescando sul Dogger Bank nel Mare del Nord. Non fu mai fornita alcuna ragione logica per spiegare questo atto di crudeltà e di omicidio di massa contro una potenza apparentemente amica. La reazione dell'opinione pubblica inglese fu tale che la guerra fu evitata per un pelo. A causa di questo incidente,

---

[72] Mio padre, il capitano F.H. Carr, era uno degli ufficiali britannici che prestarono servizio con i giapponesi nel 1904 e 1905. Sono in possesso di una bellissima incisione in avorio di un taglialegna giapponese che si gode una sigaretta dopo il pranzo. Questo pezzo da museo fu regalato a mio padre dal governo giapponese in segno di apprezzamento per i servizi resi. Mio padre mi ha fornito molte informazioni preziose sui retroscena degli intrighi che hanno portato alla guerra russo-giapponese.

molti ufficiali della marina e della marina mercantile britannica si offrirono volontari per il Giappone.

Il governo giapponese fu finanziato da prestiti internazionali raccolti da Jacob Schiff (New York). Schiff era socio anziano della Kuhn-Loeb & Co. e collaborava con Sir Ernest Cassels (Inghilterra) e i Warburg (Amburgo). Jacob Schiff giustificò la sua azione di finanziamento dei giapponesi nella guerra contro la Russia in una lettera scritta al conte Witte, emissario dello Tzar che partecipò ai negoziati di pace tenutisi a Portsmouth, negli Stati Uniti, nel 1905.

> "Ci si può aspettare che l'influenza dell'ebreo americano sull'opinione pubblica venga esercitata a vantaggio del Paese che ha sistematicamente degradato i suoi fratelli di razza? Se il governo che si sta formando non riuscirà ad assicurare sicurezza e pari opportunità in tutto l'Impero alla popolazione ebraica, allora sarà davvero giunto il momento per gli ebrei in Russia di lasciare la loro inospitale patria". Il problema che il mondo civilizzato si troverà ad affrontare sarà enorme, ma sarà risolto, e voi, che non siete solo un lungimirante statista, ma anche un grande economista, sapete bene che il destino della Russia, e la sua rovina, saranno allora segnati".

L'ipocrisia di Jacob Schiff può essere meglio apprezzata se si spiega che dal 1897 aveva finanziato i terroristi in Russia. Nel 1904 contribuì a finanziare la rivoluzione scoppiata in Russia nel 1905. Contribuì anche a organizzare su base internazionale il finanziamento della Rivoluzione russa che scoppiò all'inizio del 1917 e che diede a lui e ai suoi soci la prima opportunità di mettere in pratica le loro teorie totalitarie.[73]

La guerra russo-giapponese fu fomentata dai banchieri internazionali per creare le condizioni necessarie al successo di uno sforzo rivoluzionario per rovesciare il potere degli zar. I piani dei banchieri internazionali furono sconvolti quando i menscevichi guidati dagli ebrei iniziarono una rivoluzione indipendente in Russia nel 1905. Quando i

---

[73] François Coty nel Figaro del 20 febbraio 1932 disse: Le sovvenzioni concesse ai nichilisti in questo periodo (cioè dal 1905 al 1914 - autore) da Jacob Schiff non erano più atti di generosità isolata. A sue spese era stata creata negli Stati Uniti una vera e propria organizzazione terroristica russa, incaricata di assassinare ministri, governatori, capi della polizia, ecc.

banchieri internazionali negarono il sostegno finanziario, la rivoluzione fallì proprio nel momento in cui sembrava aver raggiunto l'apice del successo.

Poiché i menscevichi dominati dagli ebrei agirono di propria iniziativa, i banchieri internazionali decisero che Lenin avrebbe condotto il loro programma rivoluzionario in Russia a partire da quella data.

Lenin nacque nella città di Simbirsk, situata sulle rive del fiume Volga. Era figlio di un funzionario governativo che aveva il titolo di "Consigliere di Stato effettivo". Questo titolo non era stato ereditato, ma era stato conferito al padre per l'eccezionale servizio prestato come supervisore scolastico. Lenin ricevette un'istruzione universitaria e fu ammesso all'albo degli avvocati, ma non si mise mai in affari. Gli studenti ebrei lo avevano convinto che era giunto il momento di rovesciare il potere delle classi privilegiate e di far sì che le masse governassero il proprio Paese. Fu proprio mentre Lenin stava accarezzando l'idea che "le riforme necessarie potevano essere realizzate rapidamente solo con l'azione rivoluzionaria" che suo fratello fu arrestato dalla polizia e giustiziato.

Lenin fu subito riconosciuto come un intellettuale. Già a vent'anni frequentava i leader del Partito rivoluzionario. Si è già detto che i ricchi e influenti finanziatori internazionali avevano contribuito a finanziare e dirigere le attività rivoluzionarie all'interno della Pale of Settlement. Lenin voleva scoprire tutto ciò che poteva sulle persone che dirigevano i vari gruppi rivoluzionari nazionali uniti nella causa comune della Rivoluzione Popolare. Nel 1895, all'età di venticinque anni, si recò in Svizzera e raggiunse Plekhanov, che si era rifugiato lì dalla Russia per sfuggire alla sorte del fratello maggiore di Lenin, Alessandro.

Mentre si trovavano in Svizzera, Lenin e Plekhanov, che erano gentili, unirono le forze con Vera Zasulich, Leo Deutch, P. Axelrod e Julius Tsederbaum, tutti ebrei. Essi formarono un movimento marxista su scala mondiale che chiamarono "Gruppo per l'emancipazione del lavoro". Tsederbaum era un giovane come Lenin. Si era guadagnato una reputazione nella "Pale of Settlement" come terrorista spietato e abile agitatore. Cambiò il suo nome in Martov. Divenne leader dei menscevichi. Lenin governò i bolscevichi in Russia.

Il fallimento del tentativo rivoluzionario dei menscevichi nel 1905 convinse Lenin che l'unico modo per avere una rivoluzione di successo era quello di organizzare un Comitato Internazionale di Pianificazione che avrebbe prima pianificato e poi diretto ogni sforzo rivoluzionario concordato. Lenin diede vita al Comintern, come Comitato Centrale di Pianificazione Rivoluzionaria Internazionale. I banchieri internazionali lo scelsero come loro agente di alto livello in Russia. Lenin aveva studiato seriamente la Grande Rivoluzione francese. Quando seppe che il potere segreto che aveva portato alla Rivoluzione francese era ancora in attività, si unì a loro. Il suo piano consisteva nel lasciare che i membri del Comintern pensassero di essere i cervelli, ma di influenzare il loro pensiero, in modo che favorissero i piani a lungo termine dei banchieri internazionali. Se un giorno i leader rivoluzionari non potessero essere controllati allora potrebbero sempre essere liquidati. Verranno fornite prove per dimostrare come ciò sia effettivamente accaduto.

Avendo deciso la propria politica, Lenin tornò in Russia con Martov per organizzare la campagna di raccolta del denaro, che consisteva in ricatti, rapine in banca, estorsioni e altri tipi di pratiche illegali. Lenin sosteneva che era logico prendere i soldi dal popolo il cui governo si voleva rovesciare. Il principio del suo partito era che tutti i giovani che aspiravano a diventare membri del partito dovessero essere sottoposti, come il fratello maggiore Alexander, a prove di coraggio fisico e di prontezza mentale. Lenin insistette sul fatto che una parte dell'addestramento di ogni giovane rivoluzionario dovesse includere la rapina di una banca, l'esplosione di una stazione di polizia e la liquidazione di un traditore o di una spia.

Lenin insistette anche sul fatto che i leader rivoluzionari, in tutti gli altri Paesi, avrebbero dovuto organizzare un sistema clandestino. Discutendo e scrivendo di questa questione, Lenin dichiarò che "tutto ciò che è legale e illegale che favorisce il movimento rivoluzionario è giustificato". Avvertiva, però, che "il partito legale deve sempre avere il controllo di quello illegale". Questa pratica è in vigore ancora oggi, soprattutto in Canada e negli Stati Uniti. I comunisti che riconoscono apertamente la loro appartenenza al Partito Progressista del Lavoro si guardano bene dal farsi coinvolgere in modo criminale nelle attività illegali dell'organizzazione clandestina del Partito Comunista. Ma l'"Apparato" dirige segretamente le operazioni e ne beneficia finanziariamente.

È un dato di fatto che pochi dei primi leader del comunismo erano membri del proletariato. La maggior parte di loro erano intellettuali ben istruiti. Nel 1895 provocarono una serie di scioperi. Alcuni di questi furono trasformati con successo in sommosse. In questo modo realizzarono uno dei principi fondamentali della tecnica rivoluzionaria: "sviluppare un piccolo disordine fino a farlo diventare una sommossa e portare i cittadini a un vero e proprio conflitto fisico con la polizia".

Lenin, Martov e numerosi altri rivoluzionari furono arrestati e condannati al carcere. Lenin terminò il suo periodo di detenzione nel 1897.

Non è generalmente noto che a quei tempi in Russia i criminali politici esiliati in Siberia non venivano imprigionati se non erano stati condannati per altri reati penali. Pertanto, Lenin portò in esilio con sé la sua giovane e bella moglie ebrea e la madre di lei che parlava yiddish. Durante il suo esilio Lenin ricevette dal governo russo un'indennità di sette rubli e quaranta copechi al mese. Questa somma era appena sufficiente per pagare vitto e alloggio. Lenin lavorava come contabile per guadagnare soldi extra. Fu durante l'esilio che Lenin, Martov e un complice di nome Potresov decisero, al momento della loro liberazione, di pubblicare un giornale con lo scopo di unire i cervelli e le energie dell'intero movimento rivoluzionario, che all'epoca era diviso in molte fazioni.

Nel febbraio del 1900 Lenin terminò il suo esilio. Gli viene concesso il permesso di tornare in Svizzera per una visita. Si unì agli altri leader rivoluzionari e agli agenti dei poteri segreti. La sua idea viene approvata e viene pubblicato Iskra (La Scintilla). Il comitato di redazione era composto dai leader rivoluzionari più anziani - Plekhanov, Zasulich e Axelrod - mentre Lenin, Potresov e Martov rappresentavano i membri più giovani. La moglie di Lenin era segretaria del comitato. Trotsky si unì alla redazione due anni dopo. Per un certo periodo il giornale fu stampato a Monaco, in Germania. Il comitato di redazione si riuniva a Londra. [74] Nel 1903 fu trasferito a Ginevra. Le copie venivano contrabbandate in Russia, e in altri Paesi, attraverso il sistema clandestino organizzato dai massoni del Grande Oriente. Poiché il

---

[74] Poiché l'influenza dei Rothschild sui direttori della Banca d'Inghilterra era così grande, e poiché i direttori della Banca d'Inghilterra potevano controllare la politica del governo britannico, i rivoluzionari sono sempre stati in grado di trovare asilo in Inghilterra quando ogni altro Paese glielo impediva. Karl Marx ed Engels ne sono un esempio tipico.

giornale si chiamava "Iskra", i rivoluzionari che sottoscrivevano la linea del Partito, come definita dal comitato editoriale, divennero noti come Iskristi.

Il documento chiedeva che nel 1903 si tenesse a Bruxelles un Congresso di unificazione con lo scopo di unire diversi gruppi marxisti. Erano rappresentati i socialdemocratici russi, i socialdemocratici polacchi di Rosa Luxemburg, il gruppo per l'emancipazione del lavoro e il gruppo massimalista. All'inizio di agosto la polizia belga entrò in azione e i delegati si trasferirono in massa a Londra. Questo Congresso ha un'importanza storica perché durante esso si sviluppò la scissione ideologica tra gli iscristi. Lenin divenne leader del gruppo bolscevico (o gruppo maggioritario), mentre Martov divenne leader dei menscevichi (o gruppo minoritario).

Quando i menscevichi portarono a termine la rivoluzione abortita in Russia nel 1905, Trotsky si dimostrò un leader capace. È difficile per i non addetti ai lavori capire cosa causò il fallimento dello sforzo, perché i rivoluzionari ebbero il controllo di San Pietroburgo dal gennaio al dicembre 1905. Formarono il Soviet di Pietroburgo, Lenin e molti dei suoi leader rivoluzionari di alto livello rimasero in disparte. Lasciarono che fosse il partito menscevico a gestire questa rivoluzione.

Lenin si trovava a Ginevra per consultarsi con i poteri segreti quando scoppiò la rivoluzione dopo la tragedia della Domenica di Sangue a San Pietroburgo nel gennaio 1905. Tornò in Russia solo in ottobre. La tragedia della domenica di sangue fu attribuita all'intolleranza dello Tzar, 174 ma molti di coloro che indagarono sull'accaduto trovarono ampie prove per convincersi che l'incidente della domenica di sangue era stato pianificato dal Gruppo Terrorista allo scopo di suscitare la rabbia e l'odio nei cuori dei lavoratori non ebrei contro lo Tzar. L'incidente permise ai leader del movimento rivoluzionario di ottenere il sostegno di migliaia di uomini e donne non ebrei che, fino a quel triste giorno, erano rimasti fedeli allo Tzar e parlavano di lui come del "Piccolo Padre". La domenica di sangue ha una grande importanza storica.

Nel gennaio del 1905 la Russia era in guerra con il Giappone. I trasporti sulla ferrovia che attraversava le lande desolate della Russia da ovest a est erano stati interrotti. I rinforzi e i rifornimenti non erano riusciti a raggiungere il fronte orientale a causa di un sabotaggio. Il 2 gennaio il popolo russo fu sconvolto dalla notizia che Port Arthur era caduta in mano ai giapponesi. Avevano perso la guerra contro quella che consideravano una potenza di seconda classe.

Il governo imperiale, nel tentativo di guadagnarsi il favore della popolazione industriale, aveva adottato la politica di incoraggiare la formazione di sindacati legali. I noti rivoluzionari dovevano essere esclusi dall'iscrizione. Uno dei leader più attivi nell'organizzazione dei sindacati legali fu il sacerdote ortodosso russo padre Gapon. Le riforme liberali, ottenute da cittadini non radicali, non piacquero ai leader del partito rivoluzionario che sostenevano che "le riforme necessarie potevano essere realizzate rapidamente solo con la rivoluzione". Padre Gapon si era guadagnato un tale rispetto da essere accolto dallo Tzar e dai suoi ministri ogni volta che desiderava discutere un problema lavorativo importante.

Il 2 gennaio, quando le cattive notizie sulla guerra travolsero l'Impero, scoppiarono dei disordini sindacali organizzati negli enormi stabilimenti Putilov di San Pietroburgo. Fu indetto uno sciopero, ma a causa della situazione generale, Padre Gapon disse che avrebbe risolto le questioni in discussione facendo appello direttamente allo Tzar. L'idea piacque alla maggioranza degli operai, ma i "radicali" si opposero. Tuttavia, nel pomeriggio di domenica 22 gennaio 1905, migliaia di operai, accompagnati dalle loro mogli e dai loro figli, si riunirono in un corteo per accompagnare Padre Gapon fino alle porte del palazzo. Secondo i resoconti autentici, la processione fu del tutto ordinata. I firmatari portavano striscioni fatti in fretta e furia che esprimevano fedeltà al "Piccolo Padre". Alle porte del palazzo, senza il minimo preavviso, il corteo è stato gettato nella confusione più totale da una raffica di fucili e mitragliatrici. Centinaia di lavoratori e le loro famiglie furono massacrati. La piazza davanti al Palazzo fu trasformata in uno spazio di caos agonizzante. Il 22 gennaio 1905 è noto da allora come "Domenica di sangue". Nicola II era responsabile? È provato che in quel momento non si trovava né a Palazzo né in città. Si sa che un ufficiale della guardia ordinò alle truppe di sparare. È molto probabile che fosse una "cellula" che eseguiva la politica terroristica dei suoi superiori. Questo atto fu la "scintilla" che toccò l'"acciarino" fornito dai leader rivoluzionari. Ne seguì la "fiammata" di una rivoluzione su larga scala.

Indipendentemente da chi fosse il responsabile, decine di migliaia di lavoratori industriali prima fedeli si unirono al Partito Socialista Rivoluzionario e il movimento si diffuse in altre città. Lo Tzar cercò di arginare la marea di ribellioni. All'inizio di febbraio ordinò un'indagine sugli eventi di San Pietroburgo 176, da parte della Commissione Shidlovsky. In agosto annunciò che erano state prese disposizioni per l'istituzione di una legislatura rappresentativa democratica. Questa divenne la Duma. Offrì l'amnistia a tutti i criminali politici. È sotto questa amnistia che Lenin e i suoi leader bolscevichi tornarono in Russia in ottobre dalla Svizzera e da altri Paesi all'estero. Ma nulla di ciò che lo Tzar fece poté arginare la marea della rivoluzione.

Il 20 ottobre 1905, l'Unione delle Ferrovie Russe, guidata dai menscevichi, entrò in sciopero. Il 25 ottobre si verificano scioperi generali a Mosca, Smolensk, Kursk e in altre città. Il 26 ottobre fu fondato il Soviet rivoluzionario di Pietroburgo. Esso assunse le funzioni di un governo nazionale. Il governo del Soviet fu dominato dalla fazione menscevica del Partito Socialdemocratico del Lavoro russo, anche se il Partito Socialdemocratico Rivoluzionario aveva una rappresentanza. Il primo presidente fu il menscevico Zborovisk. Fu rapidamente sostituito da Georgi Nosar. Quest'ultimo fu a sua volta sostituito da Lev Trotsky, che divenne presidente il 9 dicembre 1905. Il 16 dicembre, una forza militare arrestò Trotsky e 300 membri del governo sovietico. Tra gli arrestati non c'era nessun bolscevico di spicco. Questo dovrebbe dimostrare che Lenin agiva per conto e sotto la protezione dei poteri segreti che operano dietro il governo.

La rivoluzione non era ancora finita. Il 20 dicembre un ebreo di nome Parvus assunse il controllo di un nuovo esecutivo sovietico. Egli indisse uno sciopero generale a San Pietroburgo e 90.000 lavoratori risposero. Il giorno successivo 150.000 lavoratori scioperarono a Mosca. A Chita, Kansk e Rostov scoppiò un'insurrezione aperta. Il 30 dicembre le truppe e i funzionari del governo, che erano rimasti fedeli allo Tzar, ripresero miracolosamente il controllo. Mettono fine alla rivoluzione.[75]

---

[75] Se Lenin e i banchieri internazionali fossero intervenuti a favore dei menscevichi in questo momento, nulla avrebbe potuto sconfiggere gli sforzi rivoluzionari. Non c'è spiegazione possibile per il fatto che abbiano permesso alle forze governative di riprendere il controllo, se non che avessero dei piani segreti che non erano ancora pronti a mettere in atto. Che si stessero preparando alla Prima Guerra Mondiale e che desiderassero che la Russia rimanesse una monarchia fino allo scoppio della guerra sembra essere l'unica conclusione logica, e gli eventi futuri indicherebbero che questo era il loro piano.

Lo zar Nicola II mantenne la sua promessa. Si formò la Duma e fu istituita una legislatura elettiva.

Nel 1907 si tenne a Londra il Quinto Congresso del Partito Socialdemocratico del Lavoro russo. Lenin, con 91 delegati, rappresentava il partito bolscevico; i menscevichi guidati da Martov avevano 89 delegati; Rosa Luxemburg guidava i suoi socialdemocratici polacchi con 44 delegati; il Bund ebraico guidato da Rafael Abramovitch ne aveva 55; i socialdemocratici lettoni, guidati dal compagno Herman (Danishevsky), costituivano il resto. Complessivamente, i delegati erano 312, di cui 116 erano, o erano stati, lavoratori.

Il Congresso era stato convocato allo scopo di fare un'autopsia sull'abortita Rivoluzione russa del 1905. Lenin attribuì il fallimento dello sforzo rivoluzionario alla mancanza di cooperazione tra i menscevichi e gli altri leader del gruppo. Disse ai 312 delegati che i menscevichi avevano gestito l'intero spettacolo e combinato un pasticcio generale. Ha chiesto l'unità della politica e l'unità dell'azione. Sostenne che l'azione rivoluzionaria doveva essere pianificata con largo anticipo e che l'elemento sorpresa doveva essere sfruttato al massimo.

Martov si scagliò contro Lenin. Lo accusò di non aver dato allo sforzo rivoluzionario menscevico il sostegno che avrebbe dovuto. Lo accusò in particolare di aver rifiutato l'assistenza finanziaria. Martov e gli altri gruppi ebraici guidati da Ross. Luxemburg e Abrahamovitch, erano infastiditi dal fatto che Lenin fosse riuscito a finanziare la partecipazione del maggior numero di delegati. Lo accusarono di finanziare il suo partito bolscevico con rapine, sequestri, falsificazioni e furti. Lo rimproverarono per essersi rifiutato di contribuire con una giusta percentuale dei suoi guadagni illeciti all'organizzazione centrale unificatrice. Una grande risata fu suscitata quando uno dei menscevichi accusò Lenin di aver fatto sposare uno dei suoi alti funzionari con una ricca vedova per arricchire il tesoro del partito.

Lenin avrebbe ammesso di averlo fatto per il bene della Causa. Sosteneva che il funzionario che aveva sposato alla vedova era un esemplare di umanità bello, forte e sano. Pensava che la vedova sarebbe stata d'accordo sul fatto che aveva ottenuto il massimo valore per il suo denaro. Fu a questo Congresso che Stalin, allora un personaggio molto secondario, si legò a Lenin. Il Congresso infine decise una più stretta collaborazione tra i leader dei vari gruppi rivoluzionari e decise chi avrebbe dovuto dirigere i loro giornali rivoluzionari. Si diede grande importanza alla propaganda. In questo Congresso si gettarono le basi per una riorganizzazione della macchina propagandistica con l'intesa che tutte le pubblicazioni avrebbero dovuto adottare la stessa politica editoriale "La linea del Partito".

Nel 1908 i bolscevichi iniziarono a pubblicare il "Proletarie". Lenin, Dubrovinsky, Zinoviev e Kamenev erano i redattori. I menscevichi pubblicarono "Golos Sotsial-Demokrata". Plekhanov, Axelrod, Martov, Dan e Martynov (Pikel) erano i redattori. Tutti i redattori erano ebrei, tranne Lenin e Plekhanov. Trotsky avviò una pubblicazione semi-dipendente chiamata "Vienna Pravda".

Nel 1909 Lenin ottenne il sostegno incondizionato di due leader ebrei, Zinoviev e Kamenev. Essi divennero noti come "la Troika" e questa amicizia durò fino alla morte di Lenin nel 1924.

Dopo il quinto congresso del partito socialdemocratico russo del lavoro, tenutosi a Londra nel 1907, Lenin decise di scoprire quanto fosse coraggioso e affidabile il suo nuovo discepolo Stalin. Voleva anche convincere i leader degli altri gruppi rivoluzionari della sua indipendenza finanziaria. Per raggiungere questo duplice scopo, incaricò Stalin di rapinare la Banca di Tiflis all'indirizzo. Stalin scelse come complice un armeno di nome Petroyan, che in seguito cambiò nome in Kamo. Scoprirono che la Banca stava per trasferire una grossa somma di denaro da un luogo all'altro con un mezzo pubblico. Hanno fatto passare il mezzo di trasporto. Petroyan lanciò una bomba. Tutto, e tutti, i passeggeri del mezzo di trasporto saltarono in aria, tranne la robusta scatola che conteneva i contanti, 250.000 rubli. Trenta persone persero la vita. Il bottino fu consegnato a Lenin. Stalin aveva dimostrato di essere un potenziale leader.

I bolscevichi incontrarono difficoltà a utilizzare i rubli rubati per gli scopi del partito perché la maggior parte della valuta consisteva in banconote da 500 rubli. Lenin concepì l'idea di distribuire le banconote da 500 rubli tra i bolscevichi fidati in vari Paesi. A questi ultimi fu ordinato di sbarazzarsi della maggior quantità di denaro possibile in un determinato giorno. La direttiva fu eseguita, ma due dei 180 agenti di Lenin caddero nelle mani della polizia durante la transazione. Uno era Olga Ravich, che in seguito sposò Zinoviev, grande amico di Lenin. L'altro era Meyer Wallach, il cui vero nome era Finklestein. In seguito cambiò nuovamente nome in Maxim Litvinov. Divenne noto in tutto il mondo come Commissario agli Affari Esteri di Stalin dal 1930 al 1939.[76]

Dopo la fine della rivoluzione del 1905, lo zar Nicola II si accinse a fare molte riforme radicali. Progettò di trasformare la monarchia assoluta russa in una monarchia limitata come quella di cui gode il popolo britannico. Dopo che la Duma iniziò a funzionare, il premier Pietro Arkadyevich Stolypin divenne un grande riformatore. Dominò la politica russa e redasse la "Costituzione di Stolypin" che garantiva i diritti civili ai contadini, che erano circa l'85% dell'intera popolazione russa. Le sue riforme fondiarie garantirono assistenza finanziaria ai contadini affinché potessero acquistare le proprie fattorie. La sua idea era che il modo più logico per sconfiggere coloro che sostenevano lo stile di vita comunitario fosse quello di incoraggiare la proprietà individuale.

Ma i leader rivoluzionari volevano usurpare il potere politico ed economico. Non erano minimamente soddisfatti delle riforme. Nel 1906 il Gruppo Terrorista tentò di assassinare Stolypin. Distruggono la sua casa con una bomba. Furono orditi altri complotti per eliminare il premier più progressista che i russi potessero sperare di avere. In una buia notte di settembre del 1911, il Grande Emancipatore fu colpito a morte, a sangue freddo, mentre assisteva a uno spettacolo di gala al teatro di Kiev. L'assassino era un avvocato ebreo di nome Mordecai Bogrov.

Nel 1907 i banchieri internazionali organizzarono il Panico di Wall Street per rimborsarsi del denaro speso in relazione alle guerre e alle rivoluzioni russe. Stavano anche finanziando le fasi preliminari della rivoluzione cinese scoppiata nel 1911.

Molte delle riforme proposte da Stolypin furono realizzate dopo la sua morte. Nel 1912, una legge sull'assicurazione industriale concesse a tutti gli operai dell'industria un indennizzo per malattia e infortunio pari a due terzi della loro paga regolare per la malattia e a tre quarti per gli

---

[76] Questo "gangster" ha svolto un ruolo importante negli affari internazionali in Inghilterra e in Germania, nella Società delle Nazioni e nelle Nazioni Unite fino alla sua morte.

infortuni. I giornali dei partiti rivoluzionari ottennero uno status legale per la prima volta da quando erano stati stampati. Le scuole pubbliche furono ampliate. Le leggi elettorali furono riviste per dare un governo più rappresentativo. Nel 1913, il governo dello Tzar di Russia concesse un'amnistia generale per tutti i prigionieri politici. Immediatamente rilasciati, i prigionieri iniziarono a tramare con rinnovata energia il rovesciamento del governo russo. I terroristi sostenevano la liquidazione della famiglia reale. Ma le riforme erano piaciute alla grande maggioranza del popolo russo. La rivoluzione in Russia sembrava una questione morta per il momento. Coloro che dirigevano il Movimento Rivoluzionario Mondiale decisero di lasciare la Russia in pace per il momento. Concentrarono i loro sforzi in altri Paesi. Portogallo e Spagna furono oggetto di attenzione.

A causa della nebbia rossa creata dalla propaganda comunista e di una campagna organizzata de "*L'Infamie*" portata avanti in Russia, come era stata portata avanti in Francia e in Inghilterra prima di quelle rivoluzioni, è difficile per la gente comune credere che gli zar e i nobili russi fossero nient'altro che grandi mostri barbuti che schiavizzavano i contadini, violentavano le loro giovani donne e infilzavano i bambini sulle punte delle loro spade mentre galoppavano attraverso i villaggi a cavallo. Per dimostrare che l'ultimo degli zar era un riformatore citeremo Bertram Wolfe, perché Bertram Wolfe era antizarista e pro-rivoluzionario. Wolfe dice a pagina 360 del suo libro "*Tre che fecero la rivoluzione*":

> "Tra il 1907 e il 1914, con le leggi di riforma agraria di Stolypin, 2.000.000 di contadini e le loro famiglie si ritirarono dai villaggi e divennero proprietari individuali. Per tutta la durata della guerra (1914-1917) il movimento continuò, tanto che al 1° gennaio 1916, 6.200.000 famiglie contadine su circa 16.000.000 di aventi diritto, avevano presentato domanda di separazione. Lenin vedeva la questione come una corsa contro il tempo tra le riforme di Stolypin e il prossimo sconvolgimento rivoluzionario. Se l'insurrezione fosse stata rimandata di un paio di decenni, le nuove misure fondiarie avrebbero trasformato le campagne in modo che non sarebbero più state una forza rivoluzionaria. Quanto Lenin fosse vicino ad avere ragione è dimostrato dal fatto che nel 1917, quando invitò i contadini a prendere la terra, essi ne possedevano già più di tre quarti".

Purtroppo è vero che Rasputin esercitò una cattiva influenza su alcuni uomini e donne della Corte imperiale russa. So, da signore legate alla Corte in quel periodo, che Rasputin esercitò un'enorme influenza sull'Imperatrice perché il suo giovane figlio soffriva di emofilia e Rasputin era l'unico uomo in grado di fermare l'emorragia.

Rasputin aveva sicuramente poteri mesmerici, che non sono rari tra alcuni abitanti della Russia. Sembrava in grado di mettere l'Imperatrice sotto la sua influenza, non come amante, ma allo scopo di costringerla a fare ciò che Rasputin decideva di far fare allo Tzar. Non è esagerato dire che Rasputin, grazie al potere che esercitava sullo Tzar attraverso la Regina, praticamente governava la Russia con grande disappunto del popolo russo.

È anche vero che Rasputin introdusse nei circoli di corte uomini e donne che praticavano i riti pagani che si svolgevano segretamente nel Palazzo Reale prima dello scoppio della Rivoluzione francese nel 1789. Queste orge rituali si basavano sul ridicolo presupposto che le persone non potessero essere salvate finché non avessero toccato gli abissi della degradazione nel peccato. Introdusse dei sovversivi all'interno della Casa Reale, i quali ottennero informazioni che permisero ai loro padroni di ricattare molte persone influenti affinché eseguissero i loro ordini. Rasputin faceva indubbiamente parte degli Illuminati e della Sinagoga di Satana.

Capitolo 8

La rivoluzione russa-1917

Nel gennaio 1910, diciannove dirigenti del Movimento rivoluzionario mondiale si riunirono a Londra. Questa riunione è registrata come "Il plenum di gennaio del Comitato Centrale". Vennero discussi i modi e i mezzi per realizzare una maggiore unità. Lenin fu nuovamente sollecitato a rinunciare alla sua politica di indipendenza finanziaria. Rispose bruciando le banconote da cinquecento rubli rimaste dalla rapina alla banca di Tiflis. Lenin era convinto che fosse praticamente impossibile incassare le banconote senza farsi beccare dalla polizia.

Il Plenum decise di accettare il giornale "Sotsial Demokrata" come pubblicazione generale del partito. I bolscevichi nominarono Lenin e Zinoviev e i menscevichi Martov e Dan come redattori. Kamenev fu incaricato di assistere Trotsky nella redazione della "Pravda di Vienna". Il Plenum discusse anche il modello che avrebbe dovuto assumere l'impegno rivoluzionario mondiale. I delegati considerarono le possibili ripercussioni di alcuni assassini politici previsti. Fu stabilita la politica del partito. Il Comitato Centrale ricevette l'ordine di preparare i Templi e le Logge del Grande Oriente all'azione. I membri dovevano fare proseliti attivi con la loro ideologia rivoluzionaria e atea.[77]

La linea del Partito era quella di unire tutti gli organismi rivoluzionari allo scopo di portare tutti i grandi Paesi capitalistici in guerra tra loro, in modo che le terribili perdite subite, l'elevata tassazione imposta e le difficoltà sopportate dalle masse della popolazione facessero sì che la maggioranza delle classi lavoratrici reagisse favorevolmente alla

---

[77] I massoni atei del Grande Oriente non devono essere confusi con gli altri massoni europei e americani, i cui principi sono irreprensibili, il cui lavoro è filantropico e il cui rituale si basa sulla fede nel Grande Architetto dell'Universo.

proposta di una rivoluzione per porre fine alle guerre. Quando tutti i Paesi fossero stati sovietizzati, i Poteri Segreti avrebbero formato una Dittatura Totalitaria e la loro identità non sarebbe più rimasta segreta. È possibile che solo Lenin conoscesse gli obiettivi e le ambizioni segrete degli Illuminati, che modellavano l'azione rivoluzionaria in base ai loro scopi.

I leader rivoluzionari dovevano organizzare i loro sotterranei in tutti i Paesi in modo da essere pronti a prendere il controllo del sistema politico e dell'economia delle loro nazioni; i banchieri internazionali dovevano estendere le ramificazioni delle loro agenzie in tutto il mondo. È stato dimostrato che Lenin divenne attivo nei circoli rivoluzionari nel 1894. È stato anche affermato che decise di schierarsi con i banchieri internazionali perché dubitava della capacità degli uomini che guidavano i partiti rivoluzionari nazionali dominati dagli ebrei di consolidare le loro vittorie una volta ottenute. Alla luce di queste affermazioni, è necessario passare in rassegna gli eventi rivoluzionari dal 1895 al 1917.

L'imperatrice d'Austria fu assassinata nel 1898, il re Umberto nel 1900, il presidente McKinley nel 1901, il granduca Sergio di Russia nel 1905 e il re e il principe ereditario del Portogallo nel 1908. Per dimostrare che gli Illuminati, che agiscono attraverso i massoni del Grande Oriente, sono responsabili di questi assassinii politici, vengono presentate le seguenti prove.

I leader del Movimento Rivoluzionario Mondiale, riuniti a Ginevra, in Svizzera, pensarono che fosse necessario destituire il re Carlos del Portogallo per potervi instaurare una Repubblica e così, nel 1907, ne ordinarono l'assassinio. Nel dicembre 1907, Megalhaes Lima, capo della Massoneria del Grande Oriente portoghese, si recò a Parigi per tenere una conferenza alle Logge massoniche. Il suo tema era "Il Portogallo, il rovesciamento della monarchia e la necessità di una forma di governo repubblicana". Poche settimane dopo il re Carlos e suo figlio, il principe ereditario, furono assassinati.

I massoni continentali si vantavano di questo successo. Furnemont, Grande Oratore del Grande Oriente del Belgio, disse il 12 febbraio 1911:

> "Ricordate il profondo sentimento di orgoglio che tutti noi abbiamo provato al breve annuncio della rivoluzione portoghese? In poche ore il trono era stato abbattuto, il popolo aveva trionfato e la

repubblica era stata proclamata. Per i non addetti ai lavori, fu un lampo in un cielo limpido... Ma noi, fratelli miei, avevamo capito. Conoscevamo la meravigliosa organizzazione dei nostri fratelli portoghesi, il loro zelo incessante, il loro lavoro ininterrotto. Possedevamo il segreto di quell'evento glorioso"[78]

I leader del Movimento rivoluzionario mondiale e i vertici della Massoneria continentale si incontrarono in Svizzera nel 1912. Fu durante questo incontro che presero la decisione di assassinare l'arciduca Francesco Ferdinando per scatenare la Prima Guerra Mondiale. La data effettiva in cui sarebbe stato commesso l'omicidio fu lasciata in sospeso perché i complottisti a sangue freddo non ritenevano che i tempi fossero maturi per il suo assassinio, in modo da avere la massima ripercussione politica. Il 15 settembre 1912 la "Revue Internationale des Sociétés Secretes", diretta da M. Jouin, pubblicò alle pagine 787-788 le seguenti parole

"Forse un giorno si farà luce su queste parole pronunciate da un alto massone svizzero. Mentre discuteva dell'erede al trono d'Austria, disse: "L'arciduca è un uomo notevole. È un peccato che sia condannato. Morirà sui gradini del trono"".

La luce su queste parole è stata fatta durante il processo agli assassini che il 28 giugno 1914 uccisero l'erede al trono austriaco e sua moglie. Questo atto di violenza, commesso a Sarajevo, fu la scintilla che innescò la fiammata che si sviluppò nella Prima Guerra Mondiale. Le note stenografiche di Pharos sul processo militare sono un documento molto illuminante. Esse forniscono un'ulteriore prova del fatto che i banchieri internazionali si sono serviti delle Logge del Grande Oriente per provocare la Prima Guerra Mondiale, così come le avevano usate nel 1787-1789 per provocare la Rivoluzione Francese. Il 12 ottobre 1914, il presidente del tribunale militare interrogò Cabrinovic, che aveva lanciato la prima bomba contro l'auto dell'Arciduca.

Il Presidente: "Mi dica qualcosa di più sui moventi. Sapeva, prima di decidere di tentare l'assassinio, che Tankosic e Ciganovic erano

---

[78] Nota: Bulletin du Grand Orient de Belgique 5910, 1910, pagina 92.

massoni? Il fatto che lei e loro foste massoni ha influito sulla sua decisione?[79]

Cabrinovic: "Sì".

Il Presidente: "Ha ricevuto da loro la missione di compiere l'assassinio?".

Cabrinovic: "Non ho ricevuto da nessuno la missione di compiere l'assassinio. La Massoneria c'entra perché ha rafforzato la mia intenzione.

Nella Massoneria è permesso uccidere. Ciganovic mi disse che i massoni avevano condannato a morte l'arciduca Francesco Ferdinando PIÙ DI UN ANNO PRIMA".

A queste prove si aggiungono quelle del conte Czerin, amico intimo dell'arciduca. Egli afferma in "Im-Welt-Krieg": "L'Arciduca sapeva bene che il rischio di un attentato alla sua vita era imminente. Un anno prima della guerra mi informò che i massoni avevano deciso di ucciderlo".

Essendo riusciti a far scoppiare una guerra mondiale, i leader del Movimento Rivoluzionario hanno usato proprio questo fatto per convincere i lavoratori dell'industria e gli uomini delle forze armate che la guerra era una guerra capitalistica. Si agitavano. Criticarono tutto il possibile. Incolparono i vari governi per tutto ciò che andava storto. I "capitalisti" internazionali erano diretti dagli Illuminati, che rimasero discretamente sullo sfondo, insospettabili e indenni.[80] Poiché la Russia era uscita dalla disastrosa guerra con il Giappone solo pochi anni prima, fu relativamente semplice per gli agitatori addestrati tra i menscevichi creare un'atmosfera di dubbio, sospetto e agitazione nelle menti dei

---

[79] Tankosic e Ciganovic erano più massoni di Cabrinovic. In precedenza, durante il processo, era emerso che Ciganovic aveva detto a Cabrinovic che i massoni non erano in grado di trovare uomini per l'omicidio dell'arciduca.

[80] Si trattò effettivamente di una guerra capitalistica, ma non del tipo di guerra capitalistica che i lavoratori furono portati a credere che fosse grazie alla propaganda diffusa dalla stampa che i banchieri internazionali controllavano in ogni paese del mondo.

lavoratori russi e infine tra le truppe nel 1914-1916. Nel gennaio 1917 le armate imperiali russe avevano subito quasi 3.000.000 di perdite. La crema degli uomini russi era morta.

Lenin e Martov si trovavano in Svizzera, il terreno neutrale su cui vengono ordite tutte le trame internazionali. Trotsky stava organizzando le centinaia di ex rivoluzionari russi che avevano trovato rifugio negli Stati Uniti. Era particolarmente attivo nell'East Side di New York.[81] I leader dei menscevichi stavano portando avanti la loro politica sovversiva in Russia. Il loro primo obiettivo era quello di rovesciare il potere dello Tzar. L'occasione si presentò nel gennaio 1917. Un sabotaggio abilmente condotto nei sistemi di comunicazione, nel dipartimento dei trasporti e nel ministero degli approvvigionamenti, provocò una grave carenza di cibo a San Pietroburgo. Ciò avvenne nel momento in cui la popolazione era cresciuta molto al di sopra delle sue dimensioni normali, a causa dell'afflusso in città di lavoratori industriali necessari per lo sforzo bellico. Il febbraio 1917 fu un mese negativo. Fu introdotto il razionamento dei generi alimentari. Il 5 marzo, l'agitazione generale era evidente. Le file per il pane aumentavano. Il 6 marzo le strade si affollarono di disoccupati. Le truppe cosacche entrarono in città. Lo Tzar era ancora al fronte per visitare le truppe.[82] Il 7 marzo, i leader ebrei del partito menscevico organizzarono le donne per organizzare manifestazioni di piazza in segno di protesta per la mancanza di pane.[83]

L'8 marzo, le donne hanno organizzato la manifestazione. I leader rivoluzionari hanno poi preso la mano. Alcuni gruppi selezionati hanno inscenato dimostrazioni di diversione. Le bande apparvero qua e là

---

[81] I funzionari di polizia e i dibattiti al Congresso dimostrano che questo ingresso illegale avviene oggi su scala sempre maggiore. Anche per i personaggi della malavita è molto facile entrare in Canada. Il pericolo risiede nel fatto che la malavita e la clandestinità rivoluzionaria sono interconnesse. L'una non potrebbe e non è mai sopravvissuta senza l'altra. Gli uomini che costituiscono il Potere Segreto dirigono entrambi. I Signori della Guerra ariani hanno usato la mafia, i magnati internazionali, i terroristi ebrei. Questo spiega le guerre tra bande.

[82] Nel febbraio 1917 le truppe avevano 1 fucile per 6 uomini: 1 giorno di munizioni.

[83] Questa mossa era quasi identica al complotto di utilizzare uomini travestiti da donne nella marcia sulle Tuileries.

cantando canzoni rivoluzionarie e innalzando bandiere rosse. All'angolo tra la Prospettiva Nevskij e il Canale di Santa Caterina, la polizia montata e i cosacchi dispersero la folla senza fare vittime. La folla che si era radunata intorno a coloro che innalzavano le Bandiere Rosse e gridavano alla rivoluzione non è stata nemmeno sparata. Sembrava che fossero stati dati ordini precisi per evitare, a tutti i costi, il ripetersi di quanto accaduto nella Domenica di Sangue del 1905.[84]

Il 9 marzo la Prospettiva Nevskij, dal Canale di Caterina alla Stazione Nicolai, era intasata da una folla che diventava più aguerrita sotto la spinta degli agitatori. La cavalleria cosacca sgomberò la strada. Alcuni furono calpestati, ma le truppe usarono solo il piatto delle loro sciabole. Non vennero mai usate armi da fuoco. Questa tolleranza fece infuriare i leader rivoluzionari e gli agitatori furono invitati a intensificare gli sforzi per portare il popolo allo scontro fisico con la polizia e le truppe. Durante la notte i leader rivoluzionari piazzarono delle mitragliatrici in posizioni nascoste in tutta la città.

Il 10 marzo uno sfortunato incidente fornì la piccola scintilla necessaria per accendere l'accendino rivoluzionario che era stato accumulato e intriso di oratoria infiammabile. Una grande folla si era radunata intorno alla stazione di Nicholai. Verso le due del pomeriggio un uomo, pesantemente vestito di pellicce per proteggersi dal freddo, entrò nella piazza con la sua slitta. Era impaziente. Ordinò al suo autista di attraversare la folla. Ha giudicato male l'indole della folla.

L'uomo fu trascinato dalla slitta e picchiato. Si è rimesso in piedi e si è rifugiato in un vagone in sosta. Una parte della folla lo seguì e uno di loro, con in mano una piccola spranga di ferro, lo colpì alla testa fino a ridurlo in poltiglia. Questo singolo atto di violenza risvegliò la sete di sangue della folla, che si riversò sulla Nevskij spaccando le finestre. Scoppiarono scontri.

Il disordine si diffuse fino a diventare generale. I leader rivoluzionari, in base a un accordo preliminare, spararono sulla folla dalle loro postazioni nascoste. La folla attaccò la polizia. Incolpò la polizia di aver sparato contro di loro. Massacrarono tutti i poliziotti fino all'ultimo

---

[84] Una delle migliori opere che trattano gli eventi che hanno portato alla Rivoluzione russa è "Behind Communism" di Frank Britton.

uomo.[85] I detenuti delle prigioni e dei penitenziari furono poi liberati per fomentare la sete di sangue. Furono introdotte le condizioni necessarie per il Regno del Terrore.

L'11 marzo le depredazioni dei criminali appena rilasciati provocarono una vasta rivolta. La Duma cercò comunque di arginare la marea montante della rivolta. Inviarono un messaggio urgente allo Tzar per comunicargli la gravità della situazione. Il telegramma spiegava a lungo lo stato di anarchia che vigeva in quel momento sul sito. Le "cellule" comuniste all'interno dei sistemi di comunicazione inviarono un altro messaggio. Lo Tzar, dopo aver letto il telegramma ricevuto, ordinò lo scioglimento della Duma. In questo modo si privò dell'appoggio della maggioranza dei membri che gli erano fedeli.

Il 12 marzo, il Presidente della Duma sciolta inviò un ultimo disperato messaggio allo Tzar. Si concludeva con le parole: "L'ultima ora è scoccata. Si sta decidendo il destino della patria e della dinastia". Si sostiene che lo Tzar non abbia mai ricevuto questo messaggio. Il controllo dei sistemi di comunicazione da parte di "Cellule" collocate in posizioni chiave fu ampiamente utilizzato nei mesi successivi.[86]

Il 12 marzo, alcuni reggimenti si ribellarono e uccisero i propri ufficiali. Poi, inaspettatamente, la guarnigione della fortezza di San Pietro e Paolo si arrese e la maggior parte delle truppe si unì alla rivoluzione.

Subito dopo la resa della guarnigione fu formato un Comitato della Duma composto da 12 membri. Questo governo provvisorio sopravvisse fino a quando non fu rovesciato dai bolscevichi di Lenin nel novembre 1917. I leader rivoluzionari, in gran parte menscevichi, organizzarono il Soviet di Pietroburgo. Accettarono di permettere al

---

[85] Sono in possesso di prove certe e autorevoli da parte di persone che si trovavano a San Pietroburgo e che erano in grado di sapere che le mitragliatrici utilizzate non erano né posizionate nelle loro posizioni, né sparate dalla polizia. La polizia aveva ricevuto l'ordine preciso di non usare azioni drastiche.

[86] Sono in possesso di prove certe e autorevoli da parte di persone che si trovavano a San Pietroburgo e che erano in grado di sapere che le mitragliatrici utilizzate non erano né posizionate nelle loro posizioni, né sparate dalla polizia. La polizia aveva ricevuto l'ordine preciso di non usare azioni drastiche.

Governo Provvisorio di funzionare perché aveva la parvenza di un'autorità legittima.

San Pietroburgo era solo una città in un vasto impero. Non c'era modo di sapere con precisione come si sarebbero comportati i cittadini delle altre città. Kerensky, il socialista, era un uomo molto forte. Fu definito il Napoleone della Russia.

Grazie ai buoni auspici dei banchieri internazionali, M.M. Warburg & Sons. Lenin fu messo in comunicazione con i capi militari tedeschi. Spiegò loro che la politica del governo provvisorio di Kerensky e del Soviet rivoluzionario menscevico era di mantenere la Russia in guerra contro la Germania.[87]

Lenin si impegnò a limitare il potere dei leader rivoluzionari ebrei in Russia. Promise di togliere le armate russe dalla guerra contro la Germania, a patto che il governo tedesco lo aiutasse a rovesciare il governo provvisorio russo e a ottenere il controllo politico ed economico del Paese. L'accordo fu accettato e Lenin, Martov, Radek e un gruppo di 30 bolscevichi furono trasportati segretamente in Russia attraverso la Germania in uno scompartimento ferroviario sigillato. Arrivarono a San Pietroburgo il 3 aprile. I Warburg tedeschi e i banchieri internazionali di Ginevra fornirono i fondi necessari.

Il Governo Provvisorio Russo firmò la propria condanna a morte nel 1917 quando, subito dopo la formazione di, promulgò un ordine che concedeva l'amnistia incondizionata a tutti i prigionieri politici. L'amnistia comprendeva i prigionieri in esilio in Siberia e quelli che avevano cercato rifugio nei Paesi esteri. Questo ordine permise a più di 90.000 rivoluzionari, la maggior parte dei quali estremisti, di rientrare in Russia. Molti di loro erano leader preparati. Lenin e Trotsky arruolarono questo vasto flusso di rivoluzionari nel loro Partito bolscevico.

Appena tornato in Russia, Lenin usò la propaganda per attaccare il governo provvisorio che aveva concesso a lui e ai suoi seguaci la grazia.

---

[87] Ho le prove che il fratello di Paul Warburg di New York era l'ufficiale dei servizi segreti dell'esercito tedesco che ha negoziato con Lenin per conto dell'Alto Comando tedesco e ha organizzato il suo passaggio sicuro attraverso la Germania verso la Russia.

All'inizio di aprile, il Soviet di Pietroburgo (cioè il Consiglio dei Lavoratori) era dominato dai menscevichi. Gli Essari (Rivoluzionari Sociali) erano al secondo posto e i bolscevichi, per una volta, erano il gruppo minoritario. La politica del Governo Provvisorio fu quella di continuare lo sforzo bellico perché la maggioranza dei russi considerava le ambizioni totalitarie dei signori della guerra nazista "nera" tedesca una minaccia diretta alla sovranità russa. Questa politica fu vigorosamente sostenuta da Tcheidze, che aveva assunto la presidenza del Soviet di Pietroburgo in assenza di Martov. Anche il vicepresidente del Soviet Skobelev, anch'egli membro del Governo Provvisorio, sostenne lo sforzo bellico perché pensava che se i rivoluzionari avessero contribuito a sconfiggere le forze armate tedesche, avrebbero potuto aiutare i gruppi rivoluzionari tedeschi e polacchi a rovesciare il governo tedesco nell'ora della sua sconfitta.

L'unico obiettivo di Lenin, in quel momento, era ottenere la leadership. Attaccò la politica del governo provvisorio. Accusò i suoi membri di essere strumenti della borghesia. Sosteneva apertamente il suo immediato rovesciamento con mezzi violenti. Non voleva inimicarsi i membri menscevichi del Soviet di Pietroburgo in questo momento. Lenin diede istruzioni ai suoi agitatori bolscevichi di predicare la distruzione del Governo Provvisorio agli operai delle fabbriche e alle guarnigioni militari, ma di usare lo slogan "Tutto il potere ai Soviet", cioè tutto il potere ai consigli operai.

Tra le migliaia di rivoluzionari che tornarono in Russia, in seguito all'amnistia generale, c'era anche Trotsky. Egli portò con sé, dal Canada e dagli Stati Uniti, diverse centinaia di rivoluzionari che erano precedentemente fuggiti dalla Russia. La maggior parte erano ebrei yiddish dell'East End di New York. [88] Questi rivoluzionari contribuirono a portare Lenin al potere. Una volta che questi rivoluzionari ebbero raggiunto il loro scopo, la maggior parte di loro fu condannata all'esilio o alla morte. In breve tempo tutti i membri originari della Prima Internazionale erano morti, in prigione o in esilio. La storia delle dittature di Lenin e Stalin dovrebbe convincere qualsiasi

---

[88] Padre Denis Fahey C.S. Sp. nel suo libro *The Rulers of Russia* (*I governanti della Russia*), pagg. 9-14, riporta i nomi di tutti questi leader rivoluzionari, la loro nazionalità, l'origine razziale e le cariche che furono loro assegnate subito dopo che Lenin ebbe usurpato il potere e Trotsky consolidò la sua posizione in Russia nel novembre 1917.

persona imparziale che le masse della popolazione mondiale, indipendentemente dal colore o dal credo, sono state usate come pedine nel gioco degli scacchi internazionali giocato dai banchieri internazionali "rossi" e dai Signori della Guerra nazisti ariani "neri" sotto la direzione degli Illuminati.

Un'ulteriore prova che i banchieri internazionali erano responsabili del ruolo di Lenin nella Rivoluzione russa si trova in un "Libro Bianco" pubblicato per autorità del Re d'Inghilterra nell'aprile 1919 (Russia No. 1), ma i banchieri internazionali, attraverso i direttori della Banca d'Inghilterra, persuasero il governo britannico a ritirare il documento originale e a sostituirlo con un altro in cui ogni riferimento agli ebrei internazionali era stato rimosso.[89]

François Coty in "Figaro" del 20 febbraio 1932 afferma:

> "Le sovvenzioni concesse ai nichilisti in Russia e altrove in questo periodo da Jacob Schiff non erano più atti di generosità isolata. A sue spese, negli Stati Uniti era stata creata una vera e propria organizzazione di terroristi russi, incaricata di assassinare ministri, governatori, capi della polizia, ecc.

Gli Illuminati, che usano il comunismo e il nazismo per promuovere le loro ambizioni totalitarie segrete, organizzano l'azione rivoluzionaria in tre fasi o movimenti.[90]

1. Il passaggio della forma di governo esistente (indipendentemente dal fatto che si tratti di una monarchia o di una repubblica) a uno Stato socialista, se possibile con mezzi costituzionali.

---

[89] Il capitano A.H.M. Ramsay, membro del Parlamento per Midlothian e Peebleshire dal 1931 al 1945, afferma a pagina 96 del suo libro: *The Nameless War* - "Mi furono mostrati i due Libri Bianchi... l'edizione originale e quella abbreviata, fianco a fianco. Nell'edizione abbreviata erano stati eliminati passaggi fondamentali". Si veda, www.omnia-veritas.com.

[90] Per ulteriori dettagli su questa vicenda si legga "The Last Days of the Mevanovs", di Thornton Butterworth; e "Les Derniers Jours des Romanoff", di Robert Wilton, per 15 anni corrispondente dalla Russia per il "London Times".

2. La trasformazione dello Stato socialista in una dittatura proletaria attraverso l'azione rivoluzionaria.

3. Il passaggio da una Dittatura Proletaria a una Dittatura Totalitaria attraverso l'epurazione di tutte le persone influenti che potrebbero opporsi.

Dopo il 1918, tutti gli ebrei russi erano o ebrei rivoluzionari, che si aggrappavano tenacemente alle teorie marxiane e lavoravano per la creazione di un'internazionale di repubbliche socialiste sovietiche (trotskisti) o erano favorevoli al ritorno in Palestina (sionisti). La signorina B. Baskerville, nel sito, nel suo libro "The Polish Jew" (L'ebreo polacco), pubblicato nel 1906, dice questo sui ghetti alle pagine 117-118:

> "Il social-sionismo mira a convertire i sionisti al socialismo prima che vadano in Palestina, per facilitare l'istituzione di un governo socialista... nel frattempo fanno del loro meglio per rovesciare quei governi europei che non raggiungono il loro standard politico... il loro programma, che è pieno di idee socialiste... include l'organizzazione di scioperi, atti di terrore, e gli organizzatori, essendo molto giovani, anche atti di follia... "

Il potere segreto dietro il W.R.M. controlla anche il sionismo politico, eppure la stragrande maggioranza degli ebrei che lavorano per il sionismo ignorano assolutamente di essere usati come "pedine nel gioco" degli scacchi internazionali.

Capitolo 9

Intrigo politico-1914-1919

Il modo in cui gli intrighi internazionali furono usati per deporre il Giusto Onorevole Asquith quando era Primo Ministro della Gran Bretagna nel 1916 mi fu spiegato da un uomo estremamente ben informato. Lo incontrai mentre ero in servizio come Messaggero del Re nel 1917. Eravamo nella mia stanza, in un albergo, quando, nel corso della conversazione, gli dissi che sospettavo fortemente che un gruppo relativamente ristretto di uomini estremamente ricchi usasse il potere che la loro ricchezza poteva comprare per influenzare gli affari nazionali e internazionali, per favorire i propri piani e le proprie ambizioni segrete.

Il mio compagno rispose: "Se parli di queste cose è improbabile che tu viva abbastanza a lungo da renderti conto di quanto hai ragione". Mi raccontò poi che il signor Asquith era stato deposto nel dicembre 1916 e che in Inghilterra erano saliti al potere David Lloyd George, Winston Churchill e l'onorevole Arthur James Balfour.

La storia che mi raccontò aveva una notevole somiglianza con la trama utilizzata dai poteri segreti che diressero la campagna de *L'Infamie* immediatamente prima dello scoppio della rivoluzione francese nel 1789. Si ricorderà che una lettera fu usata per attirare il cardinale principe de Rohan al Palais Royal, dove fu coinvolto con una prostituta travestita da Maria Antonietta.

Il presunto metodo moderno è il seguente: Poco dopo lo scoppio della guerra, nell'agosto 1914, un piccolo gruppo di uomini facoltosi autorizzò un agente a trasformare un vecchio ma spazioso palazzo in un favoloso club privato. Coloro che avevano reso possibile il finanziamento di un'impresa così costosa insistettero affinché la loro identità rimanesse segreta. Spiegarono che volevano semplicemente mostrare il loro profondo apprezzamento agli ufficiali delle Forze Armate che rischiavano la vita per il Re e la Patria.

Il club offriva ogni tipo di lusso, intrattenimento e strutture per il piacere. L'uso del club era di solito limitato agli ufficiali di in licenza a Londra dal servizio attivo. Un nuovo membro doveva essere presentato da un fratello ufficiale. Il mio compagno lo chiamava "Glass Club".[91]

All'arrivo, gli ospiti ufficiali venivano intervistati da un funzionario. Se questi era soddisfatto delle loro credenziali, veniva spiegato loro come funzionava il club. All'ufficiale che richiedeva l'ammissione veniva chiesto di dare la sua parola d'onore che non avrebbe menzionato i nomi delle persone incontrate durante il suo soggiorno al club, né avrebbe rivelato la loro identità dopo aver lasciato il club. Dopo aver dato questa promessa solenne, fu spiegato all'ospite che avrebbe incontrato un certo numero di donne ben note nella migliore società londinese. Tutte indossavano una maschera. All'agente fu chiesto di non cercare di identificare nessuna delle signore. Gli fu fatto giurare di mantenere il loro segreto nel caso in cui avesse identificato accidentalmente una di loro.

Terminati i preliminari, l'ufficiale fu accompagnato nella sua stanza privata. Era arredata in modo lussuoso. L'arredamento comprendeva un enorme letto matrimoniale, una toeletta, un armadio, un armadietto con vini e liquori, un humidor per fumatori, una toilette e un bagno privati. Il nuovo ospite fu invitato a fare come se fosse a casa sua. Fu informato che avrebbe ricevuto una signora in visita. La signora avrebbe indossato una spilla di bigiotteria con il numero della sua stanza. Se, dopo aver fatto conoscenza, avesse voluto portarla a cena, sarebbe stato un suo privilegio.

La sala dei ricevimenti, dove gli ospiti e le loro hostess si mescolavano per un cocktail prima della cena, era come quella di un palazzo reale. La sala da pranzo era abbastanza grande da ospitare cinquanta coppie. La sala da ballo era un luogo che molti sognano ma che raramente vedono. Le costose decorazioni erano accompagnate da drappi lussuosi, l'illuminazione soffusa, le belle donne vestite in modo splendido, la musica soft e sognante, l'odore di profumi rari, rendevano il luogo un sogno arabo di paradiso. L'intera atmosfera del club 200 era tale che gli ufficiali in licenza si rilassavano all'inizio e poi si dedicavano a una

---

[91] Un duplicato esatto di questo club fu organizzato appena fuori Montreal durante la Seconda Guerra Mondiale.

vera e propria vacanza romana. Il "Glass Club" non aveva nulla di volgare o grossolano. Tutto il locale era bello, delicato, morbido e flessibile... l'esatto contrario degli orrori, della violenza e della brutalità di una guerra moderna. Tra un numero di danza e l'altro, gli animatori hanno dato vita a spettacoli che hanno fatto emergere sentimenti di gioia, divertimento e risate. Nel corso della serata, un lungo buffet è stato letteralmente riempito di piatti deliziosi di pesce e selvaggina. Un bar offriva ogni tipo di bevanda, dallo champagne al whisky puro. Tra mezzanotte e l'una di notte, cinque bellissime ragazze si sono esibite nella Danza dei Sette Veli. La danza rappresentava una scena nell'harem di un sultano. Le ragazze hanno iniziato la danza completamente vestite (fino al velo che indossavano per nascondere i tratti del viso) ma, quando la danza è terminata, erano completamente nude. Danzavano l'atto finale nella loro nudità, agitando il velo fragile intorno a loro in modo da esaltare, piuttosto che nascondere, il loro fascino fisico. Le coppie, quando erano stanche dell'intrattenimento, del ballo e della compagnia altrui, si ritiravano nelle loro stanze private.

Il giorno dopo si potevano praticare il nuoto al coperto, il tennis, il badminton, il biliardo, oppure c'era la sala da gioco che era una Montecarlo in miniatura. Verso il novembre del 1916, un personaggio di alto rango fu indotto a visitare il Club quando ricevette un biglietto in cui si diceva che avrebbe ottenuto informazioni della massima importanza per il governo britannico. Si recò al Club con la sua auto privata. Ha incaricato il suo autista di aspettarlo. Dopo essere stato ammesso, fu portato in una delle stanze da letto lussuosamente arredate. Una signora lo raggiunse. Quando lo vide, quasi svenne. Era sua moglie. Era molto più giovane del marito. Da tempo faceva da padrona di casa agli ufficiali solitari in licenza. Era una situazione molto imbarazzante.

La moglie non sapeva nulla del complotto. Non aveva informazioni segrete da fornire. Era convinta che sia lei che il marito fossero amanti. Pensava che fosse stato solo questo sfortunato incontro casuale a farli incontrare. Ci fu una scena. Il marito fu informato del ruolo che le hostess svolgevano al Club. Ma le sue labbra erano chiuse come se fosse morto. Era un membro del governo. Non poteva permettersi di essere coinvolto in uno scandalo.

Ogni dipendente del club, sia uomo che donna, era una spia. Riferivano ai loro padroni tutto ciò che accadeva nel club. L'identità delle persone coinvolte diventava nota. Le informazioni così ottenute venivano stampate per la cronaca in quello che divenne noto come "Il Libro Nero". Il "Libro Nero" registrava i loro peccati di omissione e di commissione, i loro vizi particolari, le loro debolezze speciali, il loro stato finanziario, la condizione delle loro relazioni domestiche e il grado di affetto che nutrivano per parenti e amici. Venivano annotati attentamente i loro legami con, e la loro influenza su, uomini influenti in politica, nell'industria e nella religione.

Nel novembre 1916, un deputato cercò di svelare la vera natura del "Glass Club". Tre ufficiali dell'esercito, che avevano frequentato il club, sospettarono che si trattasse di un vasto sistema di spionaggio, dopo che fu fatto un tentativo di ricatto per indurli a fornire informazioni che sarebbero state preziose per il nemico. La loro avventura coinvolse una signora australiana, il suo autista, le mogli e le figlie di alcuni funzionari governativi di alto livello.[92]

Lo sforzo di far conoscere i fatti veri fu soppresso, ma il "Libro Nero" fu menzionato in Parlamento e sulla stampa pubblica. La politica del governo si basava sulla convinzione che uno scandalo di tale portata potesse rivelarsi una calamità nazionale in un momento in cui le forze armate in mare, a terra e in aria stavano subendo gravi rovesci.

La stampa liberale iniziò ad attaccare il Primo Ministro. Fu accusato di aver ospitato all'interno del suo governo uomini inadatti a ricoprire la carica. Fu accusato di aver intrattenuto ampi rapporti con industriali e finanzieri tedeschi prima della guerra. Fu accusato di essere amico del Kaiser. Fu accusato di non essere in grado di prendere decisioni rapide e ferme. Fu ridicolizzato come "Wait-and-see-Asquith". Il mio compagno mi ha detto che le prove contro gli alti funzionari coinvolti nello scandalo del "Glass Club" causarono le dimissioni del governo. Così, secondo il mio compagno, l'Impero britannico fu costretto a cambiare cavallo politico nel bel mezzo di una guerra mondiale. Quando Asquith si dimise, nel dicembre 1916, fu sostituito da un governo di coalizione guidato da David Lloyd George. Winston Churchill e Balfour erano due dei membri più importanti.

Poco dopo aver sentito la storia di cui sopra, mi ha colpito il fatto che i tre ufficiali dell'esercito menzionati sono stati riportati negli elenchi

---

[92] Ciò era in linea con il paragrafo 8 della trama esposta nel Capitolo 3.

ufficiali come "Uccisi in azione". In tempo di guerra una cosa del genere è abbastanza possibile. Seguì un breve avviso che la signora australiana e il suo autista erano stati imprigionati in base al Defence of the Realm Act. Poi arrivò l'annuncio che il deputato coinvolto nel caso si era ritirato dalla vita pubblica all'indirizzo. Poche settimane dopo fui sollevato dall'incarico di Messaggero del Re e nominato Ufficiale di navigazione dei sottomarini britannici. Perdemmo il 33% dei nostri ufficiali e uomini, ma io fui uno di quelli che sopravvisse. Solo molto tempo dopo la guerra, quando studiavo storia moderna e religioni comparate, cominciai a rendermi conto della grande importanza del sionismo politico per coloro che progettavano di ottenere il controllo incontrastato dell'economia mondiale. I seguenti eventi storici parlano da soli.

Quando nel 1914 scoppiò la guerra, il primo ministro era l'onorevole H.H. Asquith. Era un antisionista. I banchieri internazionali decisero che il governo di Asquith doveva andarsene ed essere sostituito da un governo di coalizione in cui David Lloyd George e Winston Churchill avrebbero esercitato una grande influenza. Lloyd George era stato per anni Solicitor del movimento sionista pianificato e finanziato dai Rothschild. Winston Churchill era stato un sostenitore del sionismo politico fin dal suo ingresso in politica.

Nel 1917 i banchieri internazionali sostenevano sia il movimento bolscevico che quello sionista. Sembrerebbe incredibile che il gabinetto britannico non sapesse cosa stava succedendo, soprattutto quando il governo britannico era dovuto intervenire per far rilasciare Trotsky e i suoi leader rivoluzionari dopo che erano stati trattenuti ad Halifax mentre erano in viaggio da New York verso la Russia.

Il rovesciamento dell'Impero russo avrebbe provocato il ritiro delle potenti armate russe dalla guerra a fianco delle potenze alleate. Le armate tedesche, che erano state impegnate sul fronte orientale, sarebbero state libere di rinforzare le armate che combattevano contro le forze alleate sul fronte occidentale.

Nonostante questa consapevolezza, non è stato fatto nulla per impedire che i piani dei finanziatori internazionali giungessero a maturazione.

Il governo britannico era consapevole delle gravi condizioni in cui versava la Russia. Lo dimostra il fatto che la questione fu discussa dal gabinetto e fu presa la decisione di inviare Lord Kitchener in Russia allo scopo di riorganizzare le forze militari russe. Lord Kitchener salpò da Scapa Flow a bordo della H.M.S. Hampshire. La nave fu misteriosamente affondata nella notte del 5 giugno 1916. Lord Kitchener andò perduto con tutti i membri dell'equipaggio, tranne una dozzina. I sopravvissuti andarono alla deriva su una zattera di salvataggio. Il governo britannico annunciò che l'Hampshire era stato affondato da un U-Boot tedesco o da una mina tedesca. È stato dimostrato che si tratta di una menzogna.

Ho indagato a fondo su questo incidente. In un libro precedente, Hell's Angels of the Deep, pubblicato nel 1932, ho dimostrato che la Hampshire non era stata affondata da un siluro o da una mina nemica. La Hampshire era stata affondata da un sabotaggio o da un errore di valutazione del suo ufficiale di navigazione. In base a tutte le prove disponibili, ero convinto che la Hampshire fosse affondata dopo aver colpito le rocce sommerse di North Shoals. È difficile credere che un navigatore esperto e competente abbia commesso un simile errore di valutazione. Sono ancora convinto che un sabotatore abbia probabilmente manomesso i magneti della bussola di governo. Le bussole girevoli non erano allora un equipaggiamento standard e anche le navi che le avevano trovavano i modelli Sperry molto inaffidabili, come so per esperienza personale.

Anche il generale Erich Von Ludendorf (che era capo di Stato Maggiore e condivideva con il generale Hindenburg la guida della potenza militare tedesca), ha studiato le circostanze della perdita dell'Hampshire e della morte di Lord Kitchener. Egli afferma che "l'azione delle unità navali tedesche, sia U-Boat che mine, non ha avuto nulla a che fare con l'affondamento della nave". Ha detto di essere arrivato alla conclusione che la morte di Lord Kitchener è stata un atto di Dio, perché se fosse vissuto avrebbe senza dubbio riorganizzato le armate russe e le avrebbe addestrate a diventare la più formidabile forza combattente. Il generale ha poi osservato

> "Se lo avesse fatto, i bolscevichi sarebbero entrati in possesso di una delle più formidabili macchine da combattimento che il mondo abbia mai conosciuto. Una tale forza avrebbe permesso al comunismo di conquistare il mondo intero".

Sostengo che i banchieri internazionali non potevano permettersi di riorganizzare le armate russe fino a dopo la rivolta menscevica e dopo che il governo provvisorio di Kerensky era stato rovesciato nel 1917. È molto dubbio che Lenin e Trotsky avrebbero potuto realizzare ciò che fecero se Lord Kitchener fosse stato in grado di riorganizzare, disciplinare e addestrare le forze armate russe nel 1916. La storia ricorda anche che Winston Churchill e Lord Kitchener avevano litigato seriamente sulla politica militare durante il 1914-1916. Lord Kitchener si era aspramente opposto all'idea di Churchill di inviare la Divisione Navale ad Anversa nel 1914. Si era anche opposto al piano di Churchill di catturare i Dardanelli. Entrambe le imprese si rivelarono errori costosi. L'impresa dei Dardanelli avrebbe potuto avere successo, e probabilmente avrebbe posto fine alla guerra nel 1916, se Churchill avesse aspettato che le forze armate e navali fossero pronte a cooperare insieme.

Quando Churchill insistette affinché le forze navali attaccassero i Dardanelli da sole, notificò al nemico la strategia prevista. Dopo che Churchill aveva commesso l'errore iniziale, fu ordinato all'esercito di partecipare. Le obiezioni di Lord Kitchener furono ignorate. Il suo consiglio fu ignorato. Le forze militari alleate impegnate nell'assalto ai Dardanelli erano insufficienti in termini numerici, non adeguatamente addestrate, mal equipaggiate per un tale compito e mal supportate sia per quanto riguarda i rifornimenti, sia per quanto riguarda l'assistenza medica e i rinforzi. Furono costretti ad attaccare truppe di prima classe i cui capi erano stati avvertiti del pericolo. Le forze militari e navali alleate dovettero superare ostacoli militari e navali che non esistevano quando Churchill ordinò il primo assalto navale. La campagna dei Dardanelli era destinata al fallimento fin dall'inizio.

Più si studiano i metodi impiegati dalle Potenze Segrete dietro gli affari internazionali, più è evidente che fanno sembrare gli assassinii privati come incidenti o suicidi; i sabotaggi come disattenzioni, errori di giudizio e gaffe involontarie commesse per circostanze scusabili.

L'unica considerazione possibile che poteva giustificare la politica del governo di coalizione nel 1916, nei confronti della Russia, era il fatto che il governo sapeva che non avrebbe potuto ottenere sostegno finanziario o aiuti militari dall'America se non dopo che il governo russo fosse stato rovesciato. Tale affermazione sembra assurda, ma è supportata dai seguenti fatti:

I menscevichi hanno dato il via alla Rivoluzione russa del febbraio 1917.

Lo Tzar abdicò il 15 marzo 1917.

Jacob H. Schiff, socio anziano della Kuhn-Loeb & Co. di New York, rimosse immediatamente le restrizioni che aveva imposto per estendere gli aiuti finanziari agli Alleati. Mortimer Schiff ricevette dal padre Jacob l'ordine di inviare un telegramma a Sir Ernest Cassels: "A causa delle recenti azioni in Germania e degli sviluppi in Russia, non ci asterremo più dai finanziamenti governativi alleati".

Il 5 aprile il governo britannico annunciò l'invio negli Stati Uniti del ministro degli Esteri Arthur James Balfour, per comunicare ai banchieri americani che il governo britannico era disposto ad appoggiare ufficialmente i loro piani di sionismo politico a condizione che portassero l'America in guerra al fianco degli Alleati. L'America entrò in guerra. Il 7 giugno 1917, le prime truppe americane sbarcarono in Francia.

Il 18 luglio 1917 Lord Rothschild scrisse a Balfour quanto segue:

> "Caro signor Balfour:
>
> Finalmente sono in grado di inviarvi la formula che mi avete chiesto. Se il governo di Sua Maestà mi invierà un messaggio in linea con questa formula, e se loro e voi lo approverete, lo consegnerò alla Federazione Sionista in una riunione che sarà convocata a tale scopo".

Il progetto di dichiarazione era il seguente:

> "Il governo di Sua Maestà accetta il principio che la PALESTINA debba essere ricostituita come casa nazionale per il popolo ebraico".[93]

> "Il governo di Sua Maestà farà del suo meglio per assicurare il raggiungimento di questo obiettivo e discuterà con l'organizzazione sionista i metodi e i mezzi necessari."[94]

---

[93] Ciò era in linea con il paragrafo 8 della trama esposta nel Capitolo 3.

[94] Questa lettera è stata citata da Mr. Stokes In linea con il paragrafo 8 della trama esposta nel Capitolo 3. Il signor Stokes, deputato al Parlamento britannico durante il dibattito sulla Palestina dell'11 dicembre 1947.

Balfour e il governo britannico accettarono i termini dettati da Lord Rothschild e dai suoi confratelli sionisti. Lo dimostra il fatto che il 28 agosto. Sir Herbert Samuel (poi diventato visconte), Sir Alfred Mond (poi diventato lord) e Lord Rothschild convinsero il gabinetto britannico a inviare Lord Reading negli Stati Uniti come capo della missione economica. Lord Reading, al tempo di Sir Rufus Isaacs, era stato coinvolto nello scandalo Marconi.

I dettagli dell'accordo che egli negoziò con il governo degli Stati Uniti nel settembre 1917 non sono mai stati resi noti. Si sa, tuttavia, che l'accordo aveva a che fare con la Banca d'Inghilterra, perché questa fu completamente riorganizzata, sotto la supervisione americana, e fisicamente ricostruita dopo il 1919. [95]

In settembre, Jacob Schiff di Kuhn-Loeb & Co. scrisse una lunga lettera sulla questione sionista a un certo Friedman. In essa si trovano i seguenti passaggi:

> "Credo che potrebbe essere possibile assicurarsi la buona volontà dell'America, della Gran Bretagna e della Francia,[96] in ogni caso, verso la promozione di un grande afflusso e insediamento del nostro popolo in Palestina... inoltre potrebbe essere possibile ottenere dalle Potenze l'assicurazione formale al nostro popolo che otterrà l'autonomia in Palestina non appena il suo numero diventerà abbastanza grande da giustificarlo".

26 settembre 1917-Louis Marshall, rappresentante legale della Kuhn-Loeb & Co. scrisse al suo amico Max Senior, un altro importante sionista, quanto segue:

> "Il maggiore Lionel de Rothschild, della Lega per gli ebrei britannici, mi informa che la sua organizzazione è d'accordo con l'American Jewish Committee... La Dichiarazione Balfour, con la sua accettazione da parte delle Potenze, è un atto di altissima diplomazia. Il sionismo non è che un episodio di un piano di vasta

---

[95] Leggere "Programma per la terza guerra mondiale", di C.H. Douglas, Liverpool, 1944.

[96] Cambon del Ministero degli Affari Esteri francese ha accettato la Dichiarazione Balfour per quanto riguarda il sostegno al sionismo in questo periodo.

portata: È solo un comodo piolo a cui appendere una potente arma. Tutte le proteste che essi (gli oppositori) potrebbero fare sarebbero inutili. Li sottoporrebbe individualmente a esempi odiosi e concreti di natura impressionante. Io mi sottraggo alle possibilità che ne potrebbero derivare".

Louis Marshall ammette senza mezzi termini che "il sionismo non è che un incidente di un piano di vasta portata... è solo un comodo piolo a cui appendere una potente arma". Il piano di vasta portata a cui si fa riferimento non può essere altro che il Piano a lungo raggio a cui si è già fatto continuo riferimento. Si tratta di un piano con cui i finanzieri internazionali intendono ottenere il controllo definitivo e incontrastato delle ricchezze, delle risorse naturali e del potere umano del mondo intero.

Alcuni degli eventi storici più importanti che confermano questa affermazione sono i seguenti: Il 28 gennaio 1915, il primo ministro inglese Asquith scrisse nel suo diario:

"Ho appena ricevuto da Herbert Samuel un memorandum intitolato Il futuro della Palestina... Pensa che potremmo piantare in questo territorio circa tre o quattro milioni di ebrei europei. Sembra quasi una nuova edizione di Tancred aggiornata. Confesso di non essere attratto da questa proposta di aggiunta alle nostre responsabilità",

ecc. Così Asquith si dimostrò antisionista.

Importanti sionisti possedevano la maggior parte, se non tutte, le principali industrie belliche britanniche. Senza alcuna ragione, nel 1915-1916 la Gran Bretagna si trovò improvvisamente a corto di sostanze chimiche necessarie per la produzione di esplosivi. I cannoni e le munizioni che erano stati promessi ai nostri alleati russi non si materializzarono. I proiettili per i nostri cannoni erano così scarsi da dover essere razionati. Il governo Asquith fu accusato di aver fatto fallire lo sforzo bellico. Ma esaminiamo i fatti.

Sir Frederick Nathan era responsabile della produzione chimica. Ai signori Brunner & Mond va il merito di aver fatto tutto il possibile per correggere la situazione critica che si era venuta a creare. Utilizzando i fondi del governo, costruirono una grande fabbrica chimica a Silvertown. Sir Alfred Mond fu nominato Commissario dei Lavori di Sua Maestà. In seguito divenne capo dell'agenzia ebraica in Palestina.

I lavori per la fabbrica sono stati accelerati. La fabbrica fu messa in produzione a tempo di record. Vennero distribuiti mazzi di fiori e furono conferiti onori ai ricchi finanziatori sionisti che si supponeva stessero facendo tanto per lo sforzo bellico britannico. MA NON APPENA LA FABBRICA DI SILVERTOWN ENTRÒ IN PRODUZIONE, ESPLOSE CON LA PERDITA DI QUARANTA VITE. Oltre ottocento edifici e case furono demoliti.[97]

A causa della mancata consegna di armi e munizioni alla Russia da parte della Gran Bretagna, come promesso, sul fronte orientale si verificarono gravi rovesci militari. I giornali riportano che le truppe russe combattevano con bastoni e pugni nudi fino a essere massacrate dalle truppe tedesche ben armate. Una lettera scritta dal professor Bernard Pares (in seguito nominato cavaliere) a Lloyd George indicherebbe che le armi e le munizioni promesse al governo imperiale russo furono deliberatamente negate per creare condizioni favorevoli alla rivoluzione che i banchieri internazionali stavano pianificando a Ginevra e a New York. La lettera del professor Pares, scritta nel 1915, recita in parte:

> "Devo esprimere la mia ferma opinione che lo sfortunato fallimento dei signori Vickers-Maxim & Co. nel fornire alla Russia le munizioni che avrebbero dovuto raggiungere il Paese cinque mesi fa, sta mettendo seriamente a rischio le relazioni tra i due Paesi, e in particolare la loro cooperazione nel lavoro della guerra attuale... MI È STATO DETTO CON CERTEZZA CHE FINORA NESSUN RIFORNIMENTO HA RAGGIUNTO LA RUSSIA DALL'INGHILTERRA".

David Lloyd George, all'epoca in cui fu scritta la lettera, era Cancelliere dello Scacchiere e responsabile del finanziamento della guerra. La Vickers-Maxim & Co. era controllata da Sir Ernest Cassels, socio in affari della Kuhn-Loeb & Co. di New York, che a sua volta era affiliata ai Rothschild e ai banchieri internazionali di Inghilterra, Francia, Germania, ecc.

---

[97] Per ulteriori dettagli su questo aspetto della guerra si legga "The Brief for the Prosecution", di C.H. Douglas.

Quando la lettera del professor Pare fu discussa dal gabinetto, Lloyd George avrebbe difeso la politica del governo dicendo

> "La carità dovrebbe iniziare a casa. I nostri soldati britannici che combattono in Francia hanno solo quattro mitragliatrici per battaglione. Dovrebbero essere armati meglio prima di esportare armi in Russia".

Lord Kitchener avrebbe risposto.

> "Considero più di quattro mitragliatrici per battaglione un lusso, quando la nostra mancata consegna delle armi promesse alla Russia ha fatto sì che i russi abbiano a disposizione solo UN fucile ogni sei uomini".

Gli agenti dei cospiratori internazionali ricevettero l'ordine di diffamare Lord Kitchener e fecero circolare in tutto il mondo la notizia che Lord Kitchener aveva dichiarato di considerare più che quattro mitragliatrici per un battaglione di soldati britannici, che combattevano in Francia, un lusso. Questa calunnia e falsità è continuata fino ad oggi. È apparsa nella biografia di David Lloyd George recentemente pubblicata. È apparsa in una recensione della biografia apparsa di recente sul Toronto Star Weekly. Ho inviato al direttore dello Star Weekly la verità su questo importante evento storico. Mi ha risposto che era troppa dinamite da maneggiare. Mi ha informato di aver consegnato la mia corrispondenza al Daily Star. Inutile dire che la VERITÀ non è mai stata pubblicata.

Questo è un tipico esempio di come i cospiratori internazionali infanghino la reputazione di uomini onesti, anche morti, per coprire le proprie malefatte. Illustra perfettamente come i loro agenti usino la stampa di tutto il mondo per disinformare il pubblico in modo che incolpi uomini innocenti, e persino i loro stessi governi, per i danni causati dalle loro macchinazioni.

Per dimostrare che Vickers-Maxim & Co. erano sotto l'influenza di Kuhn-Loeb & Co. in questo periodo, Boris Brazel [Brasol] dice:

> "Il 4 febbraio 1916 il Partito Rivoluzionario Russo d'America ha tenuto una riunione a New York alla quale hanno partecipato 62 delegati... È stato rivelato che dalla Russia erano appena giunti al Partito rapporti segreti che indicavano il momento favorevole... all'assemblea è stato assicurato che ampi fondi sarebbero stati

forniti da persone solidali con la liberazione del popolo russo. A questo proposito fu ripetutamente citato il nome di Jacob Schiff[98]

Jacob Schiff era all'epoca membro anziano della Kuhn-Loeb & Co. di New York. Circa 50 delle 62 persone presenti alla riunione del 4 febbraio 1916 erano uomini che avevano preso parte attiva alla Rivoluzione russa del 1905. Ancora una volta dovevano essere utilizzati per fomentare l'azione rivoluzionaria, ma Jacob Schiff aveva previsto che i frutti della vittoria fossero usurpati da Lenin, nell'interesse dei banchieri internazionali.

L'Enciclopedia del sapere ebraico dice del sionismo:

> "La guerra mondiale costrinse ad abbandonare Berlino come centro dell'organizzazione e tutta l'autorità fu trasferita al Comitato provvisorio di emergenza sionista, istituito a New York sotto la guida del giudice L.D. Brandeis".

Jacob de Haas, nel suo libro "*Louis Dembitz Brandeis*", afferma:

> "Il Dipartimento di Trasferimento (sionista)... le sue ramificazioni si estesero attraverso tutte le zone di guerra occupate dagli Alleati, e in tutta la Turchia, la Siria, la Palestina, fino alla Transgiordania e a Bagdad; praticamente non un centesimo dei milioni gestiti andò perso... Iniziando a utilizzare i buoni uffici del Dipartimento di Stato americano (Foreign Office). Come mezzo di comunicazione e di deposito, l'agenzia ha ottenuto un tale successo e una tale affidabilità da essere impiegata dal Ministero del Tesoro degli Stati Uniti per consegnare denaro e messaggi che il governo non era in grado di gestire con successo... Le ambasciate nelle capitali europee anticipavano contanti su richiesta del Segretario esecutivo (sionista) di New York".

L. Fry dice questo in "Waters Flowing Eastward", pag. 51:

> "Da quel momento in poi la loro influenza si fece sentire sempre di più nei circoli politici in Europa e in America. In particolare, il Dipartimento di Trasferimento Sionista, come veniva chiamato, era

---

[98] Boris Brazel è stato autore di "Il mondo al bivio", cfr. pag. 69.

in grado di trasmettere fondi e informazioni a elementi sovversivi nei Paesi nemici".

Poi troviamo le Logge del Grande Oriente di nuovo nell'immagine del W.R.M.. M. Erzberger dice alle pp. 145-146 di "La mia esperienza nella guerra mondiale":

"Il 16 marzo 1916 l'Alleanza Israelita versò al Grande Oriente di Parigi la somma di 700.000 franchi, e negli archivi del Grande Oriente di Roma si può dimostrare che il 18 marzo 1916 avvenne il trasferimento di un milione di lire al Grande Oriente di Roma. Non sono così ingenuo da immaginare che l'"Alleanza Israelita" si avvalga di due Grandi Orienti al solo scopo di inviare un milione di lire agli ebrei italiani".

Raccontando gli eventi DOPO che Asquith era stato deposto nel 1916, A.N. Field dice in "All These Things", p. 104: "L'influenza ebraica nella politica britannica si è accentuata dopo l'ascesa di Lloyd George". L. Fry a pagina 55 di "Water Flowing Eastward" dice:

"La prima riunione ufficiale a Londra del Comitato Politico si svolse il 7 febbraio 1917 nella casa del dottor Moses Gaster. Erano presenti Lord Rothschild, James de Rothschild (figlio di Edmund de Rothschild di Parigi, ex proprietario delle colonie Rothschild in Palestina), Sir Mark Sykes (la cui casa a Buckingham Gates era completamente attrezzata come quartier generale per la causa sionista, con apparati telegrafici, ecc.), Sir Herbert Samuel, Herbert Bentwich (in seguito Procuratore Generale per la Palestina), Harry Sacher, Joseph Cowen, Chaim Weizmann e Nahum Sokolov.[99] Si discusse in dettaglio il programma sionista che doveva servire da base per i negoziati ufficiali riguardanti i futuri mandati di Palestina, Armenia, Mesopotamia e il regno dell'Hedjaz".

J.M.N. Jeffries op. cit. p. 139 contribuisce con queste ulteriori informazioni

"I verbali di questa riunione furono immediatamente comunicati in forma cifrata all'organizzazione sionista degli Stati Uniti... Da questo momento in poi l'organizzazione politica sionista degli Stati

[99] Questo è il Sokolov che in seguito ha scritto "Storia del sionismo".

Uniti cominciò a partecipare alla definizione della politica
britannica e all'organizzazione degli affari britannici".

Per illustrare il potere che i banchieri internazionali esercitano sugli
affari del governo britannico viene citato Samuel Landman.[100] Egli
afferma

"Dopo aver raggiunto un accordo tra Sir Mark Sykes, Weizmann e
Sokolov, si decise di inviare un messaggio segreto al giudice
Brandeis in cui si diceva che il gabinetto britannico avrebbe aiutato
gli ebrei a conquistare la Palestina in cambio di un'attiva simpatia
ebraica e di un sostegno negli Stati Uniti alla causa alleata, in modo
da far nascere una tendenza radicalmente pro-alleata negli Stati
Uniti. Questo messaggio fu inviato in codice attraverso il Foreign
Office britannico. Messaggi segreti furono inviati anche ai leader
sionisti in Russia attraverso il generale MacDonogh... Il dottor
Weizmann (uno dei fondatori del sionismo politico) riuscì a ottenere
dal governo il servizio di una mezza dozzina di giovani sionisti per
un lavoro attivo a favore del sionismo. A quel tempo era in vigore
la coscrizione e solo chi era impegnato in lavori di importanza
nazionale poteva essere esonerato dal servizio attivo al fronte.
Ricordo che il dottor Weizmann scrisse una lettera al generale
MacDonogh (direttore delle operazioni militari) e invocò la sua
assistenza per ottenere l'esenzione dal servizio attivo di Leon
Simon, Harry Sacher, Simon Marks, Hyamson, Tolkowsky e me. Su
richiesta del Dr. Weizmann fui trasferito dall'Ufficio Guerra
(M.I.9)... al Ministero della Propaganda... e successivamente
all'Ufficio Sionista... verso il dicembre 1916. Da quel momento in
poi, per diversi anni, il sionismo fu considerato un alleato del
governo britannico... Le difficoltà di passaporto e di viaggio non
esistevano quando un uomo era raccomandato dal nostro ufficio. Per
esempio, un certificato firmato da me fu accettato dal Ministero
degli Interni, secondo il quale un ebreo ottomano doveva essere
trattato come uno straniero amichevole e non come un nemico, come
invece accadeva per i sudditi turchi".

---

[100] Ha scritto "World Jewry" (Londra) il 22 febbraio 1936. Si vedrà che una situazione
molto simile è stata creata dagli intrighi internazionali all'inizio della Seconda Guerra
Mondiale.

Lo studio della vita di Disraeli rivela che egli trascorse molte domeniche sera con i Rothschild di Londra. Si scopre che mentre Kuhn-Loeb & Co. di New York finanziavano i rivoluzionari ebrei in Russia, i Rothschild di Londra erano i gestori dell'amministrazione zarista a Londra.

Apprendiamo anche che i Rothschild di Londra erano liberali e che dal 1840 al 1917 la stampa liberale controllata dai Rothschild fu costantemente anti-russa. Disraeli ci informa che in Germania i capi della politica e della finanza erano considerati reazionari perché non permettevano ai banchieri internazionali di fare esattamente quello che volevano. Il barone von Bleichroeder di Berlino e i Warburg di Amburgo erano i rappresentanti dei Rothschild in Germania. In Russia i Weinstein di Odessa assistevano i Ginzberg a San Pietroburgo per curare gli interessi dei Rothschild.

Un altro uomo molto attivo da parte dei banchieri internazionali fu Otto Kahn. Egli nascondeva abilmente la sua vera natura di rivoluzionario mondiale dietro le bandiere nazionali dei vari Paesi in cui viveva e fingeva di essere un cittadino patriota. Otto Kahn è nato in Germania. È emigrato negli Stati Uniti come Paul Warburg. Come Warburg, anche lui divenne socio di nella Kuhn-Loeb & Co. Al suo arrivo in America, Kahn ottenne un impiego come impiegato presso la Speyer & Co. per non dare troppo nell'occhio. In seguito sposò la nipote del signor Wolf, uno dei fondatori della Kuhn-Loeb & Co. Quando la signora Kahn visitò Mosca nel 1931 fu ricevuta ufficialmente dal governo sovietico che organizzò una grande cena e diversi brillanti ricevimenti in suo onore. Le armate rosse di Stalin costeggiavano le strade al suo passaggio e i soldati le presentavano le armi al suo passaggio.[101]

Il 2 aprile 1934 sul Daily Herald apparve un articolo in cui il signor Hannen Swaffer scriveva:

"Conoscevo Otto Kahn, il multimilionario, da molti anni. Lo conoscevo quando era un tedesco patriottico. Lo conoscevo quando era un americano patriottico. Naturalmente, quando ha voluto

---

[101] Leggere "Tutte queste cose" - A.N. Field.

entrare nella Camera dei Comuni (britannica), si è iscritto al Partito Patriottico".

Otto Kahn sarebbe diventato presidente dell'Unione di lingua inglese se le sue attività rivoluzionarie non fossero state accidentalmente smascherate quando fu dimostrato che la sua casa era il luogo di incontro di agenti sovietici come Nina Smorodin, Claire Sheridan, Louise Bryant e Margaret Harrison.

Nell'estate del 1917 si dovette risolvere il problema di chi avrebbe finanziato Lenin e Trotsky durante il loro sforzo rivoluzionario congiunto in Russia. I banchieri internazionali decisero che i loro rappresentanti si sarebbero incontrati a Stoccolma, in Svezia, perché quel Paese era neutrale e relativamente libero da spie internazionali. All'incontro parteciparono uomini che rappresentavano gli interessi bancari di Gran Bretagna, Germania, Francia, Russia e Stati Uniti d'America. Erano presenti il Ministro degli Interni russo Protopopoff e il signor Warburg di Amburgo. Era il fratello di Paul Warburg, socio della Kuhn-Loeb & Company di New York, che aveva redatto la legislazione per il Federal Reserve System nel 1910. Si vedrà che per decidere come organizzare le finanze per Lenin e Trotsky per rovesciare il governo russo, parteciparono delegati di TUTTE le nazioni in guerra. Alla fine fu deciso che Kuhn-Loeb di New York avrebbe dovuto depositare 50.000.000 di dollari a credito di Lenin e Trotsky presso la banca di Svezia.

Sia gli ufficiali dei servizi segreti britannici che quelli americani riferirono questi fatti ai rispettivi governi nel 1917. Il comandante E.N. Cromie morì combattendo contro una folla di rivoluzionari che attaccarono il consolato britannico a San Pietroburgo. Li trattenne per dare ai suoi confratelli il tempo di bruciare i documenti relativi a questa e ad altre questioni.[102]

Il governo americano inoltrò al governo britannico i rapporti che aveva ricevuto dai suoi ufficiali di intelligence. Anche Oudendyke, il ministro olandese a Pietrogrado (che curava gli interessi britannici in Russia

---

[102] Il Comandante Cromie prestò servizio nei sommergibili britannici nello stesso periodo dell'autore. Le sue imprese a favore dei russi sono riportate in "By Guess and by God", un libro pubblicato dall'autore nel 1931.

dopo l'assassinio del comandante Cromie) avvertì il governo britannico. Il suo avvertimento fu pubblicato nell'aprile 1919 come parte di un Libro Bianco sulla Rivoluzione bolscevica pubblicato dalla King's Printer.

I piani di Jacob Schiff per consentire a Trotsky e alla sua banda di leader rivoluzionari di tornare a San Pietroburgo da New York svanirono quando Trotsky fu trattenuto da funzionari del governo canadese ad Halifax, in Nuova Scozia, mentre era in viaggio. Il potere che i banchieri internazionali esercitano sui governi costituzionali è pienamente illustrato dal fatto che, dopo aver subito protestato presso i governi interessati, Trotsky e tutta la sua banda di gangster rivoluzionari, furono rilasciati e fu concesso loro un passaggio sicuro attraverso la zona di blocco britannica.

Un'ulteriore prova della complicità dei politici britannici nella Rivoluzione russa del 1917 è stata ottenuta da D. Petrovsky che spiega il ruolo svolto dall'ambasciatore Sir G. Buchanan. [103] Petrovsky dimostra che, pur essendo pienamente informato di tutto ciò che accadeva dietro le quinte, il governo di Lloyd George aiutò i banchieri internazionali a far entrare Trotsky e i suoi leader rivoluzionari in Russia, mentre allo stesso tempo l'Alto Comando tedesco aiutò i banchieri internazionali a portare Lenin e la sua banda di leader rivoluzionari dalla Svizzera a Pietrogrado. Lenin e i suoi seguaci ricevettero una carrozza ferroviaria privata per il loro viaggio attraverso la Germania.

Petrovsky rivela che Milioukoff, nominato Ministro degli Affari Esteri dal governo repubblicano russo nella primavera del 1917, fu l'uomo che negoziò questo intrigo che coinvolse entrambe le nazioni in guerra. Si registra anche che, in segno di apprezzamento per la cooperazione fornita dallo Stato Maggiore tedesco, il governo della Gran Bretagna accolse la richiesta di Milioukoff di rilasciare M.M. Litvinov. Era stato arrestato dai servizi segreti britannici come spia della Germania. L'identificazione di M.M. Litvinov si rivela di grande interesse. Era nato da genitori che si chiamavano Finklestein. Quando si unì al Movimento rivoluzionario mondiale cambiò il suo nome in Meyer Wallach. Quando fu strettamente legato a Lenin e al suo Partito

---

[103] Read-La *Russie sous les Juifs*, pp. 20-28 e 34-35.

bolscevico, cambiò nuovamente nome in Maxim Litvinov. È lo stesso uomo indicato come Litvinov la spia tedesca ed è lo stesso uomo che era stato arrestato mentre cercava di incassare le banconote da cinquecento rubli che Stalin aveva ottenuto bombardando e rapinando la banca Tifilis.

Dopo il suo rilascio da parte delle autorità britanniche, Litvinov tornò in Russia. Aiutò Lenin a rovesciare il governo provvisorio di Kerensky e il Soviet menscevico istituito a San Pietroburgo prima dell'ottobre 1917. Litvinov fu commissario di Stalin per gli Affari esteri dal 1930 al 1939. Nel 1935 fu nominato membro del Comitato centrale del Partito comunista. La sua abilità di assassino, di ricettatore di denaro rubato, di spia, di gangster internazionale e di leader degli sforzi rivoluzionari in diversi Paesi fu acclamata dalle nazioni del mondo quando fu nominato Presidente del Consiglio delle Nazioni Unite. Solo un gruppo internazionale, come quello dei banchieri internazionali, avrebbe potuto salvare la vita di quest'uomo e assicurargli la libertà quando portava avanti gli aspetti criminali dell'intrigo internazionale. Solo il potere e l'influenza dei banchieri internazionali avrebbero potuto far sì che egli venisse eletto presidente del Consiglio delle Nazioni Unite. Ciò dimostra che gli Illuminati controllano coloro che controllano le Nazioni Unite.

Sono disponibili altre prove che dimostrano che i banchieri internazionali del Regno Unito, degli Stati Uniti, della Germania e della Russia lavoravano insieme anche dopo che la Germania e la Gran Bretagna erano in guerra. È contenuta in un pamphlet intitolato Trotsky (Defender Publishers, Wichita, Kansas) che cita una lettera scritta da J.M. Dell a Lloyd George, personalmente. Ma perché continuare. Ci vorrebbero volumi per citare tutte le prove che dimostrano che i banchieri internazionali organizzarono, finanziarono e diressero la Rivoluzione russa per ottenere il controllo di un vasto territorio in modo che gli Illuminati potessero sperimentare le loro idee di totalitarismo. Solo sperimentando in un'area vasta come la cosiddetta U.S.S.R. potevano scoprire errori e debolezze attraverso il processo di prova ed errore. Finché loro non avessero fatto questo esperimento, che è costato milioni e milioni di vite umane, sarebbe stata una grave stupidità da parte loro cercare di governare il mondo intero. Il loro è stato un piano a lungo termine. *È iniziato 3.000 anni fa. È stato rivisto alla riunione nella bottega orafa di Bauer a Frankfort nel 1773*. Se non si interviene in modo unitario, è probabile che finisca quando prenderanno il controllo economico e politico dopo la Terza Guerra Mondiale

Si vedrà quindi che il governo di coalizione che subentrò al Primo Ministro Asquith nella prosecuzione della guerra, nel dicembre 1916, non fece alcuno sforzo per impedire ai banchieri internazionali di procedere con i loro piani per la rivoluzione russa, anche quando sapevano che il suo successo avrebbe causato il ritiro degli eserciti russi dalla guerra. La prova che i sionisti sia in Gran Bretagna che negli Stati Uniti erano d'accordo sulla necessità di rovesciare il governo imperiale russo si trova nel fatto che, non appena Lenin annunciò di aver instaurato la sua dittatura nel novembre 1917, Lloyd George annunciò anche che la politica del governo britannico sarebbe stata quella di appoggiare il piano Rothschild per la creazione di un focolare nazionale per il popolo ebraico in Palestina. Ciò dimostra che Lloyd George non nutriva alcun risentimento verso i banchieri internazionali per aver tolto la Russia dalla guerra come alleato della Gran Bretagna.

I rivoluzionari menscevichi in Russia, dominati dagli ebrei, avevano combattuto la rivoluzione abortita del 1905. Hanno anche iniziato la rivoluzione del febbraio 1917. Ancora una volta ottennero un grande successo durante le prime fasi dello sforzo rivoluzionario. Hanno effettivamente istituito un Soviet a Pietrogrado. Ai banchieri internazionali non importava chi portasse la palla fino a quando non era vicino alla porta, ma non appena il portatore di palla si metteva in posizione per segnare, intervenivano e prendevano il controllo del gioco. Il loro obiettivo era quello di instaurare una dittatura totalitaria basata sul principio della JOINT STOCK COMPANY: Lenin fu nominato dittatore. Essi rimasero dietro le quinte. La "mafia" comunista fu incolpata dei suoi crimini contro l'umanità.

Il 17 luglio 1917 i bolscevichi guidati da Lenin iniziarono un'agitazione antigovernativa in Russia. Ne scaturì un'insurrezione da parte di migliaia di operai-soldati infiammati della città. Questa rivolta abortita è nota come "I giorni di luglio". Kerensky affrontò la situazione con fermezza. La folla fu attaccata, diverse centinaia di persone furono uccise, ma l'ordine fu ristabilito. I leader bolscevichi fuggirono. Alcuni furono arrestati. Lenin e Zinoviev si nascosero a Sestroretsk. Trotsky, Kamenev e Lunarcharsky furono tra gli arrestati. Stalin, che all'epoca era direttore della *Pravda*, non fu molestato. Dopo la rivolta il principe Lvov si dimise e Kerensky, il Napoleone ebreo, divenne primo ministro. Kerensky era un grande oratore. Cercò di suscitare entusiasmo per lo sforzo bellico tra i soldati e gli operai. Tutti gli sforzi oratori di Kerensky fallirono.

L'influenza di Kerensky cominciò a diminuire costantemente. Lenin era impegnato. Convocò il Sesto Congresso del Partito Socialdemocratico del Lavoro russo, che si tenne dall'8 al 16 agosto. Ne uscì come leader dei gruppi rivoluzionari unificati. Nel giro di un anno il partito rivoluzionario unificato si chiamò PARTITO COMUNISTA. Al congresso fu costituito un comitato segreto chiamato Comitato Centrale d'Ottobre. Era composto da 26 membri che dovevano pianificare la Rivoluzione d'Ottobre e poi dirigere lo sforzo rivoluzionario in tutte le sue varie fasi. Stalin riuscì finalmente a raggiungere l'obiettivo. Fu eletto alla presidenza del Sesto Congresso del Partito. La maggior parte degli studenti ritiene che Stalin non sarebbe stato nemmeno avvisato se molti altri leader rivoluzionari esperti non fossero stati in carcere, ma la verità è che Lenin stava agendo come agente capo delle "Potenze Segrete ". Questi avevano in mente di usare Stalin per sostituire gli altri.

L'idea del Comitato Centrale di organizzare la Rivoluzione d'Ottobre era quella di anticipare l'intenzione del Governo Provvisorio di indire un'elezione generale in cui il voto segreto sarebbe stato utilizzato per eleggere un governo costituzionale rappresentativo per governare l'Impero Russo. Lenin riteneva che, per riuscire a conquistare il potere, avrebbe dovuto farlo prima che l'Assemblea costituzionale si riunisse a gennaio per organizzare le elezioni nazionali. Se queste elezioni si fossero tenute, il popolo avrebbe avuto i propri rappresentanti nel governo. Riteneva che sarebbe stato più difficile ottenere il sostegno necessario per rovesciare un governo popolare che per rovesciare il governo provvisorio. In questo aveva ragione.

Per quanto possa sembrare strano, alla luce degli eventi futuri, Kamenev fu rilasciato il 17 agosto e Trotsky esattamente un mese dopo. Il 24 settembre Trotsky fu eletto presidente del Soviet di Pietroburgo al posto di Cheidze. Il 26 settembre il Soviet di Pietroburgo votò il trasferimento di tutto il potere militare a un Comitato rivoluzionario militare sotto la guida di Trotsky. La vera rivoluzione di Lenin era ormai a pochi giorni di distanza. Lenin stava dimostrando ciò che un'adeguata pianificazione e precisione dei tempi, sostenuta da un aiuto finanziario illimitato, poteva realizzare. Sapeva come usare vantaggiosamente l'elemento sorpresa. Convinse rapidamente molti leader di altri gruppi rivoluzionari che era lui l'uomo giusto per dirigere la guerra rivoluzionaria. Ben presto mise tutti sotto disciplina. I leader dovevano obbedire agli ordini in modo efficiente e senza fare domande, o altrimenti.

I leader rivoluzionari fecero circolare un ordine secondo il quale il secondo Congresso dei Soviet di tutta la Russia si sarebbe riunito il 7 novembre. Si trattava di un'aringa "rossa", tirata in ballo per far credere all'opinione pubblica che non c'erano azioni rivoluzionarie in vista nell'immediato futuro. Il 4 novembre, tuttavia, il Comitato Rivoluzionario Militare organizzò enormi riunioni di massa preparatorie alla rivolta vera e propria. Il giorno successivo, il 5 novembre, la guarnigione di Pietro e Paolo si dichiarò alleata con i bolscevichi. Il 6 novembre Kerenskij fece un disperato tentativo di impedire la rivoluzione ordinando l'arresto del Comitato rivoluzionario militare. Vietò tutte le pubblicazioni bolsceviche. Ordinò nuove truppe per sostituire la guarnigione di Pietro e Paolo. Ma Lenin aveva organizzato troppo bene la sua Quinta Colonna, Gli ordini di Kerensky non furono mai eseguiti. I funzionari di cui si fidava lo delusero.

Lenin uscì di nascosto dalla clandestinità. Si unì al Comitato militare rivoluzionario nell'Istituto Smolny non appena seppe che le misure controrivoluzionarie di Kerensky erano fallite. L'Istituto fungeva da quartier generale rivoluzionario. Alle 2 del 7 novembre fu dato l'ordine di iniziare lo sforzo rivoluzionario organizzato. A mezzogiorno San Pietroburgo era in gran parte nelle mani di Lenin. Alle 15.00 pronunciò un discorso infuocato al Soviet di Pietroburgo. Alle 21.00 le truppe bolsceviche assediavano il Palazzo d'Inverno, sede del governo provvisorio. Alle 23.00 si riunì il Secondo Congresso dei Soviet di tutta la Russia e i bolscevichi ottennero una netta maggioranza. Il Congresso divenne così il governo ufficiale della Russia.

Kamenev fu eletto primo presidente. Lenin divenne premier. Trotsky divenne commissario agli Affari esteri. Il 21 novembre un ebreo di nome Sverdlov succedette a Kamenev. Era entrato nel Partito bolscevico da soli sei mesi ed era considerato una figura di secondo piano ma, dopo essere stato eletto presidente, assunse rapidamente il controllo assoluto dell'economia russa. Era un esperto finanziario appositamente formato e un agente dei banchieri.

Nei circoli rivoluzionari accadono molte cose che non vengono mai alla luce. Sverdlov morì, giovanissimo, solo due anni dopo aver riorganizzato l'economia interna russa. Aveva raggiunto il suo scopo. Sapeva troppo e quindi è morto. Così la storia si ripete.

Le sanguinose battaglie, che potrebbero essere meglio descritte come massacri all'ingrosso, e lo spietato "Regno del Terrore" dimostrarono la teoria che la totale spietatezza e il terrore organizzato, in cui le sofferenze fisiche si combinano con l'angoscia mentale e la degradazione morale, hanno un preciso valore economico, perché i bolscevichi ottennero il controllo incontrastato di Pietroburgo in pochi giorni. Lenin non permise che il successo gli desse alla testa. L'Impero russo era grande. Con astuzia permise che le elezioni, per le quali il Governo Provvisorio aveva predisposto l'apparato, si tenessero il 25 novembre.

Il governo provvisorio aveva previsto che la convocazione dell'Assemblea dei rappresentanti liberamente eletti fosse organizzata da una commissione speciale. Lenin lasciò che tutto si svolgesse secondo il programma e poi arrestò i membri di questa commissione speciale. La sostituì con un "Commissario per l'Assemblea Costituzionale". L'unica differenza tra l'una e l'altra era che i bolscevichi guidati da Uritzky dominavano quella formata da Lenin. Con questa mossa i bolscevichi erano in grado di esercitare l'autorità sull'Assemblea appena eletta non appena questa si fosse riunita. Quando l'Assemblea finalmente si riunì, Sverdlov prese il comando dei lavori, pur non essendo un delegato. I bolscevichi presenti ricorsero a tattiche che tenevano i delegati in costante agitazione. Crearono una confusione totale.

Dopo dieci ore i bolscevichi uscirono improvvisamente. Le truppe bolsceviche entrarono. Espulsero i delegati rimasti e chiusero le porte dell'edificio. Questa fu la fine del governo costituzionale in Russia.

Nel marzo 1918, i bolscevichi, che si chiamavano "Partito socialdemocratico del lavoro russo", si trasferirono a Mosca e cambiarono nome in Partito comunista. Il secondo Congresso dei Soviet di tutta la Russia divenne l'organo di governo ufficiale.

Il Partito socialrivoluzionario a guida ebraica non voleva Lenin come uomo numero uno in Russia. Il 30 agosto 1918 due membri ebrei di questo gruppo tentarono di assassinarlo. Lenin fu ferito e Uritzky, che Lenin aveva nominato capo della sua organizzazione Cheka, fu ucciso.

Questo incidente diede a Lenin il pretesto per tirare fuori tutte le armi. Si accese il terrorismo a tutto spiano. Le incursioni notturne divennero un appuntamento fisso. Nessuno sapeva, quando andava a letto, se sarebbe stato vivo al mattino. David Shub, nel suo libro filomarxista "Lenin", afferma: "In queste incursioni notturne si perdeva poco tempo a vagliare le prove o a classificare le persone raccolte... I prigionieri venivano generalmente portati alla vecchia stazione di polizia, vicino al Palazzo d'Inverno, e fucilati". Omicidi, torture, mutilazioni, stupri, roghi; questi e tutti gli altri oltraggi al sentimento e alla decenza umana furono le rocce inespugnabili su cui fu fondata la cosiddetta Repubblica Socialista Sovietica. Milioni di cittadini russi sono morti. Si stima che più di 12.000.000 di altri siano stati condannati a servire lo Stato ai lavori forzati fino alla loro liberazione con la morte.

Mentre gli alleati combattevano a malincuore il bolscevismo su quattro fronti, Lenin riorganizzò il W.R.M. Nel marzo 1919 convocò la Terza Internazionale. La presiedette. Zinoviev fu eletto presidente. Lo scopo della riunione era quello di consolidare i partiti rivoluzionari in tutti i Paesi del mondo e di provvedere a fornire ai leader consigli, aiuti finanziari e qualsiasi altra assistenza ritenuta necessaria per il successo della Rivoluzione Popolare Mondiale.[104]

---

[104] Molte altre informazioni sulla Russia possono essere ottenute leggendo "Behind Communism" di Frank Britton.

Capitolo 10

Il Trattato di Versailles

È stato già detto che il trattato di Versailles è stato uno dei documenti più iniqui mai firmati dai rappresentanti delle cosiddette nazioni civilizzate. L'ingiustizia perpetrata nei confronti del popolo tedesco dai termini del trattato di pace ha reso inevitabile un'altra guerra mondiale.[105]

È necessario comprendere le circostanze che hanno portato alla firma dell'Armistizio l'11 novembre 1918. L'Alto Comando tedesco non chiese l'Armistizio perché le sue armate erano in pericolo di sconfitta. Quando fu firmato l'Armistizio, le armate tedesche non erano mai state sconfitte sul campo di battaglia. L'Alto Comando tedesco chiese l'armistizio per poter dedicare i propri sforzi alla prevenzione della rivoluzione comunista. Rosa Luxemburg [Luxemburg] e il suo Spartacus Bund, dominato dagli ebrei, avevano progettato di replicare in Germania ciò che Lenin aveva ottenuto in Russia esattamente un anno prima.

L'armistizio fu firmato *come preludio a una pace negoziata*. È della massima importanza ricordare questo fatto, perché un armistizio stipulato a queste condizioni è ben diverso da una resa incondizionata.

Gli eventi che portarono l'Alto Comando tedesco a rendersi conto del pericolo sul fronte interno furono i seguenti:

I rivoluzionari di Rosa Luxemburg si infiltrarono nella flotta d'alto mare tedesca. Nel 1918 furono molto attivi. Diffusero voci secondo cui

---

[105] L'ingiustizia perpetrata a Versailles fu superata solo dagli accordi stipulati successivamente a Teheran, Potsdam e Yalta. Si dimostrerà che in tutti i negoziati erano all'opera le stesse influenze malefiche.

le navi e i loro equipaggi sarebbero stati sacrificati in una battaglia totale con le flotte britanniche e americane. I mormoratori affermarono che lo scopo della battaglia era quello di paralizzare le flotte alleate combinate in modo tale che non sarebbero state in grado di difendere le coste britanniche da un'invasione militare pianificata per portare alla vittoria i signori della guerra tedeschi. Le "Cellule" comuniste esortavano i marinai tedeschi ad ammutinarsi perché sostenevano che la progettata invasione della Gran Bretagna era destinata a fallire a causa del fatto che gli scienziati britannici avevano sviluppato un'arma segreta. Secondo i pettegolezzi, le imbarcazioni invasive potevano essere circondate da un mare di fiamme grazie all'uso di sostanze chimiche sparate dai cannoni a terra o sganciate dagli aerei. Il fuoco, il calore e la mancanza di ossigeno avrebbero creato condizioni in cui nulla di umano avrebbe potuto sopravvivere. I sovversivi sostenevano che l'unico modo per evitare un simile destino fosse quello di provocare una rivoluzione per porre fine alla guerra. I marinai tedeschi si ammutinarono il 3 novembre 1918.

Il 7 novembre, un nutrito corpo di marines disertò mentre era in viaggio verso il fronte occidentale. Era stato detto loro che sarebbero stati utilizzati come "punta di lancia" per la presunta invasione della Gran Bretagna.

Nel frattempo, le rivolte avevano causato la chiusura di molti centri industriali tedeschi. I sovversivi parlavano di disfattismo. Le condizioni si deteriorarono finché, il 9 novembre, il Kaiser abdicò.

Il Partito Socialdemocratico formò immediatamente un governo repubblicano. L'armistizio fu firmato l'11 novembre 1918. I leader comunisti dello Spartacus Bund avevano piazzato le loro "Cellule" in posizioni chiave all'interno del nuovo governo e nelle forze armate. I loro sforzi congiunti crearono ovunque condizioni caotiche. Rosa Luxemburg giocò allora la sua carta vincente. Costrinse il governo socialista a ordinare l'immediata smobilitazione delle forze armate tedesche. Questa azione impedì all'Alto Comando tedesco di utilizzare le proprie truppe ben disciplinate per impedire la rivoluzione in corso, che scoppiò nel gennaio 1919.

Prima di usurpare il potere in Germania, a Rosa Luxemburg furono promessi gli stessi aiuti finanziari e militari che i banchieri internazionali avevano dato a Lenin e Trotsky un anno prima. Le fasi iniziali del suo sforzo rivoluzionario furono finanziate dal fondo che essi misero a disposizione attraverso l'ambasciatore sovietico Joffe. Lo sforzo rivoluzionario non riuscì a realizzare ciò che Lenin aveva ottenuto in Russia solo quando gli aiuti promessi non si materializzarono dopo che Rosa aveva lanciato il suo attacco iniziale. Allora Rosa si rese conto che il suo Spartacus Bund ebraico era stato tradito proprio dagli uomini che considerava suoi amici e sostenitori. Questo incidente da solo dovrebbe dimostrare che il "Potere Segreto", dietro il movimento rivoluzionario mondiale, non si preoccupa del benessere degli ebrei più di quanto si preoccupi dei gentili. La maggior parte dei direttori del W.R.M. sono uomini che discendono dai Khazari, dai Tartari e da altre razze mongolo-asiatiche non semite. Hanno adottato la religione ebraica per soddisfare i loro scopi egoistici tra il VII e l'VIII secolo.[106] Hanno usato gli ebrei esattamente come hanno usato i gentili come "pedine del gioco".

Lo scopo del doppio gioco era duplice. Gli uomini che tramano e pianificano il Movimento Rivoluzionario Mondiale non volevano che la Germania fosse sovietizzata se non dopo aver usato il popolo tedesco per combattere un'altra guerra contro la Gran Bretagna. Essi calcolavano che una seconda guerra mondiale avrebbe reso entrambi gli imperi così completamente esausti da poter essere facilmente soggiogati dalle risorse dell'URSS che controllavano sotto la dittatura di Lenin. Per scatenare la Seconda Guerra Mondiale, ritenevano necessario creare in Germania un intenso odio antisemita allo scopo di dividere l'Europa in due campi contrapposti, quello fascista e quello antifascista. Il piano prevedeva che tutti i Paesi comunisti rimanessero neutrali, in senso militare, mentre i loro agenti facevano tutto il possibile per aggravare le condizioni avverse create dalle menti padrone.

Dopo che la rivoluzione dominata dagli ebrei crollò per mancanza di aiuti, il popolo ariano tedesco si vendicò completamente sul popolo ebraico. Migliaia di ebrei, uomini, donne e bambini, furono radunati durante la notte e giustiziati. Rosa Luxemburg e il suo braccio destro Karl Liebknecht furono catturati e fucilati come cani rabbiosi da un tenente tedesco. Così, ancora una volta, un gran numero di ebrei fu costretto a pagare la pena per i crimini di un piccolo gruppo di gangster

---

[106] Vedere la *cortina di ferro sull'America* del Pro. John Beaty. Wilkinson Publishing Co., Dallas, Texas. pp. 15-16.

internazionali che li usarono come pedine nel gioco degli intrighi internazionali.

Per prolungare e intensificare l'odio del popolo tedesco nei confronti degli ebrei, la propaganda incolpò gli ebrei della sconfitta militare delle forze armate tedesche e delle condizioni ingiuste e umilianti imposte dal Trattato di Versailles. La propaganda rafforzò la tendenza al nazionalsocialismo in Germania rappresentando la Gran Bretagna, la Francia e gli Stati Uniti come paesi capitalistici egoisti influenzati e controllati dai banchieri ebrei internazionali. In questo modo si preparò la strada per l'avvento di Hitler.

Subito dopo la firma dell'armistizio, i banchieri internazionali diedero istruzioni a Lenin di consolidare la conquista comunista e di prepararsi a difendere gli Stati sovietici dall'aggressione capitalistica. Lenin annunciò questa politica. Trotsky non era d'accordo. Sosteneva la necessità di una rivoluzione immediata in tutti i Paesi europei ancora da sottomettere. Voleva aiutare lo Spartacus Bund tedesco per mantenere vivo lo spirito rivoluzionario.

Lenin insistette sul fatto che il loro primo dovere era quello di stabilire la sfera d'influenza comunista in tutti i Paesi del mondo situati tra il 35° e il 45° parallelo di latitudine nell'emisfero settentrionale. Lenin dichiarò che avrebbe ammesso l'azione rivoluzionaria solo nei Paesi che rientravano in questi limiti. I paesi più importanti erano la Spagna, l'Italia, la Grecia, alcune zone dell'Asia minore, compresa la Palestina, alcune zone della Cina e la zona al di qua e al di là del confine del Canada e degli Stati Uniti. Lenin avvertì la Terza Internazionale che era dovere dei leader rivoluzionari di tutti questi Paesi organizzare i loro partiti in modo da essere pronti a prendere il controllo dei loro governi quando le forze esterne avessero creato condizioni favorevoli alla rivolta. Il fallimento di Rosa Luxemburg fu citato come esempio di ciò che sarebbe accaduto se l'azione rivoluzionaria fosse stata intrapresa in modo indipendente.

Il piano strategico di Lenin è noto negli ambienti militari come "Piano del bue muschiato", perché questi animali nordici sono riusciti a sopravvivere agli attacchi di tutti i loro nemici con il semplice espediente di formare un cerchio con la testa rivolta verso l'esterno e la coda verso l'interno. I vitelli vengono messi all'interno del cerchio. Lupi e orsi non potevano attaccare la mandria dal fianco o dal retro. Se attaccavano frontalmente venivano incornati a morte, o tagliati a nastro, dagli zoccoli simili a rasoi dei buoi.[107]

Lenin si giustificò per l'abbandono di Rosa Luxemburg sostenendo che in questo modo era riuscito a organizzare le armate sovietiche per resistere all'assalto combinato dei Paesi capitalistici dal 1919 al 1921. Nel 1921 Lenin informò i membri della Terza Internazionale che la Spagna sarebbe stata il nido sovietizzato. Egli incolpò Rosa Luxemburg di essere responsabile dell'ondata di antisemitismo che aveva investito la Germania. La Terza Internazionale inviò Karl Radek a dirigere il comunismo in Germania. Gli fu ordinato di usare la propria iniziativa per quanto riguardava il reclutamento, l'organizzazione e la formazione del partito, ma fu avvertito di non intraprendere azioni rivoluzionarie fino a quando non gli fosse stato ordinato dal Comintern. Il Comintern era sotto il controllo di Lenin, e quindi dei banchieri internazionali.

Dopo aver sistemato le condizioni interne della Germania per adattarle ai loro piani a lungo termine, i gangster internazionali rivolsero la loro attenzione alla Palestina. La Palestina occupava una posizione geografica centrale nei loro piani generali di conquista del mondo. Inoltre, sapevano che i geologi di fama mondiale [108] avevano individuato vasti depositi di ricchezze minerarie nell'area intorno al Mar Morto. Decisero quindi di sponsorizzare il sionismo politico per perseguire il loro duplice scopo.

Uno. Costringere le nazioni del mondo a fare della Palestina una patria nazionale per gli ebrei, in modo da avere uno Stato sovrano che avrebbero controllato in virtù della loro ricchezza e del loro potere. Se i loro piani a lungo termine fossero maturati fino a una terza guerra mondiale, avrebbero potuto usare il loro Stato sovrano per estendere il controllo che esercitavano sulle nazioni comuniste in tutto il mondo.

---

[107] Il tempo ha dimostrato quanto sia maturato questo piano a lungo termine e spiega perché la Cina sia stata consegnata ai comunisti.

[108] Si tratta di Conningham-Craig, già citato in precedenza.

Una volta realizzato ciò, sarebbero stati in grado di incoronare il capo del gruppo "Re dell'Universo" e "Dio su questa Terra".[109]

Due. Dovevano assicurarsi il controllo dei cinquemila miliardi di dollari di ricchezze minerarie che sapevano essere nascoste dentro e intorno alle rive del Mar Morto. Gli avvenimenti mostreranno come si mise in atto il loro duplice scopo. Dopo che la Gran Bretagna, la Francia e gli Stati Uniti si erano impegnati a formare una patria nazionale per gli ebrei in Palestina, con la Dichiarazione Balfour dell'aprile 1917, Lord Allenby ricevette l'ordine di cacciare i turchi dall'Asia Minore e di occupare la Terra Santa. Il fatto che la Palestina dovesse essere consegnata agli ebrei fu reso noto solo dopo che gli arabi ebbero aiutato Allenby a realizzare questo compito. L'impressione generale era che la Palestina sarebbe stata un protettorato britannico.

Subito dopo l'ingresso trionfale di Lord Allenby a Gerusalemme, i banchieri internazionali "convinsero" i governi alleati a nominare i loro emissari politici come Commissione sionista. Ufficialmente, i membri di questa commissione furono inviati in Palestina per fare da collegamento tra l'amministrazione militare e gli ebrei. Il loro vero scopo era quello di "consigliare" il generale Clayton affinché la sua amministrazione militare portasse avanti i loro piani segreti. La Commissione sionista entrò in vigore nel marzo 1918.

Tra i membri della Commissione sionista c'era il maggiore Ormsby-Gore. In seguito divenne Lord Harlich. È stato direttore della Midland Bank, della Standard Bank of South Africa e della Union Corporation.[110]

Maggiore James de Rothschild, figlio di Edmund de Rothschild di Parigi, già proprietario delle colonie Rothschild in Palestina. Il maggiore de Rothschild divenne in seguito un membro liberale del Parlamento britannico. Ha ricoperto questa carica dal 1929 al 1945. Fu

---

[109] I Piani a lungo termine pubblicati nel Capitolo 3 dimostrano questa intenzione.

[110] I direttori della Standard Bank contribuirono alla guerra boera per ottenere il controllo dei giacimenti d'oro e di diamanti in Africa.

nominato segretario parlamentare nel governo di coalizione Churchill-Labour.

Il tenente Edwin Samuel divenne in seguito Censore capo per il governo britannico durante la Seconda guerra mondiale. È stato nominato direttore principale di Palestine Broadcasting dopo la creazione dello Stato di Israele nel 1948.[111]

Israel Sieff: era un direttore di Marks and Spencers, i grandi magazzini britannici. Era uno stretto collaboratore di tutti i banchieri internazionali. È stato nominato presidente del Comitato di pianificazione politica ed economica. Era un membro permanente del "Brain Trust" che "consigliava" i successivi governi britannici. La sua posizione in Gran Bretagna era molto simile a quella di Bernard Baruch negli Stati Uniti d'America dal 1918 a oggi. Sieff ha reso ai banchieri internazionali un servizio così eccellente da essere nominato commendatore dell'Ordine dei Maccabei.

Leon Simon: fu poi nominato cavaliere e messo a capo del British General Post Office. Controllò tutte le strutture telegrafiche, telefoniche e via cavo. Gli altri membri della commissione erano il dottor Elder, Joseph Cowen e Chaim Weizmann, tutti amici dei ricchi sionisti americani.[112]

Sir R. Storrs afferma che la Commissione sionista è stata inviata in Palestina prima dell'inizio della Conferenza di pace, al fine di creare un'atmosfera favorevole alla creazione di un focolare nazionale per gli ebrei e anche per stimolare i suoi sostenitori finanziari.

---

[111] Sarebbe stato forse più corretto attribuirgli il titolo di Direttore Capo della Propaganda dei Banchieri Internazionali.

[112] L'importanza della Palestina nei piani di coloro che dirigono il Movimento rivoluzionario mondiale è tale che sono stati scritti diversi libri sull'argomento. Le persone che desiderano essere meglio informate dovrebbero leggere: Palestina, la realtà, di J.M.N. Jeffries; Il complotto in Palestina di B. Jensen; Il sionismo e la Palestina di Sir Ronald Storrs (che fu il primo governatore di Gerusalemme); Ginevra contro la pace del Comte de St. Aulaire (che fu un tempo ambasciatore al Palazzo di San Giacomo, in Inghilterra); La conferenza di pace di Parigi del Dr. Dillon, Londra 1919; Brief for Prosecution del Maggiore C.H. Douglas.

I banchieri internazionali dominarono la conferenza che culminò nel Trattato di Versailles. Lo dimostra il fatto che nel gennaio 1919 il signor Paul Warburg (che aveva elaborato il sistema della Federal Reserve negli Stati Uniti) arrivò a Parigi a capo della delegazione americana. Suo fratello Max arrivò a capo della delegazione tedesca. Il Comte de St. Aulaire afferma: "Chi cerca la verità altrove rispetto ai documenti ufficiali sa che il Presidente Wilson, la cui elezione era stata finanziata dalla Grande Banca di New York (Kuhn-Loeb & Co.), obbedì quasi completamente ai suoi ordini".

Il dottor Dillon afferma

> "La sequenza di espedienti elaborati e applicati in questa direzione sono stati ispirati dagli ebrei (cioè i rappresentanti dei banchieri internazionali) riuniti a Parigi allo scopo di realizzare i loro programmi accuratamente pensati e che sono riusciti a far eseguire in modo sostanziale".

Il Mandato della Palestina fu redatto dal professor Felix Frankfurter, l'eminente sionista americano, che in seguito divenne consigliere capo alla Casa Bianca del Presidente Roosevelt. Fu assistito dall'onorevole Sir Herbert Samuel, dal dottor Jacobson, dal dottor Fiewel, dal signor Sacher, dal signor Landman, dal signor Ben Cohen e dal signor Lucien Wolfe, che esercitò un'enorme influenza sul signor David Lloyd George.[113] Si diceva che possedesse tutti i segreti del Ministero degli Esteri britannico.[114] Alle conferenze preliminari M. Mandel (il cui vero nome era Rothschild) era segretario privato del francese Clemenceau. Henry Morgenthau faceva parte della delegazione statunitense con funzioni di supervisione generale. Era il padre dell'uomo che in seguito divenne Segretario alle Finanze del Presidente Roosevelt. Un altro uomo affiliato ai banchieri internazionali fu Oscar Strauss, che ebbe un ruolo di primo piano nella formazione della Società delle Nazioni e nel plasmare le sue politiche in modo che si adattassero al Piano a lungo raggio dei gangster internazionali per il dominio finale del mondo.

---

[113] Il signor L. Wolfe ha pubblicato *Essays in Jewish History* nel 1934.

[114] Si veda il Jewish Guardian del giugno 1920. Anche *The Surrender of an Empire* di Nesta H Webster, pag. 357, 1933; e *The Palestine Plot* di B. Jensen, pag. 60.

Lucien Wolfe dice a pagina 408 dei suoi "*Saggi di storia ebraica*": "Un piccolo gruppo di altri illustri ebrei compare come firmatari del Trattato di pace". Il Trattato di Versailles è firmato per la Francia da Louis Klotz. (In seguito fu coinvolto in losche transazioni finanziarie e si ritirò dalla vita pubblica. Ndr). Il barone Somino per l'Italia e Edwin Montague per l'India".

Harold Nicolson, autore di "Peace Making 1919-1944", p. 243, afferma che Wolfe gli suggerì che tutti gli ebrei avrebbero dovuto avere una protezione internazionale, pur mantenendo tutti i diritti nazionali di sfruttamento. Georges Batault afferma in "Le Problème Juif", p. 38, "Gli ebrei che circondavano Lloyd George, Wilson e Clemenceau sono da biasimare per aver creato una 'pace ebraica'". Ancora una volta la razza ebraica viene incolpata dei peccati di alcuni spietati finanzieri.

Nella primavera del 1919 Béla Kun usurpò il potere in Ungheria. Cercò di mettere in pratica le idee di Lucien Wolfe. La dittatura di Béla Kun durò solo tre mesi, ma durante questo periodo decine di migliaia di cristiani furono espropriati e spietatamente assassinati. Tra le vittime vi erano operai, ufficiali dell'esercito, commercianti, proprietari terrieri, professionisti, sacerdoti e laici.

Il "New International Year Book of 1919" dice in parte:

"Il governo di Béla Kun era composto quasi esclusivamente da ebrei, che ricoprivano anche le cariche amministrative. I comunisti si erano uniti prima con i socialisti, che non erano di un partito estremamente radicale, ma assomigliavano un po' ai partiti laburisti o ai gruppi sindacali di altri Paesi. Béla Kun non scelse però il suo personale tra di loro, ma si rivolse agli ebrei e costituì praticamente una burocrazia ebraica".

La storia racconta che dopo tre mesi di saccheggi sistematici, stupri e omicidi all'ingrosso, Béla Kun fu deposto. Invece di essere giustiziato, fu internato in un manicomio. Il suo rilascio fu organizzato da agenti del potente gruppo che aveva servito così bene. Tornò in Russia e fu messo a capo della Cheka, che terrorizzò gli ucraini per sottometterli quando Stalin ordinò di collettivizzare l'agricoltura nei Soviet. Cinque milioni di contadini furono fatti morire di fame per essersi rifiutati di obbedire agli editti. Altri cinque milioni furono mandati ai lavori forzati in Siberia.

Quando Stalin tentò di trasformare la Spagna in una dittatura comunista nel 1936, Béla Kun fu scelto per organizzare il Regno del Terrore in Spagna.

Il potere dei banchieri internazionali è ben illustrato da un incidente avvenuto durante le conferenze preliminari tenutesi a Parigi nel 1919. I negoziati tendevano ad allontanarsi dalla politica stabilita dai banchieri internazionali. Jacob Schiff, di New York, inviò al Presidente Wilson, che partecipava alla conferenza di Parigi, un cablogramma di duemila parole. Egli "istruiva" il Presidente degli Stati Uniti su cosa fare riguardo al Mandato di Palestina, alle riparazioni tedesche, all'Alta Slesia, alla Sarre, al Corridoio di Danzica e a Fiume. Il cablogramma è datato 28 maggio 1919. Schiff lo inviò a nome dell'Associazione della Lega delle Nazioni Libere.[115]

Ricevuto il cablogramma, il Presidente Wilson cambiò immediatamente la direzione dei negoziati. Di questo incidente il conte de St. Aulaire ha detto: "Il Trattato di Versailles su queste cinque questioni è stato dettato da Jacob Schiff e dai suoi correligionari".[116] Va sottolineato ancora una volta che il popolo ebraico non ha avuto assolutamente nulla a che fare con la definizione della politica che i banchieri internazionali hanno insistito affinché Lloyd George, il presidente Wilson e il premier Clemenceau portassero avanti.

Non appena i governi alleati furono "convinti" a fare della Palestina un protettorato britannico (come richiesto nel cablogramma), i banchieri internazionali diedero istruzioni ai loro agenti affinché i termini del Trattato di Pace fossero resi così severi che sarebbe stato impossibile per il popolo tedesco tollerarli a lungo. Questo faceva parte del piano per far sì che il popolo tedesco continuasse a odiare gli inglesi, i francesi, gli americani e gli ebrei, in modo da essere pronto a combattere di nuovo per riconquistare i propri diritti legali.

Subito dopo la firma del Trattato di Versailles, iniziò la falsa guerra capitalista-bolscevica. Questa guerra permise a Lenin di giustificare la sua politica, con la quale abbandonò i rivoluzionari tedeschi al loro

---

[115] Questa lega era finanziata e dominata da cinque banchieri americani.

[116] Vedi *Ginevra contro la pace*, p. 90.

destino per consolidare le conquiste già ottenute in Russia. La guerra contro il bolscevismo non permise mai di mettere in pericolo la dittatura di Lenin. Si concluse nel 1921. Il risultato netto fu che i bolscevichi guadagnarono un'enorme quantità di prestigio, mentre i Paesi capitalisti persero una quantità simile. Questo aprì la strada agli agenti dei banchieri internazionali per suggerire, nell'interesse della PACE permanente, che gli Stati sovietici fossero ammessi a far parte della Società delle Nazioni.

Il governo britannico, sempre obbediente ai "desideri" dei banchieri internazionali, fu il primo a soddisfare la nuova "richiesta". La Francia seguì l'esempio il 28 ottobre 1924. Dopo che il famigerato Litvinov ebbe lavorato su Henry Morgenthau e Dean Acheson (entrambi dominati da Felix Frankfurter e Louis D. Brandeis), il presidente Roosevelt riconobbe i sovietici il 16 novembre 1933. La Società delle Nazioni accettò gli Stati sovietici come membri. Da quel giorno, la Società delle Nazioni non fu altro che uno strumento nelle mani di Stalin. I suoi agenti ne modellarono la politica e le attività, per adattarle ai piani a lungo termine di coloro che dirigono il Movimento rivoluzionario mondiale.[117]

Una volta che i paesi comunisti furono ammessi alla Società delle Nazioni, i massoni del Grande Oriente, che erano delegati o facevano parte dello staff, ne assunsero il controllo.[118]

Wickham Steed, ex direttore del Times di Londra, era uno degli uomini più informati del mondo. In più di un'occasione ha discusso il fatto che i banchieri internazionali dominano gli affari internazionali. Fece questa precisa dichiarazione subito dopo la firma del Trattato di Versailles:

> "Ho insistito sul fatto che [, a sua insaputa,] i principali responsabili (per far sì che le potenze alleate riconoscessero la dittatura

---

[117] Per ulteriori dettagli si legga Moscow's *Red Letter Day in American History* di Wm. La Varre, nell'edizione di agosto dell'American Legion Magazine. Anche il libro di Trotsky intitolato *Stalin*.

[118] Leggete *La mano nascosta*, pagina 28, del colonnello A.H. Lane. Nahun Sokolov, che era presidente del Comitato esecutivo del Congresso sionista, il 25 agosto 1952 disse: "La Società delle Nazioni è un'idea ebraica".

bolscevica) erano Jacob Schiff, Warburg e altri finanzieri internazionali, che desideravano soprattutto sostenere i bolscevichi ebrei al fine di garantire un campo per lo sfruttamento tedesco ed ebraico della Russia.[119]

Leo Maxse, scrivendo nel numero di agosto della "National Review" del 1919, ha dichiarato: "Chiunque sia al potere a Downing Street, sia esso conservatore, radicale, coalizionista o pseudo-bolscevico, gli ebrei internazionali governano il pollaio. Ecco il mistero della 'Mano nascosta' di cui non c'è stata alcuna spiegazione intelligente". Ancora una volta la parola "ebreo" avrebbe dovuto essere "banchiere" o "gangster". Sarebbe altrettanto ragionevole incolpare tutti i cattolici romani per i crimini di alcuni capi della mafia romana che hanno rinunciato alla pratica della loro religione per molti anni.[120]

Quando Winston Churchill visitò la Palestina nel marzo 1921, gli fu chiesto di incontrare una delegazione di leader musulmani. Questi protestarono perché l'obiettivo finale del sionismo politico era quello di dare le risorse naturali della Palestina agli ebrei. Fecero notare che gli arabi avevano occupato la Palestina per oltre mille anni. Chiesero a Churchill di usare la sua influenza per correggere quella che consideravano una grande ingiustizia. Si dice che Churchill abbia risposto così:

> "Mi chiedete di ripudiare la Dichiarazione Balfour e di fermare l'immigrazione (ebraica). Questo non è in mio potere... e non è il mio desiderio... Noi pensiamo che sia un bene per il mondo, un bene per gli ebrei, un bene per l'Impero britannico e un bene anche per gli arabi... e intendiamo che sia così".[121]

---

[119] Letto *attraverso trent'anni* da Wickham Steed, Londra. Vol. 2, pp. 301-302.

[120] Sono stati i riferimenti a Il potere segreto e La mano nascosta di Steed, De Poncin, Mrs. Webster, Maxse e altri che mi hanno spinto a indagare sulla questione nel tentativo di trovare la vera risposta. Autore.

[121] Il pieno significato di questa dichiarazione non fu apprezzato nemmeno dall'autore fino al 1954, quando il Primo Ministro Churchill (durante la sua visita a Bernard Baruch) dichiarò: "Sono un sionista e ho sempre promosso il sionismo". A questa dichiarazione seguì poi la forte richiesta di "coesistenza pacifica con le nazioni comuniste". Poiché gli Stati comunisti sono in realtà delle dittature di finanziatori

Quando Churchill diede agli arabi la sua risposta, con ogni probabilità pensava alla minaccia lanciata da Chaim Weizmann, che per molti anni era stato un agente dei banchieri internazionali. Appena un anno prima della visita di Churchill in Palestina, Weizmann aveva rilasciato una dichiarazione ufficiale di politica pubblicata su "Judische Rundschau", n. 4, 1920: Egli disse

> "Ci stabiliremo in Palestina, che vi piaccia o no... Potete affrettare il nostro arrivo o ritardarlo allo stesso modo. È comunque meglio che ci aiutiate, per evitare che il nostro potere costruttivo si trasformi in un potere distruttivo che rovescerà il mondo".

La dichiarazione di Weizmann deve essere studiata insieme a un'altra dichiarazione fatta da un banchiere internazionale a un raduno di sionisti a Budapest nel 1919. Discutendo delle probabilità di un supergoverno, egli fu citato dal Comte de St. Aulaire come se avesse detto:

> "Nella gestione del Nuovo Mondo diamo prova della nostra organizzazione sia per la rivoluzione che per la costruzione con la creazione della Società delle Nazioni, che è la nostra Opera. Il bolscevismo è l'acceleratore, e la Società delle Nazioni è il freno del meccanismo di cui noi forniamo sia la forza motrice che il potere di guida... Qual è il fine? È già determinato dalla nostra missione".[122] Un governo mondiale.

L'insieme delle due dichiarazioni mostra la portata internazionale delle loro ambizioni segrete. Otto anni dopo aver terminato questo capitolo del manoscritto originale, il seguente rapporto entrò in mio possesso attraverso il Canadian Intelligence Service.

Poiché le dichiarazioni fatte alla Conferenza di Budapest del 12 gennaio 1952 confermano le mie affermazioni del 1944 e le conclusioni a cui ero giunto nel 1924, inserisco qui testualmente il resoconto del discorso tenuto nel 1952. Esso è stato originariamente messo a disposizione di

---

internazionali, si deve presumere che, nel 1921 come nel 1954, Churchill ritenesse segretamente che fossero i più adatti e i più capaci a governare nelle condizioni attuali.

[122] *Ginevra contro la pace*, p. 83.

una pubblicazione americana "Common Sense" dal signor Eustace Mullins, un'autorità in materia di cospirazione marxista.[123]

"Un reportage dall'Europa riporta il seguente discorso del rabbino Emanuel Rabinovich davanti a una riunione speciale del Consiglio di emergenza dei rabbini europei a Budapest, in Ungheria, il 12 gennaio 1952:

> Saluti, figlioli: Siete stati chiamati qui per ricapitolare i passi principali del nostro nuovo programma. Come sapete, avevamo sperato di avere vent'anni di tempo tra una guerra e l'altra per consolidare le grandi conquiste ottenute con la Seconda Guerra Mondiale, ma i nostri numeri crescenti in alcune aree vitali ci stanno opponendo, e ora dobbiamo lavorare con tutti i mezzi a nostra disposizione per far precipitare la Terza Guerra Mondiale entro cinque anni.

> L'obiettivo per il quale abbiamo lottato in modo così concertato per tremila anni è finalmente a portata di mano e, poiché la sua realizzazione è così evidente, è doveroso decuplicare i nostri sforzi e la nostra prudenza. Posso tranquillamente promettervi che prima che siano passati dieci anni, la nostra razza prenderà il posto che le spetta nel mondo, con ogni ebreo come re e ogni gentile come schiavo. (Applausi dall'assemblea). Ricordate il successo della nostra campagna di propaganda negli anni Trenta, che ha suscitato passioni antiamericane in Germania nello stesso momento in cui noi suscitavamo passioni antitedesche in America, campagna che è culminata nella Seconda guerra mondiale. Una campagna di propaganda simile viene ora condotta intensamente in tutto il mondo. In Russia la febbre della guerra è alimentata da un incessante fuoco di fila antiamericano, mentre in America si sta diffondendo un allarme anticomunista su scala nazionale. Questa campagna sta costringendo tutte le nazioni più piccole a scegliere tra la collaborazione con la Russia e l'alleanza con gli Stati Uniti.

> Il nostro problema più urgente al momento è quello di infiammare il ritardato spirito militarista degli americani. Il fallimento della

---

[123] E. Mullins è autore di *The Federal Reserve Conspiracy*. Pubblicato da "Common Sense", New Jersey, U.S.A. e ripubblicato da Omnia Veritas Ltd, www.omnia-veritas.com.

legge sull'addestramento militare universale ha rappresentato una grande battuta d'arresto per i nostri piani, ma siamo certi che una misura adeguata sarà approvata dal Congresso subito dopo le elezioni del 1952. I russi, così come i popoli asiatici, sono ben controllati e non hanno obiezioni alla guerra, ma dobbiamo aspettare di mettere al sicuro gli americani. Speriamo di farlo con la questione dell'antisemitismo, che ha funzionato così bene nell'unire gli americani contro la Germania. Contiamo molto sulle notizie degli oltraggi antisemiti in Russia per contribuire a suscitare l'indignazione negli Stati Uniti e a creare un fronte di solidarietà contro il potere sovietico. Contemporaneamente, per dimostrare agli americani la realtà dell'antisemitismo, anticiperemo, attraverso nuove fonti, ingenti somme di denaro a elementi dichiaratamente antisemiti in America, per aumentarne l'efficacia, e inscenerremo epidemie antisemite in alcune delle loro maggiori città. Questo servirà al duplice scopo di esporre i settori reazionari in America, che potranno essere messi a tacere, e di saldare gli Stati Uniti in una devota unità anti-russa.

Entro cinque anni, questo programma raggiungerà il suo obiettivo, la Terza Guerra Mondiale, che supererà in distruzione tutte le precedenti gare. Israele, naturalmente, rimarrà neutrale e, quando entrambe le parti saranno devastate ed esauste, noi arbitreremo, inviando la nostra Commissione di Controllo in tutti i Paesi distrutti. Questa guerra porrà fine per sempre alla nostra lotta contro i Gentili.

Riveleremo apertamente la nostra identità con le razze dell'Asia e dell'Africa. Posso affermare con certezza che l'ultima generazione di bambini bianchi sta nascendo ora. Le nostre Commissioni di Controllo, nell'interesse della pace e per eliminare le tensioni interrazziali, proibiranno ai bianchi di accoppiarsi con i bianchi.

Le donne bianche devono convivere con i membri delle razze scure, gli uomini bianchi con le donne nere. Così la razza bianca scomparirà, perché mescolare gli scuri con i bianchi significa la fine dell'uomo bianco e il nostro nemico più pericoloso diventerà solo un ricordo. Inizieremo un'era di diecimila anni di pace e abbondanza, la Pax Judaica, e la nostra razza dominerà incontrastata sul mondo. La nostra intelligenza superiore ci permetterà facilmente di mantenere la padronanza su un mondo di popoli oscuri".

Domanda da parte dell'assemblea:

Rabbino Rabinovich, che ne è delle varie religioni dopo la terza guerra mondiale?".

Rabinovich:

Non ci saranno più religioni. Non solo l'esistenza di una classe sacerdotale rimarrebbe un pericolo costante per il nostro dominio, ma la credenza in una vita ultraterrena darebbe forza spirituale a elementi inconciliabili in molti Paesi, consentendo loro di resisterci. Tuttavia, manterremo i rituali e le usanze dell'ebraismo come marchio della nostra casta ereditaria, rafforzando le nostre leggi razziali in modo che a nessun ebreo sia permesso di sposarsi al di fuori della nostra razza, né alcuno straniero sarà accettato da noi.

Potremmo essere costretti a ripetere i giorni cupi della Seconda Guerra Mondiale, quando fummo costretti a lasciare che i banditi hitleriani sacrificassero parte del nostro popolo, in modo da avere una documentazione e dei testimoni adeguati per giustificare legalmente il nostro processo e l'esecuzione dei leader di America e Russia come criminali di guerra, dopo che avremo dettato la pace. Sono sicuro che non avrete bisogno di molta preparazione per questo compito, perché il sacrificio è sempre stato la parola d'ordine del nostro popolo, e la morte di qualche migliaio di ebrei in cambio della leadership mondiale è davvero un piccolo prezzo da pagare.

Per convincervi della certezza di questa leadership, permettetemi di farvi notare come abbiamo trasformato tutte le invenzioni dell'uomo bianco in armi contro di lui. Le sue macchine da stampa e le sue radio sono i portavoce dei nostri desideri, e la sua industria pesante produce gli strumenti che invia per armare l'Asia e l'Africa contro di lui.

I nostri interessi a Washington stanno estendendo notevolmente il Programma Punto Quattro per lo sviluppo dell'industria nelle aree arretrate del mondo, in modo che, dopo che gli impianti industriali e le città dell'Europa e dell'America saranno distrutti dalla guerra atomica, i bianchi non potranno opporre alcuna resistenza alle grandi masse delle razze scure, che manterranno una superiorità tecnologica incontrastata.[124]

E così, con la visione della vittoria mondiale davanti a voi, tornate nei vostri Paesi e intensificate il vostro buon lavoro, fino a quella Luce che si avvicina, quando Israele si rivelerà in tutto il suo glorioso destino come Luce del Mondo". Illuminati significa 'Detentore della Luce'".

Questo discorso conferma anche ciò che ho sostenuto riguardo al modo in cui i Poteri Segreti hanno deliberatamente fomentato l'antisemitismo per i loro scopi e anche l'anticomunismo. Dimostra la mia tesi che gli Illuminati hanno usato il comunismo, il sionismo e il fascismo per promuovere le loro ambizioni segrete. E, se potranno, useranno la democrazia cristiana contro il comunismo per realizzare la prossima fase del loro piano a lungo termine... la terza guerra mondiale. Ma la caratteristica più illuminante del discorso è il fatto che rivela il modo in cui gli Illuminati usano un rabbino ebreo per convincere altri correligionari che saranno la classe dirigente del Nuovo Ordine Mondiale - un fatto che la storia passata indicherebbe essere molto dubbio. Sarà il satanismo, non gli ebrei, a governare.

Secondo i termini del Trattato di Versailles del 1919, i banchieri internazionali ottennero il controllo sul riarmo militare della Germania e sulla sua ripresa economica. A tal fine, stipularono il Abmachungen (accordo) con l'Alto Comando tedesco. Accettarono che i sovietici fornissero segretamente ai generali tedeschi tutte le armi e le munizioni necessarie per un esercito moderno di diversi milioni di persone. Si impegnarono inoltre a far sì che il dittatore sovietico mettesse a disposizione dei tedeschi strutture complete per l'addestramento, in modo da consentire loro di formare il numero di ufficiali e sottufficiali di cui avrebbero avuto bisogno per formare il nuovo esercito che intendevano creare quando avrebbero ritenuto che i tempi fossero maturi.

---

[124] Studiate questa dichiarazione in relazione alla riunione dei leader di tutte le razze "scure" e "nere" che si è tenuta a Bandung nell'aprile 1956 e alla politica di invio di armi a Israele e all'Egitto.

I vasti progetti edilizi necessari per attuare i termini delle Abmachungen furono finanziati dai banchieri internazionali.[125] In questo modo, sia i Paesi comunisti che quelli fascisti poterono sviluppare la loro economia e il loro potenziale bellico. I banchieri internazionali permisero all'Alto Comando tedesco di eludere tutte le restrizioni militari imposte dal Trattato di Versailles.[126]

I vasti impianti di munizioni e armamenti Krupp costruiti in territorio sovietico dietro gli Urali furono chiamati "Manych". Le aziende tedesche di armamenti ottennero tutte le concessioni richieste. Un intrigo internazionale di tale portata poteva significare solo una cosa. Le persone coinvolte si stavano preparando alla Seconda Guerra Mondiale. I governi delle cosiddette nazioni alleate erano tenuti pienamente informati su ciò che accadeva dietro le quinte, come ho scoperto visitando Londra durante la conferenza sul disarmo navale del 1930. Questa è solo un'altra prova che Disraeli ha detto la verità quando ha affermato che

"I governi eletti non governano".

Così la storia rivela che dal 1920 al 1934 il Potere Segreto ha diretto gli intrighi internazionali in modo tale che i leader del comunismo a dominanza apparentemente ebraica in RUSSIA lavorassero mano nella mano con i leader del nazismo a dominanza apparentemente ariana in Germania. Questa fase della storia è molto complicata. È difficile da capire per il cittadino medio.[127]

Il comunismo e il nazismo hanno diverse cose in comune: sono entrambi credi atei che negano l'esistenza di Dio Onnipotente. Entrambi propugnano la guerra, l'odio e la forza, in contrasto con la politica di pace, amore e insegnamento di Cristo. I leader di entrambe

---

[125] Questo avveniva prima dell'avvento di Hitler.

[126] Sarà dimostrato che i generali tedeschi e gli ufficiali di alto livello che negoziarono le Abmachungen furono quelli condannati a morte al processo di Norimberga come criminali di guerra. Sapevano troppo.

[127] Una grande quantità di luce è stata tuttavia gettata su questo argomento da Cecil F. Melville, che ha compiuto uno studio approfondito di questa particolare fase del movimento rivoluzionario mondiale e ha scritto *The Russian Face of Germany*.

le ideologie ateo-materialiste DEVONO quindi essere agenti del diavolo. Favoriscono la cospirazione diabolica per allontanare le anime degli uomini dalla fedeltà e dall'obbedienza a Dio Onnipotente. Entrambe utilizzano una forma di Massoneria del Grande Oriente a scopo di proselitismo. [128] Il capo del Consiglio dei Trentatré è il presidente del Consiglio dei Tredici, già citato in precedenza. Poiché le cerimonie di iniziazione di TUTTE le Logge del Grande Oriente richiedono che il candidato giuri che non riconoscerà nessun altro mortale come superiore al capo di, l'organizzazione di cui è a capo è automaticamente Dio in Terra. I banchieri internazionali sono sempre stati i massimi dirigenti della Massoneria del Grande Oriente dal 1770. I Signori della Guerra ariani sono sempre stati i massimi dirigenti delle Logge tedesche. Selezionano i propri successori.

Una revisione della storia, 1914-1934, indica:

> **1.** Che i banchieri internazionali hanno fomentato la Prima Guerra Mondiale per creare condizioni favorevoli all'azione rivoluzionaria e consentire loro di ottenere il controllo incontrastato dell'Impero russo.

> **2.** Rimuovere le teste coronate d'Europa. Questi governanti dovevano essere rimossi prima che uno dei due gruppi potesse realizzare le proprie ambizioni totalitarie.

> **3.** Costringere i governi britannico e francese ad accettare di stabilire un focolare nazionale per gli ebrei in Palestina.

Il governo britannico fu costretto ad aiutare i banchieri internazionali a pianificare la rivoluzione bolscevica in Russia nel 1917, per ottenere la promessa di far entrare l'America in guerra al fianco degli alleati. Si può ipotizzare che la S.S. Lusitania sia stata affondata per fornire l'incidente necessario a giustificare il cambiamento della politica americana, proprio come Pearl Harbour fu usata come scusa per l'entrata dell'America nella Seconda Guerra Mondiale.

---

[128] NOTA.- Le Logge del Grande Oriente tedesco non hanno mai ammesso gli ebrei come membri per l'ovvia ragione che le Potenze Segrete non avrebbero mai potuto mettere in atto un complotto internazionale della natura e delle proporzioni delle Abmachungen, se la loro politica fosse stata diversa.

La bozza originale del mandato sulla Palestina recita: "TRASFORMARE LA PALESTINA IN UNA CASA NAZIONALE PER GLI EBREI". All'ultimo minuto è stato modificato in "stabilire una casa nazionale per gli ebrei in Palestina". Questo fu fatto per nascondere le ambizioni segrete dei sionisti.

I banchieri internazionali hanno deliberatamente nascosto la verità sui vasti giacimenti minerari che i geologi avevano scoperto in Palestina fino a quando i governi di Gran Bretagna, Francia e Stati Uniti non hanno accettato il Mandato di Palestina.[129]

I banchieri internazionali si sono serviti del sionismo per ottenere il controllo di uno Stato sovrano centralizzato da cui estendere il controllo che ora esercitano sugli Stati Uniti d'America a tutto il mondo.

I cospiratori gestirono gli affari internazionali tra il 1921 e il 1934 in modo da dividere l'Europa in due campi, quello fascista e quello antifascista, in preparazione della Seconda guerra mondiale.

---

[129] NOTA.- La verità sul valore delle risorse minerarie non è stata lasciata trapelare fino a quando le Nazioni Unite non hanno spartito la Palestina nel 1948 in modo tale che oggi si sa che oltre cinquemila miliardi di dollari di minerali si trovano nello Stato di Israele. Il conte Bernadotte di Svezia propose che gli ebrei cedessero tutto il sud e ricevessero la Galilea occidentale nel nord. Il suo piano fu respinto e nel settembre 1947 il conte Bernadotte fu assassinato da estremisti ebrei.

Capitolo 11

Stalin

Stalin nacque Joseph Vissarionovich Djugashvili, nel villaggio di montagna di Gori, nella provincia della Georgia, nel 1879. Suo padre era un contadino della città di Dido-Lilo. Sua madre, Ekaterina Geladze, era una donna devotamente religiosa i cui antenati erano stati servi della gleba nel villaggio di Gambarouli.

Non si sa molto del padre di Stalin, se non che a volte lavorava come manovale e a volte come calzolaio in una fabbrica di scarpe ad Adelkhanov. Si dice che fosse un individuo tranquillo a cui piaceva bere molto. La madre di Stalin, invece, era una madre devota e lavorava duramente. Si occupava di lavare i panni per guadagnare denaro extra a beneficio della famiglia. La sua ambizione era quella di vedere Stalin diventare sacerdote. Risparmiò e si impegnò per fornirgli l'istruzione necessaria. Il giovane Stalin frequentò per quattro anni la scuola elementare di Gori e vinse una borsa di studio che gli permise di frequentare il seminario teologico di Tiflis. Ma Stalin non era tagliato per la vita religiosa. Si metteva continuamente nei guai con le autorità del seminario. Fu espulso dopo aver completato i quattro anni di studio. Si unì quindi a un gruppo di giovani rivoluzionari.

Stalin sposò per la prima volta Ekaterina Svanidze, che gli diede un figlio, Yasha-Jacob Djugashvili. Questo ragazzo non è mai stato molto brillante. Anche dopo che il padre divenne dittatore, lavorò come elettricista e meccanico.

La seconda moglie di Stalin era Nadya. Allilyova che gli diede due figli, Vasili, un maschio, e Svetlana, una femmina. Vasili divenne maggiore generale dell'aviazione sovietica. Di solito guidava le dimostrazioni di volo in occasioni speciali di stato dopo che suo padre era diventato dittatore. Alla morte del padre fu gettato nel dimenticatoio.

Sembra che Stalin e la sua seconda moglie non andassero molto d'accordo. Stalin ebbe una relazione con una bella ebrea, Rosa Kaganovich. Si dice che vivesse con Stalin quando la seconda moglie, Nadya, si suicidò.

Si ritiene che, oltre alle relazioni amorose di Stalin, Nadya fosse sempre più depressa a causa del modo spietato in cui Stalin massacrava molti dei suoi correligionari, accusati di essere dei diversivi.

Il fratello di Rosa, Lazar Kaganovich, era un grande amico di Stalin. Fu nominato membro del Politburo di e mantenne la carica fino alla morte di Stalin. Kaganovich dimostrò la sua abilità come Commissario per l'Industria Pesante quando sviluppò i giacimenti petroliferi del bacino di Donetz e costruì la metropolitana di Mosca. Il figlio di Kaganovich, Mihail, sposò la figlia di Stalin, Svetlana.[130] La sorte del primo marito di Svetlana rimane un mistero. Sembra che il primo marito di Svetlana si sia tolto, o sia stato tolto, per permettere al figlio di Kaganovich di sposare la figlia di Stalin, così come la seconda moglie di Stalin si è tolta, o è stata tolta, per permettere a Stalin di sposare la sorella di Kaganovich, Rosa. Si dice che Stalin abbia sposato Rosa dopo il suicidio della moglie.

Molotov, vicepremier di Stalin, era sposato con un'ebrea, la sorella di Sam Karp, proprietario della Karp Exporting Co. di Bridgeport, Conn. La figlia di Molotov si fidanzò con il figlio di Stalin, Vasili, nel 1951, quindi il Politburo era in una certa misura "un patto di famiglia".

Come si è detto in precedenza, Stalin divenne un membro della crosta superiore del partito rivoluzionario russo solo perché, durante le fasi preliminari della Rivoluzione russa, molti dei leader più noti erano in carcere. Durante la dittatura di Lenin, Stalin non raggiunse mai posizioni di rilievo all'interno del Partito Comunista. Fu durante l'ultima malattia di Lenin che Stalin si mise in gioco per conquistare una posizione e poi si mise in testa, per eliminare Trotsky e altri contendenti ebrei. Una volta assunta la leadership, non l'ha più abbandonata fino alla sua morte.

---

[130] Il matrimonio di Svetlana Stalin con Mihail Kaganovich è stato riportato dall'Associated Press il 15 luglio 1951.

L'ascesa al potere di Stalin è una storia interessante. Nel maggio del 1922 Lenin fu colpito da un ictus paralitico che gli compromise la parola e i riflessi motori. Nel dicembre dello stesso anno nominò un triumvirato composto da Zinoviev, Kamenev e Stalin per condividere i problemi di governo. Poco dopo Lenin fu colpito da un altro ictus e morì. Trotsky ha suggerito, e i suoi seguaci credono, che Stalin abbia contribuito alla morte di Lenin perché irritato dall'incapacità e dalla prolungata malattia di Lenin.

Quando il triumvirato iniziò a funzionare a Mosca, il Politburo comprendeva Lenin, Zinoviev, Kamenev, Trotsky, Bukharin, Tomsky e Stalin. Zinoviev e Kamenev erano stati il braccio destro di Lenin dal giorno in cui era diventato dittatore. Naturalmente si consideravano i membri più anziani del triumvirato e logicamente i suoi successori. Zinoviev trattava Stalin in modo circospetto e Kamenev lo trattava con un pizzico di ironia.[131]

Zinoviev e Kamenev consideravano Trotsky il loro vero concorrente per la dittatura dopo la morte di Lenin. Nel libro "Stalin", Trotsky racconta che Stalin fu usato sia da Zinoviev che da Kamenev come contrappeso contro di lui (Trotsky) e, in misura minore, anche da altri membri del Politburo. Nessun membro del Politburo all'epoca pensava che Stalin un giorno sarebbe salito sopra le loro teste.

Zinoviev era considerato il membro più anziano del triumvirato quando fu delegato a tenere il discorso di apertura del XII Congresso del Partito, una funzione che Lenin aveva sempre riservato a se stesso nelle precedenti occasioni. Zinoviev non se la passò bene. Stalin non tardò ad approfittarne. Prima che il congresso fosse concluso, Stalin si era assicurato il controllo della macchina del Partito Comunista e deteneva una posizione dominante nel triumvirato. Questa era la situazione alla morte di Lenin nel 1924.

Nell'aprile del 1925 Stalin fece rimuovere Trotsky come commissario di guerra. In seguito ruppe le relazioni con Zinoviev e Kamenev e si alleò con Bukharin, Rykov e Tomsky. Zinoviev, Kamenev e Trotsky unirono le forze in opposizione a Stalin, ma si erano mossi troppo tardi. Nel febbraio 1926, Stalin fece espellere Zinoviev dal Politburo, poi

---

[131] Nota: "Stalin", di Trotsky, pagina 337 (ivi, pagina 48).

dalla presidenza del Soviet di Pietroburgo (Leningrado) e infine dalla presidenza della Terza Internazionale. Nell'ottobre del 1926, Stalin fece espellere Kamenev e Trotsky dal Politburo. L'anno successivo Stalin fece allontanare i suoi tre nemici dal Comitato Centrale del Partito Comunista e poco dopo li fece espellere completamente dal partito.

Nel 1927 Trotsky cercò di iniziare una rivolta contro Stalin, sostenendo che si stava allontanando dall'ideologia marxiana e sostituendo una dittatura totalitaria imperialista a un'autentica Unione delle Repubbliche Socialiste Sovietizzate. Quello che tutti sembrano non aver capito è che Stalin era stato designato a governare i Soviet dai banchieri internazionali. Egli doveva epurare la Russia da tutti gli uomini che avrebbero potuto ostacolare i loro piani a lungo termine.

Durante l'epurazione furono uccise diverse milioni di persone e altrettante furono mandate ai lavori forzati. Molti uomini che erano stati leader del movimento rivoluzionario, fin dalla nascita della Prima Internazionale, furono perseguitati a morte o imprigionati. Tra i leader che Stalin epurò vi furono Trotsky, Zinoviev, Kamenev, Martynov, Zasulich, Deutch, Parvus, Axelrod, Radek, Uritzky, Sverdlov, Dan, Lieber e Martov. Gli unici ebrei vicini a Stalin al momento della sua morte erano Kaganovich, suo cognato, e Rosa, la sua terza moglie.

Stalin continuò a sviluppare la politica di Lenin di stabilire la sfera di influenza comunista tra il 35° e il 45° parallelo di latitudine intorno all'emisfero settentrionale. Molti leader rivoluzionari di altri Paesi si convinsero che Stalin avesse sviluppato idee imperialistiche personali e fosse intenzionato a diventare il capo di una dittatura totalitaria mondiale. Avevano ragione. Stalin prendeva ordini, come aveva fatto Lenin, dagli uomini che sono "IL POTERE SEGRETO" dietro il Movimento Rivoluzionario Mondiale, fino al 1936 e poi iniziò a ignorare i loro mandati, come sarà dimostrato.

Stalin non voleva coinvolgere le sue forze armate in guerre con altre nazioni. La sua politica era quella di alimentare i fuochi rivoluzionari in tutti i Paesi a sud, tra il 35° e il 45° parallelo di latitudine. La sua politica diede ottimi frutti. Al momento della sua morte, il controllo comunista era stato stabilito su metà del territorio dell'emisfero settentrionale. Circa la metà della popolazione mondiale era stata soggiogata. Lenin aveva dichiarato nel 1921 che la Spagna sarebbe stata il prossimo Paese sovietizzato. Alla sua morte Stalin accettò la sottomissione della Spagna come una pia eredità. Una volta trasformata la Spagna in una cosiddetta dittatura proletaria, sarebbe stato facile sottomettere Francia e Gran Bretagna. La Germania si troverebbe allora tra i matti. Se per qualche disgrazia la sottomissione della Spagna non si fosse concretizzata, l'incidente avrebbe potuto essere usato per contribuire a far scoppiare la Seconda Guerra Mondiale.

Mentre si preparava alla rivoluzione spagnola, Stalin ricevette dai banchieri internazionali l'ordine di partecipare attivamente a una guerra economica che fu pianificata nel 1918 subito dopo la firma dell'armistizio. In generale, le persone che non erano state impegnate nei combattimenti veri e propri divennero prospere durante la Prima Guerra Mondiale. Quando i combattimenti terminarono, le popolazioni dei Paesi alleati godettero di due anni di boom. Poi, dopo che gli investimenti speculativi avevano quasi raggiunto il loro apice, vennero ritirate dalla circolazione ingenti quantità di denaro. I crediti furono limitati. Vennero effettuati richiami sui prestiti. Nel 1922-25 si verificò una piccola depressione.[132] Questo gioco di prestigio economico fu un esperimento preliminare prima che le Potenze portassero alla grande depressione del 1930.

Dopo il 1925 la politica finanziaria fu invertita e le condizioni migliorarono costantemente fino a quando la prosperità in America, Gran Bretagna, Canada e Australia raggiunse un record assoluto. La speculazione in azioni, obbligazioni e immobili si scatenò. Poi, verso la fine del 1929, arrivò il crollo improvviso e la più grande depressione mai conosciuta si abbatté sul mondo libero. Milioni di persone furono messe sul lastrico. Migliaia di persone si suicidarono. Il malgoverno fu incolpato dello sconvolgimento economico che rese poveri decine di milioni di persone e miliardari trecento persone che erano già milionarie. Nel 1925 Stalin avviò i suoi piani industriali quinquennali per incrementare la ripresa interna dei cosiddetti Paesi sovietici. Il piano prevedeva lo sfruttamento delle risorse naturali, la trasformazione delle materie prime in beni utili e la modernizzazione dei macchinari industriali e agricoli. Questo vasto piano quinquennale fu finanziato con prestiti dei banchieri internazionali. Questo programma, sommato allo sviluppo del potenziale bellico russo e tedesco nell'ambito delle Abmachungen (accordi) precedentemente menzionate, diede un grande impulso all'economia sovietica. Il fatto che i governanti della Russia

---

[132] Questo è spiegato nei capitoli 1 e 2 de "La nebbia rossa".

potessero utilizzare milioni di uomini e donne come schiavi dava a coloro che li schiavizzavano un ulteriore vantaggio rispetto alle nazioni che impiegavano manodopera retribuita e mantenevano un elevato standard di vita.

La mossa successiva fu la collettivizzazione delle fattorie. Per secoli i servi della gleba in Russia erano stati poco più che schiavi dei proprietari terrieri. Lenin si era guadagnato il loro sostegno promettendo loro concessioni ancora maggiori di quelle concesse sotto il governo benevolo del premier Pietro Arkadyevich Stolypin dal 1906 al 1914, quando oltre 2.000.000 di famiglie contadine si staccarono dal villaggio e divennero proprietari terrieri individuali. Al 1° gennaio 1916, il numero era salito a 6.200.000 famiglie. Ma per garantire i prestiti concessi per le Abmachungen e i programmi di sviluppo industriale, i banchieri internazionali insistettero per controllare il commercio di importazione ed esportazione delle nazioni sovietizzate. Hanno inoltre richiesto la collettivizzazione delle aziende agricole come unico mezzo per ottenere un forte aumento della produzione agricola.

La storia ricorda cosa accadde quando Stalin fece rispettare gli editti. È sempre stato incolpato personalmente per le atrocità disumane che costringevano i contadini a rispettare le leggi. Sono state date molte versioni di ciò che accadde. La verità, così come l'ho riferita a ai giornali americani nel 1930, non è mai stata pubblicata fino ad oggi. È riconosciuto che oltre 5.000.000 di contadini furono giustiziati, o sistematicamente fatti morire di fame, perché si rifiutarono di obbedire o cercarono di eludere gli editti. Altri 5.000.000 furono mandati ai lavori forzati in Siberia. Ciò che non è generalmente noto è il fatto che il grano confiscato ai contadini russi fu messo in comune con una grande quantità di grano acquistato dagli agenti dei banchieri internazionali in altri Paesi, ad eccezione del Canada e degli Stati Uniti. In aggiunta a questo angolo di grano, i banchieri internazionali hanno acquistato enormi forniture di carni lavorate e congelate in Argentina e in altri Paesi produttori di carne. Il Canada e gli Stati Uniti non riuscirono a trovare un mercato per il loro bestiame o per il loro grano.

Nel periodo 1920-1929 i banchieri internazionali sovvenzionarono il trasporto marittimo nella maggior parte dei Paesi, ad eccezione di Gran Bretagna, Canada e Stati Uniti. Come risultato di questa pirateria commerciale, divenne impossibile per le navi di proprietà di Gran Bretagna, Canada e Stati Uniti competere con quelle di altri Paesi.

Migliaia di navi rimasero ferme nei loro porti d'origine. Il commercio di esportazione scese ai minimi storici.

Il calo delle esportazioni dalle nazioni alleate è stato accompagnato da un aumento delle importazioni di prodotti a basso costo dalla Germania, dal Giappone e dai paesi dell'Europa centrale. Per godere di una ragionevole prosperità, cinque salariati su otto in Canada devono ottenere il loro stipendio direttamente o indirettamente grazie al commercio d'esportazione. Quando il commercio d'esportazione crolla, segue immediatamente una recessione, dovuta alla perdita di potere d'acquisto di cinque ottavi della popolazione. Questo si ripercuote immediatamente su coloro che si guadagnano da vivere prestando servizi di un tipo o dell'altro. Se il commercio di esportazione rimane in calo, la recessione si trasforma in depressione.

Per assicurarsi che le strutture economiche dei Paesi alleati venissero completamente abbattute, gli uomini che avevano messo all'angolo il grano e le carni cominciarono a scaricare le loro forniture sui mercati di tutto il mondo a prezzi inferiori al costo di produzione in Canada, America e Australia. Questa azione portò a una situazione in cui i granai dei Paesi alleati nella Prima Guerra Mondiale erano pieni di grano che non potevano vendere, mentre le popolazioni di altri Paesi morivano di fame per mancanza di pane e carne. La Gran Bretagna deve guadagnare 85.000.000 di sterline all'anno dal sito per compensare la sua sfavorevole bilancia commerciale annuale. L'economia britannica ha subito un forte scossone quando la concorrenza sleale ha reso impossibile guadagnare questo denaro. Il popolo britannico fu costretto a comprare il pane e la carne nei mercati più economici. Questo pasticcio economico, prodotto artificialmente, è stato utilizzato dagli uomini che gestiscono gli intrighi internazionali per causare gravi incomprensioni tra le diverse unità del Commonwealth britannico delle Nazioni e indebolire così i legami dell'Impero.[133]

Come risultato di questa guerra economica, le attività marittime, industriali e agricole dei Paesi alleati o capitalistici furono praticamente fermate, mentre gli Stati Sovietici e le Potenze dell'Asse lavoravano a pieno regime. Ancora una volta bisogna ricordare che gli uomini che tramano e pianificano il Movimento Rivoluzionario Mondiale lavorano

---

[133] Questa fase della storia è trattata più ampiamente altrove.

sempre sul principio fondamentale che le guerre pongono fine alle depressioni e aprono la strada all'azione rivoluzionaria nei Paesi che devono ancora essere sottomessi. Essendo questo un dato di fatto, era essenziale per portare avanti i loro Piani a lungo raggio organizzare gli affari internazionali in modo da poter scatenare la Seconda Guerra Mondiale quando lo desideravano. Poiché la Spagna era stata indicata da Lenin e Stalin come una posizione chiave, il modo in cui la Spagna fu usata sarà analizzato in seguito.

Capitolo 12

La rivoluzione spagnola

Il piano a lungo termine per la sottomissione definitiva della Spagna iniziò, come in altri Paesi, subito dopo la morte di Cristo. Nel tentativo di schiacciare il potere della Chiesa cristiana in Spagna, i prestatori di denaro infiltrarono i loro agenti nelle congregazioni e si spacciarono per cristiani. [134] Questo li metteva in condizione di distruggere le organizzazioni ecclesiastiche dall'interno. Questa cospirazione divenne evidente e nel XIII secolo Papa Innocenzo III istituì l'Inquisizione. Lo scopo dell'Inquisizione era quello di scovare e interrogare gli infedeli sospettati di essersi mascherati da cristiani. La Spagna era stata eccezionalmente gentile con gli ebrei. A loro era stato concesso di ricoprire cariche e di fungere da esattori delle tasse.

Ma, come accadde in ogni altro Paese d'Europa, i crimini degli usurai atei e dei loro agenti furono imputati all'intera popolazione ebraica. Tra il 1475 e il 1504, durante il regno di Isabella e Ferdinando, l'Inquisizione fu ampiamente utilizzata per individuare e distruggere tutti i traditori che tramavano per rovesciare il potere della Chiesa e dello Stato. Gli Inquisitori sotto Torquemada scoprirono che la clandestinità sovversiva era così diffusa e ben organizzata che nel 1492 la Spagna seguì l'esempio di altri Paesi europei ed espulse tutti gli ebrei. Questo compito fornì l'opportunità ad alcuni estremisti di organizzare la violenza della folla contro gli ebrei e si verificarono diversi massacri estesi e deplorevoli. Queste uccisioni illegali furono condannate pubblicamente dalle autorità ecclesiastiche di Roma.

---

[134] Si riferisce al consiglio inviato dal Sinedrio di Costantinopoli a Chemor, rabbino di Arles in Provenza, nel 1489, già citato.

Dopo la riorganizzazione dei banchieri internazionali nel corso del 1600, i loro agenti si infiltrarono nel Dipartimento del Tesoro spagnolo. Furono eccezionalmente attivi durante le rivoluzioni inglese e francese, cercando di distruggere l'economia spagnola per preparare la strada agli sforzi rivoluzionari anche in quel Paese.

Vale la pena di studiare gli intrighi politici che si sono svolti in Spagna dal 1839 al 1939, perché danno un'immagine chiara del modello di sottomissione finale di tutti i Paesi. In tutti gli sforzi rivoluzionari ci sono tre fasi.

Primo: infiltrazione degli agenti del partito rivoluzionario nel governo, nei servizi civili, nelle forze armate e nelle organizzazioni sindacali, per essere in grado di distruggere il governo dall'interno quando viene dato l'ordine di rivolta.

Secondo: l'affiliazione del partito rivoluzionario al partito socialista o liberale di sinistra al fine di rovesciare il governo costituito, indipendentemente dal fatto che sia una monarchia o una repubblica.

Terzo: attività sovversive per portare all'anarchia, al fine di screditare il governo del Fronte Popolare e fornire il pretesto per formare una dittatura proletaria. Una volta instaurata, le purghe la trasformeranno in una dittatura totalitaria, come accadde in Russia nel 1917.

Gli agenti di Karl Marx organizzarono il primo sciopero politico generale in Spagna nel 1865. Nel 1868 i direttori del Movimento rivoluzionario mondiale (W.R.M.) inviarono il senatore Fanelli in Spagna per affiliare gli anarchici ai rivoluzionari marxisti. Fanelli era un amico intimo di Bakhunin, che era uno stretto collaboratore di Marx ed Engels. Nel 1870 Bakhunin litigò con Marx a causa della politica. Fu espulso dalla Prima Internazionale del W.R.M.[135]

---

[135] Per ulteriori dettagli si veda Bakhunin del professor E.H. Carr.

Nel 1872 Bakhunin influenzò i leader rivoluzionari spagnoli a formare la Alleanza socialista-democratica. [136] Il governo spagnolo dichiarò illegali le organizzazioni estremiste di Bakhunin, ma queste continuarono a esistere in clandestinità. Le Logge del Grande Oriente costituirono un comodo quartier generale. In un congresso tenutosi a Zargoza, la sezione spagnola dell'Internazionale marxista decise di allearsi con l'Internazionale anarchica. Dopo l'affiliazione, entrambi i gruppi si concentrarono sull'organizzazione dei vari gruppi di lavoro in una vasta "Carnorra". Coronarono i loro sforzi congiunti con una rivoluzione che produsse la prima Repubblica spagnola nel 1873.

Lo sforzo dei leader rivoluzionari fu accompagnato dal consueto Regno del Terrore. L'anarchia si scatenò. Si verificarono eccessi di ogni genere. Alla fine, il generale Pavia fece un "colpo di Stato" e i rivoluzionari tornarono in clandestinità.

Per uscire di nuovo allo scoperto, i membri della clandestinità rivoluzionaria appoggiarono i leader di un blando movimento "liberale" per ottenere il potere politico. I leader rivoluzionari approfittarono della disputa in corso tra coloro che sostenevano che i discendenti di Don Carlos dovessero occupare il trono e coloro che sostenevano che i discendenti di Isabella dovessero regnare, per scatenare una guerra civile. Questa guerra si concluse con la sconfitta del gruppo carlista nel 1876. [137]

Gli operai spagnoli desideravano davvero organizzarsi per la propria protezione, ma la maggioranza non era d'accordo con la politica estrema sostenuta dagli anarchici. Gli antirivoluzionari organizzarono quindi l'"Associazione dei lavoratori". Questi moderati furono immediatamente attaccati sia dai rivoluzionari che dai datori di

---

[136] Per maggiori dettagli su questo periodo della storia spagnola si legga *La Quiebra Fraudulenta de la Republica* di C. Domi.

[137] Questo è un tipico esempio di come qualsiasi situazione venga utilizzata per dividere i cittadini di una nazione e farli combattere tra loro secondo il principio che tutte le guerre aprono la strada alla rivoluzione.

lavoro. [138] Questa persecuzione continuò fino al 1888 quando, su suggerimento di Pablo Iglesias, il gruppo moderato adottò il nome di "Unione Generale dei Lavoratori", che divenne noto in Spagna come U.G.T. I membri di questa organizzazione non ottennero molto sostegno fino a quando il governo non mise fuori legge la Federazione Anarchica Iberica.

Gli elementi sindacalisti collaborarono con il partito radicale repubblicano fino al 1908. formarono allora la "Solidaridad Obrera" e, due anni dopo, nel 1910, costituirono la Federazione Regionale del Lavoro, nota in Spagna come C.R.T. Subito dopo formarono la Federazione Nazionale del Lavoro (C.N.T.).

Nel 1913 sia il C.R.T. che il C.N.T. furono sospesi a seguito di una serie di scioperi. Il governo non si oppose ai principi della contrattazione collettiva, ma si oppose alla politica estremista e alle azioni rivoluzionarie dei leader. Così il lavoro legittimo, che lottava per la giustizia sociale, si trovò bloccato perché l'elemento radicale sembrava sempre in grado di farsi strada nelle posizioni dirigenziali dei sindacati.

La reazione fu quella che i complottisti della rivoluzione mondiale si aspettavano. Il loro movimento sindacalista rivoluzionario aumentò notevolmente il suo potere e agì contro tutti i partiti politici e contro lo Stato stesso. La politica di questi estremisti fu l'"azione diretta", sostenuta con il massimo del calore e della violenza. Nel 1916 la C.R.T. fu riorganizzata da Angel Pestana e Salvador Segui. Nel 1918 questi due leader sindacali riuscirono a formare a Barcellona il "Sindacato Unico", generalmente noto come "Il Grande Sindacato Unico".

Durante la Prima Guerra Mondiale la Spagna, in quanto Paese neutrale, guadagnò una grande quantità di denaro ma, in generale, le classi lavoratrici non ricevettero una parte equa della prosperità nazionale. Questo fatto è stato forse il fattore decisivo che ha spinto la maggior parte delle classi lavoratrici ad abbandonare le organizzazioni sindacali moderate per andare nelle braccia dei leader rivoluzionari dei gruppi sindacali estremisti. Tuttavia, i leader sindacali più moderati e onesti

---

[138] Questo è un tipico esempio di come gli agenti dei banchieri internazionali siano inseriti in imprese private e responsabili allo scopo di aiutare i loro leader rivoluzionari a spodestare i leader moderati che non possono comprare o controllare in altro modo.

non rinunciarono a lottare contro i gruppi radicali e, grazie ai loro sforzi, nel 1920 diedero vita a un nuovo gruppo sindacale noto come "Sindacato Libero". Nei tre anni successivi si verificarono continue lotte tra le organizzazioni sindacali di destra e di sinistra. Scioperi locali, scioperi generali, distruzione di proprietà, assassinii privati per rimuovere i leader sindacali, omicidi all'ingrosso per ridurre la forza delle organizzazioni avversarie. Tutti questi crimini furono commessi in nome della libertà. Nel 1923 le condizioni divennero caotiche. Per evitare che il Partito Comunista portasse avanti un'altra rivoluzione, il re di Spagna chiese al generale Franco di diventare dittatore militare.

Uno dei primi risultati della dittatura di Primo de Rivera fu la conclusione positiva della guerra del Marocco. Fu durante le fasi finali di questa guerra che il generale France si distinse notevolmente sul campo. Trasformò quella che sembrava una completa sconfitta militare in una brillante vittoria. Temperando la giustizia con la misericordia, si guadagnò l'ammirazione e la lealtà di molti indigeni marocchini. Fu così che si fece notare dall'opinione pubblica spagnola, Rivera è accusato dal generale dei suoi nemici di aver fatto tutto ciò che un uomo non dovrebbe fare. È giusto ricordare che egli ristabilì la legge e l'ordine; realizzò una serie di riforme sociali; collaborò con Largo Caballero per migliorare le condizioni di lavoro. Lavorò così duramente che solo il crollo della sua salute nel 1929 può spiegare gli errori di giudizio che commise nel 1930.

Stanco e spossato, e come se avesse fretta di liberarsi dalle responsabilità della carica, chiamò due leader socialisti, Besteiro e Saborit. Li incaricò di riorganizzare la macchina elettorale della nazione in modo che il popolo potesse decidere se voleva una monarchia o un governo repubblicano. Il motivo per cui De Rivera nominò Besteiro e Saborit per riorganizzare la macchina elettorale della Spagna probabilmente non sarà mai noto.

I due socialisti truccarono così bene la macchina elettorale da assicurare un governo socialista-repubblicano. Solo a Madrid il numero di elettori fittizi superò le 40.000 unità.[139] Una corruzione simile esisteva in tutti i maggiori centri abitati.

---

[139] Cfr. L'Arena spagnola, p. 56.

Per assicurare la fine della monarchia in Spagna, le Logge del Grande Oriente organizzarono una speciale "Unione Fraterna Militare" con la quale ottennero la promessa di ventuno dei ventitré generali spagnoli di sostenere la causa repubblicana. Il generale Mola, che era capo della sicurezza interna spagnola, nel suo libro Tempestad Calma Intriga Y Crisis ci informa che i generali furono iniziati al Grande Oriente e che furono messi a loro credito un milione e mezzo di pesetas, per aiutarli a fuggire all'estero in caso di fallimento del movimento repubblicano. Franco fu uno dei due generali che rifiutarono di aderire alla "Unione Militare Fraterna ". A sostegno dell'affermazione di Mola, Cano Lopez ha parlato alle Cortes (parlamento) spagnole:

> "Dal 1925 la massoneria ha raggruppato sotto il titolo di 'Unione Fraterna Militare' la maggior parte degli alti ufficiali dell'esercito. Ne fanno parte Cabanellas, Sanjurjo, Goded, Mola, Lopez, Ochoa, Queipo de Llana e altri... Su ventitré generali di divisione, ventuno erano muratori... Tutti avevano prestato giuramento al Grande Oriente". (Giuro di obbedire senza limitazioni al Capo del Consiglio dei Trentatré... Giuro di non riconoscere nessun mortale come superiore a lui"). Lopez aggiunge: "Sia nel 1929, per l'abolizione della dittatura di de Rivera, sia nel 1931 per l'abolizione della monarchia, il Grande Oriente emise gli ordini a cui la maggior parte degli altri generali obbedì.[140]

Il generale Mola racconta come lui, e la maggior parte degli altri generali, ruppero il loro giuramento al Grande Oriente quando si convinsero di essere usati per favorire i piani segreti di Stalin di trasformare la Spagna in un'altra dittatura comunista.[141]

I banchieri internazionali contribuirono a finanziare lo sforzo rivoluzionario in Spagna senza essere coinvolti in prima persona. Nel febbraio 1932 Le Journal riporta che Stalin promise 200.000 dollari per

---

[140] Cfr. Jean Dauraya L'Œuvre Latine gennaio 1937.

[141] Le parole del generale Mola furono confermate da una trasmissione radiofonica da Mosca del 13 marzo 1938. L'annunciatore spiegava perché la guerra civile non stava andando a favore dei comunisti (lealisti). Disse: "La grande opera in Spagna è stata seriamente compromessa dai malvagi generali che sono venuti meno alla parola data al Grande Oriente".

contribuire al finanziamento delle scuole di formazione rivoluzionaria in Spagna.

Il rendiconto finanziario presentato al congresso del 1931 dell'Internazionale comunista rivela che sono state ricevute 240.000 sterline (denaro inglese) per aiutare i rivoluzionari spagnoli.[142]

Oltre a ciò, furono messi a disposizione due milioni e mezzo di pesetas per l'acquisto di armi e munizioni.

Il generale Mola racconta che nel 1938 più di duecento leader rivoluzionari erano arrivati in Spagna dopo essere stati formati all'Istituto Lenin di Mosca.

Dal 1930 fino alla data delle elezioni fu portata avanti una campagna di *infamia* contro il re di Spagna e la famiglia reale esattamente come contro Luigi XVI e Maria Antonietta. Una delle bugie più ridicole mai inventate sosteneva che un soldato spagnolo veniva dissanguato ogni giorno per tenere in vita il Principe delle Asturie. Si sapeva che era affetto da emofilia. Altre calunnie accusavano il re di essere un libertino, così come l'imperatrice di Russia era stata falsamente accusata di essere l'amante di Rasputin.

Le votazioni nei grandi centri industriali annullarono il forte voto rurale a favore della monarchia. Dopo che le elezioni furono dichiarate favorevoli a una forma di governo repubblicana, il re Alfonso XIII di Spagna emise il suo ultimo proclama pubblico. Esso recitava come segue:

> "Le elezioni di domenica mi hanno dimostrato che non ho più l'amore e l'affetto del mio popolo. La mia coscienza mi dice che questa condizione non sarà permanente perché ho sempre cercato di servire la Spagna e il mio popolo con tutta la mia devozione. Un re può commettere errori. Senza dubbio io l'ho fatto in qualche

---

[142] In altre sedi sono state fornite prove che dimostrano che i leader rivoluzionari fornivano banconote inglesi contraffatte per finanziare gli sforzi rivoluzionari anche in altri Paesi.

occasione, ma so che il nostro Paese si è sempre dimostrato generoso nei confronti delle colpe altrui commesse senza cattiveria.

"Sono il re di tutti gli spagnoli e sono uno spagnolo. Potrei trovare ampi mezzi per mantenere le mie prerogative reali opponendo un'efficace resistenza a coloro che le assalgono, ma preferisco rimanere risolutamente in disparte piuttosto che provocare un conflitto che potrebbe mettere i miei connazionali gli uni contro gli altri in una guerra civile e in una lotta tra patrizi.

"Non rinuncio a nessuno dei miei diritti che, più che miei, sono un'eredità accumulata dalla storia della cui tutela un giorno dovrò rendere rigorosamente conto. Aspetterò la vera e piena espressione della coscienza collettiva e, finché la nazione non si esprimerà, sospenderò deliberatamente l'esercizio dei miei poteri reali e lascerò la Spagna, riconoscendo così che essa è l'unica padrona dei suoi destini. Anche ora credo di adempiere al dovere che l'amore per la mia patria mi impone. Prego Dio che tutti gli altri spagnoli possano sentire e compiere il loro dovere con la stessa sincerità con cui lo sento io."[143]

Molti dei socialisti che formarono il governo repubblicano spagnolo nel 1931 erano sinceri nelle loro convinzioni. Non volevano avere nulla a che fare con il comunismo "rosso" o con il nazismo "nero". Ma si dimostrarono impotenti nell'impedire ai comunisti e agli anarchici di attuare la seconda parte del loro programma rivoluzionario.

La tattica adottata dai leader rivoluzionari consisteva nel fare il doppio gioco con i socialisti ad ogni occasione. Le Cellule Rosse all'interno del governo fecero sì che quest'ultimo commettesse alcuni errori sciocchi. I rossi all'esterno, poi, accusavano il governo di essere un mucchio di incompetenti, corrotti e inefficienti nincom-poppanti. I comunisti e gli anarchici sostenevano che solo una dittatura del proletariato avrebbe potuto instaurare un governo stabile. Gli agenti di

---

[143] Questo documento dimostra che la stampa internazionale ha mentito ai suoi lettori quando ha riferito che il Re di Spagna aveva abdicato. Il Re di Spagna non ha mai abdicato. Franco detiene il controllo del governo perché i cospiratori internazionali sono ancora determinati a trasformare la Spagna in una dittatura totalitaria al servizio dei loro scopi.

Mosca commisero ogni tipo di crimine immaginabile per gettare discredito anche sui responsabili della sicurezza interna.

Il generale De Rivera si era servito molto di Largo Caballero per appianare le divergenze tra lavoratori e datori di lavoro durante gli anni in cui era stato dittatore. Con l'avvento del movimento repubblicano, Largo Caballero mostrò la sua vera natura. Nel 1935 Caballero si vantava apertamente di aver piazzato "decine di migliaia di cellule comuniste in tutta la Spagna".

All'Undicesimo Plenum dell'Esecutivo dell'Internazionale Comunista, i delegati spagnoli sono stati sommersi di congratulazioni perché "In Spagna si stanno creando a ritmo serrato i presupposti di una crisi rivoluzionaria".[144] Al dodicesimo plenum le congratulazioni ai delegati spagnoli sono state formulate come segue:

> "In Spagna, in particolare, abbiamo potuto osservare lotte di sciopero rivoluzionarie che si sono svolte ininterrottamente per molti mesi, come il proletariato spagnolo non aveva mai sperimentato prima. Ciò che sta accadendo in queste lotte è, soprattutto, l'ulteriore sviluppo della rivoluzione spagnola".

Un vecchio detto dice: "Quando i ladri sono in disaccordo, la verità viene a galla". È esattamente quello che è successo in Spagna. I tre leader della clandestinità di Mosca in Spagna erano Joaquin Maurin, Victor Serges e Andres Ninn. Erano tutti giovani. Avevano ricevuto una formazione speciale in attività rivoluzionarie presso l'Istituto Lenin di Mosca prima di essere incaricati della leadership in Spagna. Maurin era stato coinvolto nel movimento separatista in Catalogna fin dall'età di sedici anni. All'età di diciassette anni, questo intellettuale pensatore si era messo in testa di insegnare al popolo spagnolo la soluzione sovietica ai problemi economici del mondo. All'età di ventuno anni fu eletto capo degli anarchici. Predicava e praticava la religione dell'odio e della violenza. Nel 1914 fu condannato a vent'anni di reclusione, ma non aveva l'età legale per tale pena. Maurin fu delegato al Terzo Congresso

---

[144] Si veda l'edizione inglese del rapporto dell'Undicesimo Plenum, pag. 11, e del Dodicesimo Plenum, pag. 37.

dell'Internazionale Comunista, tenutosi a Mosca nel 1921. Attirò un'attenzione favorevole.

Con la caduta di Primo De Rivera, Maurin tornò in Spagna. Si era nascosto in Francia e a Mosca. Aveva avuto una vita frenetica. Era entrato e uscito di prigione, era evaso, era stato ferito nel 1925, era stato confinato nella Cittadella di Montjuich, ecc. Si dice che l'unico periodo di pace della sua vita sia stato quello trascorso con la giovane moglie a Parigi, tra il 1927 e il 1930.

Maurin ha scritto un libro nel 1936. Victor Serges ne scrisse la prefazione. In questo libro *Hacia la Segunda Revolucion* esponeva il fatto che Stalin si era allontanato dall'ideologia marxiana e accusava di usare le forze del comunismo per portare avanti le proprie segrete ambizioni imperialistiche totalitarie.[145]

Anche dopo che Maurin, Serges e Ninn ruppero apertamente con Stalin nel 1936, il loro potere e la loro influenza tra le classi lavoratrici erano così grandi che Stalin ordinò di lasciarli vivere finché non avessero raggiunto il loro scopo. Stalin li utilizzò fino all'inizio della guerra civile in Spagna. Poi ordinò di liquidarli. Ordinò che "la loro morte avvenisse in modo tale da far apparire all'opinione pubblica che tutti e tre erano morti come martiri della causa comunista". Maurin fu tradito dalle forze di Fraco e dopo il processo fu giustiziato. Si dice che Serges sia stato ucciso dai lealisti mentre combatteva, e anche Ninn fu eliminato. Le loro morti furono attribuite a gran voce ad atti di violenza dei nemici del comunismo.

Victor Serges ha scritto

"L'evoluzione del comunismo sovietico si è completata nel 1936... dall'internazionalismo rivoluzionario a un nazionalismo di grande potenza militare servito, in vari paesi, da partiti che esso sovvenziona. Dopo il luglio 1936 gli stalinisti formano il Partito socialista unificato affiliato alla Terza Internazionale... e l'obiettivo dello stalinismo è quello di costituire il nuovo potere di natura

---

[145] Persino Maurin e Serges non sospettarono che Lenin e Stalin stavano solo eseguendo gli ordini dei banchieri internazionali, che a loro volta obbediscono agli Illuminati.

fascista per accerchiare la Francia, probabile alleata della Russia, nella guerra che si sta preparando".

E ancora Maurin dice:

"La politica tradizionale dell'Inghilterra è quella di rovinare i suoi avversari, per poi atteggiarsi a protettore e rendere impossibile la rinascita del vassallo conquistato. La Spagna è innanzitutto vittima dell'Inghilterra e, a seguire, della Francia. Quando la Spagna esita, l'Inghilterra e la Francia la attaccano con forza. Se propende per l'Inghilterra, la Francia aumenta la persecuzione. Finché la Francia e l'Inghilterra saranno paesi capitalistici, non dovranno essere l'alleato naturale per Spagna.[146] La linea logica sarebbe la curva che passa per Portogallo, Germania, Italia e Russia. Un blocco di questa natura neutralizzerebbe Francia e Inghilterra."[147]

Serges spiegava come tanta propaganda lealista trovasse spazio nella stampa universale, mentre così poco spazio veniva dato alle uscite di Franco. Serges scrisse:

"Mai sono stati messi in gioco, gli uni contro gli altri, metodi così bassi e demoralizzanti come quelli usati da Stalin e dal suo strumento, la Terza Internazionale, in un flusso continuo di propaganda a lungo raggio e senza badare alla verità. Il metodo della ripetizione e del cinismo è diventato quasi meccanico... La burocrazia sovietica sta pianificando questa procedura su scala internazionale. Ogni infamia divulgata da un corrispondente di Izvestia a Valentia viene subito ripresa in coro dai giornali speciali di Parigi, Stoccolma, Oslo, Bruxelles, Londra, New York, Melbourne e Buenos Aires... Milioni di copie delle infami menzogne vengono diffuse, sono le uniche informazioni che milioni di lavoratori sovietici ricevono. I giornali inglesi, americani, cinesi e neozelandesi riproducono queste bugie (su ordinazione). Gli

---

[146] Anche in questo caso si tratta di un tipico esempio di come i banchieri internazionali abbiano mantenuto il loro segreto. Maurin incolpava i governi di Inghilterra e Francia per i crimini internazionali perpetrati contro l'umanità dai banchieri, sotto la direzione degli Illuminati.

[147] Ciò conferma quanto affermato in precedenza, ossia che una volta stabilita la Sfera d'Influenza tra il 35° e il 45° parallelo, i Paesi all'interno del cerchio sarebbero stati soggiogati.

intellettuali avanzati, che pensano di essere antifascisti, sembrano crederci. Si vede che una formidabile impresa di demoralizzazione è in atto nell'universo, e trovo impietosamente giuste le parole di Trotsky, secondo cui la propaganda staliniana del Comintern è una sifilide del movimento operaio".[148]

Quanto scritto da Maurin e Serges nel 1336 non fa che confermare quanto affermato da Papa Pio XI nell'enciclica "Divini Redemptoris" del marzo 1937. In un capitolo di questo famoso documento si legge:

"C'è un'altra spiegazione per la rapida diffusione delle idee comuniste... Una propaganda veramente diabolica che forse il mondo non ha mai visto prima. È diretta da un unico centro comune; è sagacemente adattata alle varie condizioni dei diversi popoli; dispone di vaste risorse finanziarie, di innumerevoli organizzazioni, di congressi internazionali e di innumerevoli lavoratori preparati; si avvale di giornali e opuscoli, del cinema, del teatro, della radio, delle scuole e persino delle università. A poco a poco penetra nelle menti di tutte le classi del popolo. Un altro fattore potente è la soppressione e il silenzio da parte di un'ampia sezione... della stampa mondiale... Diciamo soppressione perché è impossibile spiegare altrimenti come una stampa, di solito così ansiosa di sfruttare anche i piccoli incidenti quotidiani della vita, abbia potuto tacere per così tanto tempo sugli orrori perpetrati in Russia, in Messico e persino in gran parte della Spagna; e che abbia così poco da dire su un'organizzazione mondiale così vasta come il comunismo russo. Il silenzio è dovuto in parte a una politica miope e favorito da varie forze occulte che da tempo lavorano per il rovesciamento dell'ordine sociale cristiano. "I tristi effetti di questa propaganda sono sotto i nostri occhi. Il comunismo ha cercato, come si vantano apertamente i suoi campioni, di distruggere la civiltà cristiana e la religione cristiana, bandendo ogni ricordo di esse dal cuore degli uomini, soprattutto dei giovani... In Spagna, per quanto possibile, ogni chiesa e monastero è stato distrutto e ogni vestigia della religione cristiana è stata estirpata. La teoria non si è limitata al massacro indiscriminato di vescovi e di migliaia di sacerdoti e religiosi di entrambi i sessi; ha cercato soprattutto coloro che hanno dedicato la loro vita alle classi lavoratrici e ai poveri. La maggior parte delle vittime sono stati laici di ogni

---

[148] Victor Serges in *Révolution et Contre-Révolution en Espagne* di Maurin.

condizione e classe... con un odio e una barbarie selvaggia che non si sarebbe creduto possibile nella nostra epoca. Nessun uomo di buon senso, né nessun uomo di Stato consapevole della propria responsabilità, può non rabbrividire al pensiero che ciò che accade oggi in Spagna possa ripetersi domani in altri Paesi civilizzati. Per l'uomo è necessario un certo freno, come individuo o come società... Ma se si strappa l'idea di Dio dal cuore degli uomini, essi sono spinti dalle loro passioni a commettere le più atroci barbarie".

Passeremo in rassegna le condizioni della Spagna sulle quali Papa Pio XI cercò di attirare l'attenzione del mondo cristiano all'inizio del 1937, senza riuscirci.

Capitolo 13

La guerra civile in Spagna

Ha detto il generale Mola:

> "Dopo l'elezione del governo socialista in Spagna e il ritiro del re
> dal paese, ci fu una valanga assoluta di funzionari pubblici che si
> precipitarono alle Logge del Grande Oriente per chiedere di entrare.
> Pensavano di potersi liberare così della persecuzione che era stata
> praticata dalla maggioranza dei massoni nel governo. Il loro scopo
> era quello di dare prova del loro repubblicanesimo e di evitare la
> certezza di vedersi rovinata la carriera".

Subito dopo la partenza del re, Franco informò l'Accademia Militare,
di cui era allora responsabile,

> "La Repubblica è stata proclamata in Spagna. È dovere di tutti, in
> questo momento, collaborare con la propria disciplina e fedeltà
> affinché la pace regni e la nazione possa dirigersi attraverso i canali
> giudiziari naturali. Finora, nell'Accademia, c'è sempre stata la
> disciplina e l'esatto adempimento del dovere. Oggi queste qualità
> sono ancora più necessarie; l'Esercito deve, serenamente e con
> spirito unito, sacrificare ogni pensiero ideologico al bene della
> nazione e alla tranquillità della patria".

La formulazione di questo proclama dimostra che Franco è tutt'altro
che un nazista "nero", come la propaganda comunista vorrebbe far
credere al pubblico.

Ma le potenze segrete non erano disposte a dare al governo
repubblicano la possibilità di operare in modo efficiente e democratico.
Churchill scrisse:

> "I comunisti hanno contribuito a metterlo in piedi per poterlo
> abbattere di nuovo e creare altro caos politico ed economico, fino a
> quando il Paese e il popolo non si sono trovati in uno stato tale che

i leader potessero sostenere, con ragione, che solo una dittatura proletaria avrebbe potuto ripristinare la legge e l'ordine e salvare la situazione".

Dopo aver rovesciato la monarchia in Spagna, la mossa logica successiva fu quella di attaccare la religione del popolo. Il laicismo fu introdotto nelle scuole. Fu lanciata una campagna per distruggere l'autorità dei genitori e della Chiesa. Avendo creato migliaia di giovani bolscevichi antireligiosi e antisociali, bisognava solo aspettare l'occasione per liberare le masse contro le forze dell'ordine in una rivolta ben pianificata.

Il 14 maggio 1931 si tenne una riunione al Club Ateneo di Madrid per discutere il nuovo programma politico. I suoi otto punti erano:

1. Creazione di una dittatura repubblicana.

2. Punizione immediata di tutti i responsabili degli atti illegali compiuti sotto la dittatura.

3. Lo scioglimento della Guardia Civile, dell'Esercito, della Polizia, ecc. e la sostituzione con repubblicani armati scelti tra le classi lavoratrici e i circoli repubblicani.

4. Confisca dei beni degli ordini religiosi.

5. Nazionalizzazione della terra.

6. Soppressione di tutte le agenzie di stampa ostili alla causa repubblicana.

7. Utilizzo di scuole tecniche e altri edifici per il bene pubblico.

8. Rinvio delle Cortes fino alla realizzazione di questo programma.

Azana, un intelletuale liberale, Prieto, un socialista, e Caballero, un comunista, erano tre dei leader politici più in vista in questo periodo. Azana, con la lingua in bocca, si oppose pubblicamente a questi suggerimenti radicali, anche se segretamente li approvava. *Una volta eletto al potere, mise in atto il programma.*

A tempo debito furono elette le "Cortes Constituyentes". Con la scusa della "Legge per la difesa della Repubblica", si instaurò una dittatura spietata, la cui unica caratteristica democratica era il nome "Repubblica dei Lavoratori". Jiminez Asua, un rivoluzionario formatosi a Mosca, redasse la nuova Costituzione.[149] Azana concentrò ora tutti i suoi sforzi nella distruzione delle chiese e nella persecuzione degli ordini religiosi. Nel dicembre 1932 fondò la "Lega dell'ateismo". Finanziò con fondi pubblici il suo periodico "Sin Dios" (Il Senza Dio). Tutte queste mosse furono fatte in nome della democrazia. I leader dicevano al popolo che si stava liberando dal controllo degli ordini religiosi e del clero che, a loro dire, erano alleati del feudalesimo e dei monarchi tirannici.

In Catalogna si scatenarono nuovamente le attività rivoluzionarie che il generale Prime de Rivera aveva sottomesso. Nel gennaio del 1933, il corrispondente del London *Morning Post* riportava

> "Enormi scorte di bombe, fucili e munizioni sono state trovate dalla polizia in tutta la Spagna. Un'enorme quantità di denaro viene spesa per promuovere la causa rivoluzionaria. Molti degli arrestati, anche se in apparenza non ben pagati, avevano con sé valigette piene di banconote".[150]

Successivamente fu organizzata una rivolta in Asturia e il 14 settembre 1934 fu pubblicato un rapporto che implicava ufficiali di guerra e dell'esercito nella vendita di armi.

Il generale Franco fece uno sforzo disperato per cercare di riorganizzare l'esercito spagnolo e porre fine all'anarchia, ma ottenne scarso sostegno dalle autorità governative. Per indicare quanto fosse ben organizzata la clandestinità comunista, più di trecento chiese furono date alle fiamme esattamente alla stessa ora in cento città e paesi diversi. L'assassinio di persone che i rivoluzionari volevano rimuovere divenne così comune che i "pistoleri professionisti" divennero competitivi. Era possibile far liquidare un nemico per 50 pesetas (poco più di 5 dollari americani). Gli agenti di Mosca sfruttarono le condizioni confuse esistenti in

---

[149] Esattamente come gli agenti del W.R.M. hanno redatto la legislazione bancaria della Federal Reserve negli Stati Uniti nel 1910 e nel 1913 e il "Mandato di Palestina" in Inghilterra nel 1916.

[150] La polizia ha sequestrato 90.000 fucili, 33.000 revolver, 500.000 munizioni e un'enorme quantità di denaro falso.

Spagna per eseguire il mandato di Lenin: "Il codice legale comunista è quello di basare il terrorismo su principi fondamentali."[151]

Torture, mutilazioni, stupri, roghi, spargimenti di sangue e morte erano i metodi con cui il comunismo cercava di ottenere il potere. Le condizioni si deteriorarono di male in peggio. All'inizio del 1936 l'intero Paese era in stato di agitazione. Il presidente Alcala Zamora sciolse le Cortes. Il 16 febbraio fu fissata la data per le elezioni generali. Gil Robles e Calvo Sotelo si presentarono al paese con un programma anticomunista. La propaganda elettorale bolscevica fu diffusa dagli "Amici della Russia".

In quel periodo Largo Caballero era in prigione per aver partecipato a un'insurrezione rivoluzionaria. Fu intervistato da Edward Knoblaugh, che in seguito scrisse "Corrispondente in Spagna".

Caballero ha detto:

> "Conquisteremo almeno 265 seggi. Tutti gli ordini esistenti saranno ribaltati. Azana farà la parte di Kerensky per il mio Lenin. Entro cinque anni la Repubblica sarà così organizzata che sarà facile per il mio partito usarla come trampolino di lancio verso il nostro obiettivo. Un'unione delle repubbliche iberiche... questo è il nostro obiettivo. La penisola iberica tornerà ad essere un unico Paese. Il Portogallo entrerà pacificamente, speriamo, ma con la forza se necessario. DIETRO QUESTE SBARRE VEDETE IL FUTURO SOVRANO DELLA SPAGNA. Lenin dichiarò che la Spagna sarebbe stata la seconda Repubblica sovietica in Europa. La profezia di Lenin si avvererà. Io sarò il secondo Lenin che la realizzerà".

Dopo l'elezione più disonesta che la Spagna abbia mai subito, il presidente Zamora ha scritto:

> "Il Fronte Popolare è salito al potere il 16 febbraio, grazie a un sistema elettorale tanto assurdo quanto ingiusto, che dà un vantaggio straordinario a una maggioranza relativa, anche se assolutamente minoritaria. Così in una certa circoscrizione il Fronte Popolare, con 30.000 voti in meno dell'opposizione, riuscì comunque a conquistare dieci seggi su tredici, anche se in nessuna parte della

---

[151] Si veda *Il Bolscevico*, numero di ottobre 1930.

circoscrizione il numero di voti superò quelli del suo principale avversario di oltre il 2%. Casi paradossali di questo tipo erano abbastanza comuni".

Nonostante i mezzi illegali utilizzati, il primo conteggio ha dato al Fronte Popolare solo 200 seggi su 465 possibili. In questo modo è diventato il gruppo di minoranza più numeroso in parlamento, ma non ha avuto abbastanza seggi per formare un governo. La mossa successiva fu quella di unire le forze dei membri del Fronte Popolare con i Baschi e altri gruppi minoritari. Hanno eletto un comitato per verificare i risultati delle elezioni in ogni circoscrizione. Si assicurarono che i risultati finali fossero favorevoli al Partito del Fronte Popolare. In molti casi i candidati della destra furono squalificati e i candidati del Fronte Popolare furono eletti deputati al loro posto. Quando la "truffa" fu conclusa il Fronte Popolare ebbe i 265 seggi che Caballero aveva previsto... Ma anche dopo tutto questo, la ripartizione finale dei voti mostrò che..:

Per i partiti di "Centro" e "Destra"..........4.910.000

Per il "Fronte Popolare"..........................4.356.000

Maggioranza di centro destra:....................554.000

Bisogna capire che i candidati del Fronte Popolare eletti alle Cortes spagnole rappresentavano ogni tipo di individuo, dal socialista molto mite al bolscevico di razza.

Gli stalinisti crearono un tale caos che in tutta la Spagna scoppiarono condizioni infernali. Prima delle elezioni di febbraio del 1936, la situazione governativa in Spagna era la seguente:

Dalla fine della dittatura del Primo de Rivera, nel 1931, c'era stata una rivoluzione con 2.500 morti, sette rivolte, 9.000 scioperi, cinque proroghe del bilancio, due miliardi di pesetas di aumento delle tasse, 1.000 comuni sospesi, 114 giornali proibiti, due anni e mezzo di "Stati d'eccezione" (equivalenti al nostro stato di legge marziale). Dopo sei settimane di governo del Fronte Popolare sotto Azana, Caballero e Prieto, il bilancio recitava:

Aggressioni e rapine:

Nelle sedi politiche, 58;
In strutture pubbliche e private, 105;
Nelle chiese, 36.

Incendi:

Presso le sedi politiche, 12;
Stabilimenti pubblici e privati, 60;
Chiese, 106.

Disturbi:

Scioperi generali, 11;
Insurrezioni e rivolte, 169;
Persone uccise, 76;
Feriti, 346.

Caballero, intervenendo a Saragozza, ha dichiarato:

> "La Spagna deve essere distrutta per rifarla nostra. Nel giorno della vendetta non lasceremo una pietra su una pietra".

Caballero ha anche dichiarato:

> "Prima delle elezioni chiediamo ciò che vogliamo. Dopo le elezioni prenderemo ciò che vogliamo con ogni mezzo. La destra non deve aspettarsi pietà dai lavoratori. Non risparmieremo di nuovo le vite dei nostri nemici".

Azana dichiarò felicemente: "La Spagna ha cessato di essere cattolica".

La leader comunista, Marguerita Nelken, ha annunciato

> "Chiediamo una rivoluzione. Ma nemmeno quella russa ci servirà. Abbiamo bisogno di fiamme che si vedano in tutto il pianeta e di ondate di sangue che arrossino i mari".

Il corrispondente *del Times* riportò le condizioni di Barcellona. Nel febbraio 1936, disse: "Il 20 febbraio un comitato di vigilanza ha avvertito alcuni alti funzionari di lasciare i loro incarichi. Il comitato è stato obbedito". Un mese dopo scrisse: "La dittatura del proletariato è ora l'obiettivo dichiarato di tutti i rossi". Poco dopo scrisse:

"Il socialismo spagnolo è andato alla deriva verso il comunismo. È tra le giovani generazioni che Marx e Lenin hanno guadagnato la maggior parte dei loro discepoli. Questi giovani credono che la conquista del potere sia il requisito immediato del socialismo spagnolo, la violenza il mezzo ultimo per ottenerlo e la dittatura del proletariato l'unico modo per mantenerlo. La dottrina sovversiva viene predicata senza sosta".

Nel marzo 1936 ha riferito che: *"I deputati delle Cortes* (Parlamento spagnolo) *con i pugni chiusi, in segno di saluto comunista, hanno cantato l'inno nazionale sovietico, L'Internationale, nella Camera stessa".*

Perché la gioventù spagnola si è convertita in gran numero al comunismo? Se si comprende la tecnica utilizzata da coloro che dirigono il W.R.M., la risposta deve essere trovata perché è dalle classi lavoratrici e dai giovani della nazione che i leader rivoluzionari attingono le loro truppe d'assalto.

Le indagini rivelano che Azana si rappresentava come un intellettuale con una sincera fede nel socialismo. Era apertamente antireligioso. Protestava, tuttavia, di non essere d'accordo con il terrorismo sostenuto e portato avanti dagli anarchici e dai comunisti. Una volta ottenuto il potere politico necessario, tuttavia, lo utilizzò per far sì che il governo repubblicano abolisse gli ordini di insegnamento religioso dalle scuole. Incaricò Francisco Ferrer di instaurare il laicismo nelle scuole. Invece di aprire la giornata scolastica con una preghiera a Dio Onnipotente, i nuovi insegnanti laici aprirono le lezioni facendo cantare gli alunni:

"Siamo i figli della rivoluzione
Siamo i figli della libertà.
Con noi nasce l'alba
di una nuova umanità".

La traduzione di un altro "inno" cantato all'inizio e alla fine delle lezioni nelle scuole di Barcellona è la seguente:

"Lanciate la bomba; piazzate bene la mina; impugnate saldamente la pistola,
Trasmettete la parola della rivoluzione... Aiuto agli anarchici.
Restate in armi fino alla morte; con la benzina e la dinamite distruggete il governo".

I direttori dei giornali britannici e americani si rifiutarono di pubblicare la verità perché suonava così fantastica. Inni molto simili furono trasmessi in inglese da Mosca per istruire i comunisti inglesi nel 1937-38.

La prova più schiacciante, che dimostra il metodo sistematico utilizzato per sovvertire e pervertire i giovani a diventare rivoluzionari, è stata fornita dallo stesso Francisco Ferrer. In una lettera a un compagno rivoluzionario scrisse:

> "Per non spaventare la gente e dare al governo (repubblicano) un pretesto per chiudere i miei stabilimenti, li chiamo 'Scuole moderne', e non scuole per anarchici. Il mio desiderio è quello di realizzare la rivoluzione. Per il momento, però, bisogna accontentarsi di impiantare nelle menti dei giovani l'idea di una rivolta violenta. Devono imparare che contro la polizia e il clero c'è un solo mezzo d'azione: le bombe e il veleno".[152]

Quando Ferrer fu catturato dalle forze di Franco durante la guerra civile, fu processato come traditore della Spagna. La lettera di cui sopra fu usata come prova. Fu dichiarato colpevole e giustiziato. L'Alto Consiglio del Grande Oriente di Parigi protestò con le Logge massoniche di tutto il mondo sostenendo che Ferrer era stato assassinato a causa delle sue attività anticattoliche.

L'indagine sul programma di formazione dei giovani ha rivelato i metodi utilizzati per corrompere anche la morale dei giovani di una nazione. Lenin aveva detto: "Il miglior rivoluzionario è un giovane privo di morale". Essendo la sua parola legge nelle organizzazioni comuniste, tutti i membri lavorano segretamente per rendere i giovani di entrambi i sessi antisociali e immorali.

Ai bambini fino all'adolescenza viene insegnato a ribellarsi alla disciplina domestica. I genitori vengono rappresentati ai figli come antiquati. L'autorità dei genitori viene disprezzata. I sovversivi sostengono che i genitori hanno mentito ai loro figli da quando erano

---

[152] È per finanziare le "Scuole di formazione" di Ferrer per i giovani che Mosca ha sottoscritto i 200.000 dollari precedentemente menzionati. A Toronto nel 1954 c'erano diciassette "Scuole di formazione". Ce n'erano diverse a Sudbury. Tutte le grandi città ne hanno.

abbastanza grandi per ascoltare, riguardo a Babbo Natale e alla provenienza dei bambini. I sovversivi sostengono che i genitori sono vittime di insegnamenti reazionari e dello sfruttamento capitalistico. Il bambino viene incoraggiato a educare i genitori alle idee moderne e progressiste. I bambini vengono avvertiti che, per il loro bene, devono rifiutare di essere dominati o disciplinati dai genitori. Lo scopo di questa campagna sovversiva è distruggere la santità e l'unità della casa, *che è il fondamento su cui si basa la nostra civiltà.*

Per privare i bambini del rispetto per i ministri della religione, i sovversivi li rappresentano innanzitutto come scelti tra i membri meno intelligenti o fisicamente ritardati delle famiglie. Vengono ridicolizzati come "santoni" senza spina dorsale, "benefattori femminili" e servi delle classi dominanti. Citando Marx, si dice ai bambini:

> "La religione è l'oppio dei popoli, perché insegna ad accettare la povertà, la malattia e il lavoro duro come un bene per l'anima".

Il bambino cristiano viene avvelenato contro i ministri della sua religione con le calunnie più fantasiose contro di loro in relazione alla loro vita privata. Vengono presentati come "pecore vestite da lupi", come "corvi neri" che si nutrono della credulità dei loro parrocchiani. Se, come spesso accade, un ministro o un sacerdote viene coinvolto in uno scandalo, lo si mette in risalto per tutto il suo valore.

La religione cristiana viene ridicolizzata in modo nauseante. Cristo è rappresentato come il figlio illegittimo di Maria, una giovane ebrea che, per salvarsi la faccia, ha ingannato Giuseppe facendogli credere di essere stata concepita dallo Spirito Santo. Cristo adulto è rappresentato come un impostore. Si dice che i suoi miracoli siano illusioni abilmente eseguite come i maghi di oggi. I dodici apostoli sarebbero stati suoi complici. Il cosiddetto fumetto "Mandrake il mago" è spesso usato per illustrare come un ipnotizzatore e un mago possano ingannare il pubblico.

Una delle storie preferite raccontate ai bambini cristiani è che Cristo era un contrabbandiere già in tenera età. I sovversivi sostengono che abbia finto di fare un miracolo alle nozze di Cana per vendere il suo vino di contrabbando. Hanno persino accusato Cristo e tutti i cattolici romani di essere cannibali. Sostengono le loro argomentazioni con la citazione biblica secondo cui Cristo ammonì i suoi seguaci che se non avessero mangiato la sua carne e bevuto il suo sangue non avrebbero potuto avere la vita eterna.

I giovani adolescenti vengono introdotti in compagni che insegnano loro il liberalismo, che presto si trasforma in licenziosità. Viene loro insegnata la concezione anarchica della vita. Meno leggi ci sono, meglio è. Fate quello che volete. Secondo gli insegnanti sovversivi, esiste un solo peccato: la disobbedienza agli ordini impartiti dai capi autorizzati. Ci sono solo due crimini: la negligenza e il tradimento dei segreti del partito.

Il passo successivo è quello di portare i giovani antisociali a un vero e proprio conflitto con la polizia. Li iniziano collegandoli a qualche "banda". I giovani leader comunisti incitano gli altri membri. Li sfidano a fare cose al di fuori della legge. Li costringono a lottare per dimostrare il loro coraggio fisico. Li inducono a commettere piccoli reati e poi li conducono sempre più in profondità nella giungla della malavita organizzata comunista.[153]

La pubblicazione di fumetti sul crimine e sul sesso fa parte della guerra psicologica comunista. Questi fumetti sono calcolati per risvegliare nei bambini tendenze sadiche nascoste e represse e per indebolire la corazza morale di bambini altrimenti normali. Qualsiasi "professore" che affermi che i fumetti sul crimine e sul sesso non influenzano i bambini nella direzione voluta dagli Illuminati è uno sciocco o un fante.

Pistole giocattolo, soldati, revolver, film, con abbondanza di crimini e sparatorie, sono tutti calcolati per abbattere i sentimenti più sottili dei bambini cristiani normali e per acclimatarli all'uso delle armi, alle scene di violenza e alla morte improvvisa.

I libri e le riviste pornografiche sono diffusi in abbondanza a prezzi bassi, perché questa letteratura è calcolata per distruggere la sottile patina di virtù e rispettabilità che i codici morali cristiani civilizzati ci hanno fatto sviluppare.

Pochi si rendono conto del ruolo importante che i film moderni svolgono nel sovvertire i giovani allontanandoli dalla loro casa, dal loro

---

[153] L'orgia sessuale che ebbe luogo al Ford Hotel di Toronto, il 23 ottobre 1954, dopo la partita di calcio delle penne rosse, coinvolse decine di adolescenti di entrambi i sessi. Era un tipico esempio di ciò che l'influenza comunista, esercitata segretamente, può avere sulla gioventù di qualsiasi nazione.

Paese e dalla loro religione. Molti film mostrano un'ora di pellicola in cui i criminali e i cattivi fanno tutto ciò che è proibito dalle nostre leggi e dal nostro codice morale e dedicano un minuto in cui la legge li raggiunge o muoiono a causa dei loro peccati. A Galveston, in Texas, sono stati proiettati filmati di combattimenti reali durante la rivoluzione messicana del 1913. La visione di uomini uccisi in battaglia o trascinati dalle loro case e massacrati dai rivoluzionari fece urlare e svenire le donne e vomitare gli uomini. L'opinione pubblica fece sì che le proiezioni venissero proibite. Oggi queste scene vengono mostrate nei film pubblicizzati come "Speciale bambini" per le rappresentazioni del sabato pomeriggio. Questo è solo un esempio di come il pubblico in generale, e in particolare i bambini, siano stati sistematicamente induriti ad accettare la vista della violenza e della morte sanguinosa come normale. Questo sostiene il motto rivoluzionario di: "Le riforme di cui c'è bisogno possono essere realizzate rapidamente solo con l'azione rivoluzionaria".

In ogni paese non ancora sottomesso, i dirigenti del Movimento Rivoluzionario Mondiale hanno creato agenzie cinematografiche private che forniscono le immagini più oscene che si possano immaginare per presentarle a privati. Questi film illustrano ogni forma di depravazione sessuale conosciuta dall'uomo. Vengono utilizzati allo scopo di demoralizzare i giovani per reclutarli nelle organizzazioni rivoluzionarie. Questa affermazione è dimostrata dal fatto che le leggi che li vietano in URSS sono rigorosamente applicate.

I giovani che si dimostrano antisociali, antireligiosi, induriti e brutalizzati, vengono inviati a Mosca e insegnano la "guerra rivoluzionaria e l'arte della lotta di strada". Si tratta di un corso diverso da quello impartito ai futuri leader operai e intellettuali.

La guerra psicologica rivoluzionaria sta raggiungendo il suo scopo nel mondo occidentale come in Spagna. Lo dimostra il fatto che oggi nessuna persona perde il sonno quando l'ultima cosa che sente prima di andare a letto è un resoconto dei dettagli di disastri aerei, incidenti automobilistici, crimini e brutali omicidi. Un berretto da notte di questo tipo sarebbe stato troppo forte per indurre il sonno cinquant'anni fa.

L'opinione pubblica non viene più stimolata all'azione quando i giornali riportano blandamente che diverse migliaia di ebrei sono stati sistematicamente sterminati in camere a gas da antisemiti, o che diecimila cristiani sono stati martirizzati a causa delle loro convinzioni anticomuniste da Béla Kun o da sadici cinesi. Questi orrori sono ormai accettati come fatti quotidiani. Stiamo diventando immuni alle reazioni che un tempo provavamo quando una violenza di qualsiasi tipo veniva alla nostra attenzione. Non siamo più turbati dal rovesciamento con la forza di governi consolidati. Se lo fossimo, avremmo fatto qualcosa per fermare ciò che sta accadendo. La gente ascolta coloro che gridano continuamente, come in Spagna, "il comunismo non potrà mai causare una rivoluzione qui". Ascoltano coloro che danno loro un senso di falsa sicurezza. La maggioranza dei cittadini è come i bambini, che nascondono la testa sotto le coperte quando temono il pericolo. È bene ricordare che tirarsi le lenzuola sulla testa non ha mai salvato una persona da un assassino, da uno stupratore o dall'esplosione di una bomba.

Alcune illustrazioni mostreranno come la guerra psicologica abbia funzionato in Spagna. Dobbiamo sempre ricordare che Lenin disse: "Parte dell'addestramento di tutti i giovani rivoluzionari deve consistere nel rapinare una banca, nel far saltare in aria una stazione di polizia e nel liquidare un traditore o una spia". Solo quando un giovane è stato prosciugato del latte della gentilezza umana e di tutti i sentimenti di simpatia, viene considerato qualificato per l'iscrizione al partito. Si tratta di uno status molto diverso da quello di "compagno di viaggio".

Con l'avvicinarsi del giorno scelto per la rivolta in Spagna, i fornitori di letteratura pornografica e di immagini oscene divennero così audaci da posizionarsi all'ingresso delle chiese e offrire la loro merce alle congregazioni che entravano e uscivano. Le copertine esterne di queste pubblicazioni di solito mostravano un'immagine di preti e suore impegnati in avventure sessuali. Il signor Edward Knoblaugh, [154] riconosciuto come un'autorità sulla guerra civile in Spagna, fu così colpito da questa campagna anticlericale che scrisse:

> "Occasionalmente delegati di ecclesiastici protestanti si recavano nella Spagna lealista per indagare su storie che avevano letto di attività anticlericali. Queste delegazioni venivano accolte calorosamente. Ci si preoccupava di convincerli che erano stati ingannati. Vennero messe a disposizione guide speciali per

---

[154] Il signor Knoblaugh era un "corrispondente in Spagna". Ha pubblicato un libro con questo titolo.

accompagnarli in giro. Hanno visto solo ciò che le autorità comuniste volevano che vedessero. Dopo un giorno o due furono riportati a casa, adeguatamente impressionati".

Ma un giorno ci fu un errore. Una delegazione di ecclesiastici si fermò in una libreria per ammirare alcuni rari volumi antichi. Prima che la guida potesse impedirlo, videro anche copie de "La Traca" e dei "Bicharracos Clericales". Le copertine ritraevano orge sacerdotali con suore seminude. Entrambe le riviste erano abbondantemente illustrate con immagini oscene. Il signor Knoblaugh ha commentato: "I delegati se ne sono andati incazzati".

La situazione in Spagna tra il 1923 e il 1936 era molto simile a quella che esiste oggi in Canada tra la popolazione di lingua francese e quella di lingua inglese. I baschi hanno una lingua, una cultura e delle tradizioni proprie, che risalgono all'antichità. Sono profondamente religiosi e molto orgogliosi. Come molti canadesi francesi, ritenevano di meritare l'indipendenza nazionale. Per raggiungere questo obiettivo organizzarono un movimento separatista per liberare il popolo basco dal resto della Spagna. Come era naturale, i promotori del movimento rivoluzionario in Spagna non trascurarono questa situazione. I baschi erano devoti cattolici romani. Credevano di essere giustificati a combattere per l'indipendenza politica, se necessario. La stragrande maggioranza, tuttavia, non si sarebbe mai affiliata consapevolmente al Partito Comunista per raggiungere il proprio obiettivo. Eppure è esattamente ciò che accadde. Le "cellule" marxiste si infiltrarono nella società basca. Nascosero la loro vera identità così bene da diventare i leader dei "separatisti". Poi, come il capro di Giuda, hanno condotto i baschi al massacro. Operando sotto le bandiere di un intenso patriottismo e fervore religioso, i leader baschi, il presidente Aguirre, Gird e Negrin, hanno mescolato e ridotto in una massa incredibile la croce di Cristo, la pistola dell'anarchismo, la falce e il martello del comunismo. Poi, quando iniziò la rivolta, le masse furono abbandonate al loro destino. Aguirre era a capo dello Stato basco e generalissimo degli eserciti baschi. Sedeva nel suo ufficio a Bilbao, mentre centinaia di sacerdoti cattolici e altri leader della società basca venivano sistematicamente assassinati. Il loro martirio aumentò naturalmente l'odio esistente tra i baschi e la Spagna.

F.J. Olondriz ha scritto la prefazione al libro La persecuzione rossa nei Paesi Baschi, scritto da José Echeandia. Ha detto:

"Quando arrivò il giorno in cui i separatisti baschi, ciechi di passione, molti di loro dimenticando la loro fede e i loro sentimenti cattolici, si sentirono strettamente e fermamente uniti ai comunisti, agli atei e agli anarchici... e si lanciarono in una guerra, si resero responsabili di massacri e credettero che tutti i mezzi fossero leciti, ribellandosi alle parole perentorie del loro capo religioso, Papa Pio XI, contenute nella sua enciclica "Divini Redemptoris": "Il comunismo è intrinsecamente perverso, e non si può ammettere che coloro che desiderano servire la civiltà cristiana possano in qualche modo cooperare con esso".

Quanto bene avrebbero dovuto ricordare queste parole di saggezza alcuni dei nostri statisti di alto livello quando cercarono di collaborare con Stalin durante la Seconda Guerra Mondiale. Un'altra verità che i leader del governo non devono mai dimenticare è il fatto che i comunisti, e tutti gli altri gruppi internazionali, sono usati dagli Illuminati per promuovere i loro piani e le loro ambizioni segrete.

Capitolo 14

Franco

Per comprendere ciò che accadde in Spagna nel 1936, bisogna avere almeno un'idea generale del tipo di uomo che Franco è realmente. Franco entrò nell'esercito spagnolo con la seria intenzione di farne la sua carriera. La sua vita nell'esercito si legge come un romanzo. Si distinse dopo essere stato nominato nella Legione spagnola. Trasformò la sconfitta inflitta al generale Sylvestre dai Mori in una vittoria finale. Non solo guidò le sue truppe senza paura, ma ispirò loro grande fiducia grazie al suo genio per la strategia. Si guadagnò anche il rispetto dei suoi nemici, grazie ai suoi progressi militari e alla sua solida politica amministrativa in Marocco. Alla fine i Mori lo considerarono quasi divino. Arrivarono a chiamarlo "Il Vittorioso"; "Capo dei Capi"; "Coraggioso come un Leone". Questi fatti spiegano perché si radunarono intorno a lui quando chiese la loro fedeltà nel luglio 1936.

Non si dice che Franco fosse popolare tra i suoi fratelli generali. Tuttavia, godeva del rispetto della maggior parte di loro. Fu questo fatto che impedì che il governo del Fronte Popolare si trasformasse in una dittatura totalitaria.

Azana, Caballero e Carlos Prieto dominarono il governo del Fronte Popolare. Il senor Gil Robles e Calvo Sotelo guidarono l'opposizione di destra.

Quando Sotelo rivelò alle "Cortes" che tra il febbraio e il giugno del 1936 c'erano stati 113 scioperi generali, 218 scioperi parziali, 284 edifici, 171 chiese, 69 club e 10 uffici di giornali bruciati, e più di 3.300 omicidi commessi, Casares Quiroga, premier alla 298esima ora, balzò in piedi e replicò con rabbia: "Lei sarà ritenuto personalmente responsabile dell'emozione che il suo discorso provocherà".

Dolores Ibarruri, comunista, soprannominata "Pasionaria" per i suoi discorsi incendiari e le sue azioni fanatiche, era un membro delle Cortes spagnole. Saltò in piedi e, puntando il dito contro Sotelo, urlò letteralmente: "Quell'uomo ha fatto il suo ultimo discorso". Si dimostrò che aveva ragione. Il 13 luglio 1936, il senatore Calvo Sotelo fu trascinato fuori dalla sua casa da quindici guardie d'assalto al comando del capitano don Angel Moreno. Fu portato sul sagrato di una chiesa vicina e assassinato. Fu questo evento a indurre molti generali spagnoli a rompere il loro giuramento al Grande Oriente e a chiedere a Franco di assumere il comando della Spagna. Dolores Ibarruri era un'agente stalinista in Spagna. Le era stato affidato il compito di corrompere gli ufficiali dell'esercito, di organizzare e dirigere le incursioni nelle armerie governative e di armare le forze rivoluzionarie in Spagna. Svolse i suoi vari compiti con grande efficienza.

Le Guardie d'assalto fecero irruzione nelle case di molti altri anticomunisti di spicco dopo l'omicidio di Sotelo, ma la maggior parte di loro era stata avvertita e si era data alla fuga.

Il giorno delle elezioni del febbraio 1936, il generale Franco telefonò al generale Pozas, allora responsabile della Guardia Civil. Lo avvertì che i comunisti eletti alle Cortes avevano intenzione di fomentare la violenza della folla nella speranza di poter sviluppare uno sforzo rivoluzionario allo scopo di rovesciare il governo repubblicano. Il generale Pozas informò il generale Franco che riteneva i suoi timori esagerati. Il generale Franco telefonò poi al generale Molero, ministro della Guerra. Lo informò del pericolo minaccioso. Franco suggerì che gli fosse permesso di dichiarare la Legge Marziale, Franco preparò gli ordini necessari che gli avrebbero dato l'autorità di prevenire gli eccessi e la violenza della folla. Erano necessarie solo le firme del Consiglio dei Ministri per consentirgli di preservare la legge e l'ordine e proteggere il governo repubblicano dalle azioni rivoluzionarie. Ma Portela, che all'epoca ricopriva la carica di premier, sostenne di essere troppo vecchio per mettere in pratica la decisione del Gabinetto. Franco replicò: "Lei ha portato la Spagna a questo triste passo. Ora è tuo dovere cercare di salvarla".

Il generale Franco ricevette l'ordine di recarsi alle Isole Canarie. L'ordine significava di fatto il suo esilio virtuale dalla Spagna.

Prima di partire, il generale Franco ebbe un colloquio con i generali Mole e Varela. Essi gli assicurarono che, una volta che gli altri generali che avevano aderito alle Logge Militari del Grande Oriente avessero saputo la verità, la maggior parte di loro avrebbe rotto con il Grande

Oriente e accettato la sua leadership. Prima che la riunione si sciogliesse era stato predisposto un mezzo segreto di comunicazione tra Mola e Franco. Subito dopo la partenza di Franco per le Isole Canarie, gli agenti di Stalin ripresero le loro attività.

Il 23 giugno 1936, Franco scrisse una lunga lettera al Ministro della Guerra in cui segnalava ancora una volta pericoli specifici.[155] Ma questi avvertimenti furono ignorati come gli altri. Era evidente che i membri comunisti del governo repubblicano erano in grado di dominarne la politica e le azioni.

L'assassinio di Calve Sotelo il 13 luglio decise Franco. Egli inviò un messaggio in codice ai generali che avevano giurato di combattere per salvare la Spagna dal diventare uno Stato satellite della Russia. Tra coloro che Franco contattò vi erano Mola, Goded, Fanjul, Sanjurjo, Saliquet, alcuni ufficiali della Marina spagnola e Queipo de Llano. Dopo l'invio del messaggio, Franco volò dalle Canarie a Tetuan, dove sapeva di poter contare sulla lealtà delle truppe marocchine.

Il 21 luglio 1936 Franco emanò un proclama che definiva la posta in gioco con il minor numero di parole possibile. Esso recitava: "È dovere di ogni uomo entrare in questa lotta definitiva tra Russia e Spagna". Così iniziò la guerra civile. Il professor Unamuno spiegò la questione con un numero ancora minore di parole. Disse: "È una lotta del cristianesimo contro la barbarie". Avrebbe dovuto dire "contro l'Illuminismo".

Sono state ottenute altre prove che dimostrano che il Comintern di Stalin complottava per sottomettere la Spagna e provocare una guerra totale tra la Gran Bretagna e i suoi alleati, da una parte, e la Germania e i suoi alleati, dall'altra. C'è il resoconto della riunione del Segretariato politico del Comintern che ebbe luogo il 25 gennaio 1938. Lo scopo della riunione era quello di discutere i modi e i mezzi per sviluppare lo sforzo rivoluzionario in Spagna e in Nord Africa. Alla riunione parteciparono i rappresentanti del Profintern e delle sezioni estere del G.P.U. (la polizia segreta). Erano presenti tutti i leader rivoluzionari più esperti di Mosca: Iejov, capo della sezione segreta del Comintern; Georges Dimitrov, l'infame dell'incendio del Reichstag, capo della

---

[155] I dettagli si possono ottenere leggendo il libro di Arrara, *Franco*.

Lega dei Senza Dio e della Lega dei Liberi Pensatori; l'allora Segretario dell'Internazionale Comunista; Schick, Manuilsky e Lozovsky del Profintern; Popescu, Weintrauben, Gourovitch, Liemann, Turrini, Adami e Valdez, che rappresentavano il Soviet degli Affari Esteri nell'ufficio politico del Comintern (questi sono i nomi di uomini che negli anni successivi hanno partecipato attivamente alla diffusione della sfera di influenza comunista nel mondo). Dopo l'apertura della riunione, Dimitrov tenne un discorso infuocato. Denunciò la mancanza di vigore missionario degli inviati militari speciali che erano stati inviati in Spagna per aiutare a corrompere il governo del Fronte Popolare e a dirigere le operazioni militari degli eserciti lealisti. La loro azione, ha detto:

> "Non ha avuto uno stimolo sufficiente, e l'eloquenza rivoluzionaria, sulle masse europee in generale. I risultati ottenuti non hanno giustificato i pesanti rischi assunti. LA LOTTA PRINCIPALE, CHE CONSISTE NEL PORTARE A UN CONFLITTO ARMATO TRA DUE GRUPPI DI STATI CAPITALISTICI, NON È STATA RAGGIUNTA". Poi proseguiva sostenendo: "Il comandante militare sovietico in Spagna dovrebbe passare sotto il controllo degli emissari del Comintern, come gli ambasciatori, che sanno come impregnarlo del necessario sentimento rivoluzionario."[156]

Durante la guerra civile in Spagna, la propaganda dell'epoca convinse la gente comune che un piccolo gruppo di generali aveva organizzato una rivolta per rovesciare il governo repubblicano del Fronte Popolare e instaurare una dittatura militare. Le forze del Fronte Popolare si definivano lealiste. Le forze franchiste si definivano nazionaliste. I lealisti comprendevano tutte le fazioni politiche di sinistra del centro. I nazionalisti comprendevano tutte le fazioni politiche di destra del centro.

I comunisti si divisero in due gruppi... quelli che intendevano trasformare la Dittatura Proletaria in uno Stato totalitario stalinista, e quelli che volevano fare del Soviet spagnolo un'unità nell'Internazionale delle Repubbliche Sovietiche, come sostenuto dalla teoria del marxismo. Le forze nazionaliste comprendevano uomini che avevano appoggiato il movimento carlista che, fin dal 1837, aveva

---

[156] Riportato nel numero di *Gringoire* dell'11 febbraio 1938.

come causa la restituzione del trono spagnolo ai discendenti di Don Carlos. I carlisti si trovavano nella provincia di Navarra e sostenevano l'esercito nazionalista di Franco semplicemente perché non intendevano tollerare il comunismo in Spagna.

A destra c'erano anche i falangisti, gli estremisti di destra tra i quali c'era senza dubbio un buon numero di nazisti di tipo tedesco che credevano nell'uso della guerra totale per sottomettere i loro nemici di sinistra. In una situazione del genere è comprensibile che quelli di destra accusassero tutti quelli di sinistra di essere comunisti, mentre tutti quelli di sinistra accusassero tutti quelli di destra di essere fascisti. La maggior parte delle orribili atrocità, tra cui torture, mutilazioni, stupri e l'esecuzione di migliaia di vittime innocenti, furono commesse dai comunisti come parte del modello accettato del Regno del Terrore. Anche alcuni estremisti di parte franchista commisero atrocità. Tutte le guerre civili sembrano trasformare un gran numero di uomini in bruti disumani che scendono al di sotto del livello delle bestie brutali una volta che la sete di sangue è stata suscitata in loro. La guerra civile non può essere giustificata. Coloro che sostengono le guerre rivoluzionarie dovrebbero essere giustiziati. Le prove dimostrano che il re di Spagna nel 1931 e il generale Franco nel 1936 hanno fatto tutto il possibile per evitare una guerra civile.

Franco chiamò i cittadini spagnoli a stringersi attorno a lui solo dopo aver esaurito ogni altro mezzo per impedire il colpo di stato comunista del 26 luglio 1936. L'Esercito professionale in Spagna era stato notevolmente ridotto di numero. Era stato sostituito da una forza di polizia nazionale controllata dal governo di sinistra. È straordinario che il tentativo di Franco di sconfiggere il complotto comunista non sia fallito, perché le indagini del dopoguerra hanno rivelato che nel 1936 le forze armate erano piene di traditori, sia ufficiali che uomini, che erano stati collocati in posizioni chiave dagli agenti di Mosca che lavoravano all'interno del governo del Fronte Popolare in Spagna. Il 21 luglio 1936, l'organizzazione diretta da Mosca per prendere il governo in Spagna era completa.

Franco sapeva che in un giorno Julio Alvarez del Vayo, che era ministro degli Esteri nel governo repubblicano e commissario generale, aveva nominato centinaia di commissari politici nell'esercito repubblicano. La maggior parte di questi uomini erano comunisti. Vayo lo fece senza consultare il premier. I commissari costrinsero i soldati ad aderire al Partito Comunista, offrendo loro vantaggi e promozioni se lo avessero fatto, e minacciando persecuzioni con ogni mezzo in loro potere se non lo avessero fatto. Luis Araqistain, ex ambasciatore della Repubblica spagnola a Parigi, pubblicò questo fatto sul *New York Times* il 19 maggio 1939. È stato dimostrato che era vero.

Indalecio Prieto fu deputato socialista spagnolo e ministro della Difesa nazionale durante la guerra civile spagnola. Contribuì a dirigere la guerra contro Franco. In una relazione pubblicata a Parigi nel 1939 dal titolo: "Come e perché ho lasciato il Ministero della Difesa Nazionale", disse:

> "È difficile stare in guardia perché ci sono comunisti che occupano posizioni riservate e che, per evitare sospetti, ricevono l'ordine di nascondere la loro affiliazione, e talvolta di nasconderla aderendo ad altri partiti. Il dottor Juan Negrin era uno di questi. Era uno degli uomini più potenti in Spagna durante la guerra civile".

Prieto ha scritto di lui:

> "Poiché mi rifiutavo di obbedire agli ordini di Mosca, Juan Negrin mi espulse dal governo che presiedeva il 5 aprile 1938. Nel suo governo occupai il posto di Ministro della Difesa Nazionale. Furono avviate due azioni simultanee contro di me; una fu affidata alla polizia segreta russa e ai militari che operavano nel nostro Paese, l'altra ai comunisti spagnoli... I russi ordinarono e i comunisti spagnoli obbedirono".

Il dottor Juan Negrin sostiene di non essere stato e di non essere un comunista, ma fu lui a ordinare la consegna di 7.000 casse d'oro spagnolo a Stalin. Le casse furono caricate sulle navi "Kine", "Neve" e "Volgiles", tutte e tre con la bandiera sovietica. Jose Velasco e Arturo Candela accompagnarono le spedizioni a Odessa come persone di fiducia. Tutto avveniva sotto copertura e gli altri membri del governo del Fronte Popolare non erano a conoscenza della situazione. Durante il mandato di Negrin, tre comunisti furono nominati sottosegretari alla

Difesa, diventando così i veri padroni dell'esercito, della marina e dell'aviazione repubblicana.[157]

Largo Caballero era un comunista ma, quando si rifiutò di obbedire all'ordine impartitogli dagli emissari di Mosca, questi annullarono i suoi ordini anche quando stava svolgendo il suo mandato presidenziale. Quando cercò di rimediare ai propri errori, si accorse che era troppo tardi. Come gli agenti di Mosca in terre straniere ottengano un controllo così assoluto sui leader della sinistra è spiegato da Prieto. Egli ha scritto:

> "La maggior parte dei comandi militari del governo del Fronte Popolare furono infine occupati dai comunisti, e nelle loro mani c'erano le redini più importanti del potere. Come è potuto accadere questo fenomeno? Attraverso un sistema di coercizione graduato tra l'avanzamento personale di chi chinava la testa e l'assassinio di chi si ribellava".

Theo Rogers nel suo "Spain; a Tragic Journey" fa riferimento alla cattura di documenti che dimostravano senza ombra di dubbio che era stata pianificata una rivoluzione su larga scala che sarebbe scoppiata nel luglio 1936. Rogers scrive:

> "La scoperta, tra i militanti comunisti e anarchici, di documenti e piani, ha dimostrato che era stato elaborato un complotto accuratamente pianificato per un'epidemia che avrebbe sconvolto anche il governo centrale di Madrid e instaurato una dittatura sovietica".

L'opera degli Illuminati.

La dichiarazione di Roger si è rivelata vera. Sono state prodotte prove che dimostrano che sia il Generale Franco che il Generale Mola sapevano fin dall'aprile 1936 che un colpo di stato comunista era stato pianificato prima per il 1° maggio, poi rinviato al 29 giugno e poi ancora al 22 luglio. I ritardi furono ordinati per dare a coloro che erano

---

[157] Il furto di questo oro è ancora un problema internazionale nel 1955. Franco chiede ai sovietici di restituire l'oro.

incaricati di mettere in atto il piano di rivolta più tempo per completare gli ultimi dettagli necessari.

Tutto il mondo avrebbe dovuto sapere del complotto diretto da Mosca contro la Spagna perché gli ordini finali furono intercettati mentre venivano trasmessi dal Comintern ai leader del movimento rivoluzionario spagnolo. I documenti furono consegnati all'Echo de Paris, che li pubblicò nell'aprile 1936. Nell'articolo dell'Eco di Parigi si legge:

"TESTO DELLE ISTRUZIONI PER LA MILIZIA ROSSA"

"Queste istruzioni ai capi della Milizia Rossa spagnola... non provengono da un'organizzazione centrale spagnola, ma dai Servizi Tecnici di Parigi, che le hanno inviate in Spagna in quella data. Questi Servizi Tecnici sono quelli del Partito Comunista Francese, che lavorano in stretta collaborazione con il Comintern, e i suoi delegati in Francia. Il documento, che pubblichiamo, è nelle mani del governo; non siamo stati noi a comunicarlo a. Siamo convinti che M. Daladier, Ministro della Guerra e della Difesa, abbia dato ordine di adottare misure preventive di difesa e protezione".

Il testo abbreviato è il seguente:

1. Rinforzare le truppe d'assalto e le guardie nelle caserme e dotarle di pistole automatiche. Le truppe d'assalto e le guardie sono membri del Partito Comunista in servizio nelle forze permanenti e nelle riserve.

2. Queste truppe saranno messe in comunicazione con i gruppi che irromperanno nelle caserme. Questi ultimi saranno in uniforme e agli ordini dei nostri ufficiali, nei quali abbiamo piena fiducia.

3. Quando inizia il combattimento, i nostri ufficiali verranno fatti entrare con i loro gruppi in segreto. Contatteranno i rispettivi comitati ed eseguiranno il piano d'attacco prestabilito all'interno della caserma.

4. I comitati provvisori, nelle caserme, rinnoveranno ogni due giorni le loro liste di nemici, neutrali, simpatizzanti ed esperti. Quando le caserme sono state conquistate, le persone classificate come nemiche, compresi in particolare tutti i comandanti e gli ufficiali, devono essere eliminate rapidamente e senza esitazione.

5. A ciascun membro dei comitati viene fornito un elenco di nomi di persone che devono essere uccise personalmente.

6. Dopo che i nemici sono stati eliminati, i neutrali devono essere sottoposti a severe punzecchiature per eliminare ogni esitazione abituale in questi personaggi indecisi.

7. I comitati che gestiscono i neutrali prenderanno le disposizioni necessarie affinché i gruppi di vigilanza esterni entrino nelle caserme con il pretesto di aiutare a sedare la ribellione.

8. Questo aspetto ha poca importanza.

9. Gli incaricati di liquidare i generali sulla lista attiva saranno composti da dieci uomini armati di rivoltella. I generali hanno due aiutanti e un segretario, che devono essere uccisi nelle loro case. Le persone incaricate di eseguire queste uccisioni non dovranno ritirarsi di fronte a nessun ostacolo o opposizione, e dovranno eliminare chiunque si opponga a loro, indipendentemente dal sesso o dall'età.

10. Gli addetti all'eliminazione dei generali che non detengono il comando saranno composti da tre gruppi di uomini e svolgeranno i loro compiti come indicato nel paragrafo precedente.

11 e 12. Dettagli su come case e siti, in posizioni strategiche, devono essere procurati dai militanti comunisti, e segretamente armati e fortificati per tendere imboscate alle truppe che potrebbero riuscire a fuggire dalle caserme. Le istruzioni recitano: "Poiché gli ufficiali militari hanno auto protette, gruppi di nostri militanti devono recarsi in punti strategici come gli incroci, in auto e camion; armati di mitragliatrici in modo da impedire che i soccorsi raggiungano chi si trova all'interno delle città. Gli autocarri devono trasportare scorte di granate".

13. I nostri militanti indosseranno rapidamente l'uniforme ottenuta in precedenza e saranno muniti di fucili.

14. Quando scoppierà la ribellione, i nostri gruppi di militanti, indossando le uniformi delle Guardie Civili e delle Guardie d'Assalto e l'equipaggiamento già preparato per loro, arresteranno tutti i capi di tutti i partiti politici con il pretesto della necessità di farlo per la loro protezione personale. Una volta arrestati, si procederà all'eliminazione dei generali che non detengono il comando. I gruppi in uniforme dovranno inoltre arrestare e detenere importanti capitalisti i cui nomi compaiono nell'appendice "B" della Circolare n. 32.

15. Non si farà ricorso alla violenza contro questi capitalisti, se non in caso di resistenza; essi saranno tuttavia costretti a consegnare il saldo dei conti correnti presso le banche e i loro titoli. In caso di occultamento saranno eliminati completamente, comprese le loro famiglie, senza eccezioni. È auspicabile che le Cellule vengano assunte nei loro staff come domestiche o meccaniche, perché possono essere molto utili.[158]

16. Può essere saltato.

17. Per quanto riguarda i membri delle forze armate che si dichiarano simpatizzanti, si seguirà la stessa tattica adottata in Russia. Prima utilizzare i loro servizi e poi eliminarli come nemici. Affinché il nostro sforzo abbia successo e sia permanente, un ufficiale o un uomo neutrale è meglio di uno che ha tradito la sua uniforme perché la sua vita era in pericolo. È probabile che ci tradirebbe anche lui se ne avesse l'opportunità.

18. Le istruzioni alla nostra milizia riguardo alla mobilitazione, ai movimenti di trasporto, all'uso delle armi e al tiro devono essere intensificate.[159]

19. Le milizie appostate agli incroci devono eliminare tutte le truppe sconfitte che cercano di fuggire.

20. Le postazioni di mitragliatrici devono essere collocate in locali che coprono la parte anteriore e posteriore di tutte le armerie, le stazioni di polizia e le caserme e tutti gli accessi e le uscite dalle città; se, nonostante ciò, il nemico riesce a uscire, deve essere attaccato con bombe a mano.

---

[158] Questo ordine proteggeva i banchieri e i capitalisti che lavoravano come agenti degli Illuminati, esattamente nello stesso modo in cui un ordine simile proteggeva i Rothschild nella rivoluzione francese.

[159] Nel 1946 l'autore segnalò alle autorità competenti che i fucili erano stati importati in Canada come rottami; allo stesso modo i ministri del governo canadese permisero che le armi fossero spedite in Medio Oriente come rottami nel 1956.

21. Altre milizie saranno collocate in camion blindati in posizioni strategiche all'interno delle città a non più di un chilometro di distanza l'una dall'altra, anch'esse armate di mitragliatrici.

22. Il collegamento avverrà tramite autovetture leggere e ciclisti, armati di revolver.

23. Non è di particolare importanza.

24. I dettagli più intimi riguardanti la vita e il carattere di tutti i neutrali e dei simpatizzanti devono essere ottenuti e accuratamente registrati, compresi i loro requisiti familiari e l'influenza che l'amore per i figli e il desiderio di questi requisiti necessari possono esercitare su di loro. Se qualcuno della nostra milizia, o qualcuno dei neutrali e dei simpatizzanti, mostra qualsiasi tipo di debolezza o resistenza agli ordini, deve essere denunciato al più alto comitato dell'organizzazione come colpevole di complicità e/o di reazione.

25. Le nostre milizie devono essere organizzate per lavorare lontano dalle loro case e dalle loro località, perché l'esperienza ci ha insegnato che all'ultimo momento, a causa del sentimentalismo, gli uomini che lavorano nelle loro località, tra le loro famiglie e i loro amici, non sono riusciti a portare avanti il nostro piano con il giusto entusiasmo.

26. Tutti i proprietari di depositi di merci e beni devono essere considerati importanti capitalisti. Questi depositi devono essere organizzati per servire il proletariato attraverso i gruppi amministrativi.[160]

27. Tratta la questione dell'uso dello STARVATION come mezzo per ridurre rapidamente l'opposizione e conferma quanto detto sull'uso di quest'arma nelle dispute nazionali e nella guerra internazionale. Si legge: "Durante la prima settimana, e fino a

---

[160] Questo ordine dimostra anche che gli Illuminati sono i veri leader di uno sforzo rivoluzionario. Essi sono sempre ai vertici dei governi, della società, dell'industria e delle forze armate. I lavoratori, la mafia, sono semplicemente le "pedine del gioco". Vengono usati e poi sottomessi. Dimostrate loro questo e il complotto comunista fallirà. -Autore.

quando la costituzione non sarà diventata normale, la fornitura di cibo e bevande ai borghesi è proibita".

28. Leggi - Le scorte di cibo nelle caserme e nelle mani dei nostri nemici, che non possono essere catturate, devono essere rese inutilizzabili mescolandovi paraffina o altre sostanze. Da quando sono stati emanati questi ordini, i leader rivoluzionari di tutti i Paesi hanno ricevuto istruzioni speciali per elaborare piani accurati per trattare con i membri della polizia e dei vigili del fuoco, perché l'esperienza ha dimostrato che la maggior parte di questi impiegati civici "rimane fedele ai propri capi borghesi". L'azione raccomandata è di:

1. Infiltrarsi nelle due forze.

2. Corrompere i ranghi e le file.

3. I membri del Partito sono invitati ad acquistare o affittare proprietà che coprano gli accessi al retro e al fronte delle stazioni di polizia e delle sale dei pompieri, in modo che i membri possano essere eliminati al cambio di turno. L'ora della rivolta deve coincidere con l'ora del cambio di turno della polizia.

Gli ordini impartiti ai leader del partito comunista in Spagna descrivevano nel dettaglio come avrebbero dovuto assumere il controllo di tutti i servizi pubblici e della pubblica amministrazione. L'obiettivo era quello di ottenere, nel più breve tempo possibile, il controllo totale e assoluto di tutte le forniture alimentari e dei sistemi di comunicazione.

Gli ordini rivoluzionari sequestrati a Maiorca nell'ottobre 1936 furono tradotti da Jacques Bardoux, che in seguito scrisse "Caos in Spagna". Erano in viaggio verso i leader rivoluzionari in Spagna.

DOCUMENTO SPAGNOLO

Al fine di poter controllare i minimi dettagli del movimento, a partire dall'8 maggio, solo gli agenti di collegamento potranno dare ordini e comunicheranno tra loro per mezzo del Cypher E.L.M. 54-22. I leader locali dovranno dare istruzioni verbali al comitato con l'aiuto del seguente codice:

1.2.1. Ordine di inizio mobilitazione.
2.1.2. Ordine di inizio della rivolta.
2.2.1.1.1. Ordine di attaccare in punti prestabiliti.

3.3.3. Prevedere i controrivoluzionari.
2.4.3. Mobilitazione dei sindacati.
2.5.5. Sciopero generale.
2.6.5. Atti di sabotaggio, come l'esplosione di linee ferroviarie, ecc.
1.3.2. Segnale di rinvio della rivolta.
1.1.0. Ordine di accantonamento.
1.0.0. La riorganizzazione è pronta.
0.0. Chiudere frontiere e porti.
1.1. Esecuzione di coloro i cui nomi sono sulla lista nera.

Tutti questi ordini saranno impartiti il giorno prima della rivolta, il 1° maggio o il 29,[161] a mezzanotte, dal trasmettitore installato nella Casa del Pueblo di Madrid, la cui lunghezza d'onda è quasi uguale a quella della Radio dell'Unione di Madrid.

Organizzazione di Madrid:

Da suddividere nelle seguenti sezioni: A.B. Chamartin de la Rosa, S.Q. presso la Casa del Pueblo di questo distretto.

C.D. Cuatro Caminos, H.Q. al Club Socialista del distretto.

E.F. Palace District, H.Q. presso la tipografia del Mundo Obrero.

G.H. Distretto universitario, H.Q. presso la redazione di El Socialista.

I.J. Distretto di Latina, H.Q. presso Casa del Pueblo.

M.N. Distretto di Inclusa, H.Q. presso il centro socialista.

N.O. Distretto di Pardinas, H.Q. presso Garage, a Castello 19.

P.Q. Distretto Sud, H.Q. presso il Centro Socialista di Vallecas.

R.S. Distretto di Carabanchel, H.Q. al Club Socialista.

---

[161] Fu dopo l'emissione di questi ordini che la data della rivolta fu spostata al 22 luglio.

Centro T.U.V. di Madrid, H.Q. alla Casa del Pueblo, Segreteria.

X.Y.Z. Uffici n. 2, 3, 4, 6, 8, 10, 12 (stanza con balcone).

Piano della campagna di Madrid:

La rivolta sarà annunciata da cinque bombe fatte esplodere al crepuscolo. Immediatamente si fingerà un attacco fascista a uno dei centri del C.N.T.; poi si proclamerà lo sciopero generale e i soldati e i capi che ci sostengono si solleveranno in rivolta. I gruppi entreranno in azione.

Quelli designati nel T.U.V. prenderanno il controllo dell'Ufficio delle Comunicazioni, della Presidenza e del Ministero della Guerra. Quelli del distretto attaccheranno i Commissariati e quelli della sezione X.Y.Z. prenderanno l'Ufficio di Pubblica Sicurezza.

Un gruppo speciale composto esclusivamente da mitraglieri con bombe a mano andrà a la sede del governo e la attaccherà per le seguenti vie: Carretas, Montera, Mayor, Correos, Paz, Alcala, Arenal, Preciados, Carmen e San Jeronimo. I gruppi, composti da cinquanta cellule di dieci uomini ciascuna, agiranno nelle strade del secondo e terzo ordine, e da due cellule solo in quelle del primo ordine e nei viali.

Gli ordini sono per l'immediata esecuzione di tutti i controrivoluzionari che sono stati arrestati. Ai repubblicani del Fronte Popolare sarà chiesto di sostenere il movimento e, in caso di rifiuto, saranno espulsi dalla Spagna.

DOCUMENTO FRANCESE

Segreto. Ai responsabili dei Gruppi e delle Sezioni: Cella di San Giorgio del Bois, Stazione di vedetta.

PRIMO GRUPPO: H.Q. Municipio.
Capogruppo, A. Presidente.
Prima sezione: B.

4 volontari
5 fucili, 1 revolver,
70 munizioni per il fucile,
20 per il revolver,
15 granate.

Seconda sezione: C.

6 volontari
4 fucili,
3 revolver,
70 munizioni per il fucile,
20 per il revolver.

Terza Sezione: D.
Leader, C

4 volontari per la distribuzione di armi e munizioni e per la fabbricazione di munizioni.
6 revolver,
15 taniche di benzina,
25 taniche (5 litri ciascuna) di riserva, rilasciate al compagno C.

SECONDO GRUPPO:
Stazione ferroviaria di H.Q.
Leader, D.E.P.

7 volontari,
8 fucili,
80 munizioni,
20 candelotti di dinamite consegnati al compagno E.

TERZO GRUPPO:
Alla stazione.
Leader, F.E.

5 volontari (2 esperti),
6 fucili,
1 revolver,
60 munizioni per fucile,
20 per la rivoltella, 1.500 metri di filo telefonico isolato consegnato al compagno F.

QUARTO GRUPPO:
(gruppo d'attacco) H.Q. Seminterrato del Municipio, Leader G.

Prima sezione: H.

4 volontari,
4 fucili,

50 munizioni,
10 coltelli,
12 corde.

Seconda sezione: I.

4 volontari,
4 fucili,
50 munizioni,
10 coltelli,
10 corde.
Istruzioni speciali.

SECONDO GRUPPO: Far saltare in aria le ferrovie e i convogli fascisti

TERZO GRUPPO: Collegamento immediato tra la centrale telefonica, la stazione ferroviaria e il municipio.

A TUTTI I GRUPPI: Conservare le munizioni in attesa dell'arrivo di armi e munizioni dalla cellula di Rochefort. Primo Gruppo al comandante tutte le provviste, gli animali e il foraggio in attesa dell'arrivo delle istruzioni da Rochefort per la distribuzione.[162]

COMPAGNO PRESIDENTE

Commento dell'autore:

La storia recente ha dimostrato che le istruzioni impartite dagli Illuminati attraverso Mosca per l'assoggettamento della Spagna sono state aggiornate ed eseguite in tutti i Paesi europei che sono stati assoggettati dal 1936. *Non c'è motivo di credere che la Quinta Colonna in Canada e negli Stati Uniti sia meno organizzata. La Quinta Colonna è pronta a eseguire gli ordini degli Illuminati quando coloro che dirigono il movimento rivoluzionario mondiale ritengono che il momento sia opportuno.* Ci sono ampie prove che dimostrano che i membri del Partito Comunista in Canada e negli Stati Uniti, fin dal

---

[162] Le informazioni di cui sopra sono state messe a disposizione della "Free Press of the World" dagli scrittori e dai corrispondenti accreditati della Free Lance non appena disponibili, ma non sono mai state pubblicate. Perché?

1948, hanno praticato una rapida evacuazione dalle grandi città e dalle aree industriali, in modo da poter essere in campagna per i picnic e per altre ragionevoli scuse, durante le fasi iniziali di un raid di bombardamento sovietico. Hanno intenzione di tornare e prendere il controllo mentre le condizioni sono caotiche e gli abitanti sono ancora in uno stato di panico.

Se da un lato è necessario controllare l'Illuminismo in Europa e in Asia, dall'altro sarà un errore tremendo e costoso non rendersi conto della portata del pericolo della loro quinta colonna. Dobbiamo eliminare il pericolo interno o tutti i nostri piani di difesa civica di emergenza saranno inutili. Dobbiamo prima occuparci del nemico interno, poi i nostri piani di difesa, e altre questioni, si inseriranno senza problemi senza essere ostacolati da traditori e sabotatori. Il fatto da ricordare è che i comunisti vengono usati per iniziare la rivolta. Coloro che guidano i comunisti formano poi una dittatura del proletariato, che a sua volta viene assunta dall'agente degli Illuminati.

Capitolo 15

Il regno rivoluzionario del Terrore

Lo studio dei metodi impiegati dagli agenti degli Illuminati in Spagna è di grande utilità per coloro che vogliono proteggere il proprio Paese dal pericolo di tribolazioni simili. I leader rivoluzionari fanno occupare alle Cellule posizioni chiave nelle carceri, nelle prigioni e nei manicomi. Il loro scopo è controllare queste istituzioni in modo da poter liberare gli elementi antisociali detenuti e usarli come truppe d'assalto durante la rivolta. In tutte le rivoluzioni fino ad oggi i prigionieri antisociali e i pazzi criminali sono stati usati per suscitare la sete di sangue nella folla e introdurre così il "Regno del Terrore" che, secondo i leader rivoluzionari, farà sì che l'opinione pubblica si arrenda nel più breve tempo possibile.[163]

La politica carceraria di Madrid è stata influenzata in larga misura dai consigli forniti alle autorità del governo del Fronte Popolare dal "generale" Kleber, il canadese-russo che, dopo aver seguito una formazione teorica presso l'Istituto Lenin di Mosca, era stato inviato in

---

[163] Le indagini sulle rivolte avvenute in molte carceri sia negli Stati Uniti che in Canada indicano che queste rivolte erano di ispirazione comunista. Ci sono voluti quasi ventitré anni per dimostrare che alcuni funzionari del penitenziario di Kingston, all'epoca in cui Tim Buck era rinchiuso nell'istituto, erano comunisti. Le prove indicherebbero che lo aiutarono a organizzare i disordini della prigione di Kingston. All'epoca scrivevo sul Free Lance. Scrissi che l'intera faccenda puzzava di complotto per fare di Tim Buck un martire, al fine di suscitare la simpatia dell'opinione pubblica e ottenere il suo rilascio. Dichiarai la mia opinione che le guardie e altri funzionari della prigione erano coinvolti. La mia storia non è mai apparsa sulla stampa. Nel 1953 uno dei funzionari che nel 1932 avevo sospettato di avere affiliazioni "rosse" partecipò alle elezioni federali nella Columbia Britannica come candidato laburista progressista. Tra il 1939 e il 1944 questo stesso uomo fu responsabile dell'addestramento del personale del ramo ingegneristico della Royal Canadian Navy. Queste informazioni sono state fornite alle autorità competenti.

Spagna per servire Stalin e ottenere un'esperienza pratica nella guerra rivoluzionaria.

Non appena il governo del Fronte Popolare si insediò nel marzo del 1936, i membri dell'estrema sinistra insistettero affinché venisse approvata una legge di amnistia che concedesse la libertà a tutti coloro che avevano preso parte alla ribellione delle Asturie. Oltre a questo 318 piccolo esercito di rivoluzionari, altri 30.000, che erano stati arrestati come comunisti, ottennero la libertà. Dopo il 17 luglio, altri 40.000 criminali comuni furono rilasciati a condizione che portassero le armi nell'esercito lealista. I leader rivoluzionari liquidano la maggior parte dei criminali comuni dopo che hanno raggiunto il loro scopo. Così facendo, convincono un gran numero di persone che le atrocità commesse durante la rivoluzione erano crimini di irresponsabili che agivano di propria iniziativa e non secondo un piano terroristico preconcetto.

Queste erano le condizioni esistenti quando il generale Franco decise di provare a salvare la Spagna dalla tirannia comunista. Sono stati scritti molti libri che raccontano come Franco, e un manipolo di generali spagnoli, riuscirono infine a sconfiggere il complotto comunista. È una storia emozionante di coraggio, forza d'animo e grande fede nella loro crociata cristiana. Non appena Franco emanò il suo proclama, i sottosegretari rossi per l'esercito, la marina e l'aria ordinarono alle cellule comuniste di liquidare tutti gli ufficiali indicati come nemici. Questo compito fu portato a termine con grande accuratezza. Cellule comuniste erano state collocate nei settori meccanico, delle comunicazioni e dei segnali dei servizi. Questo dimostra che gli organizzatori si stavano attenendo al modello stabilito per le rivolte inglesi, francesi, russe e tedesche.

Colti di sorpresa, quasi due terzi degli ufficiali furono uccisi a sangue freddo durante le fasi iniziali dell'attacco. Gli ammutinati cercarono di convincere gli altri ranghi e i gradi che stavano eseguendo gli ordini del governo e giustiziando gli ufficiali che erano stati condannati come nemici del governo del Fronte Popolare.

Molti uomini non credevano a ciò che veniva loro detto. In breve tempo non fu raro vedere una nave da guerra sparare a pochi metri di distanza su un'altra. In un caso, la torretta di prua era presidiata da rossi e quella di poppa della stessa nave da antirossi. I massacri iniziati a bordo delle navi si estesero ai cantieri e alle città in cui si trovavano.

Ci sarebbero potute essere delle scuse per le azioni drastiche intraprese contro gli ufficiali che avrebbero potuto schierarsi con Franco, ma è impossibile giustificare il terrorismo che i comunisti, agendo come soldati e polizia del governo del Fronte Popolare, inflissero alla popolazione disarmata e ignara. L'imposizione del terrorismo dimostrò, al costo di centinaia di migliaia di vite innocenti, che la politica di Lenin era stata accettata. Egli stabilì che il terrorismo doveva accompagnare ogni sforzo violento per rovesciare un governo, perché il terrorismo era il metodo più economico per sottomettere le masse in modo rapido e completo.

Va ricordato che i leader di una rivoluzione non considerano lo sforzo del tutto sprecato se non si conclude con una dittatura proletaria. Ogni rivolta contro il governo costituito e l'autorità legale è considerata da coloro che tramano e pianificano gli sforzi rivoluzionari come un passo nella giusta direzione. Se lo sforzo non ha successo è un male, ma non è senza speranza. Non importa quante persone vengono uccise. Sono solo pedine del gioco. Sono sacrificabili. È straordinario come pochi leader rivoluzionari di alto livello vengano uccisi durante una ribellione. [164] È accettato come una buona tecnica rivoluzionaria, sacrificare le masse e preservare i membri degli Illuminati, perché saranno loro a governare il nuovo ordine. Anche negli scioperi ordinari i rossi di solito fomentano i problemi e poi se la svignano. Lasciano che siano gli altri lavoratori a combattere con la polizia o la milizia.

I fatti che seguono dimostrano che durante una rivoluzione chiunque non sia un membro del partito o un compagno di viaggio non può aspettarsi alcun tipo di pietà. Anche i compagni di viaggio vengono liquidati dopo essere stati usati a proprio vantaggio.

Prima del luglio 1936, i dirigenti del W.R.M. avevano letteralmente inondato Madrid di agenti. Moses Rosenberg arrivò come ambasciatore di Mosca a Madrid. Anteneff Avseenko arrivò a Barcellona. Dimitrov arrivò per condurre personalmente le persecuzioni religiose previste dopo il golpe comunista. Durante la guerra civile Rosenberg governò come zar di Madrid. Avseenko assunse il comando dell'Armata Rossa catalana. Rosenberg organizzò i Chekas in Spagna e si assicurò che

---

[164] È un fatto storico che i leader rivoluzionari morti durante le purghe di partito siano dieci volte più numerosi di quelli morti durante la guerra rivoluzionaria vera e propria.

svolgessero il loro lavoro di spionaggio di un numero sempre maggiore di vittime.

Gli agenti di Mosca organizzarono le "Squadre di Purificazione". Ufficialmente il loro compito era quello di scovare i fascisti, ma segretamente liquidavano tutti coloro che erano stati precedentemente elencati come reazionari al piano degli Illuminati per la sottomissione della Spagna. Questi elenchi erano stati compilati da spie comuniste che erano state inserite nell'Unione dei Concierges (custodi di case e appartamenti), nei dipartimenti fiscali, nei servizi postali e in altri uffici pubblici. Le liste di coloro che dovevano essere liquidati erano molto complete perché le spie di Mosca, alcune travestite da forbici e arrotini, avevano coperto ogni quartiere, strada per strada e casa per casa. Tutti i cittadini erano elencati in base alla loro posizione politica, lavorativa, sociale e religiosa e alle affiliazioni. Quando fu dato l'ordine di iniziare il Regno del Terrore, i comunisti lavorarono con la sicurezza, la ferocia e l'accuratezza di bruti affamati. Stalin aveva dichiarato una volta: "È meglio che muoiano cento innocenti che un solo reazionario riesca a fuggire". Essi obbedirono a quest'ordine con diabolica perseveranza.

Affinché altri che vivono in Paesi non ancora sottomessi possano capire cosa succede durante un regno del terrore, verranno descritte alcune atrocità reali.

Il 17 luglio 1936, un gruppo di comunisti che indossava le uniformi delle truppe governative fece visita al convento domenicano di Barcellona. Il capo informò la madre superiora che, poiché si temeva la violenza della folla, aveva l'ordine di scortare le suore in un luogo sicuro. Le suore raccolsero le loro poche cose e, ignare, accompagnarono i soldati che le portarono in periferia dove le uccisero tutte. Il capo ha osservato con insensibilità: "Avevamo bisogno dell'edificio. Non volevamo rovinarlo prima di occuparlo".[165]

Il senatore Salvans era un noto anticomunista. Per tre volte le squadre di purificazione visitarono la sua casa a Barcellona. Quando la terza

---

[165] Registrato nei rapporti ufficiali "Atrocità comuniste in Spagna". Prima, seconda e terza parte. Le indagini sono state condotte da una commissione composta da uomini di diverse nazionalità. La redazione è stata curata da Arthur Bryant, giornalista e scrittore di fama internazionale.

visita non produsse alcuna informazione su dove si trovasse, i rossi uccisero l'intera famiglia, composta da otto persone. Questo atto vile fu compiuto in conformità con i paragrafi 15 e 16 delle istruzioni già citate.

Uno dei più insensati atti di violenza mai commessi in nome della "Libertà... uguaglianza... Fraternità", è stato l'omicidio di sedici fratelli laici che lavoravano volontariamente come infermieri maschi nel più grande ospedale di Barcellona. Il loro unico crimine era quello di appartenere a un ordine religioso. Il fatto che assistessero tutti i malati, senza distinzione di classe, colore o credo, non fece alcuna differenza per coloro che ordinarono la loro "liquidazione". E.M. Godden, che ha pubblicato Conflict in Spain, a pagina 72 riporta:

"Il massacro dei vivi fu accompagnato dalla derisione per i morti. Durante l'ultima settimana di luglio del 1936, i corpi delle suore vennero riesumati dalle loro tombe e affissi fuori dalle mura dei loro conventi. Ai loro corpi furono attaccati cartelli osceni e offensivi".

Mio cugino, Tom Carr, fu ingegnere minerario in Spagna dal 1919 al 1938. Era sposato con la figlia del signor Allcock, il console americano di Huelva. Uno dei 5° Colonna di Caballero era stato eletto sindaco di Huelva. Quando Mosca gli diede il via, consegnò l'amministrazione civica ai comunisti. Il loro primo atto fu quello di torturare e poi uccidere tutti i sacerdoti. Le suore vennero spogliate e spinte dai conventi nelle strade per fornire uno sport ai rivoluzionari.[166]

Godden afferma anche di aver intervistato due donne inglesi che sono sfuggite alle molestie solo perché erano straniere. Queste due donne raccontarono a Godden di essere state costrette ad assistere a una folla di uomini e donne che si comportavano come dervisci fanatici. Nel primo caso i rossi hanno torturato e deriso un sacerdote prima di appendere il suo corpo smembrato e le sue membra a una statua della Beata Vergine. Nel secondo caso, la folla ha praticato un foro nel corpo di un giovane sacerdote e poi, mentre era ancora vivo, lo ha trafitto con un crocifisso.

---

[166] Questa affermazione di mio cugino è stata confermata a pagina 238 dell'*Arena spagnola*, scritta da William Fees e Cecil Gerahty, e anche da Arthur Bryant che ha indagato sulle atrocità comuniste in Spagna.

Nel settembre 1936, Pere Van Rooy, famoso autore francese, riportò le parole di Dimitrov: "Ci rimproverano di aver distrutto le chiese e i conventi della Spagna. Che importanza ha la distruzione di alcuni conventi e chiese? Noi vogliamo creare un mondo nuovo.[167]

Una commissione che indagò ufficialmente sulle atrocità comuniste in Spagna nel 1939, concordò che una stima prudente indicava in 50.000 il numero di cittadini liquidati a Barcellona come "reazionari" tra il luglio 1936 e il dicembre 1937. A Valencia il numero fu fissato a 30.000. A Madrid si stimava che un decimo dell'intera popolazione fosse stato sistematicamente assassinato per trasformare la Spagna in un altro Stato totalitario.[168]

Per illustrare ciò che accadde quando i rossi presero il controllo della Spagna, citerò alcuni altri testimoni indipendenti. Marcel M. Dutrey, il famoso scrittore francese, ha dichiarato:

> "A Castre Urdiales il comandante militare comunista era un ex poliziotto municipale licenziato per furto sul sito. Il nuovo capo della polizia si era precedentemente guadagnato da vivere fabbricando e vendendo cartoline oscene. Il pubblico ministero era il figlio illegittimo di una donna che in precedenza era stata una nota passeggiatrice. Fu soprannominato "Figlio di sua madre". Il Tribunale Rosso era presieduto da un minatore che era assistito da due "assessori"... Tutti questi uomini erano sadici. Si gloriavano di eseguire le condanne che loro stessi imponevano alle loro vittime. Aprirono lo stomaco a Vincent Mura; martirizzarono Julie Yanko pubblicamente nella piazza del mercato; smembrarono Varez, il famoso automobilista spagnolo, perché si era rifiutato di tradire i suoi amici nelle loro mani".

---

[167] Cfr. *Catholic Herald*, 11 febbraio 1938.

[168] Nel caso in cui qualcuno pensi che i comunisti odino solo i cattolici romani, è bene ricordare che le Potenze Segrete che stanno dietro al Movimento Rivoluzionario Mondiale sono determinate a trasformare questo mondo nel dispotismo di Satana. Questa è l'essenza dell'Illuminismo. Per cullare le persone, nei Paesi non ancora sovietizzati, (sic) in una falsa sicurezza, cercheranno di convincerle della loro tolleranza verso le religioni diverse dalla cattolica romana, ma le indagini dimostrano che sono determinati, quando avranno sufficiente potere, a spazzare via tutte le religioni.

Arthur Bryant, che ha scritto la prefazione al rapporto, pienamente provato e autenticato, sulle "Atrocità comuniste in Spagna", ha osservato in diverse occasioni

> "Gli agenti sovietici ottennero un tale controllo dei sistemi di comunicazione che solo i resoconti favorevoli alla loro causa arrivarono alla maggior parte dei giornali del mondo, ma, d'altra parte, le menzogne più oltraggiose contro le forze franchiste furono inventate e date alla stampa del mondo senza lasciare spazio o ostacoli".

Bryant fu talmente disgustato da ciò che vide che scrisse:

> "Nessun docente universitario o anonimo commentatore di B.B.C.[169] ha detto al giusto e compassionevole popolo britannico la verità sulle donne di San Martin de Valdeiglesias. Per un crimine non più grave di quello di essere state trovate in possesso di qualche emblema religioso, le donne di San Martin de Valdeiglesias furono condannate a essere violate, e a saziare ogni vile passione, da venticinque uomini della Milizia Rossa ciascuna.

> Il fatto che i padri di alcune donne fossero stati imprigionati e condannati a morte, e che le loro madri fossero costrette ad assistere alla degradazione delle loro figlie, non fu sufficiente a dissuadere gli uomini della Milizia Rossa dall'eseguire la sentenza. Gli orrori delle ore subite da queste donne ebbero effetti terribili sulla mente di alcune di loro. Le sopravvissute hanno raccontato di come, più e più volte, abbiano implorato i loro carnefici di ucciderle piuttosto che sottoporle a un così terribile disonore. La spaventosa crudeltà di tali atrocità può essere compresa dal fatto che molte delle condannate erano sposate e, quando furono condotte tra i miliziani, davanti a questo spietato tribunale, portavano in braccio i bambini, che furono

---

[169] NOTA - Agenti rossi si erano infiltrati nello staff della B.B.C. britannica nel 1938 e per quasi due anni la politica è stata filo-lealista, cioè comunista. L'attuale tendenza del C.B.C. è molto simile. La maggior parte dei programmi è nettamente orientata a "sinistra".

testimoni di questo culmine dell'orrore nel disonore delle loro madri"[170]

Non c'è da stupirsi che il potere segreto che dirige il W.R.M. abbia detto:

"I comunisti non dovevano essere obbligati a portare avanti il loro piano di Terrorismo nelle località in cui avevano vissuto con le loro famiglie, ma dovevano essere impiegati altrove".

Ogni comunista dichiarerà che queste atrocità sono state commesse da "incontrollabili" che sono stati puniti quando sono stati catturati. Affinché nessuno possa essere ingannato da tali menzogne, citerò ancora una volta Lenin, il primo santo canonizzato del credo totalitario degli Illuminati. Lenin disse in varie occasioni:

"In politica non c'è morale, c'è solo convenienza. Un mascalzone può esserci utile solo perché è un mascalzone".

In un'altra occasione ha detto:

"I giovani rivoluzionari dovrebbero iniziare immediatamente l'addestramento alla guerra, attraverso operazioni pratiche come la liquidazione di un traditore, l'uccisione di una spia, l'esplosione di una stazione di polizia, o la rapina di una banca per fornire fondi alla rivolta, ecc... Non sottraetevi a questi attacchi sperimentali. Naturalmente potrebbero degenerare in eccessi, ma questa è una preoccupazione del futuro".[171]

Il comunista Krassikov era un libertino che sperperava i fondi del partito in una vita dissoluta. Lenin, nell'ordinare la sua liquidazione, disse:

---

[170] I dettagli sono riportati a pagina sei del secondo rapporto "Atrocità comuniste in Spagna".

[171] Gli agenti comunisti insegnano ai bambini, in tutte le nazioni libere, l'inversione dei Dieci Comandamenti. Il comunismo è quindi responsabile dell'aumento della delinquenza giovanile più di ogni altra causa. Pur professandosi atei, essi servono gli scopi degli Illuminati e del satanismo.

"Non importa che il compagno Krassikov abbia sperperato i fondi del partito in un bordello, ma è scandaloso che questo abbia disorganizzato il trasporto di letteratura illegale".[172]

L'addestramento comunista è progettato per spremere l'ultima goccia di gentilezza umana dai cuori di uomini e donne che aspirano a diventare alti sacerdoti della religione. Anna Pauker raggiunse vette vertiginose nella gerarchia sovietica. Divenne Ministro degli Esteri della Romania. Dimostrò a di essere fedele a Stalin quando si rese vedova denunciando il padre dei suoi tre figli come trotzkista.

I terroristi comunisti incoraggiano dei semplici ragazzi a diventare carnefici dei nemici del proletariato per indurirli e rimuovere dai loro cuori ogni minimo residuo di sentimento e simpatia umana. Uno di questi giovani raccontò di essersi divertito molto con un prete. Disse:

"Notte dopo notte lo portavamo fuori con i gruppi che dovevamo uccidere, ma sempre lo mettevamo per ultimo nella fila. Lo facevamo aspettare mentre uccidevamo tutti gli altri e poi lo riportavamo di nuovo alle Bellas Artes". (Le Bellas Artes erano l'edificio delle Belle Arti che i comunisti usavano come prigione). Ogni notte pensava di dover morire, ma una morte rapida era troppo bella per lui. Quel 'Fraile' morì sette volte prima che lo finissimo".

Knoblaugh, a pagina 87 del suo libro Corrispondente in Spagna, racconta di un orribile incidente che conferma le tesi secondo cui i pianificatori della Rivoluzione Mondiale selezionano i potenziali leader quando sono molto giovani e poi li addestrano fino a renderli privi di ogni traccia di sentimento e pietà umana. Knoblaugh racconta che due giovani comunisti si vantarono con un medico, in sua presenza, di aver mutilato e ucciso due giovani preti. Erano penetrati nel travestimento di questi due religiosi che, per sfuggire alla scoperta e alla morte, lavoravano come carbonai. I due giovani hanno raccontato di aver fatto scavare le tombe ai due sacerdoti con le loro pale da carbone, poi, in conformità con il Regno del Terrore progettato dai comunisti, hanno evirato le loro due vittime e hanno forzato gli organi nelle loro bocche.

---

[172] La rivista Time ha fatto riferimento a queste opinioni espresse da Lenin il 17 novembre 1948.

Rimasero in disparte a scherzare mentre i sacerdoti morivano di una morte lenta e persistente.

De Fonteriz, in *Terrore rosso a Madrid*, pagg. 19-20, racconta che i cecoslovacchi, organizzati da Dimitrov e Rosenberg, cercarono di far dire a una certa signora dove si nascondeva il marito. La donna probabilmente non sapeva dove si trovasse, ma per essere sicuri che non lo sapesse, i membri dei Chekas la fecero sedere e guardare mentre si divertivano a trafiggere i seni di otto donne della sua famiglia con lunghi spilloni da cappello.

A riprova di una precedente affermazione, secondo cui coloro che disegnano il modello del Regno del Terrore si servono di criminali e pazzi per fomentare la sete di sangue, riporto ciò che accadde ad Alcala il 20 luglio 1936: I rossi liberarono tutti i prigionieri, uomini e donne, a condizione che portassero le armi per la causa comunista. Erano mille uomini e duecento donne. Si costituirono nel Battaglione di Alcala. Si distinsero nel vittorioso attacco a Madrid. Come ricompensa furono inviati a Siguenza. Dopo aver conquistato la città, uccisero duecento cittadini per piegare la resistenza degli altri. Questo battaglione di criminali occupò Siguenza per sedici settimane. Quando furono cacciati dalle forze di Franco, si scoprì che ogni donna, dai dieci ai cinquanta anni, era stata violentata. Molte di loro erano incinte e molte malate. Alcune erano entrambe le cose. Una ragazza, cameriera in un hotel, raccontò quanto fosse stata fortunata. Raccontò che i criminali avevano ucciso il vescovo di Siguenza in modo orribile, barbaro e impronunciabile. Durante il banchetto che si tenne nell'albergo quella sera, uno del battaglione si invaghì di lei e pretese che uno dei suoi compagni si vestisse con i paramenti del vescovo assassinato e li sposasse. Gli altri pensarono che si trattasse di un grande scherzo e realizzarono la finta cerimonia. Dopo il matrimonio, i "Militiennes" eseguirono la "Danse on Ventre" usando i tavoli da pranzo come palcoscenico. Al termine dell'orgia, l'uomo rivendicò la ragazza come sua proprietà personale. Raccontando questo avvenimento, la donna ha osservato:

> "Sono stata fortunata. Il mio uomo era un assassino, ma era meglio appartenergli che essere il giocattolo di tutti. Almeno sono scampata alle malattie".

Marcel M. Dutrey ha pubblicato il fatto che a Ciempozuelos più di un centinaio di fratelli religiosi sono stati legati a dei pazzi che sono stati dotati di coltelli. Si può immaginare l'orrore che seguì. L'esercito di propagandisti addestrati da Mosca raccontò al mondo come le truppe di Franco avessero assassinato i sindaci di molte piccole città, ma non menzionò il fatto che erano stati processati da un tribunale militare regolarmente costituito e che si era dimostrato che erano agenti comunisti di Largo Caballero che avevano complottato per trasformare la Spagna in una dittatura.

Se c'è bisogno di un'ulteriore prova a sostegno dell'affermazione che le potenze segrete che stanno dietro al Movimento rivoluzionario mondiale si servono dei comunisti di tutto il mondo per portare avanti i loro piani totalitari, le numerose diserzioni dal partito comunista, in tutto il mondo, dovrebbero fornire questa prova. Douglas Hyde, che nei cinque anni precedenti era stato redattore del Daily Worker, il principale giornale comunista britannico, nel marzo del 1948 annunciò le sue dimissioni dal partito comunista. In un comunicato stampa dichiarò:

> "Credo che la nuova 'linea' del partito comunista, introdotta dopo la formazione del Cominform lo scorso anno (1947), se avrà successo, non porterà altro che miseria alla gente comune".

Mr. Hyde ha poi spiegato che dalla fine della Seconda Guerra Mondiale era preoccupato per la politica estera di Mosca. Ha detto di essersi finalmente convinto che la linea del Partito, come ora determinata dalla cricca di Mosca, non era più in linea con gli ideali per i quali aveva lavorato a lungo, e che il risultato finale sarebbe stato quello di distruggere le libertà e le decenze per le quali i comunisti avevano combattuto per così tanto tempo. Concludeva con queste parole:

> "La mia crescente disillusione mi ha portato a cercare qualche altra risposta al problema dei nostri giorni, e un'altra via d'uscita dal caos mondiale".

Alle dimissioni di Mr. Hyde a Londra, in Inghilterra, si sono aggiunte quelle di Justina Krusenstern-Peters, membro dello staff delle pubblicazioni sovietiche da dodici anni. Ha annunciato le sue dimissioni a Shanghai, in Cina. Ha dichiarato:

> "La tensione di scrivere secondo gli ordini di Mosca è diventata più grande di quanto potessi sopportare... Sono ancora un cittadino sovietico. Sono sicuro che i miei sentimenti sono condivisi da molti dei miei colleghi in Russia, l'unica differenza è che loro non possono protestare contro la loro schiavitù".

La maggior parte dei comunisti lavora per realizzare un'Internazionale delle Repubbliche Socialiste Sovietiche. In altre parole, ritengono che solo utilizzando metodi rivoluzionari si possa distruggere rapidamente la morsa del capitalismo egoista e mettere il potere politico nelle mani dei lavoratori. Pochi membri del partito si rendono conto di lavorare in uno stato di schiavitù da cui non c'è speranza di uscire.[173]

---

[173] Mr. Hyde e altri che si sono staccati dal partito comunista non sembrano ancora rendersi conto di essere stati solo strumenti utilizzati per portare avanti i piani degli Illuminati.

Capitolo 16

Gli eventi che hanno preceduto la Seconda Guerra Mondiale

È stato raccontato come i banchieri internazionali abbiano permesso alla Germania di riarmarsi segretamente, con l'aiuto di Stalin, nonostante le restrizioni imposte dal Trattato di Versailles. Per capire cosa accadde in Germania per portare Hitler al potere, è necessario conoscere gli intrighi politici che si svolsero tra il 1924 e il 1934. Le "Potenze segrete" hanno sempre fatto in modo che i loro agenti dividessero la popolazione dei Paesi. Progettano di sottomettere molti gruppi religiosi, economici, politici, sociali e lavorativi. I loro agenti dividono poi i vari gruppi nel maggior numero possibile di fazioni. Il loro motto è "Uniti si sta in piedi. Divisi cadono".

La maggior parte dei cittadini tedeschi, ad eccezione dei comunisti, era d'accordo sulle seguenti questioni: Che la Germania aveva vinto la guerra quando era stata prima tradita e poi vittimizzata. Che gli usurai nazionali avevano usato le cosiddette democrazie di Gran Bretagna, Francia e Stati Uniti per sconfiggere le forze armate tedesche. Che il Partito Comunista guidato dagli ebrei ha aiutato i banchieri internazionali a creare le condizioni caotiche che hanno preceduto la firma dell'armistizio e la rivoluzione che ne è seguita. Concordano sul fatto che ogni tedesco patriottico, uomo e donna, dovrebbe fare del suo meglio per costruire la Germania del dopoguerra e rompere la morsa economica e militare posta sulla sua nazione dal Trattato di Versailles.

La maggior parte dei leader politici, ad eccezione dei comunisti, era anche d'accordo sul fatto che, per liberarsi dalle sanzioni economiche imposte alla nazione, era necessario abbandonare la dipendenza dai banchieri internazionali per l'assistenza finanziaria sotto forma di prestiti a interesse. In altre parole, la maggior parte dei politici tedeschi, ad eccezione dei comunisti, era d'accordo sul fatto che la Germania dovesse abbandonare la pratica di finanziare gli affari della nazione contraendo debiti, una pratica che era stata imposta all'Inghilterra nel 1694, alla Francia nel 1790 e agli Stati Uniti nel 1791, dai banchieri internazionali. Essi si resero conto che questo sistema aveva portato a un debito nazionale astronomico, il cui pagamento del capitale e degli interessi era garantito e assicurato dalla tassazione diretta del popolo.

I leader fascisti in Germania decisero di creare la propria moneta e di utilizzare come garanzia i beni nazionali, come il valore dei beni immobili, il potenziale industriale, la produzione agricola, le risorse naturali e la capacità produttiva della nazione.

Il popolo tedesco scoprì che, in generale, le sue idee sulla futura politica economica e politica erano condivise dai popoli di Italia, Spagna e Giappone, e così nacquero LE POTENZE DELL'ASSE e il Movimento Fascista. Grazie alle loro personalità dinamiche, Hitler, Mussolini e Franco divennero i leader prescelti. La storia dimostra che questi tre uomini fecero molto per aiutare i loro Paesi a riprendersi dagli effetti delle rivoluzioni e delle guerre precedenti. Gli sviluppi industriali e agricoli furono a dir poco miracolosi. Il loro riarmo militare fu reso possibile dall'assistenza segreta fornita dall'agente degli Illuminati, che progettava di portare i Paesi fascisti e capitalistici a un'altra guerra mondiale.

Quando Hitler e Mussolini salirono al potere per la prima volta, sostennero una politica fascista moderata che chiedeva di riparare ai torti subiti dai loro Paesi, di contenere il comunismo e di limitare i poteri degli Illuminati che controllavano la finanza e l'industria. Col passare del tempo, però, sia Hitler che Mussolini subirono l'influenza dei leader del nucleo duro dei Signori della Guerra nazisti, che sostenevano che l'unico modo per stabilire una pace permanente nel mondo fosse la conquista militare. I leader nazisti vendettero ai vertici militari italiani e giapponesi le teorie e i piani propugnati da Karl Ritter nel 1849. Franco in Spagna si rifiutò di seguire i loro piani totalitari. Il suo credo religioso lo convinse che un'ideologia che negava l'esistenza di un Dio onnipotente era opera del diavolo.

I leader totalitari di Germania, Italia e Giappone erano determinati a usare il fascismo per portare avanti i loro piani segreti a lungo termine esattamente come i loro avversari, i banchieri internazionali, usavano il comunismo. I piani immediati dei Signori della Guerra erano: primo, sconfiggere l'Impero controllato da Stalin; secondo, spazzare via il comunismo in Europa; terzo, consolidare il controllo delle Potenze dell'Asse sull'Europa continentale; quarto, invadere la Gran Bretagna e la Francia e sottomettere la popolazione; quinto, invadere e conquistare gli Stati Uniti utilizzando due vasti movimenti a tenaglia. Il Giappone avrebbe dovuto sbarcare forze d'invasione sulla costa occidentale del Messico a sud e nei Territori del Nord-Ovest a nord. La Germania doveva invadere il Canada per via aerea nel nord e le forze italo-tedesche dovevano saltare l'Atlantico dall'Africa e attaccare gli Stati Uniti dal Sud America e dal Golfo del Messico.

Le forze d'invasione del Nord dovevano unirsi in un punto vicino a Chicago e spingersi lungo il Mississippi, mentre le forze d'invasione del Sud-Ovest e del Sud-Est dovevano incontrarsi a New Orleans e spingersi a nord risalendo il Mississippi, dividendo così il paese in due metà.[174]

Con la conquista della Gran Bretagna e degli Stati Uniti, i nazisti progettarono di sterminare gli ebrei che vivevano in questi due Paesi come avevano sterminato quelli che si trovavano in Europa. I banchieri internazionali e i grandi capitalisti da loro controllati furono messi in lista per la liquidazione immediata, insieme alla confisca di tutti i loro beni e patrimoni.

Mentre Hitler subisce la prigionia prima del 1934 perché considerato nemico personale dei Signori della Guerra nazisti e dei banchieri internazionali, scrive il Mein Kampf. Nell'ultima pagina dichiarò:

> "Il partito (nazional-socialista) in quanto tale si batte per un cristianesimo positivo, ma non si lega in materia di credo a nessuna professione. Combatte lo spirito materialista ebraico dentro e fuori di noi".

Nel 1933 Hitler annunciò anche la sua politica nei confronti della Gran Bretagna. Sottolineò che Marx, Lenin e Stalin avevano tutti ripetutamente ribadito che, prima che il comunismo internazionale

---

[174] Questo piano militare esisteva già da prima del 1914 e fu riferito ai governi alleati che combattevano la Prima Guerra Mondiale da ufficiali dell'intelligence delle forze armate britanniche e americane. Il piano è spiegato in dettaglio in *Hell's Angels of the Deep* e *Check Mate in the North* di W.G. Carr.

potesse raggiungere i suoi obiettivi finali, la Gran Bretagna e il suo Impero dovevano essere distrutti. In queste circostanze Hitler disse:

> "Sono disposto ad aiutare a difendere l'Impero britannico con la forza, se richiesto".

Del Trattato di Versailles Hitler scrisse:

> "Non era un interesse (intenzione) britannico ma, in primo luogo, ebraico quello di distruggere la Germania".

Ha anche scritto:

> "Anche in Inghilterra è in corso una lotta continua tra i rappresentanti degli interessi degli Stati britannici e la dittatura mondiale ebraica. Mentre l'Inghilterra si affanna a mantenere la sua posizione nel mondo, l'ebreo oggi è un ribelle in Inghilterra e la lotta contro la minaccia mondiale ebraica sarà iniziata anche lì".

Hitler non ha mai esitato a credere che la sopravvivenza della Germania come grande potenza dipendesse da un'alleanza con l'Impero britannico.

Nel 1936 avviò un procedimento per cercare di realizzare questa alleanza. Fece in modo che si svolgessero colloqui non ufficiali tra diplomatici tedeschi e britannici e, dopo che gli incontri non riuscirono a produrre l'alleanza che tanto desiderava, disse:

> "Nessun sacrificio sarebbe stato troppo grande per ottenere l'alleanza dell'Inghilterra. Avrebbe significato la rinuncia alle nostre colonie, alla nostra importanza come potenza marittima e l'astensione dall'interferire con l'industria britannica attraverso la concorrenza".[175]

Egli riteneva che tutte queste concessioni tedesche sarebbero state utili se solo fosse stato in grado di realizzare l'alleanza tedesco-britannica. Il fallimento dell'alleanza britannica lo portò a indebolire la sua

---

[175] Questa affermazione e altre di natura simile dimostrano che Hitler non ha mai accettato o concordato con il piano a lungo termine dei signori della guerra nazisti per la dominazione del mondo attraverso la conquista militare.

opposizione all'ideologia totalitaria sostenuta dai signori della guerra nazista. Il fallimento della conferenza convinse Hitler che nessuna politica moderata avrebbe mai spezzato il controllo che i banchieri internazionali avevano sulla politica estera britannica. A malincuore cominciò ad ammettere che Karl Ritter aveva ragione quando disse:

> "Il potere che i finanzieri ebrei detengono sul comunismo deve essere distrutto, così come quello dei membri del movimento rivoluzionario mondiale, prima che la pace e la libertà economica possano essere restituite al mondo".

Lo scopo di questo libro è di registrare gli eventi storici che hanno fornito le "cause" che hanno prodotto gli "effetti" che sperimentiamo oggi. Non ci interessano i "diritti" o i "torti" delle decisioni prese dagli individui, se non per giudicare noi stessi se le decisioni hanno favorito il piano del diavolo o sono state conformi al piano di Dio. L'unico valore della ricerca storica è quello di conoscere come e perché sono stati commessi errori nel passato, in modo da poter cercare di evitare di commettere errori simili in futuro.

L'incontro epocale sulla possibilità di un'alleanza tra Gran Bretagna e Germania ebbe luogo nel gennaio 1936. Lord Londonderry rappresentava il governo britannico e Goering, Herr Ribbentrop e Hitler la Germania.

Un'autorità in questa fase storica mi ha informato che Herr Goering e Herr Von Ribbentrop illustrarono a Lord Londonderry la storia del Movimento Rivoluzionario Mondiale, spiegando il dettagliato lavoro di ricerca svolto dal professor Karl Ritter e da altri. Essi ritennero che l'unico modo efficace per combattere una cospirazione di stampo totalitario fosse quello di utilizzare la guerra totale. Spiegarono a Lord Londonderry che il loro piano consisteva nell'attaccare tutti i Paesi controllati dai comunisti, liberare la popolazione e giustiziare tutti i traditori comunisti. Sostenevano che l'unico modo per eliminare il comunismo era lo sterminio dell'intera razza ebraica.[176] Produssero una massa di prove documentate che, a loro dire, erano autentiche, per

---

[176] Ancora una volta si manifesta un rabbioso antisemitismo, eppure la storia dimostra che i cospiratori dell'Internazionale hanno usato ogni razza e credo per servire le proprie ambizioni segrete ed egoistiche.

dimostrare che il comunismo era organizzato, finanziato e diretto da ebrei potenti, ricchi e influenti, che organizzavano, finanziavano e dirigevano anche le ambizioni segrete di realizzare l'Era messianica.[177]

Si dice che Hitler abbia promesso che avrebbe continuato a opporsi ai piani totalitari estremi dei Signori della Guerra nazisti e che avrebbe limitato le sue attività contro il comunismo all'Europa, a condizione che il governo britannico si alleasse con la Germania. Quando Lord Londonderry disse che dubitava che il governo britannico avrebbe preso parte a un piano per l'abolizione del comunismo, che richiedeva un "genocidio", Hitler scese a compromessi. Disse che la Germania avrebbe intrapreso il compito da sola, a condizione che l'Inghilterra stipulasse un accordo in base al quale i due Paesi non si sarebbero mai fatti guerra per dieci anni. Hitler sostenne che l'unico modo in cui la Gran Bretagna, la Francia e la Russia potevano scrollarsi di dosso l'insopportabile e rovinoso fardello di un debito nazionale sempre crescente era quello di ripudiarlo e di riportare l'emissione di denaro al governo, dove originariamente e giustamente apparteneva.

Si dice che Hitler abbia sottolineato che lo scopo del suo partito nazionalsocialista... chiamatelo fascismo... era quello di porre fine in una volta e per sempre al potere e all'influenza che i prestatori di denaro internazionali esercitavano sugli affari nazionali e internazionali, in quanto costringevano ogni nazione che si dichiarava ancora indipendente a indebitarsi sempre di più. Si dice che abbia citato ciò che Benjamin Disraeli fece dire a uno dei suoi personaggi nel suo famoso libro *Coningsby*,

> "Quindi vedi, caro Coningsby, il mondo è governato da personaggi molto diversi da quelli che si immaginano coloro che non sono dietro le quinte.[178]

Si dice che Goering abbia appoggiato il Fuhrer sottolineando che la storia aveva dimostrato che gli ebrei ricchi e influenti avevano ottenuto

---

[177] La maggior parte di queste prove è riprodotta in *The Palestine Plot* di B. Jensen, stampato da John McKinley, 11-15 King Street, Perth, Scozia.

[178] Il libro *Coningsby* fu pubblicato nel 1844, poco prima che Karl Marx pubblicasse "Il manifesto comunista". In quel periodo si stavano progettando diverse rivoluzioni, che ebbero luogo subito dopo la pubblicazione del libro di Karl Marx.

il controllo economico e politico di ogni Paese in cui si erano infiltrati utilizzando metodi illegali e pratiche corrotte.

Herr Von Ribbentrop avrebbe sostenuto le argomentazioni di Goering ricordando a Lord Londonderry che nel 1927-28, quando si trovava in Canada, la Commissione Reale Stevens sul Servizio Doganale Canadese aveva dimostrato che il Paese veniva derubato annualmente di oltre CENTO MILIONI DI DOLLARI dal contrabbando e da altri tipi di traffico e commercio illegale organizzati e diretti da un Quartier Generale Internazionale. Ha sottolineato che le prove presentate al Commissario reale hanno dimostrato che per farla franca il gangsterismo e la licenziosità hanno "aggiustato" migliaia di dipendenti pubblici e centinaia di funzionari governativi, anche a livello di gabinetto. Sottolineò che ciò che era stato assolutamente provato in Canada era dieci volte peggiore negli Stati Uniti d'America. Ribbentrop riteneva che l'unico modo per ripulire la situazione fosse quello di "prendere" i trecento uomini ai vertici che erano "il Potere Segreto" e che guidavano le forze negative, le cui varie influenze malvagie e attività criminali favorivano il Piano a lungo raggio di coloro che dirigevano il Movimento Rivoluzionario Mondiale.[179]

Si dice che Goering abbia rivisto ancora una volta il ruolo che i banchieri internazionali avevano svolto nel provocare, dirigere e finanziare la rivoluzione russa del 1917, che aveva permesso loro di creare le condizioni avverse che si stavano verificando in tutto il mondo in quel momento.[180]

Hitler ricordò a Lord Londonderry i milioni di cristiani che erano stati spietatamente massacrati nei Paesi comunisti dall'ottobre 1917 e sostenne che i responsabili non potevano essere considerati altro che gangster internazionali.

---

[179] Ribbentrop stava evidentemente citando un articolo della Weiner Freie Presse pubblicato il 14 dicembre 1912 dal defunto Walter Rathenau, in cui si diceva: "Trecento uomini, ognuno dei quali è noto a tutti gli altri, governano il destino del continente europeo ed eleggono i loro successori dal proprio entourage". Questi sono gli Illuminati.

[180] La maggior parte dei Paesi del mondo era impantanata in una profonda depressione economica.

L'ultimo argomento di discussione fu il modo in cui Stalin aveva ricevuto istruzioni per trasformare la Spagna in una dittatura comunista. L'intero schema degli intrighi internazionali fu messo a nudo. Il modo in cui è stato permesso alla Germania di riarmarsi segretamente: Il modo in cui la politica francese era controllata dalla Massoneria del Grande Oriente.[181] Il modo in cui la Gran Bretagna era stata convinta a disarmare, mentre i suoi potenziali nemici venivano riarmati.

Secondo i tedeschi, sarebbe stato impossibile per il mondo godere di pace e prosperità finché coloro che dirigevano il Movimento rivoluzionario mondiale avessero insistito nel fomentare guerre per creare condizioni favorevoli all'azione rivoluzionaria. Secondo i tedeschi, sia il comunismo internazionale che il sionismo politico dovevano essere fermati e i movimenti dovevano finire subito, altrimenti una nuova guerra sarebbe stata inevitabile, perché le potenze segrete, che muovevano i fili, erano determinate a raggiungere i loro obiettivi finali.

Hitler era un grande oratore e il mio informatore sostiene che concluse le discussioni con la richiesta a Lord Londonderry di tornare in Inghilterra e di convincere il governo britannico a unirsi alla proposta di alleanza con la Germania.

> "perché sono convinto che l'Impero britannico e la Chiesa cattolica romana siano entrambi istituzioni universali, la cui continuazione è assolutamente essenziale come baluardi per la conservazione della legge e dell'ordine in tutto il mondo in futuro".

Ciò che è stato detto qui su Hitler è così assolutamente estraneo all'idea generale che i seguenti fatti e documenti storici sono citati a sostegno di ciò che è stato detto: Lord Londonderry tornò a Londra dopo la conferenza e fece il suo rapporto al gabinetto britannico. Il 21 febbraio 1936 scrisse a Herr Von Ribbentrop. Riferì delle conversazioni avute. La lettera recita in parte:

> "Essi (Hitler e Goering) dimenticano che qui (in Inghilterra) non abbiamo sperimentato la devastazione di una rivoluzione per diversi secoli... Per quanto riguarda gli ebrei... non ci piace la persecuzione,

---

[181] Hitler chiuse tutte le logge del Grande Oriente in Germania.

ma oltre a questo, c'è la sensazione materiale che si stia assumendo una forza tremenda che è in grado di avere ripercussioni in tutto il mondo... è possibile rintracciare la loro partecipazione alla maggior parte di questi disordini internazionali che hanno creato tanto scompiglio in diversi Paesi, ma d'altra parte si possono trovare molti ebrei fortemente schierati dall'altra parte che hanno fatto del loro meglio, con le ricchezze a loro disposizione, e anche con la loro influenza, per contrastare quelle attività malevole e maliziose dei compagni ebrei."[182]

Dopo aver capito che le sue speranze di alleanza tra Germania e Gran Bretagna erano fallite, Hitler si spostò sempre più a "destra". Si convinse che era impossibile per un individuo, per gruppi di individui o anche per una singola nazione spezzare il potere e l'influenza che i banchieri internazionali esercitavano sulle cosiddette nazioni democratiche a causa del loro controllo finanziario e del peso dei loro debiti nazionali.

Nel luglio del 1936 scoppiò la guerra civile spagnola e Hitler, Mussolini e Franco furono avvicinati. Il fatto che Franco avesse dovuto scatenare una guerra civile in Spagna per evitare che la Spagna venisse comunicata senza lottare, spinse Hitler ad arrotondare i suoi confini e a concentrare il potere militare sui suoi confini. Era determinato ad assicurarsi che Stalin, che sapeva essere solo l'agente dei banchieri internazionali incaricato di governare la Russia, non estendesse la sua dittatura ad altri Paesi europei. Ogni passo che Hitler faceva in questa direzione veniva definito dalla stampa antifascista "Atto di aggressione". Hitler spiegò queste mosse come guerre o occupazioni "preventive". Dichiarò di essere principalmente preoccupato di "impedire" a Stalin di stabilire la sua sfera di influenza in Europa intorno al 40° parallelo di latitudine. Se gli fosse stato permesso, la Germania, la Gran Bretagna e altri Paesi dell'Europa settentrionale sarebbero rimasti intrappolati come mosche in una ragnatela.

Hitler non solo non era riuscito a ottenere l'alleanza britannica, ma si era guadagnato l'inimicizia dei Signori della Guerra nazisti, che

---

[182] Citato dall'*Evening Standard*, Londra, del 28 aprile 1936. Per ulteriori dettagli sulle conversazioni di Lord Londonderry con Hitler, Goering e Von Ribbentrop si legga *Ourselves and Germany* pubblicato da Lord Londonderry.

sostenevano metodi totalitari per risolvere un problema molto complicato e pericoloso. Non volevano un'alleanza con l'Inghilterra. Non volevano che il cristianesimo fiorisse. Non erano d'accordo con le misure "preventive" di Hitler. Non erano d'accordo con qualsiasi cosa Hitler facesse per ostacolare i loro piani di "guerra totale", prima contro la Russia, poi contro la Gran Bretagna e la Francia. Il "nocciolo duro" dei signori della guerra nazisti pagani chiedeva che Hitler intraprendesse un'azione offensiva, come migliore difesa contro la graduale invasione della clandestinità comunista e delle forze armate di Stalin. Quando Hitler si rifiutò di andare fino in fondo con loro, decisero di sbarazzarsi di lui. Il primo attentato fu alla sua vita. I signori della guerra nazisti cercarono poi di indebolire il controllo che egli aveva acquisito sul popolo tedesco.

Hanno lanciato una campagna per vendere la loro ideologia pagana ariana al popolo tedesco. Insegnarono la superiorità della razza ariana. Sostennero la guerra per stabilire la supremazia indiscussa dello Stato ariano. Fecero diventare un principio fondamentale il fatto che tutti gli uomini e le donne di sangue ariano dovessero prestare obbedienza illimitata al Capo dello Stato ariano e non riconoscere nessun mortale come superiore a lui. Questa campagna fu attribuita a Hitler e la stampa antifascista di tutto il mondo gridò al cielo che Hitler era un pagano e un signore della guerra nazista dalla mentalità totalitaria in camicia nera. Iniziarono così gli scontri tra il clero cattolico e protestante e lo Stato. Il clero condannò l'ideologia nazista sostenendo che coloro che la predicavano stavano predicando la divinizzazione degli uomini.

I leader nazisti accusarono il clero cattolico e protestante di infrangere le leggi e di sfidare l'autorità dello Stato. I vescovi cattolici e protestanti risposero affermando che le dottrine naziste estreme erano antagoniste e contrarie al piano divino della creazione. I leader nazisti replicarono sostenendo che la Chiesa non aveva il diritto di interferire nelle questioni di Stato.

Hitler cercò di pacificare il clero mettendo al bando le Logge del Grande Oriente, note per essere il quartier generale degli estremisti ariani in tutta la Germania. I leader nazisti fecero fallire questo passo, sostituendole con gli "Ordini cavallereschi tedeschi".

Hitler, per mantenere un fronte unito contro il comunismo, cercò di pacificare i nazisti emanando un editto secondo il quale qualsiasi ecclesiastico che avesse predicato contro le leggi dello Stato o messo in discussione la sua supremazia sarebbe stato sottoposto a un processo completo e, se riconosciuto colpevole, avrebbe subìto le pene previste per tali "crimini". Questa situazione fornisce un altro esempio di come le forze del male abbiano diviso due potenti forze che stavano combattendo un nemico comune.

La propaganda antifascista sfruttò al massimo il disaccordo tra Hitler e il Papa. È vero che Papa Pio XI denunciò il nazismo senza mezzi termini nell'Enciclica del 14 marzo 1937 "sulla condizione della Chiesa in Germania". Egli disse ai cattolici romani che aveva soppesato ogni parola dell'enciclica sulla bilancia della verità e della chiarezza.

In riferimento alla concezione nazista della superiorità della razza ariana e della supremazia dello Stato, ha detto:

> "Se è vero che la razza o il popolo; lo Stato o una forma di governo; i rappresentanti di un potere civile, o altri elementi fondamentali della società umana hanno un posto essenziale e onorevole nell'ordine naturale, tuttavia, se qualcuno li stacca da questa scala di valori terreni e li esalta come forma e norma suprema di tutte le cose, anche dei valori religiosi, divinizzandoli con un culto idolatrico, egli perverte e falsifica l'ordine delle cose creato e costituito da Dio, ed è lontano dalla vera fede in Dio e da una concezione della vita conforme ad essa... Il nostro Dio è un Dio personale, trascendente, onnipotente, infinito, perfetto. Uno nella Trinità delle Persone e tre nell'unità dell'Essenza divina; creatore dell'universo, Signore, Re e fine ultimo della storia del mondo; che non soffre e non potrà mai soffrire nessun'altra divinità oltre a Lui... Solo le menti superficiali possono cadere nell'errore di parlare di un Dio nazionale, di una religione nazionale, di tentare stupidamente di restringere entro gli angusti confini di una sola razza quel Dio che è il Creatore del mondo, il Re e il Legislatore di tutti i popoli, davanti alla cui grandezza le nazioni sono piccole come gocce d'acqua in un secchio" (Isaias XL-15).

In una lettera pastorale del 19 agosto 1938, i vescovi della Germania si sono scagliati con coraggio contro l'ideologia nazista. Nella lettera si afferma che l'atteggiamento dei nazisti nei confronti della religione cristiana in Germania è in aperta contraddizione con le affermazioni del Fuehrer... [183]

> "L'obiettivo non è semplicemente il controllo della crescita della Chiesa cattolica, ma la cancellazione del cristianesimo e l'insediamento al suo posto di una religione totalmente estranea alla fede cristiana in un unico vero Dio".

La lettera prosegue sottolineando che l'attacco nazista al dottor Sproll, vescovo protestante di Rottenburg, ha dimostrato chiaramente che la "persecuzione" non è diretta solo contro la Chiesa cattolica, ma contro l'intera idea cristiana in quanto tale... "Si sta cercando di sbarazzarsi del Dio cristiano per sostituirlo con un "Dio tedesco". Che cosa significa "Dio tedesco"? È diverso dal Dio degli altri popoli? Se è così, allora ci deve essere un Dio speciale per ciascuno.[184]

Ciò che è accaduto in Germania nel 1936 è accaduto in altri Paesi da allora. I leader del nazismo "nero" unirono le forze con i leader del comunismo "rosso" in un attacco alla religione cristiana e all'Impero britannico. I Signori della Guerra nazisti, dalla mentalità totalitaria, iniziarono i loro seguaci alle Logge del Grande Oriente tedesco, utilizzando gli antichi riti pagani e i rituali tramandati dal tempo in cui le tribù ariane e gli Unni si abbatterono sull'Europa. Gli uomini dalla mentalità totalitaria che dirigono il comunismo internazionale iniziano i loro leader alle Logge del Grande Oriente di altri Paesi, utilizzando gli antichi riti cabalistici dell'Illuminismo. Per comprendere questa situazione, è necessario ricordare che gli ebrei non sono mai stati ammessi, in nessun caso, nelle Logge del Grande Oriente tedesco dal 1785, quando le carte trovate sul corpo del Corriere degli Illuminati, ucciso da un fulmine a Ratisbona, furono consegnate dalla polizia alle autorità bavaresi e dimostrarono che le Logge del Grande Oriente in Francia erano utilizzate come sede segreta del movimento rivoluzionario di ispirazione ebraica.

---

[183] Per il testo completo di queste lettere si legga *The Rulers of Russia*, del Rev. P. Fahey, pp. 64-70. 345 nazione e per ogni popolo... È come dire: "Non c'è Dio".

[184] Il paragrafo iniziale di questa lettera conferma l'opinione raggiunta dall'autore, ovvero che il piano nazista estremo era in contrasto con il piano di Hitler.

Quando si sviluppano situazioni complicate come queste, si può capire perché la Chiesa cattolica romana abbia preso una posizione così netta contro il nazismo "nero", pur tollerando le forme meno estreme di fascismo, cioè l'anticomunismo praticato da Franco in Spagna. Questo spiega anche perché il cardinale Mindszenty abbia collaborato con presunti leader fascisti che tentavano di rovesciare la dominazione comunista nel suo Paese.

Franco si è sempre rifiutato di fare il passo più lungo della gamba. Si è rifiutato di appoggiare il nazismo tedesco nella Seconda Guerra Mondiale semplicemente perché i signori della guerra pagani nazisti estremi erano diventati onnipotenti in Germania. In Germania, Italia, Francia, Spagna e Giappone, milioni di cittadini, pacifici per inclinazione e caritatevoli di cuore, si sono trovati nella posizione di dover decidere se diventare attivamente filofascisti o filocomunisti. Si trovarono di fronte alla scelta di Hobson. Di solito sceglievano quello che consideravano il male minore. Venivano immediatamente etichettati di conseguenza.

Con un intrigo diabolico, le nazioni del mondo si stavano preparando alla Seconda Guerra Mondiale. La dittatura russa stava segretamente riarmando gli eserciti tedeschi. La dittatura italiana, sotto Mussolini, stava segretamente costruendo un'enorme flotta di sottomarini su specifiche e progetto tedesco. Questi sottomarini furono testati in condizioni di guerra reale durante la guerra civile spagnola.

Questi test dimostrarono che i sottomarini di progettazione tedesca erano, nel 1936, praticamente immuni alle armi antisommergibile britanniche, compreso l'Asdic. Il governo britannico era stato informato della questione. Il capitano Max Morton, R.N., aveva sottolineato gli avvertimenti lanciati eludendo tutti i dispositivi antisommergibile utilizzati per la protezione della flotta britannica del Mediterraneo mentre questa era alla fonda. Entrò effettivamente nel porto sorvegliato e, in teoria, affondò una mezza dozzina di navi capitali mentre erano alla fonda. Questo atto del capitano Max Morton gli procurò una condanna da parte dei Lord del mare civili britannici, invece di elogi e riconoscimenti. La sua promozione fu bloccata e fu messo a tacere. Non gli fu permesso di partecipare attivamente agli affari navali britannici fino al 1940. Quando gli U-Boat tedeschi minacciarono di ridurre la Gran Bretagna alla fame, gli fu chiesto di assumere la direzione della battaglia antisommergibile dell'Atlantico.

Già nel 1930 il governo britannico era stato avvertito che i sottomarini di concezione tedesca si erano immersi a una profondità superiore ai 500 piedi, rendendo così obsolete tutte le cariche di profondità allora in uso. Fu avvertito che anche l'attrezzatura Asdic allora in uso era obsoleta. Ma si rifiutarono di ascoltare gli avvertimenti. Le Potenze Segrete stavano usando i loro agenti all'interno del governo britannico per indebolire il potenziale bellico britannico, mentre stavano segretamente rafforzando quello tedesco. Allo scoppio della guerra, la Gran Bretagna non disponeva di una sola nave moderna di scorta oceanica antisommergibile in servizio. Di conseguenza, perse il 75% delle sue navi mercantili, e oltre 40.000 marinai, prima che la marea si rovesciasse in suo favore nell'aprile del 1943.[185]

Hitler si inimicò i banchieri internazionali quando annunciò il suo programma di politica finanziaria e di riforma monetaria. Convinse l'Italia, la Spagna e il Giappone a sostenerlo nella sua determinazione a sfidare il potere dei cartelli e dei monopoli finanziati e controllati dai banchieri internazionali, in particolare il loro "figlio del cervello", la Banca dei Regolamenti Internazionali. Il Reich tedesco ha abrogato la clausola costituzionale che rendeva permanente il presidente della Reichsbank, Hans Luther. Fino a questo momento, il presidente della Reichsbank non poteva essere rimosso senza il suo consenso e senza il voto della maggioranza del consiglio della Banca dei Regolamenti Internazionali.

Dalla Grande Guerra i banchieri internazionali avevano creato ventisei banche centrali. Esse ricalcavano le Federal Reserve Banks degli Stati Uniti, istituite nel 1913 secondo le teorie di Paul Warburg, il tedesco che nel 1907 si era recato in America ed era diventato socio della Kuhn-Loeb & Co. di New York.

La creazione di Paul Warburg nel 1913 ha cercato costantemente di creare una "Organizzazione Bancaria Centrale" che non riconoscesse alcuna autorità al di sopra di essa. Hitler sapeva che se Warburg e soci avessero avuto la loro strada, la Banca dei Regolamenti Internazionali sarebbe diventata autocratica come la Banca d'Inghilterra per quanto

---

[185] L'autore ha informato personalmente il Capo di Stato Maggiore della Marina canadese, il Primo Lord dell'Ammiragliato e altri funzionari governativi su questo triste stato di cose.

riguarda gli affari nazionali e la politica estera britannica. Si chiedeva ai politici e agli statisti di credere che il sogno di questo banchiere avrebbe stabilizzato il sistema bancario mondiale. In questa affermazione avevano assolutamente ragione. Il punto dolente è il fatto che, con la realizzazione di questo sogno, tutte le speranze di libertà e abbondanza per l'individuo e l'industria privata scomparirebbero automaticamente. I cittadini del mondo avrebbero la stessa sicurezza finanziaria del criminale che gode della sicurezza sociale dietro le sbarre. Contro questo processo di riduzione dei popoli del mondo alla schiavitù finanziaria Hitler decise di prendere una posizione netta, e si rifiutò di permettere che la Germania venisse fusa nella lega degli Stati monopolisti, segretamente controllata dagli agenti degli Illuminati.

Dopo che il Federal Reserve System di Paul Warburg era stato operativo per tre anni, dal 1913 al 1916, il presidente Woodrow Wilson riassunse così la situazione economica degli Stati Uniti d'America:

> "Una grande nazione industriale è controllata dal suo sistema di crediti. Il nostro sistema di credito è concentrato. La crescita della nazione, quindi, e tutte le nostre attività sono nelle mani di pochi uomini...
>
> Siamo diventati uno dei governi peggio governati, uno dei governi più completamente controllati e dominati del mondo civilizzato... non più un governo basato sulla convinzione e sul libero voto della maggioranza, ma un governo basato sull'opinione e sulla costrizione di piccoli gruppi di uomini dominanti".

Questo è il vero significato della cosiddetta democrazia moderna.[186]

Quando i paesi del mondo occidentale erano sprofondati nella depressione economica degli anni '30, dalla quale solo un'altra guerra avrebbe potuto risollevarli, il presidente Franklin D. Roosevelt,, disse:

> "Sessanta famiglie in America controllano la ricchezza della nazione... Un terzo della popolazione nazionale è mal alloggiata, mal nutrita e mal vestita...". Il 20% degli uomini che lavorano ai

---

[186] Per ulteriori dettagli sulla finanza internazionale si legga *Wealth, Virtual Wealth and Debt* del professor Soddy, pagg. 290 e seguenti. Pubblicato da Omnia Veritas Ltd, www.omnia-veritas.com.

progetti del W.P.A. sono in uno stato di malnutrizione così avanzato da non poter fare un giorno di lavoro...". Intendo cacciare i cambiavalute dal Tempio".

Roosevelt sapeva che se non fosse riuscito a cacciare i banchieri internazionali dal moderno tempio della finanza internazionale, solo una guerra mondiale su larga scala avrebbe potuto alleviare la condizione cronica di costipazione finanziaria che essi avevano provocato su scala internazionale attraverso il ritiro della valuta, la restrizione dei crediti e altre manipolazioni finanziarie. Essi si arricchivano sempre di più, mentre tutti coloro che erano al di fuori della loro ristretta cerchia diventavano sempre più poveri. Ma ben presto Roosevelt si dimostrò docile.

Il Presidente Roosevelt si accorse di non riuscire a spezzare, e nemmeno a contenere, il potere degli Illuminati. Fu costretto a condurre il suo Paese in guerra contro gli unici Paesi che si attenevano alla stessa politica che aveva annunciato in modo così avventato subito dopo la sua elezione. E, dopo essere diventato stanco e grigio per eseguire gli ordini degli uomini il cui denaro e la cui influenza lo avevano collocato nella carica di presidente degli Stati Uniti, sarebbe morto nella casa di dell'uomo più ricco e potente degli Stati Uniti... Bernard Baruch... Un uomo al di sopra di tutti gli altri che, almeno negli ultimi quarant'anni, si è seduto tranquillamente sullo sfondo, ma che è stato riconosciuto come il "re" di tutti i banchieri americani e senza dubbio uno dei pochi eletti che, nella nostra epoca, è stato "il potere segreto" dietro le quinte degli affari internazionali. Se così non fosse, perché Winston Churchill e suo figlio lo visitano così spesso? Perché Winston Churchill fece i suoi annunci epocali riguardo al suo atteggiamento nei confronti del sionismo politico e della coesistenza pacifica subito dopo la sua visita a Bernard Baruch nel 1954?

È spiacevole, ma vero, che oggi "democrazia" sia una parola molto ingannevole. Viene usata per descrivere tutti i Paesi che in realtà sono il paradiso dei prestatori di denaro. Oggi i Paesi definiti "democratici" seguono un sistema monetario ideato dai banchieri internazionali, in base al quale la moneta ha origine nel debito verso gruppi di privati che manipolano i livelli dei prezzi dei diversi Paesi e usano il denaro come valore stabile che facilita lo scambio di RICCHEZZA REALE. La Gran Bretagna, la Francia e gli Stati Uniti sono definiti paesi "democratici" solo perché sono legati da un debito con i prestatori di denaro internazionali. Anche i Paesi comunisti di si definiscono repubbliche "democratiche" e hanno il diritto di farlo finché sono controllati dagli stessi gruppi finanziari internazionali.

Quando le potenze dell'Asse in Europa rifiutarono di porsi in condizioni di usura nei confronti dei banchieri internazionali, si posero esattamente nella stessa categoria in cui il piccolo negoziante indipendente si pone nei confronti delle grandi catene di negozi, delle associazioni imprenditoriali e dei monopoli. A loro è stata data l'opzione di unirsi alla grande "Happy Family"... oppure no. Nel caso di un negoziante indipendente, se si rifiuta di "vedere la luce" viene messo fuori mercato dalla pressione sistematica della concorrenza sleale. Nel caso delle nazioni che si rifiutano di "giocare", sono destinate a subire guerre o rivoluzioni. Non c'è pietà per le nazioni i cui leader rifiutano di inchinarsi e adorare ai piedi di Mammona. Non c'è alcuna considerazione per le nazioni che si rifiutano di fare l'usura ai sommi sacerdoti del Dio di Mammona.

Tutti devono pagare il tributo richiesto... o altrimenti.

La Seconda Guerra Mondiale fu iniziata per consentire agli Illuminati di liberarsi finalmente delle barriere di casta, di credo e di pregiudizio. Le loro idee su una nuova civiltà dovevano essere costruite attraverso *un* mondo in guerra. A riprova di questa affermazione, si cita una parte della trasmissione che Sir Anthony Eden indirizzò all'America l'11 settembre 1939. Egli disse: "Possiamo finalmente liberare l'Europa dalle barriere di casta, di credo e di pregiudizio?... La nostra nuova civiltà deve essere costruita attraverso un mondo in guerra. Ma la nostra nuova civiltà sarà costruita lo stesso". Che marciume totale. Le guerre sono distruttive, non costruttive.

Dal 1930 in poi, britannici informati e influenti fecero tutto ciò che era in loro potere per cercare di evitare che l'Inghilterra e i suoi alleati fossero trascinati in un'altra guerra con la Germania. Come era prevedibile, tutte queste persone furono attaccate dalle agenzie antifasciste come nazisti "neri" dalla mentalità totalitaria.

Alcuni inglesi che si opponevano al comunismo - e anche alla continua sottomissione del governo britannico ai banchieri internazionali - si dichiararono apertamente a favore dei principi fascisti enunciati da Franco e Hitler. Questo gruppo era guidato da Sir Oswald Mosley. Altri, per lo più statisti, ammiragli in pensione e generali, lavorarono in silenzio cercando di informare i politici e i membri del governo sullo scopo che si celava dietro l'intrigo internazionale.

Il movimento antisemita ebbe inizio in Inghilterra all'inizio del 1921, dopo il ritorno di Victor E. Marsden dalla Russia, dove era stato imprigionato dai bolscevichi. Marsden era stato corrispondente in Russia per il London Morning Post da prima del 1914. Quando Marsden tornò in Inghilterra era in possesso del documento che il professor Sergei Nilus aveva pubblicato in russo nel 1905 con il titolo Jewish Peril. Il professor Nilus sosteneva che i documenti originali erano stati ottenuti da una donna che li aveva rubati a un ricco ebreo internazionale quando questi era tornato nei suoi appartamenti dopo aver parlato con i massimi dirigenti delle Logge del Grande Oriente a Parigi nel 1901.

Mentre Marsden stava traducendo i documenti, ricevette un avvertimento che se avesse continuato a pubblicare il libro sarebbe morto. Marsden pubblicò la sua traduzione dei documenti con il titolo Protocolli dei dotti anziani di Sion e morì in circostanze sospette qualche anno dopo.

In seguito alla pubblicazione del libro da parte della Britons Publishing Society, Marsden è stato denunciato a livello internazionale come un bugiardo antisemita a volto scoperto. Il libro causò una delle più grandi controversie che il mondo abbia mai conosciuto. Il mio lavoro di ricerca su mi ha portato a credere che i documenti pubblicati dal professor Nilus in Russia nel 1905 con il titolo Pericolo ebraico e dal signor Marsden in Inghilterra nel 1921 con il titolo Protocolli dei dotti anziani di Sion siano i piani a lungo termine degli Illuminati, spiegati da Amschel Rothschild ai suoi associati a Frankfort nel 1773. Rothschild non si rivolgeva a rabbini e anziani. Si rivolgeva a banchieri, industriali, scienziati, economisti, ecc. *Pertanto, accusare questa diabolica cospirazione come un crimine contro l'intero popolo ebraico e i suoi leader religiosi è ingiusto.* Questa mia opinione è sostenuta da uno dei più alti ufficiali dei servizi segreti britannici. Ha studiato la questione in Russia, Germania e Inghilterra.

Non si può dubitare del fatto che il documento caduto nelle mani del professor Nilus sia stato usato come materiale per lezioni destinate ai leader del W.R.M., perché oltre allo schema originale della cospirazione ci sono osservazioni aggiuntive che spiegano come il complotto sia stato messo in atto e come il darwinismo, il marxismo e il nietzscheismo siano stati usati dal 1773. Viene anche menzionato il modo in cui si intendeva utilizzare il sionismo politico per servire lo scopo del W.R.M. in futuro... gli Illuminati.

Il termine Agentur contenuto nel documento sembrerebbe indicare un individuo, un gruppo, una razza, una nazione, un credo o qualsiasi altra agenzia che potrebbe essere usata come strumento per portare avanti il Piano a lungo termine degli Illuminati per il dominio finale del mondo.

Indipendentemente dalla sua origine, nessuno che l'abbia letto può negare che l'andamento degli eventi mondiali abbia seguito il programma suggerito nel documento dal 1773 ad oggi. Non si può che essere stupiti dalla micidiale accuratezza delle previsioni contenute nel documento.

Per citare solo un esempio lampante tra i tanti. Il documento delinea come il sionismo debba essere aiutato a raggiungere i suoi obiettivi. Theodore Herzl fu il fondatore del Movimento sionista. Si dice che abbia detto: "Dal primo momento in cui sono entrato nel movimento sionista, i miei occhi si sono diretti verso l'Inghilterra, perché ho visto, a causa delle condizioni generali, il punto archimedeo in cui la leva poteva essere applicata". Poi ancora:

> "Quando affondiamo (il noi si riferisce ai sionisti) diventiamo un proletariato rivoluzionario; gli ufficiali subalterni del partito rivoluzionario; quando ci alziamo, si alza anche il nostro terribile potere di borsa".[187]

Ancora più sorprendente, e tornando al periodo in cui il documento entrò in possesso del professor Nilus, è che Max Nordau, parlando al Congresso sionista tenutosi a Basilea, in Svizzera, nell'agosto del 1903, abbia detto:

> "Lasciate che vi dica le seguenti parole come se vi mostrassi i pioli di una scala che porta sempre più in alto... Il Congresso sionista: La proposta inglese dell'Uganda: La futura guerra mondiale: la

---

[187] Theodore Herzl in *Uno Stato ebraico* (Judenstaat), citato da p. 45 di *The Palestine Plot* di B. Jensen.

conferenza di pace in cui, con l'aiuto dell'Inghilterra, verrà creata una Palestina libera ed ebraica".

Il fatto da ricordare è che questi uomini, leader di spicco del Movimento sionista, probabilmente parlavano in tutta sincerità. La storia dimostra, tuttavia, che il piccolo gruppo selezionato che in passato, e tuttora, costituisce il "Potere Segreto" dietro il Movimento Rivoluzionario Mondiale, ha usato sia il comunismo che il sionismo per promuovere le proprie egoistiche ambizioni totalitarie.

Il contenuto del documento tradotto da Marsden descrive in dettaglio la "linea del Partito" seguita dai leader rivoluzionari bolscevichi sotto la guida di Lenin e Stalin, così come descrive in dettaglio la politica seguita dai leader del movimento sionista. Lord Sydenham lesse il documento e poi osservò:

> "La caratteristica più evidente... è una conoscenza di tipo raro, che abbraccia il campo più vasto... una conoscenza su cui si basano le profezie che ora si realizzano".

Henry Ford studiò questo documento. Lo fece studiare anche a molti uomini di spicco e colti. Pubblicò un libro di rivelazioni stupefacenti, che si sommano tutte al fatto che il documento descrive in dettaglio il piano con cui un piccolo gruppo di finanzieri internazionali ha usato, e usa tuttora, il comunismo, il sionismo e tutte le altre agenzie che può controllare, indipendentemente dal fatto che siano ebree o gentili, per promuovere le proprie ambizioni totalitarie segrete.

Henry Ford è stato intervistato in merito al documento da un giornalista del New York World. I suoi commenti furono pubblicati il 17 febbraio 1921. Egli disse:

> "L'unica affermazione che mi interessa fare sui Protocolli è che si adattano a ciò che sta accadendo. Hanno sedici anni e si sono adattati alla situazione mondiale fino a questo momento. Si adattano anche adesso".

Il signor Ford ha fatto la sua dichiarazione trentaquattro anni fa e ciò che ha detto allora è ugualmente applicabile oggi. Questo dovrebbe dimostrare a qualsiasi persona imparziale che il documento è una copia autentica del piano originariamente concepito e che è stato messo in pratica su. Ha quasi raggiunto lo scopo per cui era stato concepito.

Ci si può chiedere: "Fino a quando il popolo sopporterà un simile stato di cose?". La rivoluzione non è la risposta. La rivoluzione fa solo il gioco delle potenze del male. Solo la voce indignata delle masse di tutte le nazioni libere può insistere affinché i loro rappresentanti eletti pongano fine ai piani totalitari degli usurai prima che raggiungano il loro obiettivo.

Dal 1921 al 1927 il signor Marsden rimase alle dipendenze del Morning Post. Aveva molti amici ma si era fatto dei nemici potenti. Nel 1927 fu scelto per accompagnare il Principe di Galles nel suo "Tour dell'Impero". È molto improbabile che il signor Marsden non abbia colto l'occasione per informare Sua Altezza Reale sul documento e sul modo in cui i finanzieri internazionali erano coinvolti negli intrighi internazionali e nei movimenti comunisti e sionisti. Quando il Principe di Galles tornò dal suo tour nell'Impero era un uomo molto cambiato. Non era più "un giovane lama gay". Era molto più maturo e aveva assunto il ruolo serio di "Ambasciatore di buona volontà dell'Impero britannico". Forse è una pura coincidenza, ma il signor Marsden, la cui salute era migliorata notevolmente durante i suoi viaggi all'estero, si ammalò improvvisamente il giorno dopo il suo ritorno in Inghilterra e morì pochi giorni dopo. Ciò ricorda quanto scrisse il signor E. Scudder a proposito della morte di Mirabeau nel suo libro *The Diamond Necklace*. "Re Luigi di Francia non ignorava che Mirabeau era stato avvelenato". Mirabeau morì perché aveva detto a il re di Francia chi erano i veri istigatori della Rivoluzione francese.

Chiunque abbia avuto il privilegio di conoscere l'attuale Duca di Windsor sa quanto sia stato profondamente colpito dalle sue esperienze al "fronte" durante la guerra del 1914-1918. Insisteva nel trascorrere molto tempo in prima linea per incitare e incoraggiare le truppe. Ne conquistò l'ammirazione e la lealtà, e in cambio amò e rispettò i suoi futuri sudditi che combatterono così bene e morirono così coraggiosamente.

Dopo il giro dell'Impero, Sua Altezza Reale si interessò molto ai problemi sociali ed economici. Ha visitato i distretti minerari del carbone ed è entrato nelle case dei minatori. Si intrattenne con i minatori e le loro famiglie sui loro problemi. Voleva fare a meno di molti fronzoli che appesantiscono i cerimoniali reali. Ebbe l'audacia di dissentire quando uomini di Stato e politici gli offrivano consigli che sapeva non essere validi. Osò esprimere le sue opinioni in materia di affari esteri. Era attento e contrario a qualsiasi proposta di politica governativa che potesse fare il gioco delle "potenze segrete" e portare il Paese a un'altra guerra.

Dopo essere stato proclamato re, il 20 gennaio 1936, prese le sue responsabilità ancora più seriamente. Non intendeva essere solo "un altro re" sulla scacchiera internazionale, da spostare qua e là a piacimento delle Potenze dietro il trono, finché non fosse stato manovrato in una posizione di stallo o di scacco matto. Era evidente che aveva una mente e una volontà proprie. Un re con le sue conoscenze e le sue caratteristiche può essere un serio ostacolo per gli uomini che sono determinati a far gestire gli affari di Stato secondo i loro piani. Bisognava sbarazzarsi di lui.

Dal momento in cui è stato associato al signor Marsden, è stato sottoposto a una versione moderna de "*L'Infamie*". Una campagna di maldicenze lasciava intendere che fosse "selvaggio" e incline a una condotta licenziosa. È stato accusato di essere orientato verso la "destra" e di essere associato al movimento fascista di Sir Oswald Mosley.[188]

Quando si scoprì la sua amicizia con la signora Wally Simpson, si scatenò contro di loro tutta la potenza della stampa "di sinistra" e, indipendentemente dalla sua posizione, furono fatte le più vili insinuazioni e la peggiore costruzione possibile sulla loro relazione. Questo era esattamente il tipo di situazione che i suoi nemici potevano usare per promuovere i loro piani senza scrupoli. Nel 1936 Baldwin eseguì il suo mandato in merito all'abdicazione del re Edoardo VIII esattamente nello stesso modo in cui i signori Lloyd George, Churchill e Balfour avevano eseguito il loro mandato in merito al Mandato della Palestina nel 1919.

Re Edoardo fu messo nella condizione di dover fare della signora Simpson la sua moglie "morganatica", perdendo l'amore e l'affetto dei suoi sudditi, oppure di dover abdicare e sposarla. Prese l'unica strada che un gentiluomo poteva seguire in quelle circostanze.

---

[188] Nel novembre 1954, questa vecchia calunnia sul legame del Duca di Finestra con il fascismo è stata ripresa. La stampa lo accusò di aver fornito informazioni segrete agli ufficiali tedeschi sulle difese e sui piani alleati nel 1936. Egli negò vigorosamente.

Il lettore potrebbe chiedersi perché il documento su cui ci sono tante controversie sia nato nel 1901. La risposta si trova nel fatto che la depressione creata artificialmente nel 1893 portò a condizioni favorevoli alla guerra. I banchieri internazionali si riunirono a Londra per consolidare la loro posizione e definire i dettagli della guerra boera. Ritenevano questa guerra necessaria per ottenere il controllo dei giacimenti d'oro e delle miniere di diamanti africane. Il Jameson Raid ebbe luogo come previsto il 1° gennaio 1896. Questo portò alla guerra più ingiustificabile che gli inglesi abbiano mai combattuto. Winston Churchill si precipitò in Africa per fare da osservatore. Ufficialmente era un corrispondente di guerra. Molto di questo periodo storico è ancora da scrivere.

I dettagli che portarono alla Guerra ispano-americana dovevano essere elaborati. Questa guerra diede ai banchieri americani il controllo sulla produzione di zucchero a Cuba. Ancora più importanti erano gli affari che dovevano essere conclusi in relazione alla guerra prevista tra Russia e Giappone nel 1904. Questo affare era molto complicato. Le cose dovevano essere organizzate in modo tale che mentre i Rothschild finanziavano i russi, la Kuhn-Loeb and Co. di New York finanziava i giapponesi di. Si doveva raggiungere un'intesa che permettesse a entrambi i gruppi di fare soldi mentre l'impero russo veniva indebolito e reso pronto per la rivoluzione menscevica prevista per il 1905.

Mentre i banchieri internazionali si riunivano nel quartiere finanziario di Londra, i leader del Movimento rivoluzionario mondiale si riunivano nel quartiere dei bassifondi della stessa città. Lenin ricevette gli ordini. Gli fu detto come avrebbe dovuto gestire i vari gruppi rivoluzionari in modo che le loro azioni indipendenti non interferissero seriamente con i piani generali di coloro che dirigevano il W.R.M. È stato dimostrato che i direttori del W.R.M. si avvalevano dei capi delle Logge del Grande Oriente per le loro riunioni. si servivano dei capi delle Logge del Grande Oriente in Francia e in altri Paesi per portare avanti i loro piani rivoluzionari, quindi è ragionevole supporre che un agente sia stato inviato da Londra a Parigi nel 1900 o nel 1901 per istruire i dirigenti di alto livello delle Logge del Grande Oriente sul ruolo che avrebbero dovuto svolgere per realizzare il programma di guerre e rivoluzioni concordato, esattamente nello stesso modo in cui avevano inviato l'agente ucciso a Ratisbona, da Frankfort a Parigi nel 1785. È solo un'altra illustrazione di come e perché la storia si ripete.

Capitolo 17

Scoppia la Seconda Guerra Mondiale

*Dopo l'*abdicazione di *re Edoardo VIII*, molti britannici istruiti, tra cui membri del Parlamento e ufficiali navali e militari in pensione di alto rango, portarono avanti una strenua campagna per cercare di convincere i leader del governo britannico della verità sulla "cospirazione dei banchieri internazionali". Tra questi, il capitano A.H.M. Ramsay e l'ammiraglio Sir Barry Domvile, K.B.E., C.B., C.M.G. Il capitano Ramsay ha studiato all'Eton College e al Sandhurst Military College. Ha servito con le Guardie di Sua Maestà in Francia dal 1914 al 1916, quando è stato gravemente ferito. Dopo essersi ripreso dalle ferite, è stato nominato quartier generale reggimentale. Successivamente fu trasferito al War Office britannico. Prestò servizio presso la Missione di guerra britannica a Parigi fino alla fine della guerra. Fu eletto in parlamento nel 1931 come deputato per il Midlothian-Peeblesshire e rimase in carica fino al 1945.

L'ammiraglio Sir Barry Domvile ha avuto una brillante carriera navale. Si è guadagnato la reputazione di essere uno dei migliori ufficiali di artiglieria della Gran Bretagna.

Iniziò il servizio navale nel 1894 come marinaio di mezza nave su navi da guerra a vela e a vapore. Grazie alle sue capacità, ricevette una promozione accelerata e fu nominato tenente nel 1898. Nel 1906 fu insignito della medaglia d'oro della Royal United Services Institution. Nel 1910 fu posto al comando di cacciatorpediniere. Quando la Prima Guerra Mondiale apparve inevitabile, fu nominato segretario aggiunto del Comitato di Difesa Imperiale. Dopo l'inizio delle ostilità fu nominato membro della Harwich Striking Force, composta da incrociatori leggeri e cacciatorpediniere sotto l'ammiraglio Sir Reginald Tyrwhitt. Comandò sette cacciatorpediniere e incrociatori leggeri che si guadagnarono tutti un'invidiabile reputazione di "navi da combattimento". Fu nominato "Capitano di Bandiera dell'Ammiraglio

Tyrwhitt" nel 1917 e servì in tale veste fino alla fine della guerra.[189] Nel dopoguerra fu direttore dell'intelligence navale, presidente del Royal Naval College di Greenwich e viceammiraglio al comando del War College. Si ritirò nel 1936 con il grado di ammiraglio a pieno titolo.

Negli anni 1920-1923, grazie alle sue particolari capacità e alla sua variegata esperienza bellica, è stato dapprima,, vicedirettore e successivamente, direttore della Divisione Piano (Politica) dello Stato Maggiore della Marina dell'Ammiragliato. In questa veste partecipò a numerose conferenze a Parigi, Bruxelles, Spa, San Remo e alla Conferenza navale di Washington.

Entrambi questi ex ufficiali, uno dell'esercito e l'altro della marina, sospettavano che la rivoluzione bolscevica in Russia fosse stata tramata e pianificata, finanziata e diretta da uomini che ritenevano essenziale la liquidazione dell'Impero britannico prima di poter ottenere il controllo incontrastato delle ricchezze, delle risorse naturali e della manodopera del mondo intero.

Entrambi questi signori sono stati franchi nell'ammettere che fino al 1935 non erano riusciti a identificare coloro che costituivano il "Potere segreto" dietro il movimento rivoluzionario mondiale e gli affari internazionali.

Nel 1933, a seguito dei loro studi e delle loro ricerche, giunsero alla conclusione che i leader dell'ebraismo mondiale, guidati dai banchieri ebrei internazionali, erano il "Potere Segreto" dietro il Movimento Rivoluzionario Mondiale. Si convinsero che questi uomini usavano la ricchezza che possedevano per acquistare un potere sufficiente a influenzare gli affari internazionali in modo tale da portare le nazioni in conflitto tra loro. Sono inoltre giunti alla conclusione che il motivo alla base del Piano a lungo raggio fosse quello di instaurare l'Era messianica, in modo che l'Ebraismo internazionale, con un governo centrale in Palestina, potesse imporre la propria ideologia totalitaria ai popoli di tutto il mondo. Sono d'accordo con quest'ultima conclusione. Come il lettore sa, ammetto di aver attraversato lo stesso periodo, cioè dal 1907 al 1933, nel dubbio e nel dubbio, 1907 al 1933 nel dubbio e

---

[189] L'autore pubblicò la storia della Harwich Striking Force nel 1934, con il titolo Brass Hats and Bell-Bottomed Trousers.

nell'incertezza, ma nel 1939 mi convinsi, dopo il modo in cui gli ebrei erano stati "epurati" da Stalin in Russia, e usati per iniziare rivoluzioni abortive in altri Paesi, e poi abbandonati al loro destino, che gli uomini che costituiscono il "Potere segreto" dietro gli affari nazionali e internazionali erano gli Illuminati che usavano il sionismo e l'antisemitismo; il comunismo e il fascismo, il socialismo e il capitalismo egoista per portare avanti i loro piani segreti per la creazione di un Governo Unico Mondiale che intendevano controllare esattamente come avevano controllato la Russia, nella persona di Lenin, dopo l'ottobre 1917. Una dittatura mondiale è l'unico tipo di governo che potrebbe imporre i propri editti al popolo, attraverso la polizia, e quindi assicurare la pace. Se c'è un solo STATO governato da un solo DITTATORE, non ci possono essere guerre. Questa è pura logica, perché per avere una disputa, un litigio, una lotta, una rivoluzione o una guerra, devono necessariamente esserci individui, con idee e opinioni opposte che intendono far accettare alla controparte con la forza delle armi, se le discussioni e i negoziati falliscono. Inoltre, i miei studi e le mie ricerche mi hanno convinto che, dai tempi di Cristo fino ai giorni nostri, gli uomini che sono stati il "Potere Segreto" dietro gli intrighi nazionali e internazionali hanno sempre usato le loro ricchezze in modo illegale per ottenere il potere e l'influenza necessari a mettere in atto le loro trame e i loro piani segreti. Hanno usato l'usura, la corruzione, la frode, i metodi illegali di traffico e commercio, la schiavitù, gli assassinii, le guerre, le rivoluzioni, la prostituzione, le droghe, i liquori e ogni altra forma di licenziosità e vizio per corrompere, ricattare o costringere in altri modi esseri umani riluttanti a eseguire i loro ordini. Questi "strumenti", siano essi ebrei o gentili, massoni o altro, sono stati, senza eccezione, liquidati con un metodo o un altro se, dopo aver servito il loro scopo, si riteneva che sapessero troppo.

Considerando questi fatti, mi sono convinto che i principali cospiratori non appartenevano a nessuna razza o nazione; erano "agenti di Satana", che facevano la sua volontà e servivano il suo scopo, qui sulla terra. L'unico e solo scopo del Diavolo è quello di allontanare le anime degli uomini da Dio Onnipotente. Gli uomini di che tramano e pianificano guerre e rivoluzioni hanno fatto molto per realizzare un mondo senza Dio. Questo ragionamento mi ha permesso di capire il genio malvagio di questi uomini. Non potevano avvicinarsi al loro obiettivo materialista totalitario senza fomentare guerre e rivoluzioni. Dovevano necessariamente distruggere la civiltà fondata secondo il Piano divino di creazione prima di poter imporre la loro malvagia ideologia totalitaria ai popoli del mondo.

Sia il capitano Ramsay che l'ammiraglio Domvile cercarono, dal 1936 al 1939, di impedire che la Gran Bretagna entrasse in guerra con la Germania, perché ritenevano che "l'ebraismo internazionale" intendesse organizzare una guerra in cui l'Impero tedesco e quello britannico si sarebbero distrutti a vicenda. Le persone sopravvissute su avrebbero potuto essere facilmente soggiogate dal comunismo in seguito, esattamente come la Russia era stata comunificata.

Sono d'accordo sul fatto che la Seconda Guerra Mondiale sia stata architettata dagli Illuminati che hanno usato l'anticomunismo, l'antifascismo, l'antisemitismo e tutto il resto per promuovere i loro malvagi Piani a lungo raggio e le loro segrete ambizioni totalitarie. Sono arrivato alla conclusione che era un errore fatale essere contrari a tutto tranne che al male. Credo che l'unico modo per sconfiggere la diabolica cospirazione internazionale di sia quello di educare il maggior numero possibile di persone alla verità delle tegole e convincerle che sono state usate come "pedine del gioco" da questi uomini malvagi.

Il capitano Ramsay cercò di convincere Neville Chamberlain che era contro gli interessi dell'Impero britannico permettere ai cospiratori internazionali di coinvolgere la Gran Bretagna nella guerra con la Germania. Aveva ragione. Non riuscì a convincere il Primo Ministro britannico, ma almeno lo impressionò a sufficienza, tanto che quando si recò a Monaco scese a compromessi con Hitler e tornò in Inghilterra sventolando con esuberanza il suo famoso ombrello e un documento che, a suo dire, era un accordo "che garantisce la pace nel nostro tempo".

Subito dopo questo annuncio, la stampa, controllata dai banchieri internazionali, iniziò una campagna di odio antifascista. La stampa controllata denunciò Chamberlain come "una vecchia donna disposta a comprare la pace a qualsiasi prezzo". Lo deridono con il suo ombrello. Lo accusarono di essere filofascista. I loro agenti a Mosca bruciarono Chamberlain in effigie nelle piazze. Al pubblico britannico non fu mai permesso di conoscere la differenza tra il nazismo ariano pagano e il fascismo anticomunista cristiano. Secondo alla stampa, il fascismo tedesco e quello italiano sono entrambi ideologie atee pagane e totalitarie. Pochi capiscono la differenza tra nazismo e fascismo e tra comunismo e socialismo.

Lo spazio non permette di riportare tutti i dettagli dell'intrigo messo in atto dal gruppo di malvagi che erano determinati a creare una via di mezzo tra Gran Bretagna e Germania. A mio parere, la politica antisemita di Hitler era sbagliata, ma gettare Gran Bretagna e Germania l'una contro l'altra non avrebbe salvato gli ebrei residenti in Germania, Polonia e altri Paesi dalla persecuzione e dalla morte. Costringere i Paesi a una guerra permise di sfogare l'odio antisemita dei nazisti sugli ebrei con azioni dirette su scala enorme, con una ferocia orribile testimoniata solo in precedenza durante il "Regno del Terrore" rivoluzionario. Se coloro che sostengono che il modo è stato provocato dagli Ebrei internazionali e non dagli Illuminati (che se ne fregano degli Ebrei e di chiunque altro) si fermassero a riflettere, si renderebbero conto che fomentando la Seconda Guerra Mondiale i responsabili hanno condannato a morte moltissimi Ebrei innocenti, mentre la maggior parte dei comunisti rivoluzionari Ebrei è sfuggita alla morte entrando "in clandestinità" e in seguito ha ottenuto l'ingresso illegale in Palestina, negli Stati Uniti, in Canada e in altri Paesi. Se la pace fosse continuata, i sentimenti antisemiti tedeschi non avrebbero mai potuto raggiungere gli estremi che hanno raggiunto durante la guerra. Si sarebbe potuta trovare una soluzione pacifica al problema. Ma NO! Il Piano a lungo termine degli Illuminati internazionali prevedeva la distruzione degli Imperi britannico e tedesco e degli *ebrei che non erano attivamente comunisti e quindi non erano loro "strumenti"*

Il capitano Ramsay aveva promesso a Neville Chamberlain che avrebbe prodotto prove documentali per dimostrare l'esistenza di una cospirazione per costringere la Gran Bretagna a dichiarare guerra alla Germania. Queste prove consistevano in cavi segreti in codice che erano passati tra Winston Churchill e il Presidente Roosevelt, sconosciuti a Chamberlain, l'allora Primo Ministro. Il capitano Ramsay si offrì di ottenere copie di questi documenti per dimostrare che i banchieri internazionali erano determinati a scatenare la Seconda Guerra Mondiale allo scopo di portare il resto delle nazioni europee sotto il controllo dei comunisti. Gli Illuminati controllano entrambi.

Tyler Kent era l'addetto alla codifica che aveva codificato e decodificato questi documenti segreti nell'ambasciata americana di Londra. Anna Wolkoff era la sua assistente. Come Gouzenko, anche loro si sentivano male al pensiero che il mondo sarebbe sprofondato in un'altra guerra globale per favorire le ambizioni di pochi uomini dalla mentalità totalitaria, la cui ricchezza costringeva persino i presidenti e gli uomini di Stato di alto livello a fare la loro volontà. Nel 1938 esistevano le stesse condizioni che esistevano a Parigi nel 1919, prima della firma del Trattato di Versailles.

Tyler Kent, come molte altre persone, sapeva che il capitano Ramsay era sospettoso di "una cospirazione ebraica internazionale". Sapeva che il capitano Ramsay stava cercando di impedire la guerra. Quando il capitano Ramsay gli disse che il signor Chamberlain avrebbe impedito l'attuazione di tale cospirazione se gli avesse fornito prove documentali autentiche che dimostrassero l'effettiva esistenza di tale cospirazione internazionale, Tyler Kent si offrì di mostrare al capitano Ramsay i documenti schiaccianti nel suo appartamento al 47 di Gloucester Place, a Londra.

I cospiratori internazionali, tuttavia, si erano dati da fare. Nel marzo 1939 avevano indotto Chamberlain a firmare una garanzia per proteggere la Polonia dall'aggressione tedesca, presentandogli una falsa notizia secondo la quale un ultimatum di 48 ore era stato consegnato dalla Germania ai polacchi. I fatti sono che il governo tedesco non lanciò alcun ultimatum di 48 ore. La nota tedesca conteneva suggerimenti ragionevoli per una soluzione "pacifica" dei problemi creati dal Trattato di Versailles riguardo al Corridoio polacco e a Danzica.

La storia dimostrerà che l'unica ragione per cui il governo polacco ignorò la nota tedesca fu perché gli agenti dei cospiratori internazionali consigliarono ai suoi principali statisti che la garanzia britannica li assicurava contro l'aggressione tedesca.

Passò un mese dopo l'altro e ancora la Polonia ignorò completamente la nota tedesca. Nel frattempo la stampa antitedesca accelerava i suoi torrenti di insulti contro Hitler perché aveva osato sfidare il potere dei baroni del denaro internazionali. Hitler si era guadagnato il loro odio con la sua politica finanziaria indipendente e le sue riforme monetarie. All'opinione pubblica fu fatto credere, e all'epoca fu fatto credere anche a me, che non ci si poteva fidare della parola di Hitler. All'opinione pubblica fu detto, dopo il "Putsch" nei Sudeti, che Hitler aveva detto che "non intendeva fare altre richieste". La stampa fece credere che la nota tedesca alla Polonia che suggeriva una soluzione "pacifica" ai problemi creati dal Trattato di Versailles fosse "un'altra richiesta" e quindi "una promessa non mantenuta".

La storia dimostra che non era così. Hitler aveva detto che non avrebbe avanzato ulteriori richieste DOPO aver rimediato alle ingiustizie inflitte al popolo tedesco da coloro che avevano dettato i termini e le condizioni del Trattato di Versailles. Questo è un cavallo di colore molto diverso.

È un tipico esempio di come una mezza verità sia molto più pericolosa di una bugia diretta.

La promessa di Hitler era qualificata. Promise che non avrebbe avanzato ulteriori richieste dopo aver risolto i problemi relativi ai Sudeti, parte della Cecoslovacchia, al Corridoio polacco e a Danzica.

Le rimostranze tedesche erano reali e giustificate. Con il Trattato di Versailles il Corridoio polacco aveva separato la Prussia orientale dal resto della Germania. Danzica, una città puramente tedesca, era stata isolata; i tedeschi che erano rimasti nel territorio che divenne noto come Cecoslovacchia, erano stati perseguitati; il desiderio espresso dal popolo austriaco di unirsi alla Germania, per proteggersi dall'aggressione comunista, era stato negato. In generale, l'opinione pubblica del mondo occidentale è stata portata a biasimare la Francia e le nazioni che formavano la "Piccola Intesa" per aver insistito su questa politica nei confronti della Germania. Non si può negare che la politica postbellica delle potenze alleate nei confronti della Germania fosse in diretta contraddizione con i principi di "autodeterminazione" che erano stati accettati dai governi coinvolti a nome dei popoli che li avevano eletti per gestire i loro affari.

Ogni cancelliere democratico tedesco che si era succeduto aveva cercato di ottenere un risarcimento attraverso negoziati diplomatici, senza riuscirci. Fu il loro fallimento nell'ottenere giustizia con mezzi pacifici a influenzare il popolo tedesco quando portò Hitler al potere. Winston Churchill definì Hitler "quel mostruoso aborto di menzogne e inganni", ma non si può negare che nel 1939 Hitler stesse cercando ancora una volta di organizzare una soluzione pacifica dei problemi creati dal Corridoio polacco e da Danzica, quando gli agenti dei cospiratori internazionali ingannarono il Primo Ministro Chamberlain facendogli credere che Hitler avesse lanciato un "Ultimatum" al governo polacco e che avesse spostato i suoi eserciti per sostenere le sue richieste. Fu questo atto di inganno che indusse Chamberlain a consigliare con riluttanza al governo di Sua Maestà di dichiarare guerra alla Germania.

Si tratta di un'accusa grave, ma la sua verità e la sua giustificazione sono dimostrate dal fatto che esattamente la stessa cosa si è ripetuta verso la fine e subito dopo la fine della Seconda Guerra Mondiale.

Sarebbe ridicolo supporre che uomini di Stato sinceri e cristiani possano ripetere e aggravare ingiustizie come quelle perpetrate dal Trattato di Versailles. Ma queste ingiustizie sono state ripetute dalle potenze alleate con l'adozione della politica della resa incondizionata; con l'adozione del piano economico Stalin-White-Morgenthau; con la spartizione della Germania; con le motivazioni malvagie del piano di riarmo tedesco; con la crisi postbellica con la Francia; e (come verrà spiegato in un altro capitolo) con il pericoloso gioco che si è svolto tra gli interessi finanziari internazionali e i dittatori sovietici e cinesi, dalla fine della guerra con il Giappone. Qualsiasi persona imparziale deve ammettere che non è la gente comune delle democrazie a chiedere ai propri governi di portare avanti una tale politica di odio e ingiustizia contro il popolo tedesco. Non sono i rappresentanti eletti dal popolo a concepire questi diabolici programmi di persecuzione e di irritazione. Sono i poteri malvagi dietro le quinte del governo che ne sono responsabili. La loro politica malvagia si basa su un'astuzia diabolica. Sanno che una casa divisa contro se stessa deve sicuramente cadere. Che nazioni divise l'una contro l'altra devono sicuramente essere soggiogate. Più gli esseri umani sono costretti a combattersi tra loro, più crescono coloro che si siedono e li spingono alle guerre. Se permettiamo che questi intrighi, complotti e piani segreti continuino, permettiamo alle forze del male di farci commettere un suicidio nazionale e razziale.

Quando Hitler si stancò di aspettare la risposta della Polonia e di essere insultato dalla stampa alleata, spostò le sue armate in Polonia. La Gran Bretagna dichiarò quindi guerra in conformità con il suo accordo. La natura criminale del consiglio dato alla Polonia può essere compresa dal fatto che, pur avendo dichiarato guerra alla Germania, la Gran Bretagna non poteva fornire alla Polonia alcun aiuto diretto, né navale, né militare, né aereo.

Un'autorità minore di Lord Lothian, che negli ultimi anni è stato ambasciatore britannico negli Stati Uniti, ha dichiarato nell'ultimo discorso tenuto a Chatham House:

> "Se i principi dell'autodeterminazione fossero stati applicati a favore della Germania, così come sono stati applicati contro di lei, ciò avrebbe significato la restituzione al Reich dei Sudeti, della Cecoslovacchia, di parti della Polonia, del Corridoio polacco e di Danzica".

È lecito supporre che se al popolo britannico fosse stato permesso di essere correttamente informato su queste questioni, non avrebbe mai permesso che venisse dichiarata la guerra. Ma era la "Guerra", non la Verità o la Giustizia, il punto su cui i cospiratori internazionali erano determinati.

Anche se la Gran Bretagna aveva dichiarato guerra, Hitler si rifiutò di abbandonare la politica che aveva esposto nel Mein Kampf riguardo alla Gran Bretagna e al suo Impero. Ordinò ai generali, al comando del famoso Panzer Corps, di fermarsi il 22 maggio 1940, quando avrebbero potuto facilmente spingere le armate britanniche in mare o farle arrendere. Il capitano Liddell Hart nel suo libro *The Other Side of the Hill* cita il telegramma di Hitler al generale Von Kleist:

> "Le divisioni corazzate devono rimanere a medio raggio di artiglieria da Dunkerque. Il permesso è concesso solo per movimenti di ricognizione e di protezione".

Il generale Von Kleist era uno dei tedeschi che non condivideva la politica di Hitler nei confronti della Gran Bretagna. Decise di ignorare l'ordine. Il capitano Hart cita Von Kleist come se gli avesse detto dopo l'evento.

> "Poi arrivò un ordine più deciso. Mi fu ordinato di ritirarmi dietro il canale. I miei carri armati rimasero fermi lì per tre giorni."[190]

Il capitano Hart cita poi una conversazione avvenuta tra Hitler, il maresciallo Von Runstedt e due membri del suo staff. Secondo il maresciallo Von Runstedt

> "Hitler ci stupì parlando con ammirazione dell'Impero britannico, della necessità della sua esistenza e della civiltà che la Gran Bretagna aveva portato nel mondo... Paragonò l'Impero britannico alla Chiesa cattolica, dicendo che erano entrambi elementi essenziali di stabilità nel mondo. Disse che tutto ciò che voleva dalla Gran Bretagna era che riconoscesse la posizione della Germania sul continente; la restituzione delle colonie tedesche perdute sarebbe stata auspicabile ma non essenziale; e che avrebbe persino sostenuto

---

[190] La recensione di *The Manstein Memoirs* sul *Globe* and *Mail* di Toronto del 1955 conferma questa affermazione.

la Gran Bretagna con le truppe se fosse stata coinvolta in difficoltà ovunque. Concludeva dicendo che il suo obiettivo era quello di fare la pace con la Gran Bretagna su una base che lei avrebbe considerato compatibile con il suo onore".

Fu così che la Gran Bretagna ebbe il tempo di organizzare le sue forze di evacuazione e di riportare a casa i suoi soldati da Dunkerque.

Si ricorderà che per i primi mesi della Seconda guerra mondiale Hitler non bombardò la Gran Bretagna. Mentre Neville Chamberlain rimaneva Primo Ministro, la Gran Bretagna non bombardò la Germania. La stampa controllata la definì "una guerra fasulla".

È abbastanza ovvio che due grandi imperi non possono distruggersi a vicenda se non vogliono combattere. Chamberlain non iniziò l'offensiva perché era quasi convinto di essere stato vittima di un intrigo internazionale. A Winston Churchill erano stati conferiti pieni poteri e responsabilità su tutte le operazioni navali, militari e aeree. Decise di prendere l'iniziativa.

Churchill concepì l'idea della "scommessa Norvegia". Questa "operazione combinata", mal pianificata ed eseguita, coinvolse l'esercito, la marina e l'aviazione britannica. Era destinata a fallire prima ancora di entrare in azione. Anche una persona con una conoscenza elementare della strategia militare avrebbe capito che un'operazione del genere non avrebbe potuto avere successo se le forze di invasione non avessero avuto il controllo del Kattegat e dello Skagerrack. Churchill si fece indicare questo fatto da autorità navali competenti. Churchill non è uno sciocco, ma ha portato avanti il suo progetto in opposizione ai suoi consiglieri navali e militari, esattamente come aveva fatto quando aveva inviato le Divisioni Navali a salvare Anversa nel 1914 e quando aveva insistito per l'invasione di Gallipoli nel 1915. I risultati di tutte e tre le "scommesse di Churchill" furono gli stessi. Nessun guadagno, gravi rovesci, perdite eccezionalmente pesanti e perdita di equipaggiamenti e materiali preziosi. Il fiasco della "scommessa Norvegia", tuttavia, non fu imputato a Churchill. I suoi amici, "i baroni internazionali del denaro", usarono la loro stampa controllata per dare sfogo a tutto il loro potere di odio, critica, invettiva, censura, sarcasmo e satira contro il Primo Ministro Chamberlain. Volevano che Chamberlain fosse tolto di mezzo per poter mettere Winston Churchill al suo posto e trasformare la "guerra finta" in una "guerra sparatoria".

Questa campagna propagandistica costrinse Chamberlain a dimettersi, esattamente come Asquith era stato costretto a farlo nel 1915. Così, ancora una volta, la storia si ripete. Nel maggio del 1940, Churchill si alleò nuovamente con i socialisti per formare un nuovo governo.

J.M. Spaight, C.B., C.B.E., era il principale assistente segretario del Ministero dell'Aviazione britannico durante la Seconda Guerra Mondiale. Nel suo libro Bombing Vindicated, pubblicato nel 1944, rivela che lo spietato bombardamento delle città tedesche iniziò l'11 maggio 1940, la sera del giorno in cui Winston Churchill divenne Primo Ministro. La Gran Bretagna iniziò a bombardare e, come era prevedibile, la Germania si vendicò. Così la guerra fu posta su una base distruttiva.

Spaight rivela anche che il 2 settembre 1939, quando Chamberlain era ancora in carica, i governi britannico e francese avevano dichiarato che "sarebbero stati bombardati solo obiettivi strettamente militari, nel senso più stretto del termine". La politica di Churchill di bombardare città aperte è stata difesa, ma non potrà mai essere giustificata.

C'è un altro punto, generalmente non conosciuto, che deve essere menzionato. È stato registrato che molti generali tedeschi non erano d'accordo con la politica di Hitler. I signori della guerra nazisti sapevano di dover togliere di mezzo Hitler e sottomettere le dittature comuniste controllate da Stalin, prima di poter realizzare il loro piano a lungo termine per il dominio del mondo. La guerra totale contro la Gran Bretagna non era in linea con il loro programma. Il comunismo russo e gli ebrei dovevano essere soggiogati e distrutti prima di poter sferrare il loro attacco verso ovest e soggiogare la Gran Bretagna e gli Stati Uniti. Questo era il piano nazista, non la politica fascista. Il piano nazista era di portata internazionale. La causa fascista era nazionale.

Nel maggio 1941 si tenne una riunione segreta dei Signori della Guerra nazisti. Decisero di sfruttare la politica amichevole di Herr Hitler nei confronti della Gran Bretagna per cercare di convincere quest'ultima a sospendere la guerra contro la Germania. Rudolf Hess fu incaricato di volare in Scozia e di contattare Lord Hamilton e Churchill, per cercare di influenzare il governo britannico a firmare un trattato di pace.

Hess fu incaricato di dire al governo britannico che, se avessero firmato un trattato di pace, i generali tedeschi si sarebbero sbarazzati di Hitler e avrebbero concentrato tutta la loro potenza militare sulla distruzione del comunismo in Russia e in altri Paesi europei. *Hitler non sapeva nulla di questo piano.*

Hess volò in Scozia, ma Churchill rifiutò di accettare l'offerta fatta da Hess. I generali tedeschi persuasero allora Hitler a intraprendere un'offensiva totale contro la Russia, sottolineando che fino a quando la Russia non fosse stata sconfitta non avrebbero potuto estendere le loro operazioni militari al di fuori della Germania senza correre il serio rischio di essere pugnalati alle spalle da Stalin quando lo avesse ritenuto opportuno.

Il 22 giugno 1941 le forze tedesche invasero la Russia. La Gran Bretagna e gli Stati Uniti d'America unirono le loro risorse per aiutare Stalin a sconfiggere le forze armate tedesche. Furono organizzati convogli di navi per trasportare munizioni da guerra in Russia attraverso Murmansk e il Golfo Persico.[191]

Durante la ribellione irlandese, un regolamento di sicurezza 18-B era stato approvato da Order in Council per consentire alla polizia inglese di detenere e interrogare persone che "sospettavano" potessero essere membri dell'Esercito Repubblicano Irlandese con l'intento di commettere atti di disturbo o sabotaggio. Nel 1940 la pratica era stata interrotta per molti anni.

Il 23 maggio 1940, durante le prime due settimane di presidenza, Churchill utilizzò questo regolamento obsoleto per arrestare tutti i personaggi di spicco che avevano cercato di impedire che la Gran Bretagna fosse trascinata in guerra con la Germania prima del settembre 1939 e coloro che si erano opposti alla sua politica di trasformare la guerra fittizia in una guerra combattuta.

Molte centinaia di sudditi britannici sono stati arrestati senza che fosse formulata alcuna accusa nei loro confronti. Furono messi in prigione senza processo in base alla Regola 18-B *che li privava dei diritti e dei*

---

[191] In quel periodo ero uno degli ufficiali di controllo navale del Canada. Sentii il dovere di protestare contro la politica che dirottava le navi, di cui c'era estremo bisogno per portare rifornimenti all'Inghilterra, per mandarle a Murmansk. La mia protesta fu ignorata. La battaglia per salvare il comunismo internazionale era iniziata.

privilegi dell'Habeas Corpus Act. La Magna Carta fu ignorata e ridicolizzata.

Questi arresti su larga scala sono stati effettuati dalla polizia sulla base della dichiarazione non supportata di Herbert Morrison che, in qualità di Segretario di Stato,

> "aveva ragionevoli motivi per credere che le suddette persone fossero state recentemente coinvolte in atti pregiudizievoli per la sicurezza pubblica, per la difesa del regno, o nella preparazione o istigazione di tali atti, e che per questo motivo fosse necessario esercitare un controllo su di loro".

Il capitano Ramsay, l'ammiraglio Sir Barry Domvile, le loro mogli e amici e centinaia di altri cittadini furono rinchiusi nella prigione di Brixton. Alcuni di loro furono detenuti fino al settembre 1944. [192] Furono trattati come criminali e molto peggio dei prigionieri in custodia cautelare.

Poco prima di questa azione oltraggiosa da parte di coloro che facevano gli ordini dei banchieri internazionali, la stampa controllata dai baroni del denaro aveva condotto una campagna di propaganda isterica, sostenendo che la Germania aveva una quinta colonna forte e ben organizzata in Gran Bretagna, pronta a dare aiuto alle truppe tedesche invasori non appena fossero sbarcate.

Le indagini successive dimostrarono che i competenti servizi segreti britannici non produssero mai, né all'epoca né in seguito, nemmeno la più flebile prova che gli arrestati fossero coinvolti in una cospirazione.

Ci sono molte prove che dimostrano che il governo britannico appena formato, sotto la guida di Churchill, ricevette l'ordine di intraprendere questa azione ingiusta contro tutte le persone importanti e influenti in

---

[192] Herbert Morrison visitò il Canada nel novembre 1954. Fu il relatore principale di una riunione tenutasi a Toronto per raccogliere fondi a sostegno del "sionismo politico". L'autore è informato che il governo degli Stati Uniti ha accettato che le autorità britanniche arrestassero e detenessero Tyler Kent. Questa azione era contraria a tutti i principi accettati che regolano il personale delle ambasciate in paesi stranieri. La questione è stata sollevata nuovamente negli Stati Uniti nel 1954, ma sembra che non se ne sia fatto nulla.

Gran Bretagna che avevano espresso la loro opinione sul fatto che "l'ebraismo internazionale" aveva promosso la guerra tra Gran Bretagna e Germania.

Poco prima dell'arresto di massa, la signora Nicholson, moglie dell'ammiraglio Nicholson, un altro illustre ufficiale della marina britannica, era stata arrestata a seguito di una campagna di "diffamazione". Aveva dichiarato pubblicamente di ritenere che il complotto per coinvolgere la Gran Bretagna nella guerra con la Germania fosse opera dei banchieri ebrei internazionali. Contro la signora Nicholson furono effettivamente "incastrate" quattro accuse. Fu processata da un giudice e da una giuria. Fu assolta da tutti i capi d'accusa. Questa azione da parte del giudice e della giuria non piaceva a coloro che erano determinati a perseguitare le persone che si opponevano al fatto che i banchieri internazionali in Gran Bretagna, Francia e America gestissero gli affari della nazione in modo da indurli a un'altra guerra globale. Per questo si ricorse all'antiquato Regolamento 18-B per metterli fuori gioco. La guerra finta divenne una guerra combattuta. Gli Imperi britannico e tedesco si indebolirono, mentre coloro che avevano iniziato le guerre rafforzarono le loro posizioni. Gli Illuminati se la ridevano di gusto.

Nonostante la signora Nicholson fosse stata scagionata da tutte le colpe e gli addebiti che le erano stati mossi, nel *maggio 1940 è stata arrestata e imprigionata ai sensi del Regolamento 18-B.*

Il capitano Ramsay racconta l'intera storia degli eventi che portarono al suo arresto e alla sua prigionia nel suo libro *The Nameless War.* L'ammiraglio Sir Barry Domvile racconta le sue esperienze nel libro From Admiral to Cabin Boy. Questi sono libri che dovrebbero essere letti da ogni persona interessata alla continuazione della libertà.[193]

Neville Chamberlain morì nel 1940. Era logorato nel corpo e nell'anima dalla lotta contro "i poteri segreti " che governano da dietro le quinte.

---

[193] Durante la revisione e l'editing di questo M.S.S. Ottobre 1954, ricevetti una lettera dal responsabile della casa editrice inglese che aveva osato pubblicare il libro dell'Ammiraglio Domviles. La lettera diceva in parte "Le 'Potenze maligne', di cui lei è così ben informato, hanno reso le cose così difficili che sono stato 'costretto' a cessare l'attività dopo più di 50 anni".

Così era morto anche William Pitt. Ma coloro che nuotano con la marea dell'Illuminismo e fanno ciò che viene detto loro, di solito vivono fino a una "vecchiaia matura". Vengono ricoperti di onori e ricchezze terrene. Una cosa è certa: Non possono portare con sé ricchezza e onori quando muoiono - e dopo la morte arriverà il giudizio.

Capitolo 18

I pericoli attuali

Studiando la storia è possibile prevedere le tendenze future con un certo grado di sicurezza. La storia si ripete perché coloro che dirigono il W.R.M. non CAMBIANO i loro piani a lungo termine: semplicemente adattano le loro politiche alle condizioni moderne e modificano i loro piani per trarre pieno vantaggio dai progressi della scienza moderna.

Per comprendere la situazione internazionale attuale, dobbiamo ricordare ciò che è accaduto da quando Lenin ha instaurato la dittatura totalitaria in Russia nel 1918. È stato dimostrato che la dittatura è stata istituita per dare agli internazionalisti occidentali l'opportunità di mettere in pratica le loro idee e teorie totalitarie per una dittatura universale. Essi volevano eliminare le eventuali rughe attraverso il processo di prova ed errore.

Alla morte di Lenin subentrò Stalin. All'inizio fu spietatamente obbediente ai dettami dei banchieri internazionali. Incaricò Béla Kun di mettere in atto le loro idee per la collettivizzazione delle aziende agricole in Ucraina. Quando i contadini si rifiutarono di obbedire all'editto, cinque milioni di persone vennero sistematicamente fatte morire di fame quando il grano fu loro sottratto con la forza. Questo grano fu scaricato sui mercati mondiali per aggravare la depressione creata artificialmente. Altri cinque milioni di contadini e contadine furono mandati ai lavori forzati per insegnare al resto del popolo sottomesso che lo STATO era supremo e il Capo dello STATO il loro Dio, ai cui editti bisognava obbedire.

Solo quando Stalin iniziò a epurare un gran numero di leader comunisti ebrei, che erano indubbiamente marxisti, Trotsky e altri leader rivoluzionari seppero con certezza che aveva abbandonato gli Illuminati e sviluppato ambizioni imperialistiche.

La conduzione della rivoluzione in Spagna da parte di Stalin turbò ancora di più gli internazionalisti occidentali, soprattutto quando Serges e Maurin dimostrarono che Stalin stava usando il comunismo internazionale per favorire i propri piani segreti e le proprie ambizioni imperialistiche.

Dopo la vittoria di Franco nella Guerra Civile, la condotta di Stalin fu molto difficile da comprendere. I leader rivoluzionari in Canada e in America non riuscivano a seguire i drastici cambiamenti nella linea del Partito, come era stato loro insegnato durante l'indottrinamento alle teorie marxiane. Quando Stalin firmò il patto di non aggressione con Hitler, dopo che gli imperi britannico e tedesco erano stati gettati nella Seconda Guerra Mondiale, sembrava che Stalin volesse fare tutto ciò che era in suo potere per aiutare Hitler a dominare l'Europa occidentale e distruggere il potere dei banchieri internazionali.

La situazione appariva così grave dal punto di vista dei banchieri internazionali che decisero di tentare di persuadere Stalin ad abbandonare le sue ambizioni imperialistiche e ad assecondarli in uno spirito di coesistenza pacifica. Cercarono di convincere Stalin che era abbastanza fattibile che lui governasse il mondo orientale con il comunismo, mentre loro governavano il mondo occidentale con un supergoverno. Stalin chiese una prova della loro sincerità. Questo fu l'inizio della tanto discussa teoria della coesistenza pacifica. Ma la coesistenza pacifica tra due gruppi internazionalisti, o tra persone che credono in Dio e persone che credono nel diavolo, è impossibile.

Nelle comunicazioni segrete tra Churchill e Roosevelt, rese note da Tyler Kent, si concordò che Chamberlain dovesse essere rimosso dalla carica di Primo Ministro, in modo che Churchill potesse assumere l'incarico e trasformare la guerra "finta" in una guerra "calda" e di fuoco. Si riteneva che questo atto avrebbe convinto Stalin della sincerità delle loro intenzioni.

La storia rivela che Chamberlain fu spodestato come Primo Ministro nel maggio del 1940, proprio come Asquith nel 1913. Churchill assunse la carica di Primo Ministro l'11 maggio 1940. Ordinò alla R.A.F. di iniziare a bombardare le città e i paesi tedeschi la sera stessa. J.M. Spaight, C.B., C.B.E., all'epoca era assistente segretario principale del Ministero dell'Aria. Dopo la guerra ha scritto il libro Bombing Vindicated. In esso giustifica la politica di Churchill di bombardare le città e i paesi tedeschi con la motivazione che ciò era stato fatto per "salvare la civiltà". L'autore ammette tuttavia che l'ordine di Churchill costituiva una violazione dell'accordo stipulato da Gran Bretagna e Francia il 2 settembre 1939. Quel giorno il Primo Ministro britannico e il Presidente della Repubblica francese concordarono sulla necessità di dichiarare guerra alla Germania a causa dell'invasione della Polonia da parte di Hitler; concordarono anche che NON avrebbero bombardato città e paesi tedeschi, facendo soffrire il popolo tedesco per i peccati di un solo uomo. I leader dei due governi concordarono solennemente che i bombardamenti dovevano essere limitati a obiettivi strettamente militari, nel senso più stretto del termine.

Dopo la guerra è stato dimostrato che il vero motivo per cui Churchill bombardò le città tedesche, contrariamente a quanto concordato, fu perché i banchieri internazionali occidentali volevano dare a Stalin la certezza di essere sinceri nel loro desiderio di portare avanti la politica suggerita di coesistenza pacifica tra il comunismo orientale e l'illuminismo occidentale.

Il bombardamento della Germania provocò un'immediata rappresaglia e il popolo britannico fu sottoposto a una prova come mai era stata vissuta dagli albori della creazione.

È difficile per il cittadino medio apprezzare le profondità a cui possono scendere coloro che sono coinvolti in intrighi internazionali. Si dimostrerà che gli Illuminati non avevano alcuna intenzione di mantenere la fiducia in Stalin. Si dimostrerà che Stalin non aveva alcuna intenzione di mantenere la fiducia con loro. Si dimostrerà anche che i Signori della Guerra nazisti, pur essendo segretamente determinati a schiacciare sia il comunismo internazionale che il capitalismo internazionale, in realtà cercarono di ingannare Churchill facendogli credere di non avere piani segreti per il dominio del mondo attraverso la conquista militare.

Nella primavera del 1941 i Signori della Guerra nazisti, all'insaputa di Hitler, ordinarono a Hess di volare in Gran Bretagna e di dire a Churchill che se avesse accettato di porre fine alla guerra contro la Germania avrebbero garantito di sbarazzarsi di Hitler e poi di distruggere Stalin e il comunismo internazionale. Dopo essersi consultato con Roosevelt, Churchill rifiutò l'offerta di Hess.

I signori della guerra nazisti cercarono quindi di convincere gli internazionalisti occidentali della sincerità delle loro intenzioni ordinando l'assassinio di Hitler. Il complotto fallì e Hitler riuscì a salvarsi. Quando quest'atto non riuscì a convincere coloro che stavano segretamente istruendo Churchill e Roosevelt, i Signori della Guerra nazisti decisero che dovevano prima attaccare la Russia e sconfiggere Stalin, e poi rivolgere le loro forze militari contro la Gran Bretagna e le Americhe. Lanciarono l'attacco contro la Russia il 22 giugno 1941. Immediatamente, sia Churchill che Roosevelt annunciarono pubblicamente di aver impegnato i rispettivi governi a sostenere Stalin fino al limite delle loro risorse. Churchill, sempre drammatico, disse che avrebbe stretto la mano al diavolo in persona se avesse promesso di aiutarlo a distruggere il fascismo tedesco. Si riferì a Hitler come a "quel mostruoso aborto di bugie e inganni", eppure Churchill doveva sapere che Hitler, pur con tutti i suoi difetti, non era un internazionalista.

Questa azione è stata calcolata per eliminare dalla mente di Stalin qualsiasi dubbio che potesse ancora avere sull'onestà delle intenzioni degli internazionalisti occidentali di dividere il mondo in due metà per poi vivere in una coesistenza pacifica. Roosevelt e Churchill procedettero quindi a fornire a Stalin aiuti illimitati. Presero in prestito somme astronomiche dai banchieri internazionali e pagarono loro gli interessi sui prestiti. Poi addebitarono il capitale e gli interessi ai debiti nazionali dei loro due Paesi, in modo che i contribuenti pagassero e combattessero la guerra fomentata dagli Illuminati, mentre i banchieri se ne stavano seduti e guadagnavano centinaia di milioni di dollari dall'affare. Questa straordinaria generosità con il sangue e il denaro del popolo spianò la strada agli incontri che "I TRE GRANDI" tennero successivamente a Teheran, Yalta e Potsdam.

Stalin giocò un gioco molto astuto a Teheran. Fece capire che sospettava ancora che gli internazionalisti occidentali potessero essere ingannevoli piuttosto che sinceri. Ha giocato a essere difficile da persuadere e molto difficile da ottenere. Ha fatto richieste oltraggiose. Ha chiesto concessioni irragionevoli. Insinuò che nel fare queste richieste stava solo mettendo alla prova la sincerità degli uomini che sapeva fin troppo bene, per lunga esperienza, essere i registi della cospirazione internazionale. Roosevelt era stato ben informato. Diede a Stalin tutto ciò che aveva chiesto. Churchill doveva assecondarlo o avrebbe perso il sostegno finanziario dei finanziatori internazionali e l'appoggio militare degli Stati Uniti.

Poi venne Yalta. Stalin cambiò atteggiamento. Fece finta di essere stato conquistato. Divenne un perfetto padrone di casa. Churchill e Roosevelt furono invitati a cena e a brindare. Stalin sciolse il Comintern. Il Comintern era l'organo esecutivo che aveva tramato e pianificato le rivoluzioni in ogni paese. Stalin, Roosevelt e Churchill bevvero la dannazione dei tedeschi. Roosevelt assicurò a Stalin che dopo la loro fine non sarebbero rimasti abbastanza tedeschi di cui preoccuparsi, e si dice che abbia sostenuto la necessità di fucilare 50.000 ufficiali tedeschi senza processo. La stampa controllata non ha mai smesso di parlare della politica nazista di genocidio contro gli ebrei, ma è stata singolarmente silenziosa riguardo alla politica di genocidio di Roosevelt contro i tedeschi. In cambio dello scioglimento del Comintern, Roosevelt fece altre concessioni a Stalin. Seicento milioni di esseri umani a est di Berlino furono consegnati alla schiavitù comunista.

Churchill acconsentì a tutto ciò che Roosevelt e Stalin facevano. La storia dimostrerà che all'incontro di Yalta Stalin e Roosevelt ebbero diversi incontri segreti dopo che Churchill aveva cenato e bevuto troppo bene per permettergli di mantenere la lucidità. Roosevelt fingeva di essere amichevole con Churchill, ma, come testimonia il suo stesso figlio, spesso diceva cose e suggeriva politiche che dimostravano che segretamente lo guardava con disprezzo.

Solo Churchill può spiegare perché dovette stare ad ascoltare i suggerimenti di Roosevelt di dare Hong Kong alla Cina comunista per corrompere Mao-Tse-Tung a stare al gioco degli internazionalisti occidentali. Come poteva Churchill professare pubblicamente una così stretta e sincera amicizia per Roosevelt, quando Roosevelt ripeteva costantemente di considerare la dissoluzione del Commonwealth britannico necessaria per il futuro benessere della razza umana? Hitler pensava esattamente il contrario.

Ma Stalin non era uno stupido. Era stato associato agli agenti dei banchieri internazionali così a lungo che poteva leggere i loro pensieri più segreti come un libro aperto. Sapeva meglio di qualsiasi altro uomo che essi avevano usato il comunismo per promuovere le loro idee totalitarie, e quindi li ha sfidati al loro stesso gioco. Durante le fasi finali della guerra costrinse gli eserciti alleati a fermarsi e ad aspettare che le sue armate occupassero Berlino.

Le affermazioni di cui sopra sono provate dall'esistenza di un ordine segreto emesso da Stalin agli ufficiali generali degli eserciti sovietici per spiegare la sua politica. L'ordine è datato 16 febbraio 1943. Recita:

"I governi borghesi delle democrazie occidentali, con i quali abbiamo stretto un'alleanza, potrebbero credere che consideriamo il nostro unico compito quello di cacciare i fascisti dalla nostra terra. Noi bolscevichi, e con noi i bolscevichi di tutto il mondo, sappiamo che il nostro vero compito inizierà solo dopo la fine della seconda fase della guerra. Allora inizierà per noi la terza fase, che per noi è l'ultima e la più decisiva... la fase della distruzione del capitalismo mondiale. IL NOSTRO UNICO OBIETTIVO È, E RIMANE, LA RIVOLUZIONE MONDIALE: LA DITTATURA DEL PROLETARIATO. Ci siamo impegnati in alleanze perché questo era necessario, per raggiungere la terza fase, ma le nostre strade si dividono dove i nostri attuali alleati ci ostacoleranno nel raggiungimento del nostro obiettivo finale".

Stalin mostrò la sua vera natura solo dopo aver conquistato Berlino e occupato la Germania orientale. Allora non mantenne tutte le promesse fatte. Questa svolta fu tenuta fuori dalla stampa perché né Roosevelt né Churchill volevano che il pubblico di sapesse come Stalin, il rapinatore di banche, l'assassino, il falsario internazionale li avesse coperti come una coperta.

Gli internazionalisti occidentali dovevano solo aspettare il momento giusto. Si rendevano conto che se Stalin e Mao-Tse-Tung avessero unito le forze, le orde comuniste avrebbero potuto spazzare il mondo occidentale come una piaga di locuste. Ragionarono sul fatto che Stalin stava invecchiando. Sapevano che non gli restava molto da vivere. Era meglio accattivarsi il suo favore piuttosto che fargli vuotàre il sacco e svelare l'intera diabolica cospirazione.

I capitalisti occidentali consideravano grave la sfida aperta di Stalin, ma avevano un asso nella manica. Prima di giocarlo, incaricarono Roosevelt di fare un ulteriore sforzo per riportare Stalin in riga. Roosevelt si offrì di concedere tutto ciò che Stalin chiedeva, per quanto riguardava l'Estremo Oriente, se solo avesse accettato di stare al gioco dei capitalisti occidentali. La stampa controllata ha insistentemente riportato che Roosevelt ha fatto a Stalin le concessioni che ha fatto in Estremo Oriente perché i suoi consiglieri militari gli avevano detto che sarebbero stati necessari due anni interi di pesanti combattimenti, dopo il crollo della Germania, prima che il Giappone potesse essere messo in ginocchio. Questa menzogna è così evidente che non è stato necessario che il generale MacArthur abbia raccontato direttamente a Roosevelt la bugia. I generali americani sapevano che il Giappone stava cercando di negoziare una pace da molto tempo prima che Roosevelt facesse le concessioni a Stalin.

Ancora una volta Stalin prese tutto quello che poteva prendere in Manciuria. Ancora una volta non mantenne le sue promesse e rinnovò il suo atteggiamento di sfida. Questa volta i poteri dietro l'amministrazione della Casa Bianca erano davvero arrabbiati. Devono aver fatto una proposta di natura così diabolica da sconvolgere Roosevelt, che si sentì male e morì. Si dice che sia morto in casa di Bernard Baruch. I consiglieri del governo degli Stati Uniti decisero allora di giocare la loro carta vincente... la bomba atomica. Le bombe atomiche vennero sganciate su Hiroshima e Nagasaki per indicare a Stalin ciò che era in serbo per la Russia se non avesse accettato la linea. Il fatto che l'America avesse le bombe atomiche era stato tenuto segreto. Il Giappone era già sconfitto quando furono sganciate. La resa era solo a pochi giorni di distanza. Più di centomila esseri umani furono sacrificati, e il doppio feriti in Giappone, per dimostrare a Stalin che gli Stati Uniti avevano davvero le bombe atomiche. Così si vede che Churchill ordinò il bombardamento senza restrizioni della Germania per cercare di ingannare Stalin e fargli credere che i capitalisti internazionali volevano essere amici, e poi gli Stati Uniti bombardarono il Giappone con le bombe atomiche per avvertirlo che avrebbe dovuto stare al gioco e fare quello che gli era stato detto... o altro.

Molotov era l'uomo più in grado di giudicare ciò che accadeva nella mente di Stalin. Nel dopoguerra Molotov fu ministro degli Esteri sovietico. Rappresentò il Cremlino alle Nazioni Unite per molti anni. Molotov sposò la figlia di Sam Karp di Bridgeport, Connecticut. Molotov divenne così l'anello di congiunzione tra il Cremlino e i finanzieri internazionali del mondo occidentale. È stato riferito in modo attendibile che subito dopo aver ritirato Molotov dalle Nazioni Unite, Stalin mandò la moglie di Molotov in esilio in Siberia. Questi atti da soli indicano fortemente che Stalin aveva rotto con i capitalisti occidentali che avevano contribuito a metterlo al potere in Russia.

Il fatto che Tito abbia rotto con Stalin dopo la fine della guerra è un'ulteriore prova che Stalin era deciso a portare avanti il suo programma imperialistico. Tito è sempre stato asservito ai finanziatori occidentali che gli hanno fornito tutto il denaro necessario per stabilirsi nella sua attuale posizione in Europa centrale. Il figlio di Churchill ha rischiato la vita in più di un'occasione durante la Seconda Guerra

Mondiale, paracadutandosi nei territori di Tito per conferire con lui a nome delle potenze occidentali.

Alla fine Stalin morì o fu eliminato. Lasciò questo mondo con le labbra sigillate come qualsiasi altro gangster. Gli agenti degli internazionalisti occidentali, con sede a Mosca, colpirono non appena Stalin morì. Beria e gli altri fidati luogotenenti di Stalin furono eliminati. Il figlio di Stalin scomparve senza lasciare traccia.

Affinché ciò che stava accadendo in Russia non apparisse troppo evidente, fu disposto che Malenkov assumesse temporaneamente il comando dopo la morte di Stalin. Gli fu ordinato di declamare il Grande Stalin e, per un certo periodo, lo sgonfiò agli occhi del popolo. Poi cambiò tattica. Rinnovò le relazioni amichevoli con il dittatore cinese; iniziò a stringere amicizia con il popolo russo; favorì lo sviluppo di uno spirito di orgoglio nazionale. Così facendo ha segnato il proprio destino.

Gli internazionalisti occidentali hanno risposto con la richiesta di riarmare immediatamente la Germania occidentale. La Francia fu l'ostacolo. Mendes-France rimase al potere abbastanza a lungo da far ratificare alla Francia l'accordo di riarmo della Germania. Avendo raggiunto il suo scopo, fu messo tra gli scarti come tanti altri.

La situazione in Estremo Oriente è stata volutamente confusa, ma non è difficile da spiegare. Gli internazionalisti occidentali avevano amici in Cina, proprio come in Russia, ma Mao-Tse-Tung non può essere considerato uno di loro. Lui e Stalin avevano idee molto simili nei confronti degli internazionalisti occidentali. Ma sia i gruppi orientali che quelli occidentali di stampo totalitario avevano una cosa in comune... Volevano sbarazzarsi di Chiang-Kai-Shek.

I capitalisti occidentali hanno iniziato una campagna di propaganda contro Chiang-Kai-Shek non appena la guerra giapponese è terminata. Questa azione aveva un duplice scopo. Volevano dimostrare a Mao-Tse-Tung che la coesistenza con loro era fattibile e, allo stesso tempo, volevano eliminare il leader nazionalista. La stampa accusò il governo nazionalista di essere corrotto; i generali nazionalisti erano lassisti e non mantenevano la disciplina tra le loro truppe; le truppe nazionaliste commettevano saccheggi e compivano pubblicamente stupri. È giusto ammettere che molte delle accuse mosse ai nazionalisti erano vere.

Il fatto che molti funzionari del governo nazionalista cinese si fossero dimostrati corrotti fu usato per giustificare la politica della Gran

Bretagna di riconoscere il regime comunista. È stato anche usato da alcuni consiglieri degli Stati Uniti come motivazione per chiedere all'America di ritirare il sostegno a Chiang-Kai-Shek. Quello che non è stato detto al grande pubblico è che, dopo la presa di potere dei comunisti in Cina, è stato dimostrato che la maggior parte degli alti funzionari che avevano gettato discredito su Chiang-Kai-Shek e sul suo governo nazionalista erano cellule comuniste che si erano infiltrate nel governo nazionalista allo scopo di distruggerlo dall'interno. Questa affermazione è suffragata dal fatto che molti funzionari del governo nazionalista, criticati per le loro pratiche di corruzione, furono assorbiti dal regime comunista, ricevendo posizioni di favore e promozioni accelerate. Il Rev. Leslie Millin di Toronto, che è stato missionario in Cina durante questo periodo, garantirà la veridicità di queste affermazioni.

Il modo in cui si sono sviluppati gli affari internazionali dopo il 1946 indica che Stalin non aveva armi atomiche al momento della sua morte. Se avesse posseduto armi atomiche, avrebbe potuto far saltare in aria le principali città del Canada e degli Stati Uniti.

Churchill ha raggiunto il suo scopo per quanto riguarda i banchieri internazionali. Sta diventando vecchio e un po' fastidioso. Anche lui deve essere relegato nel dimenticatoio. Ma Churchill è stato costruito dalla propaganda dei capitalisti occidentali come un GRANDE uomo. È l'eroe nazionale del popolo. Non poteva essere eliminato con una campagna di L'Infamie. Non poteva essere ridicolizzato per la sua carica. Con rara astuzia gli internazionalisti occidentali hanno mascherato le loro intenzioni ordinando alla stampa di organizzare il più grande tributo che un uomo abbia mai caricato. In occasione dell'ottantesimo compleanno di Churchill, lo riempirono di doni e di onori. Convinsero la stragrande maggioranza delle persone che Churchill non aveva un nemico al mondo.

Gli eventi indicano che sia i dittatori comunisti che gli internazionalisti occidentali erano d'accordo sul fatto che Churchill potesse essere un ostacolo alla realizzazione dei loro piani. I dittatori comunisti decisero che avrebbero usato Aneurin Bevan per ungere i pattini sotto Churchill. Lo indicarono ai comunisti di tutto il mondo quando il dittatore cinese Mao-Tse-Tung intrattenne Attlee e Bevan a un banchetto in occasione della loro visita in Cina nel 1954. La stampa internazionale pubblicò le foto di questo banchetto.

È improbabile che una persona su un milione, che non sia un comunista, capisca il significato di quella foto. Attlee era raffigurato come seduto al tavolo di testa. Bevan era raffigurato come se fosse stato collocato in fondo, più vicino alla porta. L'impressione generale era che Attlee fosse l'ospite d'onore e che Bevan fosse considerato di scarsa importanza per quanto riguardava il regime comunista in Cina e i sovietici. Ma è così che il pubblico viene confuso e ingannato. In Cina è consuetudine far sedere l'ospite d'onore più vicino alla porta.

Alla luce degli eventi registrati, è ragionevole prevedere che nel prossimo futuro si verificheranno i seguenti eventi.

Uno. A sua insaputa o meno, i dittatori comunisti utilizzeranno Aneurin Bevan per contribuire a spodestare Churchill, attaccando la sua politica estera alla Camera dei Comuni.

Due. Gli internazionalisti occidentali useranno gli attacchi di Bevan a Churchill come leva per estromettere Bevan dal partito laburista britannico e dal parlamento. Allo stesso tempo si sbarazzeranno di Churchill gettando dubbi nella mente della gente sulla sua capacità di portare avanti negoziati segreti di alto livello ora che ha superato gli ottant'anni. È possibile che gli internazionalisti occidentali sollevino il paravento dalla diplomazia segreta quanto basta per giustificare coloro che sono stati scelti per guidare l'attacco. In questo modo, la minaccia sarebbe implicita: se non si dimette con grazia, renderanno noto tutto ciò che è avvenuto dietro le quinte a Teheran, Yalta, Potsdam, ecc.

Tre. È lecito prevedere che Churchill si dimetterà non appena saranno esercitate pressioni su di lui. È altrettanto sicuro prevedere che Bevan non si dimetterà. Ci sono cento probabilità su una che Attlee e Deakin lascino, o vengano rimossi, dal partito laburista in Gran Bretagna e che Bevan guidi il partito contro Sir Anthony Eden quando deciderà di partecipare alle elezioni generali dopo aver preso il posto di Churchill.[194]

Quattro. Il fatto che il figlio di Roosevelt abbia dato un'idea del fatto che Churchill abbia dovuto stare al gioco di suo padre, che abbia

---

[194] Questo è stato scritto prima del marzo 1955.

dovuto fare ciò che gli veniva detto e che abbia persino dovuto professare pubblicamente la sua amicizia per il Presidente dopo che quest'ultimo gli aveva detto in modo così sgarbato di essere favorevole allo scioglimento del Commonwealth britannico delle nazioni, è una chiara indicazione della linea di attacco che gli internazionalisti occidentali adotteranno per sbarazzarsi di quello che molti considerano "il Grande Vecchio della politica britannica".

Il punto da ricordare è questo. Gli internazionalisti nazisti sono stati, a tutti gli effetti, eliminati dal gioco. Restano due gruppi di uomini dalla mentalità totalitaria: i dittatori comunisti di Russia e Cina e i capitalisti o gli internazionalisti occidentali, a seconda di come li si voglia chiamare.

Finché entrambi i gruppi si accontenteranno di vivere in una coesistenza pacifica, con il mondo praticamente diviso tra loro, ci sarà una pace inquieta. Ma se i leader di una delle due parti decidono che la coesistenza è una struttura troppo fragile su cui costruire i rispettivi Nuovi Ordini, ci sarà la guerra.

La Terza Guerra Mondiale, se iniziata dai dittatori comunisti dell'Est, inizierà senza alcun preavviso. Verrà indetto uno sciopero generale internazionale in tutti i paesi capitalistici. Questa azione è calcolata per produrre la paralisi di cui si è parlato in precedenza. Gli aerei comunisti bombarderanno tutti i centri industriali per mettere fuori uso il potenziale bellico degli Stati Uniti e del Canada e uccideranno il maggior numero possibile di abitanti per provocare una rapida resa e sottomissione. La Gran Bretagna riceverà probabilmente lo stesso trattamento. Il gas nervino può essere usato nelle aree industriali che il nemico non vuole distruggere. Le forze sovietiche occuperanno i distretti minerari del Canada settentrionale da costa a costa. Le aree occupate saranno usate come basi operative contro gli obiettivi meridionali. Lo sciopero generale internazionale bloccherà le spedizioni in tutti i porti del mondo, rendendo impossibile l'arrivo dei rifornimenti alla popolazione della Gran Bretagna. Un blocco delle isole britanniche da parte dei sottomarini sovietici bloccherà qualsiasi fuga di notizie. Il popolo britannico sarà ridotto alla fame quattro settimane dopo lo scoppio delle ostilità. I membri della clandestinità comunista in tutte le città del mondo occidentale evacueranno le aree bersaglio immediatamente prima degli attacchi. Gli eserciti clandestini torneranno e prenderanno il controllo delle aree devastate non appena sarà dato il "via libera". La quinta colonna comunista radunerà e liquiderà tutte le persone i cui nomi sono sulla lista nera. In questo modo i dirigenti degli internazionalisti occidentali saranno eliminati in tempi molto più rapidi di quanto non abbiano fatto i loro avversari nazisti con il processo di Norimberga.

D'altra parte, se gli internazionalisti occidentali si convincono che i dittatori comunisti li attaccheranno, costringeranno le democrazie occidentali a un'altra guerra mondiale per poter sferrare il primo colpo. Come preludio al loro attacco, l'opinione pubblica sarà sensibilizzata sui pericoli del comunismo internazionale. Verrà sottolineato il pericolo per la democrazia cristiana. Gli atei-materialisti, che hanno il mondo occidentale in schiavitù economica, chiederanno una crociata cristiana. Giustificheranno i loro attacchi atomici alla Russia e alla Cina come Churchill giustificò il suo attacco alla Germania. Diranno che era necessario per salvare la nostra civiltà. Ma non lasciamoci ingannare. Indipendentemente da come il caso verrà presentato al pubblico, resterà il fatto che se la Terza Guerra Mondiale avrà luogo, si combatterà per decidere se il comunismo orientale avrà il controllo del mondo intero o se i capitalisti occidentali continueranno a dominare il pollaio internazionale.

Se si permette che la Terza Guerra Mondiale abbia luogo, la devastazione sarà così estesa che gli internazionalisti continueranno a giustificare la loro tesi secondo cui SOLO un governo mondiale, sostenuto da una forza di polizia internazionale, può risolvere i vari problemi nazionali e internazionali senza ricorrere ad altre guerre. Questa argomentazione apparirà molto logica a molte persone che non tengono conto del fatto che sia i leader comunisti dell'Est che i leader capitalisti dell'Ovest hanno intenzione di mettere in atto, alla fine, le LORO idee di dittatura ateo-totalitaria.

Le persone che vogliono rimanere LIBERE possono seguire un solo piano d'azione. Devono sostenere il cristianesimo contro tutte le forme di ateismo e secolarismo. Devono sostenere l'impresa privata responsabile contro i cartelli e le associazioni. Devono sostenere coloro che sostengono la "Nuova Economia" contro coloro che vogliono continuare con la vecchia.

Quando una persona è in dubbio su cosa sia giusto o sbagliato in qualsiasi cosa, tutto ciò che deve fare per risolvere la sua incertezza è recitare lentamente la prima metà del Padre Nostro e contemplare il

significato di quelle meravigliose parole di saggezza. "Padre nostro...
che sei nei cieli... sia santificato il Tuo nome... venga il Tuo regno... sia
fatta la tua volontà... come in cielo così in terra". Non occorrono più di
pochi minuti per decidere se un atto da compiere individualmente o
collettivamente è conforme alla volontà di Dio o favorisce le
macchinazioni del diavolo.

Se vogliamo salvare le generazioni future dal destino che le forze del
male stanno preparando per loro, dobbiamo agire
IMMEDIATAMENTE... NON C'È TEMPO DA PERDERE. Il lettore
potrebbe chiedersi: "Ma quale azione dobbiamo intraprendere?".

È un'ottima domanda. Se non ci fosse la risposta non sarebbe
giustificata la pubblicazione di questo libro. Troppi uomini passano
molto tempo a danneggiare questo e quello. Sono contro questo e contro
quello. Ma pochissimi oratori o scrittori che condannano un'idea,
un'organizzazione o un movimento, offrono soluzioni pratiche ai
problemi o propongono suggerimenti per porre fine ai mali esposti.

PRIMO: come individui dobbiamo riconoscere le questioni spirituali
coinvolte. Ancora una volta le Scritture ci consigliano come
raggiungere questo scopo. Efesini 6° capitolo dal 10° al 17° versetto ci
dice: "Fratelli, siate rafforzati nel Signore e in tutta la sua potenza.
Rivestitevi dell'armatura di Dio, per poter resistere alle insidie del
diavolo. La nostra lotta, infatti, non è contro la carne e il sangue, ma
contro i Principati e le Potenze, contro i dominatori del mondo di queste
tenebre, contro le forze spirituali della malvagità in alto. Perciò
prendete l'armatura di Dio per poter resistere al giorno malvagio, e stare
in piedi in ogni cosa perfetta. State dunque in piedi, avendo cinto i vostri
lombi con la VERITÀ, avendo indossato la corazza della giustizia e
avendo i piedi calzati con la prontezza del Vangelo della pace,
prendendo in ogni cosa lo scudo della fede, con il quale potrete spegnere
tutti i dardi infuocati del malvagio. E prendete con voi l'elmo della
salvezza e la spada dello spirito, cioè la PAROLA DI DIO".

SECONDO: Dobbiamo prendere provvedimenti pratici e usare mezzi
costituzionali per contrastare la minaccia del comunismo
internazionale, del capitalismo internazionale e di qualsiasi altra
ideologia sovversiva che possa tentare di distruggere la VERA
democrazia cristiana. Per portare a termine il mandato del Vangelo di
cui sopra, dobbiamo fare le seguenti cose:

A. *Chiedere riforme monetarie*: Poiché l'egoismo e l'avidità, e il desiderio di potere, sono le radici da cui cresce tutto il male, è logico che vengano istituiti mezzi costituzionali per togliere la ricchezza e limitare i poteri dei leader di tutti i gruppi ateo-materialisti che, in primo luogo, l'hanno usurpata ai governi del popolo. Essendo questa la VERITÀ, i contribuenti hanno il diritto legale di chiedere ai loro governi eletti di riparare ai torti commessi nei loro confronti, di porre fine a tutte le forme di usura e di rimborsare i loro dipartimenti del tesoro nella misura dei prestiti concessi nel secolo scorso per combattere guerre fomentate per favorire gli interessi di coloro che hanno prestato il denaro e hanno fatto pagare gli interessi su questi prestiti. Se questo consiglio verrà seguito, il proletariato avrà ripristinato la vera democrazia e i dittatori sovietici e cinesi non avranno più scuse per mascherare le loro ambizioni imperialistiche sotto il mantello dell'anticapitalismo.

B. *Controlli monetari*: Gli elettori devono insistere affinché l'emissione di denaro, e il relativo controllo, siano rimessi nelle mani del governo, a cui appartengono di diritto. Per governo si intende l'organo esecutivo di massimo livello, scelto tra i rappresentanti eletti in base alle loro qualifiche per condurre gli affari della nazione in modo efficiente e imprenditoriale, basando le loro decisioni sulla giustizia democratica e sulla carità cristiana.

C. *Azione punitiva*: L'elettorato può legittimamente chiedere che vengano inflitte pesanti sanzioni a tutti coloro che sono ritenuti colpevoli di corruzione e di frode, perché queste due pratiche malvagie sono i principali mezzi utilizzati dagli agenti di tutte le organizzazioni rivoluzionarie per sovvertire, o costringere, gli altri a fare la loro volontà. Tutte le organizzazioni sovversive devono essere messe fuori legge e tutte le persone di cui si dimostri l'appartenenza devono essere punite dalla legge. Coloro che sostengono il rovesciamento violento del governo costituzionale lo fanno per poter usurpare ricchezza e potere senza dover lavorare per ottenerli. La loro punizione dovrebbe quindi consistere nell'esecuzione di lavori manuali e/o di servizi pubblici. Il loro orario di lavoro dovrebbe essere esteso del 25% oltre i limiti sindacali e la loro retribuzione dovrebbe essere inferiore del 25% alle tariffe sindacali. Il periodo di detenzione dovrebbe essere deciso in base al modo in cui migliorano il loro atteggiamento negativo nei confronti della società e della religione.

D. *Negoziati diplomatici*: Poiché gli agenti della cospirazione internazionale lavorano sempre dietro le quinte del governo e usano sempre riunioni e diplomazia segrete per promuovere i loro piani e le loro ambizioni, le negoziazioni segrete non dovrebbero essere permesse in nessuna circostanza. Se il governo deve essere "del popolo, dal popolo, per il popolo", allora il popolo ha il diritto di conoscere ogni dettaglio di ciò che accade.

E. *Crociata cristiana*: I laici di tutte le denominazioni cristiane dovrebbero unirsi nel Nome di Dio per porre fine al bigottismo e all'incomprensione che permettono alle ideologie anticristiane di mantenere i cristiani divisi e ai ferri corti.

La casa divisa al suo interno deve cadere. La Crociata dovrebbe essere organizzata allo scopo di educare il pubblico riguardo ai metodi utilizzati da coloro che dirigono le ideologie ateo-materialistiche. Si dovrebbe prestare particolare attenzione a coinvolgere nel movimento i giovani delle nostre nazioni, affinché siano protetti dalle azioni sovversive degli agenti dei cospiratori. I Crociati dovrebbero essere addestrati ad adottare un approccio POSITIVO quando trattano con coloro che si sono uniti a organizzazioni sovversive volontariamente o per ignoranza. Abusare, bacchettare e condannare le persone non fa che aumentare la loro resistenza e renderle più antisociali.

Ottenendo prima la loro fiducia, il Crociato è in grado di dimostrare loro che i capi di tutte le ideologie atee e materialiste usano gli altri solo come "pedine del gioco" per portare avanti i loro piani e le loro ambizioni segrete. Una volta che una persona si è convinta che verrà gettata nel dimenticatoio non appena i dirigenti del suo movimento riterranno che abbia superato la sua utilità, questo ferirà il suo orgoglio e la indurrà a riflettere sulla saggezza del suo comportamento. Una volta creato il dubbio nelle loro menti, è possibile convincerli fornendo loro una letteratura adeguata sull'argomento. È per soddisfare questa esigenza che è stato pubblicato Pawns In The Game. Un risveglio religioso tra i membri di tutte le denominazioni cristiane è essenziale per cambiare il pensiero degli uomini riguardo ai valori e all'importanza che attribuiscono ai beni mondani. I cuori degli uomini devono essere rivolti all'amore per Dio Onnipotente. Dobbiamo imparare di nuovo a provare un vero piacere nel renderGli servizio e nel compiere la Sua Santa Volontà. La Federazione Nazionale dei Laici Cristiani è stata organizzata per mettere in pratica questa idea.

F. *Nazioni Unite*: Poiché quest'anno la costituzione delle Nazioni Unite sarà sottoposta a revisione, potrebbero essere raccomandati dei cambiamenti. È importante, quindi, che tutti coloro che si oppongono all'internazionalismo in qualsiasi forma organizzino gruppi di pressione politica in tutti i partiti per sollecitare che i delegati delle nazioni cristiano-democratiche non si prestino in alcun modo a suggerimenti che favoriscano il processo di un governo mondiale, indipendentemente dal fatto che sia chiamato governo super-nazionalista o mascherato in qualsiasi altro modo. La proposta di Churchill di creare gli Stati Uniti d'Europa era solo una mossa in direzione dell'internazionalismo. Solo lui può dire se era destinato ad aiutare i comunisti dell'Est o i capitalisti dell'Ovest.

G. *Traffico e commercio illegale*: Poiché le quinte colonne sovversive e le organizzazioni clandestine sono organizzate, nascoste e sussistono nei bassifondi delle grandi città, e poiché nessuno sforzo rivoluzionario può sperare di avere successo senza la piena cooperazione di una quinta colonna o di un'organizzazione clandestina ben organizzata, adeguatamente addestrata, completamente equipaggiata e ben disciplinata, è necessario che l'opinione pubblica si organizzi per chiedere che tutti coloro che sono impegnati nel traffico e nel commercio illegale, o che sono collegati in modo criminale con la malavita, siano arrestati e portati in giudizio, indipendentemente dalla loro affiliazione politica o dalla posizione che occupano nella società. L'opinione pubblica deve essere organizzata per dare sostegno a tutti gli agenti di polizia e agli amministratori della legge onesti. L'opinione pubblica, espressa in Parlamento, deve insistere affinché la malavita venga ripulita, e non solo rastrellata e dispersa. La politica delle retate e della dispersione dei personaggi della malavita ha avuto come unico risultato quello di far nascere su un centinaio di tane dell'iniquità dove prima ne esisteva solo una. I condannati devono essere trattati come raccomandato nella sottosezione "C".

H. *Pubblicità*: I laici cristiani devono essere organizzati per contrastare la propaganda di coloro che sostengono l'internazionalismo e le ideologie materialistiche atee. Le sezioni locali devono essere organizzate per insistere su affinché la propaganda sovversiva sia eliminata dalla stampa, dall'aria e dai programmi televisivi. Dovrebbero chiedere che vengano messi a disposizione tempo e spazio per presentare alla gente lo stile di vita democratico cristiano. Purtroppo è vero che sono passati diversi secoli da quando la democrazia cristiana ha funzionato correttamente.

J. *Disfattismo*: Bisogna fare ogni sforzo per contrastare gli sforzi di coloro che predicano il disfattismo. Di solito sostengono che non si può fare nulla per correggere le condizioni esistenti. Suggeriscono che, poiché il destino incombente è inevitabile, è inutile preoccuparsi. L'atteggiamento del disfattista è come quello dello stupratore professionista che consiglia alla sua vittima designata che, poiché il suo destino è inevitabile, potrebbe anche rilassarsi e goderselo. Chi sostiene che non possiamo fare nulla per sfuggire al totalitarismo ignora il fatto che Dio esiste ed è interessato al destino dell'uomo. Alle persone che si scoraggiano bisogna ricordare che l'unico modo per salvare la propria anima immortale è continuare a combattere contro le Forze del Male, rendendo così un servizio a Dio. Bisogna far capire loro che non saranno giudicati in base ai loro successi e alle loro vittorie, ma solo per i meriti dello sforzo che hanno compiuto nella Crociata.

K. *Amore fraterno*: Poiché Dio ha fornito all'umanità tutto ciò di cui ha bisogno per questa esistenza terrena, non c'è alcuna ragione logica per cui alcune delle sue creature debbano vivere nell'opulenza mentre altre muoiono di fame. Le teorie dei nuovi economisti dovrebbero essere sperimentate per elaborare metodi migliori per una distribuzione più equa delle necessità della vita. Una volta assicurate a tutti gli esseri umani, sarà relativamente semplice convincere chi ha troppo a condividerlo con chi ha decisamente meno e più bisogno. Condividere ciò che abbiamo con chi ne ha bisogno è la più grande felicità che si possa provare su questa terra. Vivendo secondo il piano di Dio, le condizioni economiche migliorerebbero a tal punto da consentire la creazione di case e la crescita di famiglie in condizioni di ragionevole sicurezza. Le condizioni di "paura" e "incertezza" verrebbero abolite.

L. *Preparazione militare*: La preparazione militare è assolutamente necessaria fintanto che le condizioni descritte in questo libro continueranno ad esistere. Chiunque accetti l'ospitalità di un Paese e goda dei privilegi della cittadinanza dovrebbe essere pronto a difendere quel Paese dagli aggressori, siano essi nemici esterni o interni. L'unica giustificazione per combattere una guerra è prevenire la sottomissione da parte del nemico con l'argomentazione razionale che, finché ci rimane una qualche somiglianza con la libertà, c'è ancora speranza di poter vincere le forze del male e ristabilire una vera democrazia cristiana.

M. *Sicurezza interna*: Il modo migliore per rafforzare la sicurezza interna di una nazione è costruire un'organizzazione di Difesa Civile forte ed efficiente. Per consentire un rapido sviluppo, la Difesa Civile dovrebbe essere parte integrante del sistema di sicurezza interna nazionale. In quanto tale, dovrebbe essere un progetto e una responsabilità federale. Questo suggerimento è particolarmente applicabile al Canada, perché il Ministro della Giustizia, con il supporto della Royal Canadian Mounted Police, è responsabile della sicurezza interna della nazione.

La Difesa Civile è l'organizzazione e l'addestramento della popolazione civile in unità ausiliarie per incrementare i dipartimenti regolari che rendono il servizio pubblico in condizioni normali. I lavoratori della Protezione Civile sono addestrati a proteggere se stessi e le comunità in cui vivono in caso di attacco da parte di un nemico. Poiché i nostri unici nemici potenziali usano la loro quinta colonna e le loro organizzazioni clandestine per rovesciare il governo costituito con azioni rivoluzionarie e sottomettere la popolazione per mezzo del terrorismo, è di buon senso che la Difesa Civile sia organizzata come un'organizzazione controrivoluzionaria. La polizia speciale della Difesa Civile e le unità di intelligence dovrebbero quindi essere addestrate sotto la supervisione del P.C.M.R. in modo da poter cooperare con esso per garantire la nostra sicurezza interna durante qualsiasi emergenza.

N. *Azione*. Non c'è tempo da perdere: Leggendo questo libro avete affrontato la sfida e la vostra risposta all'azione descritta, intrapresa con una forte fede in Dio, determinerà il futuro dell'umanità e porterà al rovesciamento delle forze del male che tramano per distruggere il nostro stile di vita democratico cristiano. Il compito non è al di là delle nostre capacità. Dobbiamo ricordare che l'importante nucleo del male del diavolo in questo mondo, al momento, è incentrato in non più di trecento menti maestre.

O. *Fede, speranza e carità*: Non dobbiamo mai dimenticare che la religione cristiana si basa sulla Fede, sulla Speranza e sulla Carità, mentre tutte le ideologie atee si basano sul dubbio, sull'odio e sulla disperazione. Dio Onnipotente ci ha permesso di risolvere GRADUALMENTE molti dei misteri della NATURA affinché usassimo e non abusassimo di questi straordinari benefici. Ora possiamo usare o abusare dell'energia atomica. Se permettiamo che se ne faccia un uso improprio, le potenze del male faranno sicuramente fuori una metà della razza umana e paralizzeranno la maggior parte delle altre. Possiamo essere certi che tra coloro che sopravviveranno ci saranno gli agenti delle potenze del male.

Dio Onnipotente ha fornito alla razza umana tutto ciò di cui abbiamo bisogno per vivere. Ha provveduto al nostro benessere e ai nostri piaceri ragionevoli. È nostro dovere fare in modo che tutti i membri della razza umana condividano equamente le ricchezze e le benedizioni fornite da Dio Onnipotente. Non dovrebbe mai esserci un momento in cui i granai del mondo occidentale scoppiano, mentre i popoli dell'Estremo Oriente muoiono a milioni per fame. Dobbiamo condividere liberamente e generosamente con gli altri ciò che abbiamo al di sopra delle nostre esigenze, perché è certo che non possiamo portare nulla con noi quando moriamo.

P. *La crociata cristiana*: Si suggerisce che "LA CROCE E LA BANDIERA" sia lo slogan della Crociata cristiana. Si suggerisce inoltre di utilizzare il seguente inno per aprire o chiudere tutte le riunioni pubbliche tenute in relazione alla crociata.

"LA CROCE E LA BANDIERA"

"La Croce e la Bandiera saranno i nostri emblemi,
Il nostro scopo nella vita è servire solo Te
Sia fatta la Tua volontà...
Il Tuo Regno verrà
Sulla terra come in cielo in eterno".

1. I poteri di Satana
Il nostro Dio può negare.
E affermare che non c'è paradiso
per noi quando moriremo
Tutti i tiranni e i despoti
La nostra Fede può declinare
I loro tormenti e terrori
Noi sfideremo sempre.

2. Marceremo in
sostenendo il Tuo nome
Nessun incantesimo mondano
La nostra "Causa" non sarà diffamata
Nessuna schiavitù malvagia
devieranno dal loro obiettivo

Le tue legioni militanti
Finché non raggiungeranno il Tuo Ovile

3. Che cosa ci guadagna un uomo
A guadagnare il mondo intero
servendo sotto i vessilli
degli agenti dell'inferno?
Terremo fede alla Tua promessa.
"L'inferno non prevarrà".
O Signore, dacci la saggezza
per limitare le vili trame.

4. Gli uomini cercano maggiori ricchezze
Usano la ricchezza per ottenere il potere.
Ma Signore, tutti abbiamo bisogno di Te.
La vita dura solo un'ora.
Attraverso le tenebre fino alla luce del giorno
sostienici con la grazia.
Lotteremo fino alla gloria,
correremo la buona gara.[195]

"Federazione nazionale dei laici cristiani"

La Federazione Nazionale dei Laici Cristiani è in fase di organizzazione e di richiesta di uno statuto. Il nostro scopo è cercare di unire tutte le organizzazioni laiche cristiane esistenti per combattere tutte le forme di materialismo ateo e di internazionalismo. La N.F.C.L. sarà rigorosamente apartitica e aconfessionale. Non intende interferire con l'autonomia delle organizzazioni cristiane esistenti. Il nostro scopo è educativo.

PAWNS IN THE GAME è stato pubblicato per scoprire quanti cittadini sono interessati a intraprendere un'azione costituzionale per porre fine alla cospirazione internazionale esposta in questo libro, e ad intraprendere un'azione legale per rompere la morsa economica che

---

[195] Dopo la stesura di questo testo, il Dr. Joseph Roff lo ha messo in musica. È stata pubblicata in due edizioni dalla Neil A. Kjos Music Co. di Chicago, Illinois. Un'edizione è per quattro voci, mentre una "Special Edition" è per cori e canti comunitari.

alcuni internazionalisti hanno ottenuto sui governi e sui popoli delle cosiddette Nazioni Libere attraverso la pratica dell'usura sistematicamente applicata. La risposta è stata notevole e ha giustificato la stampa di questa edizione.

Si suggerisce alle persone interessate di organizzare sezioni della N.F.C.L. nelle loro città e paesi e nelle comunità agricole. Ogni gruppo dovrebbe dotarsi di una biblioteca scelta tra i libri elencati in un'altra pagina. Il materiale contenuto nei libri fornirà spunti di riflessione e argomenti di discussione a durante i gruppi di studio. Una volta organizzate le sezioni locali, si intende inviare oratori, ben qualificati per spiegare i vari aspetti degli affari internazionali, a tenere incontri pubblici sponsorizzati dalle sezioni locali della FNL.

LA NOSTRA POLITICA

1. Sosteniamo il cristianesimo e ci opponiamo all'illuminismo e all'ateismo-materialismo. Tendiamo la mano di amicizia a TUTTI coloro che adorano Dio e si oppongono al satanismo.

2. Sosteniamo il nazionalismo e ci opponiamo all'internazionalismo di qualsiasi tipo.

3. Sosteniamo un'industria privata responsabile e ci opponiamo ai cartelli e alle associazioni.

4. Sosteniamo la fedeltà alla Costituzione e ci opponiamo a qualsiasi tipo di attività sovversiva.

5. Sosteniamo l'autorità legale e ci opponiamo al crimine organizzato.

6. Sosteniamo la pratica dell'etica negli scambi e nel commercio e ci opponiamo a tutte le forme di traffico e commercio illegale.

7. Raccomandiamo l'amore fraterno tra tutti i timorati di Dio e ci opponiamo al bigottismo in qualsiasi forma.

8. Siamo per la libertà e ci opponiamo alla licenziosità.

9. Siamo a favore della libertà, in opposizione alle dittature e alla tirannia.

10. Sosteniamo la giustizia per tutti e i favori per nessuno.

11. Raccomandiamo che la punizione sia adeguata al crimine.

12. Sosteniamo la preparazione nazionale contro i nemici interni ed esterni.

13. Sosteniamo l'interesse e la partecipazione attiva alle questioni politiche, economiche, sanitarie ed educative, in contrapposizione all'apatia, all'indifferenza e alla disperazione.

14. Lavoriamo affinché il piano di Dio Onnipotente per la creazione possa essere messo in pratica su questa terra.

Altri titoli

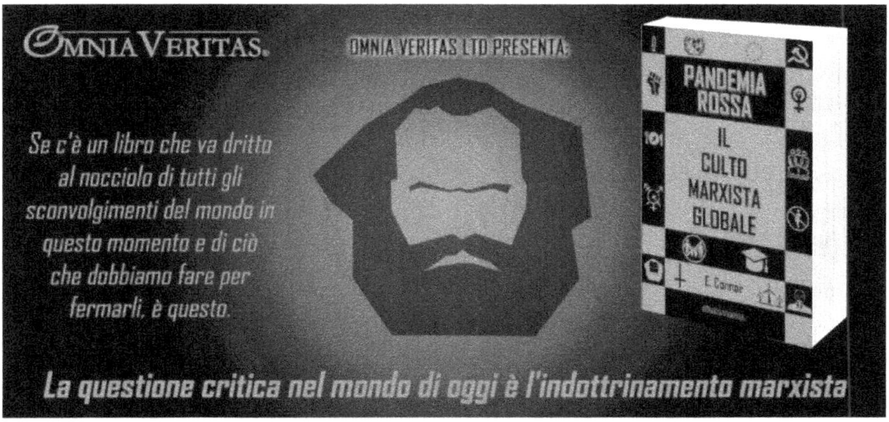
OMNIA VERITAS
OMNIA VERITAS LTD PRESENTA:
Se c'è un libro che va dritto al nocciolo di tutti gli sconvolgimenti del mondo in questo momento e di ciò che dobbiamo fare per fermarli, è questo.
PANDEMIA ROSSA
IL CULTO MARXISTA GLOBALE
La questione critica nel mondo di oggi è l'indottrinamento marxista

OMNIA VERITAS
MK ULTRA
Abuso rituale e controllo mentale
Strumenti di dominazione della religione senza nome
Per la prima volta, un libro tenta di esplorare la complessa questione dell'abuso rituale traumatico e del conseguente controllo mentale....
ALEXANDRE LEBRETON
MK ULTRA
Come è possibile programmare mentalmente un essere umano?

OMNIA VERITAS
Omnia Veritas Ltd presenta:
EUSTACE MULLINS
I SEGRETI DELLA RISERVA FEDERALE
Ecco i semplici fatti del grande tradimento...
I SEGRETI DELLA RISERVA FEDERALE
da
EUSTACE MULLINS
Continueremo ad essere schiavi del sistema monetario babilonese del debito?

Le rivoluzioni non sono fatte dalla classe media, ma dall'oligarchia al vertice

"Non nega, ma cerca di affermare in modo più preciso. I revisionisti non sono "negazionisti"; si sforzano di cercare e trovare dove, a quanto pare, non c'era più nulla da cercare o trovare".

OMNIA VERITAS LTD PRESENTA:

ROBERT FAURISSON

SCRITTI REVISIONISTI
I

1974-1983

Il revisionismo è una questione di metodo, non di ideologia

OMNIA VERITAS LTD PRESENTA:

LA TRILOGIA WALL$TREET

da ANTONY SUTTON

"Il professor Sutton sarà ricordato per la sua trilogia: Wall St. e la rivoluzione bolscevica, Wall St. e FDR e Wall St. e l'ascesa di Hitler."

Questa trilogia descrive l'influenza del potere finanziario su tre eventi chiave della storia recente

www.ingramcontent.com/pod-product-compliance
Lightning Source LLC
Chambersburg PA
CBHW071638270326
41928CB00010B/1961